詳解実務
新版債権総論

上　巻

奥田　昌道　　佐々木茂美

判例タイムズ社

『詳解実務　新版債権総論　上巻』の刊行に当たって

　『新版　債権総論』の上巻を刊行してから，早いもので，4年が経過した。中・下巻刊行からも，既に2年4か月が経過している。
　この間，3年に及ぶ新型コロナ禍の厳しい状況は，一応落ち着きを取り戻しつつあるものの，社会経済情勢もすっかり様変わりし，これに伴い，法制度・法理論も，デジタル化の著しい進展と相俟って，新しい段階に入ったように思われる。
　これまで，改正民法施行後の実務の運用を踏まえ，法律実務家，若手研究者，司法修習生から，多くの御質問・御意見をいただいた。これにお答えするため，いったんは，上・中・下巻の改訂作業をとも考えたが，いただいた御意見等を集約して分析する作業を進めるとともに，受任した事件について責任ある立場にある弁護士の方々から，言渡しを受けた下級審判決について疑問があるとして幾多の質問を受け，それに答えているうちに，このような法律実務家の方々が疑問に感じられる点を取りまとめ，その要望に応える方向で事を運びたいと思うようになった。
　奥田先生に御相談したところ，「法律実務家の思いを汲み取り，思い切って舵を切り，使い勝手の良い実践的な内容になるようにしてはどうか。」とのアドバイスをいただいた。
　そこで，『新版　債権総論』上・中・下巻とは別に，新たな構想で，問題点に的を絞り，「詳解実務」篇を編むことにしたが，その要点は，次の3つの方針から成っている。
　第1に，奥田先生の旧版の基底にある学理の到達点の示すところは，実は応用範囲が広く，実務においても，紛争の様々な具体的局面で問題となることから，先生の学理を実務でどのように受け止め，活用するのか，その姿をできるだけ詳らかにするよう努めることにした。そこで，例えば，第1章を中心に，債権の発生原因としての契約からのアプローチと契約の効果としての債権債務の構造からのアプローチとの関係，さらに，債権関係と履行あるいは給付請求権との関係などを詳しく述べている。

第2に，紛争を予防し，その解決を使命とする実務家の実践現場では，案件を処理するには，債権総論の分野だけではなく，関連する分野の法理論も加えて法的枠組みを創出し，結論に至るまでの道筋を示しておく必要がある。そこで，例えば，契約により生じる債権に関する問題については，民法総則の「法律行為」や契約法，法律により生じる債権に関する問題については，不当利得・不法行為法にまで拡げて，考察の対象とするよう努めた。

　第3に，実務を遂行するためには，実体法のみならず，手続法（訴訟法はもとより民事保全・執行法，倒産法）の領域に踏み込んで考える必要があるため，できる限り，この点に言及するよう心掛けた。この観点から，例えば，訴訟法との関係では，第1で述べたところとも重なるが，請求権と訴訟物との関係や，実務で頻出する請求権競合論について，執行法の関係では，債権譲渡と競合することの多い金銭債権執行について，近時の住所・氏名の秘匿制度に関する法改正も踏まえ，詳しく述べている。

　ただし，本書で取り扱う範囲は，『新版　債権総論　上巻』に対応した部分にとどめ，本書（そのため，上巻とした）では，この範囲内で，実務で生起する問題点に力点を置き，事例を多く取り入れて論じている。そのため，本書で触れていないところは，指摘しておいた『新版　債権総論　上巻』の該当箇所を是非参照していただきたい（中巻並びに下巻も適宜参照されたい）。

　この度の『詳解実務　新版債権総論　上巻』に関しても，増森珠美氏（現佐賀地方・家庭裁判所長）には，「債務不履行による損害賠償」について，山地修氏（現大阪地方・家庭裁判所堺支部長）には，「金銭債権及び利息債権」について，それぞれ初校段階から目を通していただき，貴重な御意見を頂戴した。さらに，両氏には，文献略称・事項索引の作成に協力いただいたほか，山地氏には新たに条文索引の作成を引き受けていただいた。両氏には，改めて敬意を表したい。もとより，論述する範囲・項目や学説・判例の取捨選択等については，私の責任で行ったものであり，論述の論拠等の理解に不十分なところがあるとすれば，その責めは，専ら私にあるので，お許しいただければ幸いである。

　さらに今回は，奥田ゼミ生で私の陪席であった横田典子氏（現大阪地方裁判所部総括判事）に，表現方法や条文摘示の誤記等について，入念にチ

ェックしていただいた。この場を借りて心よりお礼を申し上げたい。

　なお，『詳解実務　新版債権総論　上巻』の刊行に当たり，「判例タイムズ社」編集部の遠藤智良氏には，当初の段階から企画に携わり，重点箇所の囲み・大文字等の提案はもちろん，原稿の点検，校正等に至るまで，実に精力的に精査されるなど，多大な御尽力をいただいた。末尾ながらここに謝意を表しておきたい。

令和6年7月

佐々木　茂美

凡　例

1　条文・法令

　条文の表記は，民法については数字のみを，その他の法令の条文については法令名と数字をもって示し，法令の略語は一般の慣用に従った。

　大審院判例などは，句読点，濁点を補って読みやすくした。

2　判例

　判例の出典の表示については，判例体系その他一般の慣用に従った。

3　平成 29 年改正民法（債権関係）

　平成 29 年法律第 44 号による改正後の民法については，原則としてそのまま表記し，改正前の民法については，「改正前民法」と表記した。

4　その他

　本文と同旨の見解を示すとき，あるいは，本文の内容の出典を示すとき
（例）我妻・〇〇頁，於保・〇〇頁。
　本文の内容の補強となり得るような見解，参考となり得る見解等を示すとき
（例）我妻・〇〇頁参照。
　出典が編著であるときは〔　〕において執筆者を示す場合と執筆者名を先に掲げる場合とがある
（例）石田ほか・8-9 頁〔石田剛〕，（例）潮見・新注民(8) 9 頁。
　送り仮名については，「送り仮名のつけ方」（昭和 48 年 6 月 18 日内閣告示第 2 号）等を基準とした。
　文献略称及び主要文献は巻末に掲載した。

目　次

『詳解実務　新版債権総論　上巻』の刊行に当たって／i
凡例／iv

第1章　債権の意義とその性質

第1節　債権の意義 …………………………………………………… 2

第1項　債権法と物権法
 Ⅰ　財産法の役割／2
 Ⅱ　債権と物権／3
第2項　債権（債務）関係
 Ⅰ　債権（債務）とは何か／5
   (1) 債権（債務）の定義／(2) 債権（債務）の履行構造／(3) 債権の基本的な効力としての履行請求権
 Ⅱ　債権（債務）の発生原因とその内容の確定／12
   (1) 債権（債務）の発生原因／(2) 契約債権（債務）の内容の確定
 Ⅲ　債権と請求権／27
   (1) 請求権概念の歴史——アクチオ（actio）から Anspruch へ／(2) ドイツ民法上の請求権と債権／(3) 我が国の民法における請求権／(4) 債権法以外の分野での請求権／(5) 権利と請求権の関係
 Ⅳ　債務の構造とその性質／36
   (1) 債務の分類——給付義務・付随義務・保護義務／(2) 結果債務・手段債務

第2節　債権の性質 …………………………………………………… 43

 Ⅰ　相対性／43
 Ⅱ　平等性／44
 Ⅲ　譲渡性／44

目　次

第 2 章　債権の目的

第 1 節　総　説 …………………………………………………………… 48

Ⅰ　債権の目的の意義／48
⑴　債権の「目的」とは何か／⑵　給付（債務）の分類／⑶　叙述の順序

Ⅱ　債権の目的の要件／50
⑴　総説／⑵　給付の金銭的価値の存在は不要であること／⑶　一般的要件——特に給付の確定性

第 2 節　特定物債権 ……………………………………………………… 54

Ⅰ　意義／54
⑴　定義／⑵　発生原因

Ⅱ　債務者の引渡義務／56
⑴　結果債務としての特定物引渡義務／⑵　給付危険の問題

Ⅲ　債務者の保存義務等／60
⑴　保存義務／⑵　保存義務と引渡義務の関係／⑶　現状による引渡義務（483 条）／⑷　その他の問題

第 3 節　種類債権 ………………………………………………………… 65

Ⅰ　意義／65
⑴　定義／⑵　制限種類債権

Ⅱ　目的物の品質／67

Ⅲ　特定の意義と要件／69
⑴　特定の意義／⑵　特定の要件（方法）

Ⅳ　特定の効果／73
⑴　概説／⑵　給付危険の移転／⑶　特定物債権に関する規定の適用／⑷　変更権について

第 4 節　金銭債権及び利息債権 ………………………………………… 77

Ⅰ　金銭債権／77
⑴　意義と性質／⑵　社会的機能と民事法上問題となる場面

Ⅱ　利息債権／85

　　⑴　意義／⑵　性質／⑶　利息をめぐる実務上の諸問題

第3章　債権の効力

第1節　概　説 …………………………………………………… 120

Ⅰ　序説／120

　　⑴　債権の「効力」とは／⑵　債権者に認められた権能としての債権の「効力」

Ⅱ　債権の対内的効力／121

　　⑴　債権の第1次的効力／⑵　債権の第2次的効力／⑶　解除

Ⅲ　叙述の順序／126

第2節　債務不履行の意義 ……………………………………… 128

第1項　債務不履行とは何か

Ⅰ　概説／128

Ⅱ　債務不履行の意義と種別／129

　　⑴　債務不履行の意義／⑵　債務不履行の種別

第2項　履行の強制

　　⑴　履行の強制の要件・方法／⑵　履行の強制が許されない場合——履行の強制の限界／⑶　間接強制が許されない場合——間接強制の限界

第3節　債務不履行による損害賠償 …………………………… 144

第1項　要件

Ⅰ　概説／144

　　⑴　損害賠償請求の要件（415条1項）／⑵　塡補賠償（履行に代わる損害賠償）請求の要件（415条2項）

Ⅱ　債務の発生／147

　　⑴　契約により生ずる債務（契約債務）／⑵　給付義務の違反と債務不履行責任の態様／⑶　付随義務・保護義務の違反と債務不履行責任

Ⅲ　債務不履行の事実（遅滞）／150

　　⑴　履行遅滞の意義／⑵　履行遅滞の成立要件／⑶　履行遅滞の効果

- IV 債務不履行の事実（不能など）／158
  - (1) 履行請求権と履行不能との関係／(2) 履行に代わる損害賠償請求権（塡補賠償請求権）の成立要件としての履行不能など／(3) 塡補賠償請求権の成立要件としての履行不能
- V 債務不履行の事実（その他の債務不履行）／172
  - (1) 「その他の債務不履行」の種別／172
  - (2) 作為債務その1（与える債務）／175
  - (3) 作為債務その2（為す債務Ⅰ）／225
  - (4) 作為債務その3（為す債務Ⅱ）／235
  - (5) 不作為義務違反／249
  - (6) 安全配慮義務／251
- Ⅵ 帰責事由の不存在等／256
  - (1) 免責事由／(2) 履行補助者

第2項 効果

- Ⅰ 概説／269
  - (1) 概要／(2) 履行利益の賠償と信頼利益の賠償（原状回復的損害賠償）について／(3) 弁護士費用の賠償について
- Ⅱ 履行遅滞による損害賠償／280
  - (1) 遅延賠償（履行とともにする損害賠償）／(2) 塡補賠償（履行に代わる損害賠償）
- Ⅲ 履行不能による損害賠償／286
- Ⅳ その他の債務不履行による損害賠償／287
  - (1) 作為債務その1（与える債務）／(2) 作為債務その2（為す債務Ⅰ）――特に建物建築請負契約／(3) 作為債務その3（為す債務Ⅱ）――特に準委任契約，寄託契約など／(4) 不作為義務，安全配慮義務

第3項 主張・立証責任

- Ⅰ 債務不履行による損害賠償請求の攻撃防御の構造――その概観／295
- Ⅱ 遅滞による損害賠償請求の主張・立証責任／295
  - (1) 金銭債務の履行遅滞の場合／(2) 特定物引渡債務（非金銭債務）の履行遅滞の場合
- Ⅲ 不能等による履行に代わる損害賠償請求（塡補賠償請求）の主張・立証責任／301
- Ⅳ その他の債務不履行による損害賠償請求の主張・立証責任／302

目　次

　　　　(1)　売買契約上の売主の債務（与える債務）の不履行（契約不適合等）／(2)　建築請負契約上の請負人の債務（為す債務Ⅰ）の不履行／(3)　診療契約上の医師の債務（為す債務Ⅱ）の不履行

　第4項　請求権競合問題

　　Ⅰ　概説／311

　　Ⅱ　学説・判例の動向／312

　　　　(1)　学説／(2)　判例／(3)　最近の下級審裁判例の一部における問題点

　　Ⅲ　審理上の留意点／321

　　　　(1)　第1審での留意事項／(2)　上訴審での留意事項

文献略称／Ⅰ
主要文献／Ⅵ
事項索引／Ⅶ
条文索引／ⅩⅩⅠ
判例索引／ⅩⅩⅤ

第 1 章

債権の意義とその性質

第1節 債権の意義

第1項 債権法と物権法

I 財産法の役割

　近代資本主義経済社会における生産・流通・消費の諸活動は，財貨の私的所有を基礎とし，財貨と財貨，財貨とサービスとの交換（契約）を媒介として展開してゆく。民法の体系としてパンデクテン体系[1]をとる我が国の民法においては，有体的財貨の帰属及び支配の秩序を定めているのが物権法であり，交換の秩序を定めているのが債権法だということができる。なお，債権法は，交換過程を規律するのみならず（契約法。契約から生ずる債権は「**契約債権**」といわれる），有体的財貨に対する違法な侵害に対しては，侵害者に損害賠償義務を課すことによって私的所有の秩序を間接的に保護するとともに，法主体である人の生命・身体のほかに，名誉・プライバシー等の人格的利益の違法な侵害に対しても，侵害者に損害賠償（又は原状回復）義務を課すことによって生命・身体や人格的利益の保護に奉仕する（不法行為法。他に不当利得法，事務管理法もあり，不法行為・不当利得・事務管理から生ずる債権は「**法定債権**」といわれる）。このように，財貨の帰属・支配及び財貨の生産・流通・消費の諸過程・諸活動は，基本的には，物権法及び債権法によって規律されている（上巻6頁

---

[1] パンデクテン体系とは，ローマ法大全の学説彙纂の編成においてとられた体系であり，体系性・階層性に特徴を有し，例えば，総則編・物権編・債権編に分類する構成をとる。

参照)。

　もっとも，以上は，有体的財貨を念頭に置いた伝統的な理解に基づくものであるが，近時，科学技術の発展や経済活動の高度化・複合化に伴い，**財貨（あるいは広く財）が多様化し，情報や排出権といった新たな無体的財貨が次々と産み出されており，それへの対応が喫緊の課題となっている**[2]。

II　債権と物権

　物権は，権利者が財貨（有体物が原則）を現在直接に（他人の行為を介在させることなく）支配することを内容とする権利である。これには，所有権のように財貨を全面的に支配する権利と，財貨の使用価値の面を把握する用益物権，及び，財貨の交換価値の面のみを支配する担保物権[3]とがある。債権は，権利者（債権者）が他人（債務者）の行為を介して，将来，財貨を獲得し，又は財産的利益を享受することを可能にするものである。

　物権においては，特定の義務者は存在せず，不特定多数人（天下万人）が物権者の目的物に対する支配を妨げてはならないという消極的拘束を受けるのみである。この意味で，物権を不特定多数人（天下万人）に対する不作為（不可侵）請求権の集合として捉える見解が，かつてドイツにおいて唱えられたのも理由がないわけではない[4]（上巻7頁参照）。

　これに対し，債権においては，必ず特定の義務者（債務者）が存在し，彼は権利者（債権者）に対する一定の行為（これを「**給付**」という。給付

---

[2] この関係で，物権法が有体物概念を所有権の客体としているところから（206条・85条），情報財と呼ばれる無体物をどのように取り扱うべきか，物の単位の問題としての集合物をどのように位置付けるべきであるか等が議論されるようになっている。吉田克己＝片山直也編『財の多様化と民法学』（2014年・商事法務）所収の各論考がこの点について詳論しているが，とりわけ，本文で述べた財の多様化やその法的な規律について吉田克己「財の多様化と民法学の課題」を，所有権の客体を有体物に限定することの根拠，その意義について水津太郎「民法体系と物概念」を，集合物について片山直也「財の集合的把握と財の法」を，それぞれ参照されたい。

[3] もっとも，担保物権の中には，一般先取特権（306条。債務者の総責任財産を対象とする），権利質（362条。財産権を対象とする），地上権・永小作権の抵当権（369条2項。地上権・永小作権を対象とする）のような例外がある点に注意されたい。

については後に詳しく述べる〔本書7頁〕）を義務付けられる。このような点から，物権は対物権（人対物の関係），債権は対人権（人対人の関係）といわれる。また，物権は有体物に対する支配をその内容とするところから支配権，債権は債務者に対する行為（給付）の請求とこれに応ずる債務者の行為（給付を実現する行為＝**給付行為**）によって実現されるところから請求権という呼び名でその特徴が表されている。もっとも，物権・債権は，ともに財産的利益の享受を目的とする権利であることに変わりはなく，その意味で，ともに財産権であり，かつ，財産の最も重要な構成分子である（上巻7頁参照）。

なお，物権は，先に述べたように，権利者が財貨を現在直接に支配する権利であり，それによって利益を享受することのできる権利であるから，権利が存在（存続）することによって権利内容の実現が図られるのに対し，債権は，債務者の行為（給付行為）を介して将来利益を獲得することのできる権利であるから，債権は存在する限りは未実現である（ただし，賃貸借のような長期的・継続的関係の場合は別である）。この意味で，物権は存在を目的とする権利，債権は消滅を目的とする権利，といわれることもある。

4　物権を不特定多数人（天下万人）に対する不作為（不可侵）請求権の集合として捉える見解は，古くはヴィントシャイトの『パンデクテン教科書』にさかのぼる。その後のドイツ普通法学説，ドイツ民法学における通説はこの見解を否定したけれども，例えば，ヘルヴィヒは，なお，ヴィントシャイトに近い見解を表明している。総じて，権利論における権利意思説（権利利益説に対するもの。権利意思説・権利利益説については後に詳しく述べる〔本書6頁〕)，法を命令・禁止として捉える命令説（許容説に対立するところの）を論理的に突き詰めていけば，不作為請求権の集合説へ到達することになりそうである。

もっとも，権利意思説・命令説をとりながらも，請求権は特定人を相手方として初めて意味を持ち得る概念であって，万人に対する不作為請求権なる観念は空虚であるとして，これを否定することは可能であり，権利意思説・命令説に立つか否かは別として，通説はこのような実質論から不作為請求権の集合という見解を否定しているものと考えられる。

これらの論争の系譜については，奥田・展開30-31頁，66-67頁，80頁，89頁，92頁，146頁，149頁，154頁，177頁，253頁などを参照。また，水津太郎「民法体系と物概念」吉田＝片山編・前掲注2) 69頁も，この点について，物権が人の物に対する直接的な支配権であるという古典的な立場に対する批判のうち最も根本的なものは，権利は人と物との間ではなく人と人との間でしか問題とならないという指摘であるとした上で，このような見方に従うと，物権の絶対性という視座から出発し，物権を「万人に対する不作為請求権」の集合と定式化することになるとしている。

しかし，今日では，債権は，法律行為（主として契約）又は不法行為・不当利得・事務管理などを発生原因（法律要件）として生ずるものであり，物権と並ぶ財産権であって，財産の構成要素として，貸借対照表上，借方（資産）項目に記載し得るものであり，譲渡・質入れ等の処分対象とされる。別言すれば，特定人に対し給付を請求し得る実体法的関係があり，その権利者の地位をこのような財産権として把握できるものを「債権」と呼ぶのが適切である。また，債務は，債権に対応する義務者の地位を指すものとして，貸借対照表上，貸方（負債）項目に記載される（上巻18頁参照）。
　このように，債権も，それ自体が財産価値を有するものとして処分（譲渡）の対象とされる（債権譲渡）[5]。

第2項　債権（債務）関係

I　債権（債務）とは何か

(1) 債権（債務）の定義

　改正前及び現行民法には，債権（債務）の定義規定はないが，旧民法は，債務とは「一人又ハ数人ヲシテ他ノ定マリタル一人又ハ数人ニ対シテ或ル物ヲ与ヘ又ハ或ル事ヲ為シ若クハ為ササルコトニ服従セシムル人定法又ハ自然法の覊絆」であると規定していた（財産編293条2項）。これを受けて，伝統的な見解は，債権を，「一方の当事者（債権者）が相手方（債務者）に対して一定の行為（作為又は不作為）を請求することができる権利」とする理解を示していた（①）。このような債権（債務）の定義は，債務者に対する人格的支配の排除という思想を前提とするものということができる。有体物は直接的に支配が可能であるのに対し，人の人格全

---

[5] 債権譲渡の場合には，債権そのものが処分されるのか，それとも，債権の帰属が処分されるのか（帰属の変更）が問題となる。この問題は，将来債権譲渡において重要な論点となる（下巻915頁参照）。

体を支配することは近代法では許されないから、債権は、人そのものではなく、人（債務者）の個別の行為を支配の対象とする権利（一定の財産上の行為を求める法律上の力[6]）であると考えられたのである。

このような見解は、債権の持つ**請求力**（債権に内在する請求可能な状態）に着目した捉え方であり、主体（人）が客体（物権の場合は物、債権の場合は債務者の行為）を意思によって支配することが権利の本質であるとする考え方（**権利意思説**）[7]に近いものということができよう。

これに対し、債務者のすべき行為のみに着目するのではなく、行為の結果として債権者にもたらされる利益をも重視すべきであるとの指摘がされるようになり、「債権者が、給付を通じて得た結果（給付結果）を債務者との関係で保持することができる権利」（②）としての側面が注目されるようになった。これは、債権の持つ**給付保持力**（給付された結果の帰属可能性）に着目した捉え方であり、権利の本質は法によって保護される利益であるとする考え方（**権利利益説**）[8]と親和的であるということができよう[9]。

今日の支配的な見解は、債権の内容を①に加えて②の観点からも補い、「**①債務者に対して一定の行為（給付行為）を請求することができる権利であるとともに、②債務者のする給付を受領しその結果（給付結果）を保持することができる権利**」であると定義している[10]。

なお、近時では、専ら②の観点（給付保持力）から債権の内容を捉える見解も主張されている。この立場からは、債権は、「債務者から一定の利益（給付結果）を得ることが期待できる債権者の地位」と定義され、その地位を債権者が確保することができなかったとき（債務不履行）、法（国家）によって様々な救済手段が与えられ、債務者に対して給付を請求する権能（履行請求権）も、「債権」の実現が妨げられている場合に債務不履

---

[6] 梅・1頁参照。

[7] 権利の本質を意思に求める学説である。ここでいう意思は、単に自然的な意欲の意味ではなく、法によって認められ、付与された意思を意味する。この説の代表者であるヴィントシャイトによると、権利とは、法規によって与えられた意思の力、又は意思の支配である。

[8] 権利の本質を利益に求める学説である。ここでいう利益は、単なる主観的な利益ではなく、法によって保障されている利益を意味する。この説の代表者であるイェーリングによると、権利とは、法によって保護された利益である。

行の効果として債権者に付与されるものであり，損害賠償請求権と並ぶ「救済手段」の1つと位置付けられる[11]。

(2) 債権（債務）の履行構造

　支配的な見解により債権を定義するとしても，「給付」と同義に用いられている「一定の行為（作為又は不作為）」という場合の「行為」をどのように捉えるかについて理解が分かれているように思われる。「給付」を，債務者の行為を通して債権者に帰属すべき利益ないし価値の総体として捉える本書の立場からは，「行為」を，債務者のすべき具体的・個別的な行為（作為又は不作為）と捉えるべきではなく，**債権という権利の実現（満足）のために債務者の「すべきことの総体」という意味での「行為」**と理解することになる。もっとも，不作為債務の場合には，何もしないことによって債務が履行されていることになるのであるから，「行為」の意味を上記のいずれの意味に捉えても問題は生じない。

　以下では，作為債務について詳しく述べることとする。

9　於保・3頁は，「債権とは，特定人（債権者）が特定人（債務者）に対して一定の給付（作為または不作為）を請求することを内容とする権利である。別言すれば，債権は，債権者が債務者の行為（給付）を介して生活利益（財貨）を獲得することを目的とする権利である」とし，「前段は権利意思説的に，後段は権利利益説的に表現したものである。権利についての意思説と利益説とは権利の二側面をそれぞれ強調したものであって，その一方のみに偏することは適当ではない」と説かれる。
　この点につき，山本敬三「契約の拘束力と契約責任論の展開」ジュリ1318号（2006年）87頁（同・現代化Ⅱ所収）も参照。
　林ほか〔林＝安永〕・4頁は，「債権は，一定の給付をなすように債務者に請求し，給付がなされるとその給付のもつ生活利益，つまり給付結果が債権者に帰属し，……その帰属することが法的に承認されることである」とされ，従来は請求権を通じての給付の現実化の面が強調され，それが債権の本質であると説かれてきたけれども，「給付の請求を通じて給付内容が現実化され給付結果が債権者に帰属することが法認されることが，債権の本質であるというべきであろう」と述べ，給付帰属（保持）の法的承認の面をも重視すべき旨を説かれる。
　この点につき，潮見・新注民(8)8-10頁，25-27頁も参照。
10　中舎・5-6頁，石田ほか・8-9頁〔石田剛〕，中田・18-20頁参照。
11　潮見・Ⅰ155頁以下，潮見・新注民(8)9頁参照。

㈦　与える債務の場合[12]

　目的物を代金 100 万円で売買する契約を例にとると，売主の債権（買主の債務）は，100 万円の支払を目的とする債権（金銭債権）であり，売主に 100 万円を取得させることが給付である。100 万円を取得させるために具体的に何をすべきかは，実現手段（方法）の問題にすぎない。100 万円を取得させるための現金 100 万円の交付（引渡し）行為が給付であるかのようにいわれることもあるが，厳密にいえば，それは給付に有用な（最もノーマルな）行為ないし手段（方法）にすぎないのである。他方，買主の債権（売主の債務）については，給付は，買主に売買目的物についての完全な支配を取得させることであり，言い換えれば，買主が単に目的物の所有権を取得するだけではなく，それが対抗力を具備し，引渡しをされることがその内容となる（もっとも，売買契約当時，目的物所有権が売主に帰属していたときは，所有権は，原則として，当然に買主に移転するという判例[13]の立場に立つと，他人物の売買を除いて，売主の所有権移転義務の履行が問題となることはない）。

　したがって，売主は，買主に目的物の所有権を確定的に取得させ，かつ，事実上の支配を得させるために，買主との間で所有権移転の合意をするのみならず，登記を移転し，目的物を引き渡し，あるいは，目的物を現に占有する第三者がいればその占有を排除するなどのことが必要となるが，これらは，いずれも，総体としての行為である給付の中味をなす具体的・個別的行為（手段）にすぎず，それ自体は給付ではなく，それによって，完全な所有権（及びそれに見合う状態）を債権者に得させることが給付なのである。

　このように，給付として評価される「行為」それ自体（総体としての行為）と，そのような「行為」（給付）を成り立たせる個々の行為（手段としての行為）とは明確に区別されなければならない。

---

[12] 上巻 41 頁参照。「与える債務」と「為す債務」とは作為債務についての分類であり，両者の関係は，本書 49 頁で詳述する。
[13] 最二小判昭 33.6.20 民集 12 巻 10 号 1585 頁，大判大 2.10.25 民録 19 輯 857 頁参照。

(イ) 為す債務の場合

「為す債務」すなわち，労働者が労務を提供し，俳優あるいは歌手が舞台で演技をし，又は歌を歌う（出演）場合や，医師が治療行為を行うなどの債務においては，労務を提供すること，出演すること，治療すること自体が給付である。債権は，このような給付の持つ価値ないし利益（給付結果）を自己に帰属させ，保持することができる権利だといえる。なお，「為す債務」の中にも，①建築請負契約のように，一定の結果を実現しなければ債務が履行されたとはいえないもの（為す債務Ⅰ）と，②診療契約のように，結果（病気の治癒）の実現自体が債務の内容ではなく，望ましい状態に向かって客観的に適切な行為をすることが給付内容とされているもの（為す債務Ⅱ）とがある。

(ウ) 契約債権（債務）

契約によって発生する債務についてみると，与える債務や為す債務Ⅰの場合は，実現されるべき状態（結果）の内容が契約（合意）によって確定される。その状態（結果）を実現させることが給付であり，その実現に向かって行為することが抽象的な意味での給付行為（為すべきことの総体としての行為）である（A図参照）。結果を実現する手段としての具体的・個別的な行為（手段としての行為）の内容もまた，契約（合意）によって，又は，任意法規・慣習・条理等によって定められる[14]。

為す債務Ⅱの場合は，望ましい状態（結果）を実現することを約束しているわけではなく，目標（例えば病気の治癒）に向かって，具体的な状況の下で客観的に適切な行為を行うことが給付であり，そのような行為の総体が給付行為である（B図参照）[15]。

---

[14] 民事訴訟法との関係では，債務者から任意の給付が受けられないときには，債権者は，債務者に対し，「給付の訴え」を提起することができる。この場合の訴訟上の請求は，特定の実体法上の給付請求権の存在を内容とする法律上の主張とされている（本書34頁参照）。このような給付請求を，状態（結果）の実現自体を求める内容とすること（例えば，「売買契約の買主に目的物の完全な支配を取得させよ」というような請求の趣旨）は，その内容が余りにも抽象的すぎて成り立たないから，この場合，給付請求の対象となるのは，飽くまで結果を実現する手段としての具体的・個別的な行為であることに留意すべきである。この点は，実務上，極めて重要な論点であり，本書35頁において詳述する。

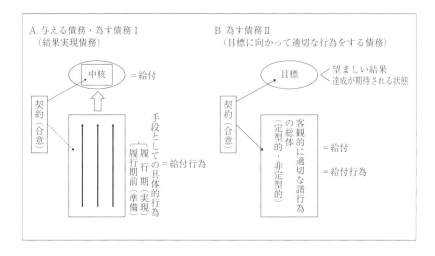

(3) 債権の基本的な効力としての履行請求権

　支配的な見解によれば，債権者が債務者に対して一定の行為（給付）を行わせることは，債権者の債務者に対する履行の請求（請求行為）を通して実現されることから，また，たとえ現実の履行の請求を待たずに債務者が債務の内容どおりの給付を行うことによって実現される場合であっても，債権には請求可能性が内在していることから，債権は，債務者に対して一定の行為（給付）を請求することを内容とする権利だといえる。**債権は，成立すれば当然に債務者に対して給付を請求する権能（請求力）を有し，債務者に対して債務の履行を請求することができる（履行請求権）**[16,17]。

　したがって，債権者が債務者に対して債務の履行を請求するためには，債権の発生原因事実のみを主張・立証すれば足り，債務不履行の事実（又は，契約債権の場合には契約不適合の事実）を主張・立証する必要はない。

　これに対し，専ら給付保持力の観点から債権を捉える見解によれば，履行請求権は，債務不履行の効果として債権者に付与される救済手段の一つ

---

[15] 奥田昌道「契約責任と不法行為責任との関係（契約法規範と不法行為法規範の関係）」司法研修所論集 85 号（1991 年）19-23 頁，同「奥田昌道先生に聞く(3)」法時 82 巻 12 号（2010 年）92-98 頁参照。

であるから，債権者が債務者に対して履行を請求するためには，債権の発生原因事実に加えて，債務不履行の事実を主張・立証する必要があることになろう[18]。

このように，支配的な学説によれば，債務者に対する履行請求権は，債権がその成立と同時に取得する最も基本的な効力（請求権能）であるが，我が国の民法上は，債権者が債務者に履行を請求できる旨の規定がない[19]。債権法改正の改正法に関する法制審議会の審議過程では，当初，履行請求権に関する規定を設けることが検討されたが，債権の効力として債務者に任意の履行を請求できること（請求力）は当然のことであるとして，その旨の規定は設けられず，履行請求権があることを前提としてその限界についての定め（412条の2第1項）のみが設けられることとなった。

なお，債権に特徴的な諸点（(ｱ)債権と人との関係，(ｲ)債権と物との関係）については，上巻10頁以下を参照されたい。

---

[16] 給付・履行・弁済について，下巻1011-1012頁参照。「給付」は債権債務の対象に着目しているのに対し，「履行」は債務の内容を実現する債務者の行為の面からみたとき，「弁済」は債権の消滅の面からみたときに，それぞれ用いられる。森田・文脈247頁では，「給付請求権」の語について，ドイツ法的な用語と多義性から，近時では「給付請求権」とほぼ同義とされる「履行請求権」の語が用いられることが多いとする。

[17] 債務者から任意の給付が受けられない場合，債権者は，債務者を相手として訴訟を提起し，給付をするよう求めることができる（訴求力＝裁判上の請求力）。また，給付を命じた判決を得てもなお債務者が給付をしない場合には，債権の第2次的な権能（その1）として，債権者は，債務者に対して強制執行をすることができ（執行力），債務者が有する財産から強制的に給付に相当する価値相当額を受けることもできる（掴取力）。その他，債務者が債権の内容を実現しないときは，債権の第2次的な権能（その2）として，損害賠償請求権や（契約から生じた債権の場合は）解除権が与えられる。詳細は本書121頁以下参照。

[18] しかし，例えば，確定期限の定めのある債務の場合，期限が経過して初めて遅滞（債務不履行）に陥るが，一般的には履行の請求は期限の到来日から可能であるとされていること，同時履行の抗弁権があるため遅滞（債務不履行）に陥っていない場合（存在効果説。上巻176頁参照）でも，履行の請求自体は可能であることからすると，履行請求権が債務不履行の効果として生ずるということは困難であるように思われる。この点について，能見善久「民法改正と債務不履行責任」司法研修所論集130号（2020年）67-68頁参照。なお，中田・92-93頁も参照されたい。

[19] ドイツ民法は，「債権者は，債務者の給付を請求する権利を有する」と規定している（ド民241条1項）。

Ⅱ 債権（債務）の発生原因とその内容の確定

(1) 債権（債務）の発生原因

　債権は，直接に法律の規定に基づき，その規定の定める内容を持つものとして発生するか（法定債権），又は法律行為（特に契約）によって発生する（契約債権）。

　後者の場合には，債権が発生するためにはどのような要件を具備していなければならないのか。この点は債権の目的の要件（本書50頁以下参照）として従前から論じられているところである。

　改正前民法の下では，債権法を，債権の発生原因と切り離して抽象的な「債権」概念を中心に据えて構成するのか，債権の発生原因の中核を成す「契約」概念を中心に据えて構成するのか，といった議論があった。伝統的な見解は前者の立場に立っていたが，近時では後者の立場に立つ見解も有力になっていた。

　改正法は，債権総則の規定を維持しながらも，「債権（債務）の発生原因」（400条・415条1項ただし書等）を規律内容に取り込む規定を置いた。

㋐ 法定債権の発生原因

　民法第3編は，第3章において「事務管理」，第4章において「不当利得」，第5章において「不法行為」を規定している。事務管理・不当利得・不法行為から生ずる債権（法定債権）は，ある事実が，事務管理・不当利得・不法行為に関する条文に定める要件（例えば，709条所定の要件）を満たすことによって発生し，その内容（発生する法律効果）は法律の趣旨によって定まる。

㋑ 契約債権の発生原因

　民法第3編は，第2章において「契約」を規定している。契約から生ずる債権（契約債権）の内容（発生する法律効果）は，契約を締結したことから直ちに定まるわけではなく，契約の内容に従って確定されることになる。

(2) 契約債権（債務）の内容の確定

以下では，契約債権（債務）の内容の確定をめぐる諸問題について述べる。

(ア) 契約債権（債務）の種別

契約債務は様々な観点から分類されるが，債権関係の構造を重層的なものとして理解する本書の立場からみると，全ての債務（義務を含む）が当事者の意思によって定められるものとは限らないので，①当事者の意思によって定められる**給付義務**（債権者に対して一定の行為〔給付〕をすべき義務）と，②約定のほかそれがない場合も信義則（1条2項）[20]によって導かれる**付随義務**（給付義務の存在を前提として，債務の本旨に従った履行による給付結果ないし給付利益〔債務者の給付を通して債権者が獲得しようとしている利益。契約債権では，債権者が契約を締結することによって得ようとしている利益〕の実現や保護へと向けられた義務），③**保護義務**（債権者・債務者間において，相互に，相手方の生命・身体・所有権その他の財産的利益〔完全性利益〕を侵害しないように配慮すべき注意義務）とに分類することができる。この点は，本書36頁で詳しく述べる[21]。

このうち給付義務について，「給付」の内容は，契約に基づき発生する債権関係においては，まず契約（合意）によりその全部又は少なくともその本体的（中核的）部分が定まるが，なお不十分な部分ないし未定の部分があれば，慣習・任意法規・条理・信義則などによる補充が行われることによって定まる（本書9頁参照）。

---

[20] 契約の解釈と信義則につき，上巻34頁参照。
[21] 本文で述べた種別は，裁判実務において，どのような債務不履行ないし義務違反があって，債務者が損害賠償責任を負うのかを説示する過程において，その実質的な根拠を示すために用いられている。また，これら契約上の付随義務や保護義務の違反（不履行）が，例えば，安全配慮義務や医療事故の分野において，不法行為法上の保護法益の侵害をも引き起こす場合がある。この場合には，請求権競合問題が生ずることになるが，この点については，本書311頁以下で詳しく述べる。

(イ) 契約の拘束力
(a) 根拠，意義・射程

　契約債権の発生とその内容の確定に関係して，契約の拘束力（契約は守られなければならないこと）の根拠が何か，契約の拘束力がどのような意義を有するか，契約の拘束力の射程がどこまで及ぶか，が問題となる。

　まず，**契約の拘束力の根拠**については，時代によって変遷がみられ，近代法においては，人が自らそれを欲したために拘束されるという意思自治の原理によって説明されるようになったが，これに対しても様々な批判がある[22]。

　次に，**契約の拘束力の意義・射程**については，我が国の伝統的な見解は，契約によって債権（債務）が発生し，請求力が債権に内在すると捉えて，債権（債務）から直接に履行請求権が導かれるが，この債務に違反した場合の責任については契約の拘束力の射程は及ばないとする。これに対し，有力な見解は，契約によって債権（債務）が発生し，これによって履行請求権が導かれる点は同様であるが，この債務に違反した場合の責任についても債務者が自らの行為を約束している以上契約の拘束力の射程が及ぶとする[23]。したがって，いずれの見解に立っても，契約に基づく履行請求権に関する限り，契約の拘束力から基礎付けられることには変わりはない[24]。履行請求権については，後に詳しく述べる（本書 27 頁以下）。

(b) 契約に適用される法規範

　法定債権の場合は，例えば，709 条所定の要件を満たせば，同条所定の法律効果が定まるように，所定の要件が備わる場合に法的三段論法（一般的な法規範への包摂）によって所定の法律効果が一義的に生ずる点に特色があり，このようにして適用される規範を法定効果規範と呼ぶこともある（前記(1)(ア)）。

　これに対し，契約債権の場合は，契約を締結したという要件に当たるも

---

[22] 議論の詳細については，中田・契約法 29-32 頁参照。

[23] 山本・前掲注 9) 87-99 頁参照。

[24] もっとも，履行請求権をどのように捉えるかについては，本書 10 頁を参照されたい。なお，債務不履行の効果として（救済手段の 1 つとして）履行請求権を位置付ける見解（レメディー・アプローチ〔不履行の場合に債権者に与えられる救済手段を基点として不履行に関するルールを体系化するもの〕とも呼ばれる）もある（詳しくは，潮見佳男「総論―契約責任論の現状と課題」ジュリ 1318 号〔2006 年〕85 頁参照）。

のが備わったとしても，それだけで直ちに法律効果に当たるものが全て定まるわけではなく，この場合に発生する法律効果は，当事者が選択する契約の内容に従って定まる（前記(1)(イ)）。このことは，この場合に適用される法規範が，法律効果の内容の決定を当事者に委ねていること（国家による私人への授権又は国家による私人が行った契約の承認）によるものである。このように，契約に適用される法規範は，「当事者が契約をしたときは，その内容に従った法律効果が認められる」という規範であって，**授権規範又は承認規範**と呼ばれる[25]。

　以上に関連するが，典型契約の場合，多くの実務家は，契約の拘束力が冒頭規定（例えば売買契約における 555 条のように，民法典の典型契約の冒頭に定められた規定）によって基礎付けられているとしている。しかしながら，先に述べた契約一般に適用される規範（授権規範又は承認規範）を典型契約ごとに具体化したものが冒頭規定であると考えるのが相当であろう[26]。

　以上述べたように，契約に適用される規範（授権規範又は承認規範）を前提にすると，契約の内容を確定するためには，何よりも当事者がどのような法律効果を選択する決定をしたかを探求することが必要となる。この点については，後記(ウ)において検討する。

(ウ) 契約の解釈

　契約に適用される規範（授権規範又は承認規範。前記(イ)(b)）を前提にすると，契約から生ずる債権（契約債権）の内容（発生する法律効果）は，契約内容に従って確定されることになる。契約が成立すると，当事者は，契約内容に沿った債権・債務（義務も含む。前記(ア)参照）を取得することになるが，この契約の内容が，後日当事者間で契約をめぐる紛争に

---

[25] 授権規範又は承認規範については，山本敬三「現代社会におけるリベラリズムと私的自治(2)」法学論叢 133 巻 5 号（1993 年）12 頁，山本克己「契約の審理における事実問題と法律問題の区別についての一考察」民事訴訟雑誌 41 号（1995 年）25 頁，山本敬三「民法学のあゆみ」法時 68 巻 2 号（1996 年）93 頁，同「『契約の解釈』の意義と事実認定・法的評価の構造」曹時 73 巻 4 号（2021 年）1 頁参照。

[26] 大村敦志ほか「『典型契約と性質決定』をめぐって」判タ 1175 号（2005 年）10 頁〔大村敦志発言〕（加藤雅信＝加藤新太郎編『現代民法学と実務(上)』〔2008 年・判例タイムズ社〕所収），山本・前掲注 25）曹時 73 巻 4 号 39 頁参照。

発展したときも，その解決の第1番目の裁定基準となる。したがって，実務では，契約内容がどのようなものかを探ることが何よりも重要な作業となる。このような契約内容確定作業（典型的には，契約書の文言に「○○」と書かれていた場合に，それをどのような意味と理解するかという作業）のことを「契約の解釈」という[27]。

そこで，まず，その前提作業として，**契約の成立段階における解釈の問題**に触れておく[28]。

というのは，論理的には，契約内容の確定作業（契約の解釈）に先行して，契約が成立したか否か（契約当事者の意思表示の合致があったか否か）が問題となるからである[29]。

この点を判断するのが，契約当事者の「意思表示（申込み及び承諾）の解釈」といわれている。この問題について，契約の成否を，意思表示の客観的意味を問うことなく，両当事者の与えた主観的意味が合致しているか否かにより判断すべきであるとする考え方（**契約の成立に関する意思主義**）がある[30]。しかし，この考え方を徹底すると，当事者間で意思表示の主観的意味に争いがある場合には契約が不成立になることが多くなってし

---

[27] 磯村・争点Ⅰ30頁，四宮和夫＝能見善久『民法総則〔第9版〕』（2018年・弘文堂）209頁，松岡ほか・改正コメ963頁〔沖野眞已〕参照。
　なお，521条2項については，同項は契約に適用される規範（授権規範又は承認規範）を具体化したものであるとする見解（山城一真「契約の解釈」法セ800号〔2021年〕73頁）と，同項は単に契約法における一般原則について述べるにすぎない原理的規定として理解する見解（石川博康「典型契約規定の意義」安永正昭ほか監『債権法改正と民法学Ⅱ』〔2018年・商事法務〕446頁）とに分かれている。
[28] **契約の成立と内容確定における当事者の意思の意義について**，沖野眞已「フランス法における契約の解釈」私法54号（1992年）282頁は，①契約の成立段階における解釈の問題と②契約の内容確定段階における解釈の問題とでは，当事者の意思の重視という点をどのように捉えるかについて，次のような視点の違いがあるとする。すなわち，①は，その対象が申込み，承諾の意思表示であり得，かつ，そこで意思の重視が語られるときその意味は個々人の他の私人との関係における自己決定であるのに対し，②は，その対象が2つの意思表示の合致により形成された契約という総体であって，そこでいわれる意思の重視は，国家との関係で，私人間で自らされた取決めを尊重する点に主眼があるとする。
　この指摘は，両者の問題を取り扱う場合に重要な視点を提供するものといえよう。
[29] ドイツ民法では，意思表示の解釈（133条）と契約の解釈（157条）が別個に規定されている（この点について詳しく論じたものとして，石川博康『「契約の本性」の法理論』〔2010年・有斐閣〕10頁以下参照）。この問題について，沖野・前掲注28）282頁，四宮＝能見・前掲注27）209頁参照。なお，詳しくは，沖野眞已「契約の解釈に関する一考察(2)」法協109巻4号（1992年）38-39頁の注（103）を参照されたい。

まい，それでは相手方の信頼を裏切る結果となりかねない。そこで，当事者間の意思表示の主観的意味が合致しない場合には，契約の成否を意思表示の客観的な意味で判断すべきであるとする考え方（**契約の成立に関する表示主義**）があり，これが伝統的な見解である[31]。もっとも，この点について，契約の成立に関する意思主義を基調としつつ，その修正を図るべきであるとする見解も有力である[32,33]。

次に，以下では，**契約の内容確定段階における解釈（契約の解釈）**の問題について検討する。

(a) 契約の内容確定段階における表示行為の意味の確定

この段階における解釈では，**表示行為の意味を確定する「意味の確定」の作業**と，**当事者の合意を補充する補充的解釈や当事者の合意を修正する修正的解釈と呼ばれる「意味の持込み」の作業**という，性質の異なる作業が含まれているといわれており[34]，前者は「狭義の契約の解釈」と呼ばれている。以下では，主に狭義の契約の解釈について，その概略を述べることにする。

---

[30] 大判昭19.6.28民集23巻387頁は，生糸製造権利の売買契約で，組合からの補償金が売買代金に含まれるかについて，売主は売買代金全額の支払を受ける意思を有しており，買主は売買代金から補償金を控除した金額を支払う意思を有していた事案において，契約の成立に関する意思主義に立って，契約は不成立であるとしたものである。

[31] 契約の成立に関する表示主義（本文の伝統的な見解）によれば，契約の成否の解釈は表示行為の客観的意味の探求に向けられ，そのプロセスは，まず，売主・買主の表示が外形上一致していれば直ちに契約の成立が認められ，次に，その内容が当該社会においていかなる客観的意味を有していたかが探求され（契約の解釈），そして，これと異なる売主の意思については，錯誤が問題となり，売主が救済されるかどうかが検討される，とする（賀集・百選Ⅰ〔第3版〕19解説参照）。

[32] 本文の有力説に関し，契約の成立に関する表示主義について，賀集唱「契約の成否・解釈と証書の証明力」民商60巻2号（1969年）17-27頁は，裁判実務の立場から，①契約成立の事実認定は，契約書に対し，当事者の一方が与えた意味と他方が付与した意味を確定し（証明力を確定し），それを突き合わせて一致するかどうかを確認することになっているとした上で，②このような証明力の確定作業が当事者の意思の合致の有無の作業であり，③当事者の意思が合致すれば，それで契約は成立するが，④当事者の意思の合致が認められない場合には，表示を間違えた一方当事者の意思を補充・変更して完成させ当事者の意思の合致を認めた上で，それと異なる真意を有していた当事者には錯誤が問題となる，とする。⑤この立場は，両当事者の意思が合致した場合と合致しない場合という二本立ての処理を前提としており，また，表示の合致による契約の成立を認めるに際しては，両当事者の意思とも異なる意思を「表示の客観的意味」の名において押し付けてはならない，とする。なお，この点について，鹿野・百選Ⅰ〔第6版〕18解説も参照されたい。

第1節　債権の意義

① 基本的な考え方

　表示行為の意味の確定（狭義の契約の解釈）について，かつての通説は，当事者の内心の意思の探求はおよそ問題とならないとして，表示行為の社会的に有する意味を確定することが，契約の解釈の目標であるとしていた。しかし，契約当事者が，表示を，その社会的に有する意味とは異なる意味で用いた場合に，社会的意味に従って契約の内容を確定することは，当事者の意思実現にとって不要であるだけでなく，たまたま有利となる当事者を保護する点で不当でもある。

　そこで，近時の学説は，ほぼ一致して，契約当事者の付与した主観的な意味が一致する場合には，表示の客観的意味を問題とすることなく，当事者の付与した意味で表示が効力を有するとしている[35]。

　その上で，近時の学説のうち，多数の見解[36]は，第1に，当事者の付与した共通の意味（主観的意味）を確定しなければならず[37]，それが確定できない場合には，次の作業として，第2に，表示の客観的意味（表示受領

---

[33] **契約の成否についての事実認定論と解釈**について，山本・前掲注25）曹時73巻4号39-42頁は，「当事者が契約をしたとき」に当たるか否かの「当てはめ」の問題について，契約の成立の認定・判断においては，①「当事者が契約をした」と判断されるような具体的事実（主要事実）の認定（具体的には，㋐対応する自然的事実〔生の事実〕を認定した上で，㋑同事実を「契約」として意味付けること），②①の具体的事実が契約に適用される規範（授権規範又は承認規範）の要件に該当するという判断（具体的事実が「当事者が契約をした」ことに当たるという判断），③契約の性質決定（当事者がした契約に相当する行為がどの契約類型に当たるかの判断）といった作業をする必要があるとする。そして，①㋑の意味付けは，一般には「事実認定」の作業として理解されているが，厳密にいえば，契約の成否を判定する法ルールに従って行われており，そこには「解釈」の問題が含まれているとされる。

　この指摘は，実務家にとっても極めて重要なものである。なお，この点について，山本・前掲注25）民事訴訟雑誌41号45頁も参照されたい。

[34] 磯村・争点Ⅰ30頁，沖野・前掲注28）282頁，四宮＝能見・前掲注27）209頁参照。

[35] 磯村・争点Ⅰ30頁，沖野・前掲注28）276頁，四宮＝能見・前掲注27）211頁参照。

[36] 星野英一『民法概論Ⅰ』（1971年・良書普及会）75頁，米倉明『プレップ民法』（1986年・弘文堂）175頁以下，四宮和夫『民法総則〔第4版〕』（1986年・弘文堂）147頁以下参照。

[37] 磯村・争点Ⅰ30頁，四宮＝能見・前掲注27）212頁参照。

　なお，中間試案「第29　契約の解釈」の「1」（契約の内容について当事者が共通の理解をしていたときは，契約は，その理解に従って解釈しなければならないものとする）も参照されたい。この点について，事実認定のルールとは異なる規範の問題であるとして詳細に論ずる山本・前掲注25）曹時73巻4号46頁を参照されたい。

者が，表示を合理的に解釈して理解すべきであった意味）を確定しなければならないとする[38,39]。この立場からすると，共通の意味も表示の客観的意味も，証明の対象となり，いずれも事実認定の問題となるとしている。もっとも，実務において，実際に問題となる場面での手順については，後記②で詳しく述べる。

　この多数説に対しては，現実の当事者の信頼の有無を顧慮することなく，表示に対する信頼保護の必要性を絶対化する誤りを犯しているとして，契約当事者が表示に現実に付与した意味を探求し，付与した意味が一致しない場合でも，いずれか一方の当事者が付与した意味が正当であるときは（この点は，伝達の仕方や理解の仕方の優劣を判断して決する），その当事者の付与した主観的意味を表示の内容とすべきであるとする見解も有力である[40]。この有力説では，共通の意味の確定は，証明の対象であり，事実認定の問題であるが，食い違う場合は規範的な判断となる。

　② 実際に問題となる場面での手順

【設例】
　事業用賃貸借契約において，「軽微な瑕疵の修補費用は，賃借人の負担とする」という契約条項をめぐって「軽微」とは何かが契約当事者間で争われている。

　㋐まず，契約条項に表示された「軽微」については，契約当事者双方が

---

[38] 四宮＝能見・前掲注27) 212頁参照。
[39] 磯村・争点Ⅰ31頁，四宮＝能見・前掲注27) 212頁参照。
　なお，中間試案「第29　契約の解釈」の「2」（契約の内容についての当事者の共通の理解が明らかでないときは，契約は，当事者が用いた文言その他の表現の通常の意味のほか，当該契約に関する一切の事情を考慮して，当該契約の当事者が合理的に考えれば理解したと認められる意味に従って解釈しなければならないものとする）も参照されたい。この点についても，事実認定のルールとは異なる規範の問題であるとして詳細に論ずる山本・前掲注25）曹時73巻4号56頁を参照されたい。
[40] 磯村・争点Ⅰ32頁参照。また，賀集・前掲注32) 24頁以下は，裁判実務において，共通の契約書に署名押印したにもかかわらず，真意の合致が証明されない場合においても，「事実認定」としては合致しない一方当事者の意思を補充・変更するために契約書に擬制された証明力を付与するということが行われており，これは，「当事者の付与した共通の意味（主観的意味）を確定できないときは，表示の意味を確定しなければならない」という考え方を前提として，どちらかの当事者の意思によるものとして契約の内容とするというものである，としている点も参照されたい。

認識しているであろうから、通常の用語法、つまり一般的・客観的な社会的意味で用いたということで足りることになる。もしその意味が通常の用語法では一義的に明らかとはいえないような場合には、㋑次の段階として、契約当事者が「軽微」という文言にどのような個別的な意味を授けて用いたのか（そこに共通の意味が付与されていたのか）を問題とすることになり（例えば、借主側で修補ができるような場合を意味するとの共通の意味が付与されていたなど）、㋒さらに、そこに共通の意味が付与されているとはいえない場合には、契約の目的、契約締結過程等に照らして当該文言に関する当事者の意思がどのようなものであったかが探求されることになる（例えば、契約締結過程等に照らすと、業者の修補が必要である場合を除く趣旨であると解されるなど）、という手順になる（なお、後記③㋐、④も参照）。

③ 判例

㋐ 全般的傾向

前記①の基本的な考え方は、契約の解釈に関する判例法理（事例判例の集積により形成されているものである）の傾向とも整合していると思われる。

すなわち、判例（最一小判昭51.7.19集民118号291頁等）においては、「法律行為の解釈にあたっては、当事者の目的、当該法律行為をするに至った事情、慣習及び取引の通念などを斟酌しながら合理的にその意味を明らかにすべきものである」とされ、契約の解釈に際して、契約書において問題となっている文言（文理）を出発点にしながらも、当該文言のみにとらわれることなく、契約書中の関連規定の文言や内容、さらには当事者の地位、当該契約の目的、当該契約をするに至った事情などを考慮しながら、慣習[41]及び取引の通念なども斟酌して、当事者の意思を合理的に解釈している（上巻26頁、34頁参照）。なお、判例において「当事者の意思を合理的に解釈すれば」などと判示するものの多くは、狭義の契約の解釈に関するものである（最一小判平22.10.14集民235号21頁、判タ1336号46頁、最一小判平26.6.5民集68巻5号403頁、判タ1404号88頁[42]等）。

---

[41] 大判大10.6.2民録27輯1038頁（「塩釜レール入」という契約条項の解釈に当たり「売買目的物をまず塩釜駅に送付し、代金は到着後支払う」旨の商慣習を考慮した原判決を是認したもの）参照。

また，上記のような契約の内容確定段階における意思の尊重の特質があるため，判例は，契約の解釈に関する全般的傾向として，①契約の内容は，当該事情の下で当事者が達成しようとしたと考えられる経済的・社会的目的に適合するよう確定されなければならないとし，②契約が矛盾する条項を含むときは，当事者の目的に照らして統一的に解釈すべきであり，なるべく有効となるよう解釈すべきであるとしている[43]。

　そこで，以下では，定型書式を活用した契約の場合と，契約内容を個別的に練り上げた契約の場合とに分けて，判例の傾向を検討する。

　㋑　**定型書式を活用した契約の場合**

　定型書式を用いて契約書が作成されたような場合が典型である。後記㋺の場合と比較すると，**典型的・類型的な解釈が相対的に重視される傾向**がある。例えば，次のような判例がある。

　ⅰ　**最三小判平 9.2.25 集民 181 号 351 頁，判タ 937 号 100 頁**

　X（買主）が，Y（売主）との間で，定型書式を使用した不動産売買契約書を作成して土地の売買契約を締結したところ，Y が第三者に土地を売却したために Y の責めに帰すべき事由によって履行不能になったと主張して，Y に対し，契約書 9 条 3 項に基づき，手付の倍額 300 万円の支払を求めるとともに，同条 4 項に基づき，時価と売買代金との差額 2240 万円の支払を求めた事案である。原審は，契約書 9 条 4 項は特別の事情によって生じた損害についてその賠償を請求することができる旨を定めた約定と解すべきであると判断した上で本件においては特別の事情によって生じた損害は認められないとして，手付金の倍額の支払を求める限度で X の請求を一部認容した。これに対し，X が上告した。最高裁は，契約書 9 条 2 項ないし 4 項の文言を全体としてみれば，各条項は，相手方の債務不履行の場合に，特段の事情がない限り，債権者は，現実に生じた損害の証明を要せずに手付額と同額の損害賠償請求ができる旨を規定するとともに，現実に生じた損害（通常生ずべき損害であると特別の事情によって生じた損害であるとを問わない）の証明をして，手付額を超える損害賠償請

---

[42] 本文の最判平 26.6.5 については，山地修・判解民平 26 年 224 頁参照。

[43] 平井宜雄『債権各論Ⅰ（上）』（2012 年・弘文堂）100 頁，四宮＝能見・前掲注 27）212 頁参照。

求もできる旨を規定した趣旨と解するのが，社会通念に照らして合理的であり，当事者の通常の意思にも沿うとし，これと異なる原審の判断には，法令の解釈適用を誤った違法があるとして，破棄差戻しをした。

上記事案は，定型書式を用いて作成された不動産売買契約書9条4項の文言，関連規定である同条2項・3項の文言等から，手付に関する契約内容を確定したものである。

ⅱ 前掲最判平 22.10.14

X（請負人）が，Y（注文者）から浄水場内の監視設備機器の製造等を請け負ったと主張して，Yに対し，請負代金の支払を求めた事案である。注文書と請書の「支払条件」欄中の「支払基準」欄には「毎月20日締切翌月15日支払」との記載に続けて「入金リンクとする」との記載（本件入金リンク条項）がある。原審が，本件入金リンク条項について，同条項は，本件代金の支払につき，Yが監視設備機器の製造等に係る請負代金の支払を受けることを停止条件とする旨を定めたものと解するのが相当であって，上記条件は成就していないとして，Xの請求を棄却すべきものとしたのに対し，Xが上告受理申立てをした。最高裁は，数社を介在させて順次発注された工事の最終の受注者XとXに対する発注者Yとの間における，Yが請負代金の支払を受けた後にXに対して請負代金を支払う旨の合意は，上記工事が一部事務組合から発注された公共事業に係るものであって，同組合からの請負代金の支払は確実であったなど判示の事情の下においては，Xに対する請負代金の支払につき，Yが請負代金の支払を受けることを停止条件とする旨を定めたものとはいえず，Yが上記支払を受けた時点又はその見込みがなくなった時点で支払期限が到来する旨を定めたものと解すべきであり，以上と異なる原審の判断には，判決に影響を及ぼすことが明らかな法令の違反があるとして，破棄差戻しをした。

上記事案は，請負契約の内容である工事の性質，代金支払の確実性等から，入金リンク条項の内容を確定したものである。

ⅲ 前掲最判平 26.6.5

再生手続終結の決定後に破産手続開始の決定を受けたA会社が，別除権者であるYら側との間で，別除権の行使等に関する協定（別除権協定）を締結していたところ，A会社の破産管財人であるXが，A会社の土地

建物を目的とする担保不動産競売事件において作成された配当表の取消しを求めた事案である。原審が，上記別除権協定中の解除条件条項（協定の解除条件を定めた条項）の解除条件に該当しないから上記別除権協定は失効しないとして，Ｘの請求を認容したのに対し，Ｙらが上告受理申立てをした。最高裁は，上記別除権協定中の解除条件条項に係る合意は，再生計画の履行完了前に再生手続廃止の決定を経ずに破産手続開始の決定がされることが解除条件として明記されていなくても，これを解除条件から除外する趣旨であると解すべき事情がうかがわれないなど判示の事情の下では，契約当事者の意思を合理的に解釈すれば，再生債務者が上記破産手続開始の決定を受けた時から上記別除権協定はその効力を失う旨の内容をも含むものと解すべきであるとして，破棄自判をした。

　上記事案は，別除権協定の目的，明記された解除条件との類似性等から，別除権協定中の解除条件条項に関する内容を確定したものである。

　㋒　契約内容を個別的に練り上げた契約の場合

　定型書式を用いるのではなく，契約内容を個別的に練り上げて契約書が作成されたような場合が典型である。前記㋑の場合と比較すると，**契約当事者の個別事情に即した解釈が相対的に重視される傾向がある**。例えば，次のような判例がある。

　ⅰ　最三小判昭 30.10.4 民集 9 巻 11 号 1521 頁[44]

　Ｘ（買主）が，Ｙ（売主）との間で，売買目的物として「260 番地の土地（77 坪 5 勺）」と記載された売買契約書を作成して，不動産の売買契約を締結したところ，売買目的物は 260 番地の土地（77 坪 5 勺）全部であると主張して，Ｙに対し，土蔵の敷地の明渡しを求めた事案である。原審が契約書の記載を理由にＸの請求を認容したのに対し，売買の目的物は 260 番地の土地のうち土蔵敷地部分（20 坪 4 合 2 勺）を除外したものであるとしてＹが上告した。最高裁は，①土蔵の登記簿の記載（土蔵は隣地であるＹ所有の土地〔500 番地〕に所在することになっていること），②契約当時のＸ・Ｙの認識，③Ｘは売買当時現場に検分に行ったが土蔵の協議はされなかったという事情の下では，特段の事情のない限り，260 番地の土地のうち土蔵の敷地を売買の目的から除外する意思表示があ

---

[44] 本文の最判昭 30.10.4 については，土井王明・判解民昭 30 年 180 頁参照。

ったとして，破棄差戻しをした。

上記事案は，当事者双方とも，売買成立後，相当日時を経過するまで土蔵敷地が 260 番地の土地の一部であることを知らなかった（共通の理解）という事情の下で，共通の理解に従って契約内容（売買の目的物）の確定がされたものである。

ii 前掲最判昭 51.7.19

X（輸出入業者）が，Y（オートバイ等の製造販売業者）との間で，オートバイの輸出に関する協定を締結したところ，更新申入れを Y が不当に拒絶したと主張して，Y に対し，債務不履行又は不法行為に基づき，損害賠償金の支払を求めた事案である。原審が X の請求を一部認容したのに対し，Y が上告した。最高裁は，上記協定の規定内容（具体的条項の文言）・趣旨（試験的に行われた取引であること）に照らせば，上記協定は，更新されない限り期間経過により失効し，当事者の一方が協議を申し入れても，相手方がこれに応ずる義務はないところ，Y が X の更新申入れを拒絶したのであるから，上記協定は終了し，Y が X に対し以降約定による製品の供給をしなくても，そのことが，X 主張のように債務不履行又は不法行為となる筋合いはなく，原判決には，法律行為の解釈を誤った違法があるとして，破棄自判をした。

上記事案は，製品輸出に関する協定の具体的条項の文言・趣旨から，協定における更新に関する内容を確定したものである。

④ 裁判実務における審理の実際

前記①の基本的な考え方は，裁判実務においてもおおむね受け入れられているといえる。もっとも，裁判実務における契約の解釈については，実際の審理・事実認定の特性にも留意する必要がある。

すなわち，裁判実務においては，典型的には，原告が，訴訟物（例えば，契約に基づく履行請求権，契約上の債務不履行に基づく損害賠償請求権[45]）に対応して，請求原因（訴訟物である権利又は法律関係を発生させるために必要な法律要件に該当する事実）として，一定内容の契約を締結した旨を主張し，被告が契約内容の少なくとも一部について否認し，立証活動として，書面により契約を締結した場合は，原告が当該契約書（**処分**

---

[45] 上巻 210 頁参照。なお，「訴訟物」については，本書 34 頁以下で詳しく述べる。

証書[46]）を提出し，被告がその成立の真正（意思に基づいて作成されたこと）を争い，そのため，更に当事者双方が契約書の**形式的証拠力**[47]に関する補助事実（証拠の信用性を判断する際に使用される事実）を主張する（あるいは，契約内容に関する間接事実——要証事実である主要事実の存在を推認させる事実——を主張する）という形で審理が進行することが多い。また，この場合，判例によると，前記①の基本的な考え方を前提とした事実認定のルールは，処分証書として提出された契約書が真正に成立したとき（形式的証拠力が肯定されたとき）は，特段の事情のない限り，前記①，②で述べたとおり記載された文言その他の表現が通常の用語法による意味を付与された（契約の解釈）として，当該契約書に記載された内容（文言その他の表現）どおりの事実があったとされるというものである[48]（中巻653頁参照）。このように，書面による契約の場合には，形式的証拠力があることを前提として，契約書の**実質的証拠力**（証明力・証拠価値）の吟味・検討に帰着するということができる[49]。

(b) **契約内容の補充——補充的解釈**

補充的解釈[50]とは，当事者の表示又は具体的事情から導くことができない契約内容の空白部分（欠缺部分）について当事者間で紛争が生じた場合に，裁判官が，何らかの方法で，契約内容の空白部分（欠缺部分）を補充して解決するものである（最三小判平11.11.9集民195号1頁，判タ1023号123頁〔会員制レジャーゴルフの経営者がその施設のうちゴルフコース

---

[46] 処分証書とは，意思表示その他の法律行為が単に記載された文書のことをいうとする見解もあるが，本書はこの見解に立たず，意思表示その他の法律行為がその文書によってされた場合のその文書のこととする通説的見解（兼子・体系275頁，伊藤・民訴法459頁）に立つ。例えば，本文にある契約書，解除通知書，遺言書などである。これに対し，**報告文書**とは，作成者の認識，判断，感情等が記載されている文書のことをいう。例えば，領収証，議事録，日記，手紙，陳述書などである。

本書の見解からは，例えば，税金対策のためや金融機関から融資を受けるためだけに作成された契約書等は，意思表示その他の法律行為がその文書によってされた場合に当たらないから，処分証書の外観を有していたとしても，処分証書に当たらないということになる。

[47] 文書の証拠力とは，文書の記載内容が要証事実の認定に役立つかどうか，又はその程度のことをいう。そして，その検討は，形式的証拠力，実質的証拠力に分けてされる。文書を証拠として使用するためには，①証拠申出人の主張する作成者がその意思に基づき文書を作成したこと，及び，②その思想（意思や認識等）が表現されていることの2点が必要となるが，これらを満たすとき，文書には**形式的証拠力**があるという。

を廃止して新たなゴルフコースを開設した場合において従前からの会員の新コースに対する利用権を否定した原審の判断に違法があるとされた事例〕等参照）。例えば，売買契約において，目的物と代金額について合意しているが，履行地等が明らかでない場合にこれを明らかにする作業がこれに当たる。補充的解釈に当たっては，仮定的当事者意思・慣習・任意規定・条理・信義則が考慮される。仮定的当事者意思を具体的に確定する際には，当該契約をした具体的な目的や，当事者が関連規定として具体的に契約で定めている内容などが手掛かりになる。その詳細は，民法総則に譲る。

(c) **契約内容の修正――修正的解釈**

契約内容の修正（修正的解釈）[51]とは，表示行為の意味の確定（狭義の契約の解釈）によって確定した契約の内容が合理的でないと考えられる場合に，「解釈」の名の下で，合理的な内容となるように内容を修正することをいい，**例文解釈がその例である**（最一小判昭 42.11.16 民集 21 巻 9 号 2430 頁，判タ 213 号 228 頁〔貸金債権担保のため，不動産に抵当権を設定するとともに，同不動産につき停止条件付代物弁済契約又は代物弁済の

---

[48]「特段の事情」を認めなかったものとして，最一小判昭 42.12.21 集民 89 号 457 頁（ダム建設に関する協定書及び契約書の証明力が争われたもの），最一小判昭 45.11.26 集民 101 号 565 頁（農地の売買契約書及び領収書の証明力が争われたもの）等がある。また，「特段の事情」を認めたものとして，前掲最判昭 30.10.4（売買契約証書の土地表示部分の証明力が争われたもの），最二小判平 19.6.11 集民 224 号 521 頁，判タ 1250 号 76 頁（コンビニエンスストアのフランチャイズ契約書のチャージ算定方法の証明力が争われたもの）等がある。

このように「特段の事情」の有無は，文書に記載された文言その他の表現について，前記①，②で述べたとおり当事者が通常の用語法と異なる意味を共通の理解としていたかどうかによって決まることになる。

なお，文書に記載された文言その他の表現の意味が通常の用語法では一義的に明らかとはいえず，当事者が共通の意味を付与しているともいえない場合には，契約の目的，契約締結過程等に照らして当該文言に関する当事者の意思がどのようなものであったかが探求されることになる。

[49] 前記注 47) にある文書の形式的証拠力が認められると，作成者の思想（意思や認識等）がその文書に示されたことになる。もっとも，例えば，報告文書において不正確な内容が記載される場合があるなど，文書の記載内容が常に真実を表示しているとは限らない。そこで，その文書によって記載された文言や表現に沿った事実があったと認めてよいかどうかを検討する必要がある。この場合における，文書の記載内容が要証事実の証明に役立つ程度のことを文書の**実質的証拠力**（証明力・証拠価値）という。

[50] 磯村・争点Ⅰ 33 頁，四宮＝能見・前掲注 27）214 頁参照。

[51] 磯村・争点Ⅰ 33 頁，四宮＝能見・前掲注 27）218 頁参照。

予約を締結した形式がとられている場合において，契約時におけるその不動産の価額と弁済期までの元利金額とが合理的均衡を失するようなときは，特別な事情のない限り，同契約は，債務者が弁済期に債務の弁済をしないとき，債権者において，目的不動産を換価処分してこれによって得た金員から債権の優先弁済を受け，残額はこれを債務者に返済する趣旨であると解するのが相当であるとされたもの]52等参照)。これは，「解釈」とはいうものの，実質的には契約条項の「修正」であり，どのような法的根拠でどこまで許されるのかが問題となる。その詳細は，民法総則に譲る。

III 債権と請求権

債権の本来的効力に請求力を含むとする立場（本書10頁参照）を前提にすると，**債権と履行請求権の関係をどのように理解するか（債権と履行請求権は同じか）**が問題となる[53]。この問題を考えるためには，まず請求権概念の歴史をみておく必要がある。なお，「請求権」の用語は，多義的に種々の意味合いを持って慣用され，①特定の人に対して特定の行為を要求（請求）することができる権利の総称として用いられる場合（**一般的意義での請求権・広義の請求権**）と，②上記①の請求権に基づいて生ずる即時の履行を求める権能として用いられる場合（**権能としての請求権・狭義の請求権**）とがあるが，両者はしばしば混同して論じられるため，注意する必要がある。

(1) 請求権概念の歴史――アクチオ（actio）から Anspruch[54] へ

ドイツ後期普通法の時代，後にパンデクテン法学の集大成者となったヴィントシャイトは，その若き日の労作『現代の法の立場からみたローマ市

---

52 本文の最判昭 42.11.16 は，停止条件付代物弁済契約又は代物弁済の予約の形式をとった契約について，一定の事情が認められる場合には，原則として，処分清算関係を伴う債権担保契約と解すべきであるとされたものである（横山長・判解民昭 42 年 706 頁参照）。上記判決は，契約の解釈の形をとっているが，個別的な契約解釈というより一般的・類型的な法理を述べており，修正的解釈がされた例であるとみることができよう（磯村・争点 I 33 頁参照）。

53 潮見・新注民(8) 6-8 頁参照。

54 詳細は，奥田・展開第 1 章，第 2 章参照。

民法上のアクチオ』（1856年）において，ローマ古典法上のアクチオ（actio）の実体法的翻訳概念として「請求権」（Anspruch）の概念を用いるべきことを提唱した。それまでは，アクチオは，訴え・訴権（Klage, Klagerecht）として理解されており，権利（実体権）と訴権とを架橋する概念がなく，実体法的な法律関係の中に訴訟法的要素が渾然一体的に理解されており，実体法と訴訟法の関係の体系的分化は未確立であった。ヴィントシャイトは，ローマ人の法観と現代の法観との根本的違いを強調し，ローマ人にあってはアクチオが第一義的なもの，権利はその背後に隠れた第二義的なものである（アクチオなくしては権利は認識され得ない）のに対し，現代の法観では権利が第一義的なもので，訴権は権利に当然伴うものであるにすぎないこと，ローマ人がアクチオをもって表すものは，現代の法観では実体法的権利の主張，権利の裁判上の主張であるが，これは権利ではなく，実体権の対人的方向，対人的関係での実体権にほかならないとし（したがって，相手方の実体法的義務がこれに対応する），これを「請求権」（Anspruch）と表現する。

　ヴィントシャイトによれば，権利は，その侵害によって，当時の学説が考えていたように直ちに訴権に転化するものではなく，まず実体法的関係としての請求権という形態をとる。この請求権の不満足によって初めて請求権から訴権へと転化する，と主張した。ローマ法のアクチオは，訴権ではなく，実体法的権利主張であり，権利の表現である。すなわち，アクチオは「吾人がまさに得べきところのものを裁判上請求し得る権利」（ケルスス）であり，「人が他人に対し要求し得るところのもの」に対する表現であって，「請求権」の語をあてることが最もふさわしい。ヴィントシャイトは，このように，ローマ法のアクチオを請求権として把握することにより，ローマ法のアクチオの諸関係を請求権で置き換え，現代法の中で活かし得る要素をことごとく請求権の関係として再生し，当時の私法体系を請求権の体系として確立した。この作業は，実体法的諸関係から訴権法的要素を洗い流し，実体法体系を権利・義務の自足的体系として確立しようとする彼の作業の第一歩ともいうべきものであった。

　このようにして，請求権は，「権利の概念でも訴えの概念でもない第三の概念」，また，「基礎にある権利の性質を顧慮することなく，権利の人的方向を，しかも裁判上・裁判外において特定人に対して主張され得る状態

における権利を示すのに適当な概念」と評価されるようになった。

(2) ドイツ民法上の請求権と債権

ドイツ民法典（BGB）の立法に際しては，ヴィントシャイトの絶大な影響の下に，請求権概念は彼の与えた定義そのままに採用された。ただ，直接には，総則の消滅時効の対象として次のように規定された（ド民194条1項）。「他人に対して作為又は不作為を要求する権利（請求権）は時効にかかる[55]」。

物権法においては「所有権に基づく請求権」（985条以下）の節で，いわゆる物権的請求権及び付随的請求権につき，また占有の章では占有に基づく請求権の規定がある。

債権法（2001年改正後のドイツ民法〔ドイツ債務法現代化法〕）では，その冒頭に，「債務関係の効力により，債権者は債務者に対して給付を請求する権利を有する。給付は，不作為の形態でも成り立ち得る」（241条1項）と規定された。194条1項の「他人に対して作為又は不作為を要求する権利（請求権）」と，241条1項の「債務者の給付（不作為を含む）を請求する権利」とは，実質的に同一内容であるとされている。なお，広義の債権（Schuldverhältnis im weiteren Sinne）とは，個々の請求権（個々の債権）を生み出す母体となるもの――殊に継続的債権関係において顕著である――をいい，この広義の債権（関係）と請求権の関係は，あたかも物権と物権的請求権の関係に対比することができるものだと説明される。

(3) 我が国の民法における請求権

民法上は，請求権の定義規定は存しない。また，法典上に請求権という用語が用いられている例は，「損害賠償の請求権」（721条・724条），「相続回復の請求権」（884条）の例など，ごく僅かにしか見られない。しかしながら，「……を請求することができる」という表現は民法典に多数見いだされ，これらの場合の大部分は教科書等において「××請求権」と簡略に表現されており，「償還をさせることができる」（299条1項），「償還

---

[55] § 194 I BGB : Das Recht, von einem anderen ein Tun oder Unterlassen zu verlangen (Anspruch), unterliegt der Verjährung.

を受けることができる」(391条)等の規定についても同様である。これらにおいて共通なことは，全て，「ある特定人が他の特定人に対して，あることを(作為・不行為)請求し得る実体法的関係」が成立している場合に，それを簡潔に「請求権」という語で表しているといえよう。

(4) 債権法以外の分野での請求権[56]

例えば，所有権その他の物権に基づく物権的請求権，占有権に基づく請求権(占有訴権)，親族法上の同居請求権，扶養請求権，親権に基づく子の引渡請求権等は，いずれも基礎にある権利又は法律関係を基盤として一定の要件の下に発生し，基礎にある権利・法律関係からはある程度独立したものとして観念されながら，基本的にはそれによって制約され，運命を共にする面がみられる。したがって，これらの請求権の内容・効力は全て基礎にある権利・法律関係の性質に応じ，それによって規定される。ただ，債権法以外の分野において生ずる請求権であっても，例えば，占有者・回復者の法律関係として現れてくる果実の返還請求権・代価の償還請求権(190条)，占有物の滅失・損傷に対する損害賠償請求権(191条)，占有者の費用償還請求権(196条)等は，個別的な債権とみてよいし，また，扶養請求権も具体化して確定金額の支払請求権となれば，これは債権とみてよいわけである。そしてこれらには債権法の規定を適用して妨げない。

(5) 権利と請求権の関係

㋐ 物権と(物権的)請求権

債権が最初から特定人に対して一定の行為を請求することができる権利として成立するのに対し，物権の場合は，物権的支配に対する違法な侵害があって初めて，**物権者は侵害者に対する具体的な行為(侵害の除去・防止等)を請求する権利(物権的請求権)を取得する**。この**物権的請求権(広義の請求権)**に基づいて，現実的に相手方に対する行為を請求する権

---

[56] 請求権という名称が付されていても，その実は形成権とされているものが若干ある。例えば，造作買取請求権(借地借家33条)，建物買取請求権(借地借家13条1項・14条)，地代・家賃の増減請求権(借地借家11条・32条)などがそれである。また，財産分与請求権(768条・771条)のように，一切の事情を考慮して裁判所が内容を定める場合も，通常の請求権とは異なるものである。

能としての請求権（狭義の請求権）が生ずる。

　物権的請求権は，物権に対する侵害状態が続く限り不断に発生し，通常は発生と同時に履行期にあるから，「請求権」とそれに基づいて生ずる「請求権能」とを区別する実益に乏しいが，例えば，物権者が義務者に一時的な期限の猶予を与えたような場合には，両者を区別して観念し，物権的請求権（広義の請求権）は存在するが，現実に請求権能（狭義の請求権）を行使し得るのは猶予期限の経過後であると解することができる。

　なお，物権が侵害された場合には不法行為に基づく損害賠償の関係も生ずるが，この関係は，物権からは遮断され，債権債務関係として処理される[57,58]。

(イ)　債権と請求権

　先に，債権とは，「特定人（債権者）が他の特定人（債務者）に対して一定の行為（給付行為）を請求することができる権利」であると述べた（本書6頁）。

　債権は，その本来的効力として請求力を内在しているので，物権と異なり，侵害を待つことなく，最初から特定人に対して一定の行為を請求する

---

[57] 物権的請求権は，物権に対する侵害状態が存在する限り，その物権から不断に発生するものであると一般に考えられている（林良平『物権法』〔1951年・有斐閣〕33頁，於保不二雄『物権法(上)』〔1966年・有斐閣〕35頁）。この見解によると，物権的請求権は，例えば侵害状態の廃止や侵害者による権限の取得によって侵害状態が解消しない限り，消滅することはない。このような実体法的認識を訴訟における攻撃防御方法にそのまま反映させると，物権者は，現在（口頭弁論終結時）の侵害状態の存在を主張・立証しなければならないことになる（「現占有説」といわれる。司法研修所・類型別58頁参照）。もっとも，物権的請求権も一般の権利と同様に一旦権利が発生しさえすれば消滅するまで存続するとして，過去の一時点の侵害状態を主張・立証すれば足りるとする見解（「もと占有説」といわれる。佐久間毅『民法の基礎(2)〔第3版〕』〔2023年・有斐閣〕327頁参照）もある。

　他方，物権侵害による不法行為に基づく損害賠償請求権についてみると，過去の一時点に侵害状態が存在すれば，物の使用収益が妨げられるという継続的不法行為が成立し，その状態が解消されるまでに生じた損害の賠償を請求することができるという債権債務関係に還元されることになる。

[58] 物権的請求権は，不断に発生するところから，実務上は，訴え提起時及び口頭弁論終結時における各物権的請求権は，侵害状態が継続している限り，同一の請求権として認識されるのが一般的である。もっとも，その理論的問題を突き詰めた論文として，山本克己「物権的請求権と既判力の作用」法学論叢182巻1・2・3号（2017年）25頁があるので参照されたい。

ことができる権利として成立する。そのため，債権と請求権は同一であるといわれることがあるが，この場合には，一般的意義での請求権（広義の請求権）が念頭に置かれている。これに対し，債権と請求権は異なる概念である（請求権は債権に基づいて生ずる）といわれることもあるが，この場合には，権能としての請求権（狭義の請求権）が念頭に置かれている。以下では，債権法の分野において請求権の用語がどのように用いられているかについてみる。

(a) **債権と同義で用いられている場合**

不法行為に基づく損害賠償請求権（709条・724条）や不当利得返還請求権（703条・704条）というとき，それらは損害賠償債権・不当利得返還債権というのと全く異ならない。これらにおいては，損害賠償を求めることができる，又は不当利得の返還を求めることができる実体法的法律関係（権利者側の地位）の全てを表しているからである[59]。

(b) **債権に基づき請求し得る具体的内容を表す場合**

例えば，債権に基づく履行請求権（412条の2第1項参照[60]）は，債権の内容又は効力というべきものであって，概念的には債権とは区別される。というのは，ドイツ民法（241条1項）もいうように，「債務関係の効力により，債権者は債務者に対して給付を請求する権利を有する」のであって，「給付を請求する権利」という側面を給付請求権と呼ぶならば，債権は履行請求権（給付請求権）を生み出す根拠であり，履行請求権（給付請求権）は債権の内容又は効力とみることができるからである[61]。この場合の「請求権」は，債権に内在する権能としての請求権（狭義の請求権）という意味で用いられている。

---

[59] 債権には，契約債権のようにその発生時から物権と並ぶ財産権としての地位を占めるものがある一方，所有権や人格権が侵害されたことにより初めて発生する不法行為に基づく損害賠償債権や不当利得返還債権のような法定債権がある（本書12頁）。後者は，機能的には所有権や人格権の保護手段としての性格を有するが，それ自体が独立した財産権としての取扱いも受けることになる。この点につき，奥田・前掲注15）法時82巻12号98頁参照。

[60] 債権法改正の審議過程では，「債権者は，債務者に対し，その債務の履行を請求することができる。」との規定を設けることが議論されたが，最終的には見送られた。その理由は，債務の履行が不能であるときは履行の請求をすることができない旨の規定（412条の2第1項）により，債権者が債務者に対して債務の履行を請求することができる旨も表現されていると解されたことによる。

(c) 債権が抽象的・包括的内容の権利ないし地位を表し、請求権はその中の具体的・個別的内容を表す場合

(b)の場合と本質的に違わないともいえるが、ここでは一応、別に扱っておく。

例えば、賃貸借関係についてみると、賃借人としての権利が帰属する地位が債権（賃借権）であるのに対し、それを実現するための手段として複数の具体的・個別的行為（引渡し、修繕等）を求める請求権が存在するという関係にある。また、貸金債権の場合でも、例えば、債務者あるいは第三者の弁済により100万円という価値が帰属すべき地位を表す債権と、それを実現するための手段としての100万円の支払を求める給付請求権とを概念上区別することが有用である。特定物引渡債権についても同様に理解することができる。400条にいう「債権の目的が特定物の引渡しであるときは」の「債権」は、決して「特定物の引渡し」という行為のみを求める

---

61 我妻・5-6頁は、債権の本質（本体的権能）は給付受領権であるとし、請求権はこの本体的権能に伴う作用である、として次のように説かれる。「債務者が給付をしないときは、債権者はこれに対し給付をなすべきことを請求することができる。債権が権利とされることの実際上最も重要な作用はこの点にあることは疑いない。そのために、債権は債務者に対して給付を請求する権利だと説かれることが多い。しかし、理論的にいえば、債権と請求権（Anspruch）とは同一のものではない。請求権の中には物権的請求権、親族権的請求権などもある。のみならず、債権は債務者の給付を受領することを法律上正当視される点にその本体を認めるべきであって、債務者に対して請求することは、この本体的な権能に伴う作用とみるのが正当である。」

於保・5-6頁は、請求権は債権の主たる内容、効力、基本権たる債権から派生する一権能であって、債権と同一ではないとして次のように説明されている。「債権は、債務者に対する請求力を主たる内容としている。そして、法律上の請求力は、請求権という独立の権利として観念されている。だから、債権と請求権とは、しばしば、同義語として混用されている。しかしながら、債権の内容は、請求力につきるものではなく、債務者からの給付利益を獲得しそれを保持する効力（給付保持力）をも有している。権利意思説は、債権の本体を請求力におくが、権利利益説は、債権を生活利益獲得の可能力（財産権）とみて、請求力はそのための一手段、一作用と考えている。……請求権は基本権から派生する一権能であって、原則として、基本権の性質をうけ、また、基本権と法上の運命を共通にする。だから、厳密には、債権と請求権とは区別しなければならない。」

上記と同様に、履行請求権を債権に内在する効力・権能の1つと位置付ける見解として、中田・61頁以下も参照。

これに対し、履行請求権を、債権に内在する効力・権能ではなく、債務不履行に対する救済手段として位置付け、債務不履行の効果であるとする見解もある。潮見・Ⅰ274頁、潮見・新注民(8)9頁参照。

権利（請求権）とは同義ではない。「特定物債権は，特定物の占有を移転する場合のみでなく，占有とともに所有権をも移転する場合を含む」（於保・28頁）とか，「占有引渡とともに所有権の移転を含むこともあるが（売買など），占有引渡を目的とすることで足り（賃貸借，寄託など），少なくとも，占有引渡を最小限度の内容とする債権である」（林ほか〔林＝安永〕・31頁）と説明される。そうであるから，**「特定物の引渡し」という具体的行為のみを求める側面を「特定物引渡請求権」と呼ぶならば，「特定物引渡債権」とは，特定物引渡請求権をその内容として含む権利（地位）ということになる。**この権利（地位）は，売買，賃貸借（貸主の場合，借主の場合），寄託等で異なる。債権自体の満足は，目的物の引渡しで済む場合と済まない場合とがある。

債権・請求権と民事手続法との関係

　債権の内容を訴訟上実現する手段は「給付の訴え」（給付訴訟）であるが，債権の内容全てを１つの給付訴訟で一挙に実現することができないことがある。というのは，先に述べたとおり（本書９頁注14）），債権という権利が満足された状態（結果）の実現自体を求める内容の給付請求（例えば，「売買契約の買主に目的物の完全な支配を取得させよ」というような請求の趣旨）は，その内容が余りにも抽象的すぎて成り立たないため，この場合，給付の訴えにおける訴訟上の請求（以下，単に「請求」ともいう）の対象は，結果を実現する手段としての具体的・個別的な行為とせざるを得ないからである。

　そのため，**訴訟上の請求は，例えば，買主の権利については，特定物の引渡（占有の移転）請求訴訟，所有権移転登記請求訴訟等，それぞれ給付結果（債権の満足）を実現するために必要な行為に応じて，いわば分断される。逆にいえば，給付訴訟の審判対象としての請求（その内容である一定の権利又は法律関係を「訴訟物」という**[62]**）となり得る程度に具体化し個別化された行為を求める権利を「請求権」と呼ぶのが合目的的であるといえよう。**

　このように，債権が実体法上の権利ないし権利的地位として包括的なものになればなるほど，債権と請求権（履行請求権）との区別は意味を

持ってくる。例えば，賃借権という債権（債権的地位）は，借主（債権者）が貸主（債務者）に対し，「目的物の約定どおりの利用をさせること」を給付内容として要求し得る権利であるが，これを達成するために，目的物の引渡し（占有の移転），目的物の修繕，目的物の利用の上で妨害があるときは貸主が妨害を排除すべきこと等の具体的・個別的行為を求めることになるわけである。もっとも，賃貸人が賃貸借契約の有効性を争い，賃借権の存在自体を否定しているようなときは，賃借権（債権）の「確認の訴え」（確認訴訟）が有意義であるが，そうではなくて，ただ義務の履行を怠っているような場合は，給付訴訟を提起し，必要に応じて，「賃貸人は賃借人に対して賃貸目的物を引き渡せ」（特定物引渡請求権），「賃貸人は目的物の修繕をせよ」（修繕請求権）というように，具体的・個別的行為を求めることになる。この場合，ただ抽象的・包括的に「賃貸人は賃借人に対し目的物の使用をさせよ」（債権自体を主張）としただけでは，給付訴訟の内容たる訴訟物を特定したことにはならないのである（賃借人の使用中に賃貸人がこれを妨害するような場合には，請求内容を特定するため，具体的・個別的に，例えば「鍵を交換するなどして使用を妨げてはならない」〔不作為請求〕とすべきであろう）。したがって，**これらの場合，給付訴訟の訴訟物を成すものは債権自体ではなくして請求権である**，と考えるのが適切である。

このようにみると，**ここにいう「請求権」とは，具体的・個別的行為を請求する権利（権能）であり，その「行為」をどのようなものとして捉えるかは，給付訴訟及びそれに続く履行の強制（414条1項）を考慮して合目的的に決定されるべきである**，ということができる[63]。これら

---

[62] ここでいう「訴訟物」とは，原告によって主張される権利や法律関係自体を指すものとして用いている。これは，司法研修所・一審解説6頁，司法研修所・新問研3頁によったものである（**最狭義の訴訟物**）。なお，民事訴訟法134条2項2号の「請求」は，裁判所に対する要求という意味で用いられており，原告が特定の権利や法律関係を主張し，その権利や法律関係について裁判所に一定の内容（裁判所が被告に対して命ずべき行為や確認すべき権利・法律関係）と形式（給付・確認・形成）の判決を求めることを意味するものであり，**広義の訴訟物**といわれる。また，民事訴訟法266条の「請求」は，原告の被告に対する関係での特定の権利や法律関係の主張の意味で用いられ，**狭義の訴訟物**といわれている。

[63] 奥田・展開271-272頁，273頁注(3)，305-305頁，309頁注(2)(3)参照。

の個別的行為請求権を債権と呼ぶことは，用語の問題であるから自由であるが，実体法的地位である債権との間の上記のような関係があることに留意する必要がある。

Ⅳ　債務の構造とその性質

(1)　債務の分類——給付義務・付随義務・保護義務

　債権者の地位ないし権利が債権であることに対応して，債務者の地位ないし義務が債務である。債権が債務者に対して一定の行為（給付）を求める権利であり，一定の給付結果を取得しこれを保持し得る地位であることに対応し，**債務は，債権者に対して一定の行為（給付）をすべき義務であり，一定の給付結果を債権者に取得させるべき地位**ということができよう[64]。このように一定の行為（給付）をすべき義務は給付義務と呼ばれている。この意味では，債務はまた，給付義務であるといってよい。もっとも，給付義務は，債務者の負担する主要な義務ではあるが，債務者の負担すべき義務はこれに尽きるものではなく，債務者は給付義務のほかに，給付義務に関連して，ないしは給付義務に付随して，債権者に対して種々の義務を負うことが明らかにされるに至っている[65]。

　以下，この点について述べる。

(ア)　給付義務

　給付とは，債務者の行為を通して債権者に帰属すべき利益ないし価値の総体であり，そのような**給付結果を実現すべき義務，そのために債務者に義務付けられている行為をすべき義務が給付義務**である。このような給付

---

[64] 「給付」ないし「給付行為」の意義については，本書3-4頁参照。
[65] ドイツ及び我が国の学説の展開の詳細は，松坂佐一「積極的債権侵害の本質について」法学会論集15巻1号（1944年）1頁（同・取消217頁以下），林良平「積極的契約侵害論とその展開」法学論叢65巻5号（1959年）1頁，71巻2号（1962年）1頁（同・交錯131頁以下），北川・責任第3章，潮見・構造「第1部　債務履行過程の基本構造」（2-170頁），潮見・Ⅰ159頁以下，潮見・新注民(8)23頁以下参照。

義務の内容，したがって「給付」の内容は，契約に基づき発生する債権関係においては，既に本書13頁以下で述べたとおり，まず，契約（合意）により[66]その全部又は少なくともその本体的（中核的）部分が定まるが，なお不十分な部分ないし未定の部分があれば，慣習・任意法規・条理などによる補充によって定まる。

給付義務の具体例

例えば，売買契約における，売主の債務についてみると，買主（債権者）に売買目的物についての完全な所有権を取得させることが給付の内容であり，そのために必要な行為をすべき義務が給付義務である。具体的には，目的物の所有権を移転すべき義務（555条)[67]・目的物を引き渡す（占有を移転する）義務・対抗要件を具備させる義務（560条。目的物が不動産の場合は所有権移転登記をする義務)[68]等があり，これらは，いずれも，具体的・個別的行為（手段）としての給付義務である（本書33頁）。

(イ) 付随義務

債務者が負うべき義務の中には，給付結果の実現それ自体のために直接必要なものではないが，給付結果を通して債権者が実現ないし獲得を目指す利益（給付利益）確保のために付随的に必要とされるものがあり，このような義務は，**付随義務**と呼ばれる[69]。

---

[66] もちろん，契約（合意）の解釈を通して初めて内容は確定される（以下，同じ）。意思表示ないし契約の解釈による契約の成立と内容の確定の問題については，本書15頁以下を参照されたい。

[67] もっとも，売買契約当時，目的物所有権が売主に帰属していたときは，所有権は，原則として当然に買主に移転するというのが判例の立場であるから，他人物売買の場合を除いて，売主の所有権移転義務の履行が問題となることはない（本書8頁）。

[68] 本文に掲げたもののほか，実務によくみられる例として，目的物が農地の場合，都道府県知事に対して転用許可等の申請に協力する義務がある。

[69] 付随義務については，潮見・構造「第3章 履行過程における付随義務」(52-84頁)，潮見・新注民(8)24-26頁参照。なお，高田淳「付随義務の分類(一)～(三)」法学新報126巻9・10号55頁以下，126巻11・12号41頁以下，127巻1号1頁以下（2018年）は，付随義務を詳細に分類し，整理したものである。

(a) 給付利益の確保のため必要な行為をすべき義務

付随義務の具体例①

　例えば，売買契約における売主の債務についてみると，上記(ア)に述べたとおり，目的物の所有権移転義務・引渡義務・登記移転義務は，給付結果を実現するために必要とされる義務（具体的・個別的給付行為のレベルでの給付義務）であるのに対し，目的物の据付け・組立てをする義務や，目的物の使用方法（機械の操作方法等）を買主に説明すべき義務は，目的物の完全な所有権の取得という給付結果の実現に直接必要なものではないが，**買主が給付結果を通じて実現しようとした利益（給付利益）を確保するために付随的に必要とされるものであって**，付随義務として位置付けられる[70]。

　また，このほかに，集合住宅の賃貸人（債務者）は，入居者の中に騒音・悪臭を発生させるなどの迷惑行為を行って他の賃借人（債権者）の利用環境を害する者がいる場合，賃貸借契約に付随する義務として迷惑行為をやめさせる（行為者を排除する）義務を負う場合もあると考えられる[71]。

　以上のような付随義務は，契約（合意）によって生ずる場合もあるが，信義則を根拠として認められる場合もある[72,73]。
　この義務違反によって履行遅滞又は履行不能を招来するときは，履行遅

---

[70] 給付目的物の調達・保存等，債務の履行のために不可欠な準備行為をする義務も付随義務に挙げられることがある。もっとも，このような義務の違反は，それ自体が債務不履行として損害賠償義務等の効果をもたらすものではなく，給付義務違反があった場合に有責性の判断根拠となるほか，債務不履行の前段階たる債権の危殆化の兆候となるものである。

[71] もっとも，賃貸人が賃借人に対して無限定に近隣居住者による迷惑行為を排除すべき義務を負うわけではない。
　なお，この点につき，高田・前掲注69）法学新報127巻1号17-18頁は，信義則に基づく契約目的支援義務であるとし，この義務を認めるための基準として，①給付結果には含まれないが，主たる給付義務が実現しようとしている利益，又はそれと密接に関連する利益であって，両当事者にとって客観的に認識可能である利益が存在すること，②契約目的を達成するためには，当該契約目的支援義務を認めることが不可欠であり，その義務を課すことが相手方に対して受忍要求可能であるといえることを挙げる。

滞・履行不能の法理に従ってその効果が規律されれば足りるが，遅滞・不能以外の態様で債権者の給付利益を侵害した場合，例えば，売主が目的物を引き渡した際，その使用方法について買主に適切な指示を与えなかった（又は誤った指示を与えた）ために買主が使用方法を誤って目的物を壊してしまった場合などには，付随義務の不履行として415条に基づき損害賠償義務を負う（詳しくは，上巻223頁参照）。

(b) **給付利益の実現を危殆化する行為を行わない義務**
　　　――誠実行動義務ないし信頼維持義務

契約当事者の重大な背信行為は，契約目的の実現に不可欠な当事者間の信頼関係を破壊し，給付利益の確保を危うくする場合がある。

付随義務の具体例②

例えば，建物建設請負契約において，第三者（付近住民等）との間に紛争が生じたような場面では，場合によっては，請負人（債務者）は，当該第三者を利するような行為をしてはならない義務はもとより，**注文者に協力して紛争解決に向けて努力すべき義務**を負うこともあるというべきであって，このような義務もまた，債務者の負うべき付随義務と位置付けることができよう。

---

[72] 最一小判平21.1.22民集63巻1号228頁，判タ1290号132頁は，預金契約は消費寄託の性質を有するものであるが，預金契約に基づいて金融機関の処理すべき事務には，預金の返還だけでなく，振込入金の受入れ等，委任ないし準委任の性質を有するものも多く含まれているとした上，これらの事務処理の適切さについて判断するため必要不可欠なものとして，預金契約に基づく預金者に対する預金口座の取引経過開示義務（報告義務の一態様と解される）を認めた。

[73] 不法行為責任が問題となった事案であるが，最三小判平17.7.19民集59巻6号1783頁，判タ1188号213頁は，貸金業者について，債務者から取引履歴の開示を求められた場合には，その開示要求が濫用にわたると認められるなど特段の事情のない限り，貸金業の規制等に関する法律の適用を受ける金銭消費貸借契約の付随義務として，信義則上，その業務に関する帳簿に基づいて取引履歴を開示すべき義務を負うとした。この判決については，潮見佳男「貸金業者の取引履歴開示義務」NBL822号（2005年）10頁も参照。

(ウ) 保護義務

　給付義務・付随義務（これらは給付利益の保護へと向けられた債務者の義務である）のほかに，これと並んで，**債権者・債務者間において相互に，相手方の生命・身体・所有権その他の財産的利益を侵害しないように配慮すべき注意義務**が存する[74]。これを**保護義務**（Schutzpflicht）と呼ぶ。その保護法益は，**相手方の生命・身体・健康の完全性，及び所有権その他の財産的利益**であって，**完全性利益**（Integritätsinteresse）とも呼ばれ，一般的には不法行為法による保護の対象とされるものである。にもかかわらず，上記の注意義務が契約法ないし債務不履行法上の義務とされる理由は，当事者が契約ないし債権債務の関係を媒介として，債権者・債務者という特別な結合関係に入ったために，相互にこれらの法益に干渉し関与する可能性が濃厚となったこと，及び，各当事者が相互に，相手方の法益を侵害しないことへの信頼を付与していること（ドイツの学説は，これを「要求せられたる信頼の付与」〔Gewährung in Anspruch genommenen Vertrauens〕という）に求められている[75]。

保護義務の具体例

　例えば，家具の売主が目的物を買主宅に搬入する際，買主の所有する花瓶を壊してしまったような場合に保護義務違反が問題となる。

　また，購入したひよこが伝染病に罹っていたため，買主が所有していた他のひよこに感染した場合（いわゆる拡大損害の事例。本書206頁参照）には，伝染病に罹ったひよこを引き渡したという点で主たる給付義務の違反（契約不適合）があるとともに，買主の財産（他のひよこ）を害したという点で保護義務違反があるといえる。

　その他，危険な機械を売却したのに取扱説明書を交付せず，買主が取

---

[74] 完全性利益の保護が契約の目的とされる場合（例えば，幼児の預かり保育を目的とする契約）もあり，その場合には，保護義務は主たる給付義務である（給付義務と保護義務は重なる）。本書249頁参照。

[75] 保護義務については，奥田・接点，潮見・構造「第4章　債務履行過程における完全性利益の保護構造」（85-161頁），潮見・新版注民⑩Ⅰ 15頁，30頁参照。

扱いを誤ってけがをしたという場合には，付随義務違反とともに保護義務違反が問題となる。

(2) 結果債務・手段債務

(ア) 分類の基準

これは，債務者が一定の結果の実現自体を給付の内容として約束しているか（**結果債務**），目標到達に向けて合理的な注意を尽くして適切に行為することが給付内容となっているか（**手段債務**）による区別である[76]。

結果債務のうち典型的なものは，売買契約に基づく物の引渡債務である。この場合は，対象物が引き渡されるという結果が重要であって，債務者自身の引渡行為はその結果を達成するための手段にすぎず，債務者は物の引渡しという結果の実現を約束していると考えられるから，結果債務に分類される。

他方，診療契約上の債務は，治癒という結果の実現自体を約束するものではなく，治癒という目標到達を目指してその当時の医療水準にかなった適切な医療行為を行うことを内容とするものと考えられるから，手段債務に分類される。

(イ) 分類の有用性

この分類は，裁判実務において，**債務不履行責任の要件，立証対象，証明責任の所在**を考える上で意味を有する。すなわち，結果債務（売買目的物の引渡債務等）の場合は，約束された一定の結果（物の引渡し等）が実現されなければ，債務の本旨に従った履行がないとして債務不履行が認められ，債務者の側で帰責事由の不存在ないし免責事由（その責めに帰することができない事由）を主張・立証する必要があると考えられるのに対し，手段債務（一般的な診療債務）の場合は，合理的な注意を尽くして適切に行為しなかったことが，債務不履行（不完全履行）を構成する事実として債権者の側で主張・立証すべきものと位置付けられるが，そうする

---

[76] フランス民法に由来する分類である。一定の結果の実現自体を約束しているか否かは，契約の趣旨，内容，性質，発生原因等に照らして解釈される。寄託契約のように，1個の債権関係の中に結果債務と手段債務が併存する場合もある。

と，結果債務と手段債務とで帰責事由の内容やその証明責任の所在が異なることになるのかなど，債務不履行責任における「不履行」と「帰責事由」の判断枠組み及び証明責任の所在を検討するための道具概念として，この分類は有用である（詳細は本書264頁参照）。また，給付の内容及び債務の履行構造を定型的・類型的に分析して把握する必要がある場面においても，結果債務・手段債務を区別することは有益である[77]。もっとも，両者の区別は一応のものであって，**現実の債務は手段債務と結果債務の性質の混合・融合したものが多い**ことにも留意すべきである[78]。

---

[77] 本書10頁の図参照。「A　与える債務・為す債務Ⅰ」が結果債務に，「B　為す債務Ⅱ」が手段債務に，それぞれ位置付けられる。
[78] 奥田昌道「民法学のあゆみ」法時67巻11号（1995年）70頁，奥田昌道＝松岡久和「債権関係規定の見直し」法時86巻12号（2014年）4頁参照。

第2節　債権の性質

I　相対性

　物権には特定の義務者はなく、天下万人が権利者の客体（有体物）に対する支配を妨害しないように義務付けられている（一般的不可侵義務）。物権は、万人（不特定人）に対して権利者の支配の妨害を禁じ、具体的・有形的な妨害に対してはこれを排除する効力を有している。この意味において、物権は万人（不特定人）に対し効力の及ぶ権利、すなわち、対世権・絶対権といわれている。

　これに対し、債権は、特定人（債務者）のみを義務者とし、当該特定人（債務者）に対する請求力を主たる内容とする権利であるので、対人権・相対権といわれる[1]。債権は、その内容である給付を特定人である債務者に対してしか求めることができない（第三者が債務者に代わって履行することは原則的に許されるが〔第三者弁済。474条〕、第三者に対して請求することはできない）という点で相対的であるだけでなく、債務者のする給付の保持力が債務者に対する関係においてのみ効力を有するにすぎないという点でも相対的である[2]。

---

[1] 上巻10-13頁は、債権と人との関係、債権と物との関係といった観点から、この性質の特徴を述べたものであるので、参照されたい。なお、この点に関連して、債権である居住用不動産の賃借権では、債権者である賃借人を保護する特別立法（例えば、借地借家10条）により、物権（主に地上権）と同様の効果が付与されており、この限りで物権と債権との関係が修正されていること（賃借権の物権化）に注意する必要がある。

Ⅱ 平等性

　物権は，排他性を有し，同一客体の上に成立する互いに衝突し合う物権相互間においては，先に対抗要件を具備した物権が優越し，他を排除する。

　これに対し，債権においては，このような排除関係はなく，債権成立の時間的前後を問うことなく平等の効力で並存し，互いに他の債権に優越することがない。また，債務の履行は，専ら債務者の自由意思に委ねられており，一方を履行することによって他方の債務の履行が不能となると，債務者は，債権者に対し，債務不履行による損害賠償義務を負うのみである（債権の平等性）。

　このような平等性は，強制執行の段階（掴取力の貫徹〔本書124頁参照〕）においても現れ，金銭債権に基づく責任財産への執行に際しては，差押財産の売却による売却代金は，それが総債権を満足させるに足りない場合には，各債権額の割合に応じて債権者に配分されることになる（債権者平等の原則）[3]。

Ⅲ 譲渡性

　債権は，特定の債権者の，特定の債務者に対する請求力を内容とする権

---

[2] この点に関し，債権の実現が第三者によって妨げられるとき債権はどのような保護を享受できるかという問題がある。この問題は，債権者である賃借人が，直接妨害排除請求することができるかどうか（605条の4），また，不法行為に基づく損害賠償を求めることができるかどうか（第三者による債権侵害の問題）といった論点に位置付けられる（上巻13頁，中巻356頁参照。なお，潮見・新注民(8)13頁，森田・新注民(13)Ⅰ 308-323頁も参照されたい）。

[3] 債権者平等の原則が具体化するのは，個別執行（金銭債権の強制執行）や包括執行（倒産処理）の段階においてである。もっとも，実際には，債権者平等の原則（平等主義）は実体法上の優先性を反映して（例えば，租税債権や労働債権），あるいは，手続特有の原則（例えば，破産手続開始の時を基準として破産債権の範囲を確定するなど）と調整する観点などから，修正され，執行手続・倒産手続に参加した債権者間での配当面の優劣を認める考え方（優先主義）が組み込まれていることに留意されたい（潮見・新注民(8)18-21頁参照）。

利である。債権の相対性を特定人間の拘束関係（法鎖：juris vinculum）として厳格に解するときは，第三者に対する債権の譲渡ということは考えられない。したがって，債権の相対性は，同時に非譲渡性・非処分性を意味した。しかし，近代法においては，債権は，「契約は守られなければならない」（pacta sunt servanda）という規範意識に支えられ，殊に責任財産によって裏打ちされることによって，財産権としての価値あるものとされ，処分対象とされるに至っている。我が国の民法も，債務の性質が許さない場合を除いて，原則として，債権に譲渡性・処分性を認めている（466条・362条以下）。ただ，特定人間の特別の信頼関係や人格を基礎とする債権については，相対的に譲渡が制限されている。譲渡制限の特約（466条2項。なお，預貯金債権の譲渡制限の特約につき，466条の5）のある場合や，使用貸借（594条2項），賃貸借（612条1項），雇用（625条1項），委任（104条）などにおいてみられる。

このように，債権の譲渡性は，債権の財産性（給付内容の財産性及び代替性）に基礎を置くものなのである。したがって，金銭その他の代替物の引渡しを目的とする債権の財産性は高度であるが，その他の債権（殊に「為す債務」の場合）については財産性の程度が異なることに注意しなければならない[4]。

---

[4] かねてから債権譲渡の経済的機能として資金調達機能が指摘されてきたが，近時，この機能が債権の流動化（小口化・証券化）が図られることによって拡充されているほか，電子記録債権の譲渡も広く活用されるようになっている（下巻882頁以下，954頁以下参照。なお，潮見・新注民(8)22頁も参照されたい）。

第 2 章

債権の目的

第1節　総　説

I　債権の目的の意義

(1)　債権の「目的」とは何か

　民法は,「第3編　債権」「第1章　総則」の「第1節」を「債権の目的」と題し, 399条—411条にわたる規定を置いている。ここでいう「目的」とは, 手段に対する目的という意味ではなく, 対象（客体）・内容という意味である（399条・400条・402条1項ただし書・同条3項・406条・410条）。すなわち, **債権の「目的」とは, 債権の「内容」, つまり債権者が債務者に対して請求することができるところのものをいう。それは債務者の一定の行為（作為又は不作為）であって,「給付（又は給付行為）」とも呼ぶ。**

　債権の目的は, このように「給付」（401条2項等）なのであるが（本書5-7頁参照）, これと「給付の目的物」とは区別しなければならない。後者を表すのに法律は「債権の目的物」という語を用いているが（401条1項・同条2項・402条1項本文・同条2項）, 時には「債権の目的」の語で債権の目的物を指している場合もある（422条）。

(2)　給付（債務）の分類

　給付（債務）は, 様々な視点・基準によって分類される。このうち, 作為給付（作為債務）・不作為給付（不作為債務）という分類は, 債務の履行構造を理解するために有用であるほか（本書5-7頁参照）, 給付の種類・性質の違いに応じて履行の強制の方法（414条1項。直接強制, 代替

執行，間接強制その他の方法のいずれによることが相当か）を考える拠り所ともなる。

　㋐　作為債務・不作為債務

　作為債務と不作為債務とは，給付の内容が積極的行為すなわち作為（Tun）であるか，消極的行為すなわち不作為（Unterlassung, Unterlassen）であるかによる区別である。作為債務は，さらに，物の引渡しなどを目的とする「**与える債務**」と労務の提供などの作為を目的とする「**為す債務**」とに分けられる[1]。不作為債務の例としては，退職後一定期間競業しない債務や午後9時以降に楽器を演奏しない債務などが挙げられる。

　㋑　与える債務・為す債務

　「与える債務」と「為す債務」とは，作為が物の引渡し（契約時に目的物が未取得である場合など財産権の移転を含むことがある）であるか，物の引渡し以外の作為であるかによって区別される。

　「為す債務」の中には，債務者以外の第三者により給付内容の実現が可能な場合（**代替的作為債務**）と，債務者自身の行為そのものに重要性が認められる場合（**不代替的作為債務**）とがある。

　㋒　金銭債務・非金銭債務

　金銭債務と非金銭債務とは，金銭の引渡しを目的とする債権であるか，金銭以外のものの引渡しを目的とする債権であるかによる区別である（上巻60頁参照）。金銭債務と非金銭債務は，いずれも「与える債務」である。

　㋓　元本債務・利息債務

　元本債務と利息債務とは，元本の返還を求める債権であるか，利息の支払を目的とする債権であるかによる区別である（上巻66頁参照）。元本債務と利息債務は，いずれも「与える債務」のうち金銭債務である。

1　給付（債務）の分類方法につき，上巻41頁のほか，北居・新注民(8)49頁参照。

(オ) 特定物債務・種類債務

特定物債務と種類債務とは，特定物の引渡しを目的とする債権であるか，種類物の引渡しを目的とする債権であるかによる区別である（上巻44頁参照）。特定物債務と種類債務は，いずれも「与える債務」のうち非金銭債務である。

(3) 叙述の順序

民法は，「第3編第1章第1節　債権の目的」において，「給付」に特徴のある特定物債権，種類債権，金銭債権，利息債権及び選択債権に関する規定を置いている。そこで，以下では，規定の順序に沿って，特定物債権（第2節），種類債権（第3節），金銭債権及び利息債権（第4節）について述べることとする。なお，選択債権及び任意債権については，上巻90頁以下を参照されたい。

もっとも，これらの規定は，あらゆる債権を網羅的に挙げたものではなく，また，各種の債権をある一定の視点から分類したものではないことに留意する必要がある[2]。

主に履行の強制の方法という視点から各種の債権（債務）を分類すると，下表のとおりである（上巻140-142頁参照）。

作為債務	与える債務	非金銭債務	特定物債務
			種類債務
		金銭債務	
	為す債務		
不作為債務			

II　債権の目的の要件

(1) 総説

債権は，直接に法律の規定に基づきその規定の定める内容を持つものと

---

[2] 石田ほか・18頁〔荻野奈緒〕，北居・新注民(8)45頁参照。

して発生するか（**法定債権**），又は法律行為（殊に契約）によって発生する（**契約債権**）。後者の場合において，債権が発生するためにはどのような要件を具備していなければならないのであろうか。この点は，従前から債権の目的の要件として論じられているところである。

　この問題は，法律行為（契約）が成立したことを前提として，その効力が生ずるための要件（法律行為の有効要件）一般の問題にも関わるものであるが，ここでは，効果発生の側面から，特に債権の目的（ないし内容）を成す「給付」に関連して取り上げるべき点のみに言及するにとどめる。

(2)　給付の金銭的価値の存在は不要であること

　民法は，債権の成立要件に関連して，「**債権は，金銭に見積もることができないものであっても，その目的とすることができる。**」（399条）と定め，給付に金銭的価値があることは債権の成立要件ではないことを明らかにしている。

　債権の目的（内容）である給付が「金銭に見積もることができない」とは，金銭的評価が不能という場合のほか，金銭的価値のない場合も含まれる[3]。ドイツ普通法時代には本条と正反対の考え方もあったが，本条により，たとえ「金銭に見積もることができない」給付であっても，履行の強制が可能であれば，債権を発生させる目的を達成することができるのであるから，債権として成立させることに何ら問題はないとされたものである[4]。なお，保険法3条は本条の例外であるとされている。

　金銭的価値のない「給付」（例えば，祭礼を執り行う，読経をするなど）は，一般的には，当事者間に法律的拘束力を生じさせる意思がなく，又は，法律上の保護に値せず，情誼や道徳・宗教規範の規律に委ねられるべき場合が少なくない[5]。もっとも，当事者が，法律的拘束力を生じさせる意思を有する場合もあるので，このような場合には債権の目的とすることができることを明らかにしたのが本条の趣旨である。

　3　金山＝金山・新版注民(10) I 59頁参照。
　4　なお，民事訴訟法は，金銭的評価の不能な給付を求める請求の訴額は140万円を超過するものとみなしている（民訴8条2項）。

(3) 一般的要件——特に給付の確定性

　民法は，「債権の目的」の節において，399条以外に，債権の成立要件・有効要件に関する規定を置いていない。しかし，伝統的には，債権の目的の要件として，給付の適法性・可能性・確定性の3つが挙げられていた。ここでは，余り触れられることのない「**給付の確定性**」について，説明することにしたい（なお，給付の適法性・可能性については，上巻37頁を参照されたい）。

　給付は，債務者のすべき作為及び消極的な不作為の総体から成るものであるが，その内容が法律行為（契約）の成立時点で，どの程度確定したものでなければ法律上の債務として認めることができないかが問題となる。これが給付の確定性の問題である。

(ア)　給付の内容確定の基準・方法

　給付の内容は，法律行為（契約）成立の時点で具体的に確定するまでの必要はないが，履行までにこれを確定し得るだけの基準ないし方法が定まっていなければならない（例えば，売買契約の場合に代金額を時価とするとき，請負契約の場合に報酬額を概算額として定めるときなど）。この基準ないし方法は，当事者の意思又は民法の補充的規定によって定まるが，これらに照らしても具体的な給付内容を確定できないような場合には債務の発生が認められない[6]。

(イ)　給付の内容確定の時期・仕方

　給付の内容が確定する時期や確定の仕方は，契約の内容，給付の種類・態様により異なるところで，とりわけ役務提供契約の役務提供債務において問題になることが多い[7]。

---

[5] 最一小判昭34.2.26民集13巻2号394頁は，訴訟外の和解により訴訟を終了させることとなった際，被告代理人弁護士が原告代理人弁護士の求めに応じ，権利濫用の抗弁を自己が主張したか否かを記録調査の上回答する旨約したとしてその履行が請求された事案において，このような約定は，日常生活においてなす友誼的な軽い約束の類いであって，当事者はこれに拘束される意思があるものとは解されないから，法律上の保護に値しないとして拘束力を否定した。上記最判につき，井口牧郎・判解民昭34年36頁参照。

一般的な診療債務の場合には，診療契約締結の時点では，医療水準にかなった適切な診療をすべき債務といった抽象的な枠としての債務が設定されるにとどまり，具体的な給付内容が細部にわたり確定しているわけではない（医療水準に関する判例については，上巻 230 頁参照）。したがって，**診療債務においては，その後の患者の容態・病状の変化等に応じてその時々ですべき作為又は不作為が具体的に定まることになる**（本書 10 頁の B 図参照）。

　また，企業が共同で行うソフトウェア開発契約や技術研究・商品製造開発事業契約のように，契約締結時に共通の目標は定まっているものの，仕様・性能等に関する内容は段階的発展的に形成されることが予定されており，契約当事者双方がその過程で果たすべき役割を分担する態様の契約もある。このような場合においては，まず，債務者が果たすべき役割は何か，次いで，双方がそれぞれどのような債務を引き受けたかを契約の趣旨等を踏まえて確定する必要がある[8]。

---

[6] 最三小判平 9.10.14 集民 185 号 361 頁，判タ 957 号 147 頁は，ゴルフ場の建設工事中の時点で将来における完成，開場を見込んでゴルフクラブ入会契約が締結されたが，募集パンフレットの記載内容どおりにゴルフ場が完成されなかったことが債務不履行（不完全履行）に当たるとして入会契約の解除が主張された事案において，①パンフレットに高低差 10 メートル以内のフラットなコースとする旨の記載があったことについて，「その契約内容は，全ホールについて高低差 10 メートル以内とするものではなく，できるだけ高低差が少なく全体としてフラットといい得るコースを作るというにとどまるものというべきである。」と確定した上で，事実関係に照らしこの点に関する債務不履行があるとはいえないとし，また，②パンフレット中の「プレー的魅力があり戦略性に富む名門コースとする」との記載について，「プレー的魅力があり戦略性に富む名門コースにするというだけでは，法律上の債務というには具体性がなく，この点についての債務不履行を認める余地はないというべきである」（傍点は引用者）と判示した。

[7] 北居・新注民(8)62 頁参照。

[8] 例えば，先端技術機器の検査装置のうち，本体部分を原告の担当とし，検査機器部分を被告の担当として共同開発及び製品化を行うとの合意が成立したが，被告が発注元の要求を満たす検査機器を開発製造できなかったため，原告が受注を取り消されたとして債務不履行に基づく損害賠償を請求する場合には，被告の負う債務の内容を，発注元の要求に沿う内容の検査機器を製造すべき債務と捉えるか，発注元の目的にかなった装置の開発を目指して誠実に開発行為を行うという債務（その具体的内容は開発の進展状況に応じて変化する）と捉えるかが問題となる。

第 2 節　特定物債権

Ⅰ　意　義

(1)　定義

　特定物債権とは，特定物の引渡しを目的（内容）とする債権をいう（400条）。特定物とは，当事者がその物の個性に着目して取引の対象と定めた物であって，典型的には，不動産・一点限りの美術品・中古自動車・中古機械などが挙げられる。もっとも，代替的要素のある商品（例えば，木版画）であっても，展示されている「ある」商品の状態等を重視して（例えば，画廊で展示されているある木版画の色合いを気に入って），「この」商品というように客が指定する場合には，当該商品が特定物ということになり，同じ種類の別の商品を引き渡しても履行とならない[1]。

　他方，物の個性を重要視することなく，一定の種類と数量とによって取引の対象と定められた物，つまり不特定物（種類物）の一定数量の引渡しを目的（内容）とする債権は，不特定物債権（種類債権）である（本書65頁参照）[2]。

---

[1] 不代替物・代替物の区別と特定物・不特定物の区別とは，その基準が異なる。物の**代替性は取引の一般観念によって客観的に決定される**のに対し，**特定性は当事者の意思によって主観的に決定される**。

[2] 中古品に関して，実務的にはレアケースと思われるが，磯村・277頁が，「新刊後間もない文庫本が中古書店に多数買い取られ，販売されることが多いが，このような中古書の売買においては，販売される中古書には代替性があるだけでなく，当事者がその個性に着目しているとはいえず，不特定物売買に当たる」としている点に留意されたい。

なお，特定物の引渡しを目的とする債権（400条にいう「債権の目的が特定物の引渡しであるとき」）とは，債権の目的，すなわち給付内容が目的物の引渡しに尽きるということを意味するものではないことに留意されたい（本書 33-34 頁参照）。

特定物債権（債務）は，下表のとおり，作為債務のうち与える債務の中に位置付けられる。

作為債務	与える債務	非金銭債務	特定物債務（債務）
			種類債務（債務）
		金銭債務	
	為す債務		
不作為債務			

(2) 発生原因

特定物の引渡しとは，具体的に特定している物の占有を移転することである。特定物の引渡義務の発生原因は様々である。

(ア) 契約債権

契約に基づく場合としては，贈与における贈与者の引渡義務（549条・551条1項），売買における売主の引渡義務（555条），交換における両当事者の引渡義務（586条1項），使用貸借における貸主の引渡義務及び借主の返還義務（593条），賃貸借における貸主の引渡義務及び借主の返還義務（601条），請負において完成した仕事が特定物であるときにそれを引き渡す義務（633条本文参照），委任における受任者が委任事務処理のために委任者より預かった物の返還義務及び委任事務処理の過程で取得した物の引渡義務（646条1項），寄託における受寄者の返還義務（662条1項）などがある。

(イ) 法定債権

法定債権関係に基づく場合としては，事務管理に該当する場合における他人の物を占有するに至ったときの当該物の引渡義務（701条・646条1項），不当利得の関係が生じている場合における現物返還を要するときの

引渡義務（703条）[3]の内容として生ずることもある。

Ⅱ　債務者の引渡義務

(1)　結果債務としての特定物引渡義務

　特定物の引渡義務は，結果債務と手段債務の分類（本書41頁参照）でいえば結果債務に位置付けられる。引渡義務の具体的内容は，当該特定物債権の発生原因となった契約や法律の内容によって定まる（本書12頁参照）。

　売買等の有償契約において引き渡された特定物（例えば，中古自動車）が契約の内容（562条1項にいう「品質」）に適合しないものであるとき（例えば，ブレーキの不具合があるとき）は，売主等は契約不適合責任を負う（562条―564条・559条）。その法的性質は，売主等の債務不履行責任である（415条・541条・542条）。

(2)　給付危険の問題

　目的物が引渡前に滅失又は損傷した場合に目的物の引渡義務の存否や損害賠償義務等の債務不履行責任がどうなるかが問題となる。これを「給付危険」の問題という[4]。

　売買契約の目的物である特定物が滅失したとき（例えば，中古自動車が焼失したとき）は，売主（債務者）の引渡義務は履行不能となる（412条

---

[3]　なお，取消しに伴う原状回復義務（121条・121条の2第1項）や解除に伴う原状回復義務（545条1項）は，いずれも法定債権関係に基づく場合ではあるものの，後者（解除の場合）の原状回復義務は，前者（取消しの場合）の原状回復義務とはその性質を異にする。すなわち，取消しの場合には，契約は初めから無効となるため，原状回復義務の法的性質は給付利得の返還義務であるのに対し，解除は，債権者を契約の拘束力から解放するための制度であって，解除により当初の契約関係が契約の清算を目的とした原状回復関係に変容すると解されるため，解除に伴う原状回復義務は，給付利得の返還義務ではなく，契約の清算を目的として認められる新たな返還義務である（潮見・Ⅰ599-601頁，磯村・49頁，中田・契約法225頁，渡辺・新注民(11)Ⅱ270頁参照。なお，改正民法下の学説として，山本・194頁も参照）。

[4]　本文の説明は，債務者の給付義務の存否に加えて債務不履行責任（損害賠償義務等）の存否も給付危険の問題と捉えるものである。これと異なり，債務者の給付義務の存否のみを給付危険の問題であると理解する見解もある。中田・46頁は，それぞれ「広い用法」，「狭い用法」と呼んでいる。

の2第1項参照)。したがって,売主(債務者)は,新たに別の物を調達して引き渡す必要はない(売主〔債務者〕は給付危険を負わない)。もっとも,履行不能が売主(債務者)の責めに帰することができない事由によるものでない限り,売主(債務者)は,履行に代わる損害賠償の義務を負う(415条1項・2項1号。この意味においては,売主〔債務者〕は給付危険を負う)。

他方,売買契約の目的物である特定物が損傷したにとどまるとき(例えば,中古自動車のブレーキに不具合があるとき)は,売主(債務者)は,特定物(中古自動車)の引渡義務を負うが,損傷した状態のままでその引渡しをしても,契約の内容(品質)に適合しないとして買主(債権者)から追完請求(562条1項)を受けることになる(売主〔債務者〕は給付危険を負う)[5,6]。

---

[5] 代替物を債権の目的とした場合(例えば,同一車種・年式の中古自動車が市場に流通しており,取引観念上代替性があると認められる場合),特定物売買であっても買主に代物請求権が認められるか,という問題がある。

目的物の代替性を重視して,代替物としての性格を法的処理の面に反映させる見解によると,特定物売買であっても,代替物を債権の目的とした場合には,買主に代替物(ブレーキに不具合のない中古自動車)の引渡請求権(代物請求権)が認められる可能性がある(森田宏樹「売買における契約責任」瀬川信久ほか編『民事責任法のフロンティア』〔2019年・有斐閣〕300頁参照)。

これに対し,特定物売買とは,当事者がその物の個性に着目した売買であり,当事者によってそれ以外の物を代物とすることは考えられないとされたものをいうのであるから,特定物売買である以上,当該目的物以外が売買の対象とされる余地はなく,特定物売買においては買主に代替物の引渡請求権(代物請求権)は認められないとする見解もある(磯村保「売買契約法の改正」Law & Practice 10号〔2016年〕71-72頁,磯村・276頁参照)。

2つの見解の対立は,「特定物売買」をどのようなものと捉えるかに帰着するもののように思われる(田中宏治『ドイツ売買論集』〔2021年・信山社〕405-406頁,408-410頁参照)。

[6] 代替性のない特定物(例えば,展示されているクラシックカー)の場合には,562条1項の定める追完方法のうち修補(例えば,ブレーキの修理)だけが問題となる(代替性のある特定物の場合には,前記注5)のとおり見解が分かれる)。修補が不能なときは,買主(債権者)は,追完(修補)請求をすることはできないが(412条の2第1項),自らの責めに帰すべき事由によるものでない限り,代金減額を求めるか(563条2項1号・同条3項),契約をした目的を達することができないときは契約を解除することができる(542条1項5号・543条)。

履行請求権と履行不能との関係

　412条の2第1項は，履行請求権の限界がどこで画されるかを定めたものである。同項は，履行不能の場合に，債権者が「その債務の履行を請求することができない」（その意義については，上巻194-196頁参照）としているのであって，債権が消滅すると規定しているのではないことに注意を要する。改正法は，債務が履行不能になれば本来の債権（債務）が消滅して損害賠償債務に転形するという考え方を採用しておらず，履行不能について債務者が損害賠償の義務を負う場合であっても，本来の債権（債務）は存続する（ただし，その履行を請求することはできない）。この点につき，潮見・新注民(8) 238頁以下も参照されたい。

　もっとも，賃貸借に関しては，賃料は目的物が使用収益可能な状態に置かれて初めてその対価として発生するものであるから，賃借物の一部が使用収益できない状態になった場合（賃貸人の使用収益させる債務が履行不能になった場合）には，それが賃借人（債権者）の責めに帰すべき事由によるものでない限り，賃料は当然に一部減額される（賃料債務と一部履行不能による損害賠償債務とを相殺するまでもなく，使用収益できない部分に対応する賃料債務は発生しない）と解されている（611条1項。筒井＝村松・322頁，森田・新注民(13) I 382-392頁）。

対価危険の問題

　双務契約において目的物である特定物が滅失又は損傷した場合に反対債務である対価支払義務がどうなるかという問題がある。これを「**対価危険**」の問題という。これについては，主に危険負担に関する規定によることとなる。

（536条の適用）

　売買目的物の滅失の事例（例えば，中古自動車の売買で引渡前に中古自動車が全損した事例）では，買主は，滅失が自らの責めに帰すべき事由によるもの（例えば，買主が引渡前に試乗していた際に起こした交通事故により中古自動車が全損したとき）でない限り（536条2項本文），たとえ滅失が売主の責めに帰することができない事由（例えば，大地震

等の災害）によるものであっても，代金支払債務の履行を拒むことができる（536条1項）。なお，滅失について売主に帰責事由があるか否かに関わりなく，買主は，売買契約を解除することにより，代金支払債務を免れることができること（542条1項1号）に注意されたい。

売買目的物の損傷の事例（例えば，中古自動車の売買で引渡時にブレーキに修補不能な不具合があった事例）では，買主は，売買契約をした目的を達することができない場合には，損傷が自らの責めに帰すべき事由によるものでない限り，たとえそれが売主の責めに帰することができない事由によるものであっても，代金支払債務の履行を拒むことができると解される（磯村・121頁）。なぜなら，536条1項は，損傷による一部履行不能について直接に定めるものではないものの，買主が解除権（ここでは542条1項5号が問題となる）を行使しない場合であっても対価である反対給付の履行拒絶を認める趣旨であるからである。また，上記のとおり，損傷について売主に帰責事由があるか否かに関わりなく，買主は，売買契約をした目的を達することができない場合には，売買契約を解除することにより，代金支払債務を免れることができる（542条1項5号・540条1項・545条1項本文）。

なお，**567条1項後段**は，特定した売買目的物の引渡しがあった時以降は，目的物滅失等の対価危険は買主に移転するとして，基準時（目的物の引渡時）以後は，536条1項所定の債務者（売主）主義を適用することなく，目的物が滅失・損傷しても債権者（買主）が代金支払義務を負うことを明らかにしている。

536条の適用に関し，上巻46頁注2）の記述を以上のとおり補足する。

（危険負担と解除との関係での留意点）

この点に関連して，危険負担と解除との関係での留意点を2点挙げておく。

第1は，買主としては，売主からの代金支払請求に対して防御的な見地からその履行を拒絶できればよい場合には売買契約を解除する必要はないが，売主との取引関係を絶ち新たな仕入・調達先と取引に入りたいと考える場合には売買契約を解除する必要があるという点である。

第2は，例えば，中古自動車の売買で頭金を支払った後引渡前に大地

震によって中古自動車が全損した場合，買主は，既履行給付の返還請求のためには解除権を行使する必要があるか否かについて，見解の対立があるという点である。この点に関し，立案担当者は，履行拒絶権（536条1項）の内容からすると売主に給付保持を認める必要がなく債務としては存在しないのと同様に評価できるとして，解除権の行使は不要であると解している（筒井＝村松・228頁）。しかし，履行拒絶権が請求権行使阻止の効果を有するからといって，契約解除と同様の効果（債務消滅）があると評価できるわけではない。そうすると，買主が代金支払債務の履行拒絶権を有するというだけでは，売主による頭金の受領に「法律上の原因」がないということはできないから，買主が不当利得返還請求権を取得した（703条・704条）として処理することは適切でない。結局，既履行給付の返還請求のためには，解除権の行使が必要である（542条1項1号・540条1項）と解すべきである（磯村・114頁。なお，渡辺・新注民(11)Ⅱ 69-70頁参照）[7]。

Ⅲ　債務者の保存義務等

(1)　保存義務

(ア)　意義

400条は，「債務者は，その引渡しをするまで，契約その他の債権の発生原因及び取引上の社会通念に照らして定まる善良な管理者の注意をもって，その物を保存しなければならない。」と規定して，債権者の保存義務

---

[7] この点に関連して，例えば，中古自動車の売買で代金が全額支払われ引渡しがされた後に中古自動車の一部機能に不具合（修補不能）があることが判明したが，売買契約をした目的を達することができないとはいえない場合の法律関係が問題となる。この場合，買主（債権者）は，売買契約を解除することはできないが，代金減額請求をして（563条2項1号・同条3項）過払分の返還請求を求めることができる。その際の法律構成については，存在しない債務を履行したことになるとして不当利得規定を適用する見解もあり得るが，代金減額請求権が形成権であり，その行使が契約の一部解除と同じ機能を営む点からみて，売主（債務者）に545条1項本文の原状回復義務が生ずると解される。そして，同条の適用がある場合には，売主は受領した過払分について受領の時からの利息を付して返還することが必要となろう（同条2項。磯村・279頁参照）。

を定める[8]。

「保存」とは，自然的又は人為的な滅失・損傷から物を保護して，物の経済的価値を維持することである（於保・29頁参照）。

(イ)　内容及びその程度

特定物債権が契約により発生する場合（契約債権の場合）には，保存義務の内容及び程度（「善良な管理者の注意」）は，第1次的には当該契約（「契約」）によって定められるものであり，保存義務の内容を確定する際に当該契約の性質，契約をした目的，契約締結に至る経緯その他の客観的事情（「取引上の社会通念」）も考慮され得る（本書12頁参照）[9]。

特定物債権が法律の規定に基づき発生する場合（法定債権の場合）には，保存義務の内容及び程度（「善良な管理者の注意」）は，それぞれの発生原因に関する事情（「債権の発生原因」）を考慮し，取引に関して形成された社会通念（「取引上の社会通念」）をも考慮して定められることになる[10]。

このように，400条は，「善良な管理者の注意」が「契約その他の債権の発生原因及び取引上の社会通念に照らして定まる」ことを明らかにしたものである[11]。

債務者が善良な管理者の注意をもって保存する義務（以下，「善管義務」

---

[8] 引渡義務と保存義務との関係を一律に解することはできない。売主や賃貸人の負う保存義務は，引き渡すための前提として要請されるもので，いわば従属的な意義しかないのに対し，寄託においては，保管自体が債務の主内容であり，引渡しは保管を終えた後に生ずる従たるものにすぎないといえる。他方，賃借人の場合には，賃貸借の期間中，目的物の使用収益を行うに際して目的物を損傷あるいは滅失しないように注意すべき義務（付随義務としての注意義務）と，賃借期間中及び賃貸借終了後返還までの間，目的物を盗難や第三者の加害行為から守るという意味での保存義務とが課せられているといわなければならない。

引渡義務と保存義務との関係については，北居・新注民(8)90-91頁も参照されたい。

[9] 契約債権の例としては，贈与における贈与者の保存義務，売買における売主の保存義務，交換における両当事者の保存義務，使用貸借における貸主及び借主の保存義務（593条・594条1項参照），賃貸借における貸主及び借主の保存義務（616条・594条1項参照），請負において完成した仕事が特定物であるときにその保存義務，委任における受任者が委任事務処理のために委任者より預かった物の保存義務及び委任事務処理の過程で取得した物の保存義務，寄託における寄託者の保存義務及び受寄者の保管義務（ただし，無報酬の受寄者の注意義務は「自己の財産に対するものと同一の注意」に軽減される〔659条〕。なお，倉庫営業者の寄託の場合には無報酬の場合であっても注意義務は軽減されない〔商599条・595条〕）などがある。

ともいう）を負うのは，物を引き渡すまでである。履行期までではない。もっとも，履行期以後，債務者が履行遅滞に陥ったときは，たとえ不可抗力で滅失・損傷した場合でも，債務者の責めに帰すべき事由によるものとして賠償責任を負う（413条の2第1項）。また，債権者が受領しないため受領遅滞に陥ったときは，債務者の物の保存についての義務の内容及び程度は「自己の財産に対するのと同一の注意」[12]に軽減される（413条1項）。したがって，履行期以降に400条の善管義務が問題となるのは，例えば，債務者が同時履行の抗弁権（533条）を有しているため履行期に履行しなかったことに正当な事由があるなど，履行遅滞でも受領遅滞でもない場合に限られる。

(ｳ)　**保存義務違反の効果**

債務者が保存義務を履行しないような場合には，保存のため必要とされる措置をとることを求めること（履行請求）ができる。また，債務者が保存義務に違反したため，目的物が滅失・損傷したときは，それによって生

---

[10] 法定債権の例としては，事務管理に該当する場合における他人の物を占有するに至ったときの当該物の保存義務，不当利得の関係が生じている場合における現物返還を要するときの保存義務，取消しに伴う原状回復義務の内容としての保存義務などがある。

なお，本文記載の発生原因に関する事情として，事務管理では，事務管理の開始の経緯，事務の内容などが考えられ，不当利得では，受益者が受けた給付の原因である表見的な法律関係の性質，無効・取消しの原因などが考えられる（中田・43頁参照）。

[11] 善管義務は，当該事情の下で取引上一般的に必要とされる注意義務の程度を指すものと解される。すなわち，善管義務は，契約及び取引上の社会通念から離れて定まるという意味での「客観的」なものではないが，債務者の個人的な資質・能力にかかわらず定まるという意味では「客観的」なものといえる（例えば，特定物である絵画の売主が負う義務が売買契約及び取引上の社会通念に照らして定められ，売主の個人的能力に左右されない。中田・41頁，磯村・154頁参照）。

[12] 413条1項にいう「自己の財産に対するのと同一の注意」義務違反の判断方法については，当該行為者の注意能力を基準として定まるという見解と，一般人の注意能力を基準として定まるという見解の対立がある。同項はこの点を解釈に委ねているところ，前者の見解では当該行為者が一般人と同程度かそれ以上の注意能力を備えている場合（例えば，売主が中古自動車販売業者である場合）には注意義務の軽減が生じないことになるが（前記注9）も参照)，過失概念及び判定基準の客観化という観点や受領遅滞に陥った債権者とのバランスという観点からは，そのような帰結は相当といえず，一律に一定の軽減が生ずることが合理的であって，後者の見解が妥当である（磯村・154-155頁，潮見・新注民(8)312頁参照）。

じた損害の賠償を求めることができる（415条）。

   (エ)　**一般規定・任意規定としての400条**

　400条は一般規定であるから，特別規定があればそれが適用され，まずは当該契約ないし法律関係（例えば，賃借人の保管義務については，賃貸借契約存続中は616条・594条1項に関する規定）によって規律されると解すべきである[13]。また，400条は任意規定であるから，合意により注意義務の程度を加重し又は軽減することも認められる。

(2)　保存義務と引渡義務の関係

　契約に基づく債権（例えば，中古自動車の買主が売主に対して有する引渡債権）の場合には，債務者は，当該契約に適合した目的物を引き渡すべき義務を負うわけであるから（本書70頁），契約締結後，引渡前に特定物である目的物が損傷したような場合（例えば，中古自動車販売店で保管していた中古自動車に傷が付いた場合）は，債務者の引渡義務の不履行の問題となり，債務者（売主）において引渡義務の不履行につき帰責事由がないこと（例えば，第三者運転の車両が中古自動車販売店に突っ込んで傷が付いたこと）を主張・立証できない限り，それによって生じた損害を賠償する義務を負うことになる（415条1項）。この場合，債務者（売主）が，当該契約の内容に即した善管義務（保存義務）を尽くしたこと（例えば，中古自動車販売店において適切に保管していたこと）を主張・立証しただけでは免責されないことに留意すべきである。

---

[13] 学説の状況については中田・契約法399頁参照。
　なお，改正前民法下の判例・学説であるが，我妻・講義V2・381頁，450頁，466頁は，賃貸借にも400条の規定が適用され，借主の保管義務は賃貸借契約に含まれている（616条・594条1項）ということもできるし，特定物の引渡しを目的とする債務を負う者として善管義務を負うと考えてもよいとする（なお，山本・394頁も参照）。また，最二小判昭27.4.25民集6巻4号451頁，判タ20号59頁は，家屋賃借人が建具類を破壊するなどした事案で，賃借人は善管義務（400条）及び用法遵守義務（616条・594条1項）を負うところ，いずれの義務にも違反したと判示した。また，最二小判昭46.7.1集民103号335頁，判タ269号187頁は，家屋賃借人がその敷地に無断で作業場を設置した事案において，当該事情の下では，その敷地利用が家屋賃借人としての使用収益権の範囲（616条・594条1項）を逸脱し，その保管義務（400条）に反するものとはいえないとしている。

(3) 現状による引渡義務（483条）

債権の目的が特定物の引渡しである場合において，契約その他の債権の発生原因及び取引上の社会通念に照らしてその引渡しをすべき時の品質を定めることができないときは，弁済をする者は，引渡しをすべき時の現状でその物を引き渡さなければならないとされる（483条）。

契約により生ずる債権の場合には，契約及び取引上の社会通念に照らして品質が定められるのが通常であるから，ほとんどの場合はそれによることとなる。483条は引渡しをすべき時の品質を定めることができない場合についての補充的な規定であるから，同条が適用されるのは，事務管理・不当利得による特定物引渡債務，例えば，隣家に配達された荷物を好意で預かった場合，迷い込んできた隣家の飼い犬を預かった場合などの限定された事例である。

上記のような事例で，預かった者は，目的物を引き渡す義務のほかに保存義務（400条）も負うことになる。したがって，預かった者は，**履行期の現状で目的物を引き渡せば引渡義務は履行したことになる（相手方は損傷した目的物を受領することになる）が，保存義務を怠って目的物を損傷等させた場合（例えば，預かった荷物を雨ざらしにして損傷を与えた，預かった犬に餌を与えず衰弱させた場合）には保存義務違反の債務不履行に基づく損害賠償義務を負うことになる**（415条1項）。

(4) その他の問題

弁済をすべき場所（484条），天然果実（89条1項），所有権移転時期については，上巻50頁を参照されたい。また，契約不適合責任については，本書178-180頁，287-288頁を参照されたい。

第3節　種類債権

I　意　義

(1)　定義

　種類債権とは，引き渡すべき目的物を種類と数量のみによって定めた場合の債権をいう（401条）。目的物が不特定であるために**不特定物債権**ともいわれる。種類物（不特定物）とは，例えば，国際取引では液化天然ガス10カーゴ（1カーゴは約7ないし8万トン），日常的な取引ではある銘柄の瓶ビール1ダースなどが挙げられる。

　種類債権の目的物は，**通常は代替物であるが，不代替物であっても，当事者が不特定物として取引している限り，種類債権が成立する**。したがって，不代替物である住宅・馬なども，当該契約の目的いかんによっては，種類債権の目的物とすることができる。

　このような種類債権は，大量の商品取引から生じ，現代の商取引において重要性を有するが[1]，日常生活でも，普通の贈与（お中元など。549条）・売買（生産者から直接米を購入するなど。555条）・交換（味噌と米の交換など。586条1項）・消費貸借（米の消費貸借など。587条）・消費寄託（米の消費寄託など。666条1項）などにおいても生ずる。

　種類債権は，引渡しの目的物の個性を重視しないで，一定の種類に属す

1　売買契約の典型をどのようなものと捉えるか（特定物売買か種類売買か工業製品売買か）については議論がある（田中洋『売買における買主の追完請求権の基礎づけと内容確定』〔2019年・商事法務〕320頁，小粥・新注民(8)507-508頁参照）。

る物の一定量（重量・容積・面積などの単位で表されることもあれば，1個・2個という個数で表されることもある）を引き渡すべきものとされているところに，その特質がある。したがって，種類債権の場合には，同じ種類・同じ数量の目的物を引き渡せば，それで履行したことになる。また，同種同量の目的物を別途市場から調達・入手できる限り，履行不能となることはない。

種類債権（債務）は，下表のとおり，作為債務のうち与える債務の中に位置付けられる。

作為債務	与える債務	非金銭債務	特定物債権（債務）
			種類債権（債務）
		金銭債務	
	為す債務		
不作為債務			

(2) 制限種類債権

同一種類の範囲を債権発生原因である当該契約の内容により限定したものを目的物とする債権を制限種類債権という。制限種類債権も種類債権の一種である。例えば，A倉庫保管の瓶ビールのうち1ダースとか，B倉庫保管の米のうち100俵を目的物とすれば，制限種類債権である。したがって，他の倉庫から調達・入手した瓶ビールや米を引き渡しても，それで履行したことにはならない。また，例えば，A倉庫やB倉庫が災害で倒壊して保管していた瓶ビールや米が滅失したときは，履行不能となる。

通常の種類債権と制限種類債権の相違について，最三小判昭30.10.18民集9巻11号1642頁，判夕53号38頁は，漁業用タールの一定量の買主が契約解除に基づく原状回復請求として手付金の返還請求をした事案において，「売買契約から生じた買主…の債権が，通常の種類債権であるのか，制限種類債権であるのかも，…確定を要する事柄であって，例えば**通常の種類債権**であるとすれば，特段の事情のない限り，…履行不能ということは起らない筈であり，これに対して，制限種類債権であるとするならば，履行不能となりうる」として，「本件においては，当初の契約の内容のい

かんを更に探求するを要する」とする[2]。上記判決が指摘するとおり，特定前に履行不能となり得るか否かは契約によりどのような範囲にある種類物を給付するかによって決まることになるから，要は当該契約の解釈問題である（本書15頁以下参照）。制限種類債権であるということになれば，履行不能（412条の2第1項）となり得る。その意味において，通常の種類債権と制限種類債権とを区別することは，実務的には意義があることといえよう[3]。

　なお，一定範囲の不代替物のうち一定数量の引渡しを目的とする債権が，制限種類債権に属するか選択債権（406条）に属するかについて，判定が困難な場合があり，当事者の意思がどの部分かという個性に重きを置いているか否かによることになる（物の個性に重きを置いており，そのため誰がそれを決定するのかが重要な問題として意味を持つ場合には，選択債権と解釈すべきことになる）。この点の詳細は，上巻51-52頁を参照されたい[4]。

II　目的物の品質

　同一種類に属する物について品質に上中下の差等がある場合に，債務者

---

[2] 本文の最判昭30.10.18については，三淵乾太郎・判解民昭30年194頁，潮見・百選II〔第9版〕1解説参照。

[3] 秋山ほか・73頁〔田中洋〕参照。なお，近時の学説では単純な二分法に疑問を示すものが多いが（潮見・I 209-210頁，中田・56頁，北居・新注民(8)99-100頁等），実務上，**通常の種類債権と制限種類債権の区分は契約解釈上一応の基準として機能する**ように思われる。例えば，ある溜池に貯蔵されたタールの一定量を売買の目的物とした場合，その溜池のタールを引き渡すというのが当事者の意思であって，多額の調達コストをかけてまで別の溜池から同種のタールを引き渡すことが当事者の意思であるといえないことが多いであろう。

[4] 大審院は，一定面積の土地中から一定面積の土地を譲渡した場合の債権者の有する債権について，制限種類債権とした上で，その特定の場面において，選択債権のときの選択権の行使・移転に関する406条以下の規定の趣旨が準用されるとしていた（大判大5.5.20民録22輯999頁，大判大8.5.10民録25輯845頁）。しかし，最高裁は，土地の一部を目的とする賃貸借における賃借部分の特定について賃貸人の負担する債務は選択債務に当たるとしており（最一小判昭42.2.23民集21巻1号189頁，判夕205号88頁），これは，選択債権の範囲が不動産だけに限られるのか，それとも有体動産にも及ぶかは別として，従前の大審院判例の見解を実質的に変更したものといえる（奈良次郎・判解民昭42年46-47頁参照。なお，北居・新注民(8)169-171頁も参照）。

はどのような品質の物を給付すべきかにつき，民法は，「法律行為の性質又は当事者の意思によってその品質を定めることができないときは，債務者は，中等の品質を有する物を給付しなければならない。」（401条1項）と規定する[5]。

「法律行為の性質…によって」品質が定まるとは，例えば，消費貸借（587条）・消費寄託（666条）においては，返還すべき物の品質は最初受け取った物と同一でなければならないことをいう。「当事者の意思によって」品質が定まるとは，種類債権を発生させる契約において当事者が合意した場合はその合意，また，事後における合意があればそれによることをいうが（例えば，ネジの供給契約において仕様書で規格が定められている場合），契約解釈に当たっては，取引の慣習（92条）も考慮される（なお，契約の解釈については，本書15頁以下参照）。

これらによってはその品質を定めることができないときは，中等の品質を有する物を給付しなければならない。

どのような品質が中等の品質であるかは，取引上の一般観念により決められる。**債務者の給付した物が中等の品質を有しないときは，債務の履行とはならない。**債務者は中等以上の品質の物を給付する義務も，権利も有しない。債務者が中等以上の品質の物を給付した場合に，それが債務の履行となるか否かは，当該取引の目的によって決せられる。中等以上の品質の物の給付が，一概に債権者に有利とはいえない。なぜなら，当事者が最初に約束した対価が不変の場合は別として，給付する物の品質により債権者の支払うべき対価が異なるときは，債権者の側での対価の増大や売行き不振を招くことがあるからである。

制限種類債権の場合には，本書66頁で述べた「A倉庫保管の瓶ビール」や「B倉庫保管の米」のように，目的物の範囲が制限されているため，目的物の品質が普通問題となるようなことはないであろう。もとより，品質に関して契約の内容に適合しないものであるとき（例えば，B倉庫保管の米の1袋だけ米が虫に食われていたとき）は，債権者は，債務の本旨に従った弁済の提供でないとして受領を拒絶して契約の内容に適合し

---

[5] なお，本書65頁の定義と異なり，目的物の種類と数量だけでなく，品質で絞り込まれた債権（例えば，A5ランクの国産牛肉10キログラムの引渡債権）を種類債権と呼ぶ用法もある（中田・38頁，47頁参照）。

た物の引渡しを求めることができ，受領遅滞にもならない。また，仮に受領してしまったとしても，契約不適合責任として追完（代替物の引渡し）を請求することができる（562条1項）[6]。

III 特定の意義と要件

(1) 特定の意義

　種類債権の目的物は種類と数量とによって抽象的に定まっているにすぎないから，種類債務を現実に履行するためには，定められた種類物の中から定められた数量の物を具体的に選定しなければならない。このようにして給付目的物が具体的に確定することを種類債権の特定（又は集中）という[7]。

(2) 特定の要件（方法）

　特定の要件（方法）については，①両当事者の合意による場合があるほか，401条2項は，債務者が，②「物の給付をするのに必要な行為を完了し」た場合，③「債権者の同意を得てその給付すべき物を指定した」場合を定めている。なお，特定の要件は，通常の種類債権，制限種類債権共に上記①ないし③によることになり，何ら異ならない（本書67頁注3）も参照）。

　それぞれの場合については，上巻53-57頁を参照されたい。以下では，問題となる点を述べることとする。

---

[6] 秋山ほか・83頁〔田中洋〕参照。

[7] 種類債権は，その発生時には給付すべき目的物が確定しないが，確定の基準が明らかになっているため，履行時までには，給付すべき目的物が確定することになる。種類債権は，給付すべき目的物をその種類物の中から選べる点では債務者に自由な地位を認めるが，反面，その種類に属する物が市場に存在する限り（制限種類債権では，その限定された範囲の中にその種類の物が存在する限り），給付すべき目的物がたまたま不可抗力で滅失しても，本文で述べた「特定」を経ていない限りは，他の同一種類の物をもって引き渡さなければならず，債務者の危険度が大きい。このことから，種類債権においては，給付すべき目的物の特定（＝危険の集中）がいつ，どのようにされるのかが最重要問題となる。

第3節 種類債権

(ア) 契約不適合物の引渡しと特定

【設例】
　新車（種類物）の売買で，引渡前からブレーキに不具合があったことが引渡後に判明した。その後，地震により買主のガレージが倒壊し，保管していた新車が全損した。

　買主は改めてブレーキに不具合のない新車の引渡しを請求することができるか（**給付危険の問題**），また，売主は引渡済みの新車の代金支払を請求することができるか（**対価危険の問題**）[8]，が問題となる。この点は，上記①ないし③のいずれの特定方法でも問題となる。
　第1の見解は，種類物売買において目的物が引き渡されても，それが契約不適合物であれば「特定」（401条2項）は生じないとし，したがって，給付危険は移転せず（売主は依然として契約に適合した新車の給付義務を負う），また，対価危険の移転（567条1項後段）も生じないとするものである[9]。この見解によれば，設例では，買主は改めてブレーキに不具合のない新車の引渡しを請求することができ，また，売主は引渡済みの新車の代金支払を請求することができないことになる。
　第2の見解は，種類物売買において目的物が引き渡された以上，それが契約不適合物であっても「特定」（401条2項）は生じるとし，したがって，買主に給付危険が移転し（売主は給付義務を負わない。ただし，目的物の契約不適合を理由とする担保責任の追及は代替物の引渡請求も含めて可能と解する），また，買主に対価危険も移転する（ただし，買主は，契約不適合に対応する限度で代金減額請求，損害賠償請求をするか，契約の解除によって自己に移転した対価危険の負担を軽減又は免れることができる）とするものである[10]。この見解によれば，設例では，買主は，契約不適合責任による追完請求として代替物（ブレーキに不具合のない新車）の引渡しを請求することができる（562条1項）。他方，売主は，新車の

---

[8] 学説の状況につき，松岡ほか・改正コメ775-776頁〔北居功〕，中田・契約法325-328頁，森田・ケース292-296頁〔丸山絵美子〕参照。
[9] 磯村保「売買契約法の改正」Law & Practice10号（2016年）87頁参照。
[10] 森田宏樹「売買における契約責任」瀬川信久ほか編『民事責任法のフロンティア』（2019年・有斐閣）288-301頁参照。

代金支払を請求することができるが，買主から代金減額請求，損害賠償請求又は契約の解除がされた場合には代金支払が受けられないこととなる。

設例のように目的物が滅失するなどして引渡債務が履行不能になった場合には，両説には実質的な結論にそれほど違いがあるわけではないように思われる。

本書は，第1の見解に立っている（上巻 53-54 頁，中巻 346-347 頁，下巻 1100 頁。もっとも，第1の見解でも，債権者が，給付されたものが契約不適合であることを認識した上でその給付を履行として認容したと認められる事情があるときは，特定が生ずることに留意されたい〔最二小判昭 36.12.15 民集 15 巻 11 号 2852 頁〕）。

(イ) 債務者が「物の給付をするのに必要な行為を完了し」た場合の問題点

実務上この要件に当たるかどうかが問題となることが多い（上巻 54-56 頁）。以下では，弁済の提供や受領遅滞との関係（(a)，(b)），更には契約の解釈との関係（(c)）について述べる。

(a) 持参債務

持参債務の場合には，「物の給付をするのに必要な行為を完了し」たとは，弁済の現実の提供（493条本文）を意味することになるから，弁済の提供があれば，「特定」の効果が生ずるとともに，受領遅滞の効果（413条）も発生することになることに注意されたい（中巻 345-351 頁参照）[11]。

(b) 取立債務

取立債務の場合には，債権者（売買の場合には買主）の取立行為が先行しなければ債務者（売買の場合には売主）は履行や現実の提供ができないのであるから，弁済の提供の方法は口頭の提供（493条ただし書）で足りることになる。もっとも，種類物の場合に「特定」が生じたというためには，口頭の提供（通知・催告）だけでは足りず，債務者が目的物を分離・区別しておくことが必要であると解すべきである（上巻 55 頁参照）[12]。

また，種類物の「特定」が生じていた場合であっても，債権者が弁済の提供を受けて直ちに受領遅滞（413条）に陥るかどうかについては，個別の事情を考慮する必要がある（例えば，通知から1週間以内に受領すると

---

[11] この点について，事例に即して詳しく説明する磯村・150-151 頁も参照されたい。

いう合意であれば，通知と同時に受領遅滞になるわけではない）。

　以上のとおり，**取立債務の場合は，持参債務の場合と異なり，弁済の提供，種類物の特定，受領遅滞の各要件をそれぞれ区別して考える必要がある**[13]。

(c) 送付債務

　送付債務とは，債権者又は債務者の住所以外の第三地に目的物を送付すべき債務をいう。

　送付債務の場合に「債務者が物の給付をするのに必要な行為を完了」したといえるのがいつであるかは，結局のところ，種類債権の発生原因である契約解釈の問題ということができるが（本書15頁以下参照），通常は次の2つのいずれかに当たるであろう。

　すなわち，①第三地が履行の場所と定められているとき（第三地に送り届けることが合意されているとき）は，その場所での現実の提供を必要とする。これは，持参債務の一変型（持参債務は債権者の住所が引渡し場所であった）とみることができる。②履行方法についての当事者の合意が，両当事者の了解の下での公的又は民間の輸送（運送）機関に目的物の運送を委託すること（第三地宛てに発送すること）で足りるとしている場合には，運送機関に引き渡すことで，「物の給付をするのに必要な行為を完了」したことになるから，その時に特定を生ずる。なお，**債権者（買主）の依頼を受けて，債務者（売主）が好意で目的物を第三地に送付することになった場合には，債務者（売主）が第三地宛てに目的物を発送することによって特定を生ずることになると解される。**

---

[12] 改正前民法下の判例は，不特定物売買においては，特段の事情のない限り，目的物が特定した時に買主に所有権が移転するものと解していた（最二小判昭35.6.24民集14巻8号1528頁）。その理由は，「特定」によって所有権の客体が具体的に定まることにあると考えられる。そうすると，取立債務の場合には一定の数量を分離・区別することによって所有権の客体が初めて具体的に定まることになり「特定」に至るというべきである（三淵乾太郎・判解民昭30年196頁）。そして，以上のような所有権移転に関する物権法上の判例法理は，何ら変更されていない。したがって，取立債務に関しては，目的物の分離・区別は，「特定」が生ずるための要件と解すべきである（同趣旨を述べる秋山ほか・82頁〔田中洋〕も参照）。

[13] 前記注11）と同様に，磯村・151-152頁も参照されたい。

Ⅳ 特定の効果

(1) 概説

特定の効果としては，①給付危険の移転（ここでは「給付危険」の語を狭い用法で用いている。本書56頁注4）参照），②特定物債権に関する規定の適用（400条など。ただし，変更権の問題がある），③所有権の原則的移転，がある。

それぞれの効果については，上巻58-59頁を参照されたい。

以下では，問題となる点を述べることとする。

(2) 給付危険の移転

特定を生ずると，目的物が滅失したとしても，債務者は改めて別の同一種類の物をもって給付することを要しない。重ねて給付すべき義務を免れることを「給付危険の移転」という（債権者はもはや同一の給付を請求することができなくなる）。特定された目的物の滅失は，履行不能（412条の2第1項参照）をもたらす。

この場合には，債務者は，債権者に対し，履行に代わる損害賠償を求めることができるが（415条1項本文・2項1号），債務者は，滅失がその責めに帰することができない事由によるものであることを主張・立証して免責される（同条1項ただし書）。

ここでは，種類債権における給付危険の問題（種類債権の債務者がいつまで調達義務を負うか）について詳しく述べることとする。

種類物売買の事例（例えば，取立債務とされた新車の売買で売主が引き渡すべき新車を他の物と区別し買主に通知した後で引渡前に当該新車が全損又は損傷した事例）において，見解の対立がある[14]。

この点に関し，567条1項前段の反対解釈により，給付危険の移転は，種類債権の特定によっては生じず，特定した目的物の引渡しがあって初め

---

14 学説の状況につき，秋山ほか・80頁〔田中洋〕，田中・前掲注1）278-282頁，森田・ケース286-291頁〔丸山絵美子〕参照。

て生ずるという見解（引渡時説[15]）がある。この見解によれば，上記事例では，引渡前に当該新車が全損したとしても，売主は，新車の引渡債務を負い続けていることになる。また，損傷した場合は，修補可能であれば，買主は，修補請求をすることができる。この見解は，567条の改正により，401条2項の「特定」の効果が変容し，給付危険の移転時期を後に述べる対価危険の移転時期とそろえようとするものといえる。

　しかし，特定に関する401条2項と567条1項前段との関係については，567条1項前段は，目的物の引渡しがあった時以後に目的物が滅失・損傷しても，買主は履行の追完の請求等をすることができない旨を定めたにとどまり，特定後引渡しより前に目的物が滅失・損傷した場合については，401条2項が適用されると解すべきであろう。そうすると，給付危険の移転は，種類債権の特定によって生ずるというべきである（特定時説[16]）。この見解によれば，上記事例では，取立債務とされた新車の売買で売主が引き渡すべき新車を他の物と区別し買主に通知したことにより目的物が特定され，その後の当該新車の全損により引渡債務は履行不能（412条の2第1項参照）となり，売主は，新たに別の新車を調達して引き渡す必要はないことになる。また，特定後引渡前に損傷した場合，売主は，その車を引き渡せば引渡義務を履行したことになるが，買主は，修補が可能であれば追完請求として修補請求をすることができる。修補不能の場合は一部滅失に準ずることになる。いずれの場合も，それぞれの要件を満たせば，損害賠償請求や解除権行使が可能であることはいうまでもない。

　この見解は，567条の改正（559条により有償契約に準用）により401条2項の「特定」の効果が変容したと解することはできず，「特定」により売主は引渡義務の履行不能として調達義務から解放されるとの理解によるものである。

---

[15] 山野目章夫「民法の債権関係の規定の見直しにおける売買契約の新しい規律の構想」曹時68巻1号（2016年）15頁，潮見・Ⅰ214-223頁，北居・新注民(8)120頁参照。
[16] 山本敬三「契約責任法の改正」曹時68巻5号（2016年）40頁，中田・51-52頁，中田・契約法326-328頁参照。

種類債権における対価危険の問題

特定物債権における対価危険の問題については，本書 58-59 頁で述べた。ここでは，種類債権における対価危険の問題について述べる。

まず，特定した売買目的物の**引渡後の滅失**の事例（例えば，持参債務とされた新車の売買で買主宅での引渡後に新車が全損した事例）では，滅失が当事者双方の責めに帰することができない事由によるときは，買主は，代金の支払を拒むことができない（567 条 1 項後段。対価危険は移転する）。これに対し，特定した売買目的物の**引渡前の滅失**の事例（例えば，取立債務とされた新車の売買で売主が引き渡すべき新車を他の物と区別し買主に通知した後に引渡前に当該新車が全損した事例）では，567 条 1 項前段の「引渡しがあった時以後」の滅失ではないから，同項後段の「この場合」に当たらず，買主は，代金の支払を拒むことができる（対価危険は移転しない）。すなわち，種類債権における買主への対価危険の移転は，種類債権の特定によって生ずるのではなく，特定した目的物の引渡しによって生ずることとなる。

次に，特定した売買目的物の**引渡後の損傷**の事例（例えば，新車の売買で引渡後に新車が損傷した事例）では，損傷が当事者双方の責めに帰することができない事由によるときは，買主は，代金の支払を拒むことができない（567 条 1 項後段。対価危険は移転する）。これに対し，売買目的物の**引渡前の損傷**の事例（例えば，新車の売買で引渡前からブレーキに不具合があった事例）では，契約不適合物を引き渡しても原則として特定は生じないという見解（本書 70-71 頁）によれば，567 条 1 項前段括弧書きの「特定」は生じず，同項前段の「引渡しがあった時以後」の損傷でもないから，同項後段の「この場合」に当たらず，買主は，代金の支払を拒むことができる（対価危険は移転しない）。

(3) 特定物債権に関する規定の適用

種類債権については，目的物が特定された後は，特定物債権に関する規定（400 条など）が適用される。もっとも，後記(4)の変更権の問題があることに注意を要する。

(4) 変更権について

　一度特定した後，目的物を変更することができるか。
　「特定」は種類債権を履行するための手段にすぎないのであるから，一旦特定を生じた後でも，これとは別に同種同量の他の物を引き渡すことも許容され，債権者に別段の不利益を与えることのない限り，適法な履行として承認することができる。このような場合，別途契約の解除をする必要はない。これを変更権と呼んでいる。これは，特定物債権では当初から物の個性に着目して目的物が定められているのに対し，種類債権では当初目的物が不特定であったことから，信義則により認められるものである。したがって，債権者の反対の意思が明らかなときや，債権者に不利益を生ずる場合には変更は許されない。
　これに対し，変更権の行使により，特定の効果が消滅し，特定がなかった状態に戻る（特定の撤回）とする見解もある[17]。しかしながら，変更権は，特定のなかった状態に戻すわけではなく，種類債権において元々目的物が不特定であったことから，債務者による同種同量の物の給付を信義則上債務の本旨に従った履行とするというものである。
　なお，所有権の原則的移転の効果については，本書8頁を参照されたい。

---

[17] 潮見・Ⅰ213頁，北居・新注民(8)122頁参照。

第4節　金銭債権及び利息債権

Ⅰ　金銭債権

(1) 意義と性質

　金銭債権とは，広くは，金銭の支払を目的とする債権の全てを含むが，通常，金銭の種類に関わりなく，一定額の金銭の支払を目的とする債権をいう。金銭債権も一種の種類債権であるが，金銭の種類に重きを置くもの（金種債権）ではなく，一定金額，つまり一定額の価値に重きを置くところ（金額債権）にその特質がある。なお，金銭債権の種類については，上巻62-64頁を参照されたい。

　民法は，債権総則の「債権の目的」において，金銭債権につき，402条・403条の2か条を規定している。

　すなわち，金銭債権は，種類債権のように物ではなく，一定の価値の移転をその本質的内容としているために，債務者は原則としてどの通貨でも弁済することができる（402条1項本文）。ただし，債権の目的が「特定の種類の通貨の給付」であるときは，弁済期にその種類の通貨が強制通用力を失っていない限り（402条2項），その特定の通貨で弁済しなければならないとされている（402条1項ただし書）。外国の通貨の給付を債権の目的とした場合については，以上の規律が準用されるほか（402条3項），債務者は履行地における為替相場により日本の通貨で弁済することができる（403条）。なお，通貨の意義・種類や強制通用力については，上巻60-61頁を参照されたい[1]。

　したがって，金銭は物としての個性はなく価値そのものであるから，金

銭債権は，およそ履行不能になることはなく，履行遅滞になるのみである。

また，金銭債権については，インフレやデフレによる貨幣価値の変動があっても原則として現実の価値ではなくその額面を基準とすべきである。これを名目主義という（最三小判昭 36.6.20 民集 15 巻 6 号 1602 頁[2]）。

金銭債権（債務）は，下表のとおり，作為債務のうち与える債務の中に位置付けられる。

作為債務	与える債務	非金銭債務	特定物債権（債務）
			種類債権（債務）
		金銭債務	
	為す債務		
不作為債務			

(2) 社会的機能と民事法上問題となる場面

金銭債権は，現代の経済組織の中で最も重要な役割を担っている。すなわち，資本を構成し，支払手段として商品交換を媒介し（サービスを含め商品の対価は金銭で支払われるから代金債権・賃料債権・賃金債権などの金銭債権の形態をとる），投資や金融を通じて預金債権・貸金債権・利息債権・配当金債権などとして現れる。そして，担保制度と結合し，また，株式・社債などの形において証券化する。なお，債務不履行や不法行為による損害賠償は原則として金銭によってされる（417 条・722 条 1 項）から，損害賠償債権は金銭債権である。このように，私法において金銭債権の占める地位は絶大である。

そこで，金銭債権が民事法上どのような場面で問題となるかを概観す

---

1 なお，1 円未満の端数は切捨て処理をするのが裁判実務及び判例（大判大 6.6.7 民録 23 輯 946 頁参照）である。

2 本文の最判昭 36.6.20 は，昭和 9 年に発行された割増金付割引勧業債券（額面金額 20 円）を所持する原告が被告銀行に対し昭和 28 年に我が国の国際通貨基金加盟による貨幣価値の改訂に伴い額面 20 円のうち 10 円につき改訂率に従って 3000 円の支払を求めた事案で，被告銀行は別段の特約のない限り償還時に貨幣価値が下落していても償還当時の貨幣で券面額（名目金額）を弁済することにより免責されると判示した。長利正己・判解民昭 36 年 239 頁参照。

る[3]。

(ア) 債務不履行の特則

金銭債務が履行されない場合の損害賠償の要件・効果については，419条で特則が設けられている。この点について，本書97頁で詳しく述べる。なお，上巻186頁，中巻329頁も参照。

(イ) 金銭債務の弁済方法に関する特則

金銭債務の弁済は，現金の交付によるほか，債権者の預貯金口座への振込みによって行われる場合が少なくないが，振込みによる弁済については477条で特則が設けられている（下巻1067頁参照）。

(ウ) 金銭債権のうち預貯金債権に関する特則

金銭債権のうち預貯金債権については，その特殊性から，466条の5・477条・666条3項・909条の2で特則が設けられている（下巻834-836頁参照）。

(エ) 相続法上の取扱い

金銭債権及び金銭債務の相続法上の取扱いについては，中巻537-539頁を参照されたい[4]。

(オ) 民事執行法上の扱い

金銭債権は，民事執行においても，次のような特徴がある。

(a) 金銭債権満足のための執行と平等性

民事執行法は，執行によって満足を与えられるべき債権の種類の1つとして，金銭執行（金銭の支払を目的とする債権についての強制執行）を規定している（民執43条—167条の16）。このような金銭債権実現のための強制執行手続は，申立債権者の債権のみが満足するわけではなく，その手続による満足には他の債権者も参加することができる（債権の性質とし

---

[3] 田髙・争点164頁，中田・59頁参照。
[4] 潮見・詳解相続法193-222頁参照。

て述べた平等性が現れる場面である〔本書44頁参照〕）。

(b) 金銭執行の対象財産としての金銭債権

民事執行法は，金銭執行のうち，債権（典型的には金銭債権）に対する強制執行（債権執行）を規定している（民執143条—167条の14）。消費者信用の発展した社会では，債務者の有する金銭債権（責任財産のうちめぼしいものは，給与所得者の給料債権や個人事業主の報酬債権が多い）の債務者（以下，「第三債務者」ともいう）が資力のある限り換価を見込める確度は極めて高いことから，債権執行の果たす社会的機能は重要である。もっとも，債権執行においては，執行手続に巻き込まれる第三債務者の負担をどのように軽減するかが課題となる。

上記の債権執行は，民事執行法上の制度であるが，債権総論の諸制度[5]を理解する上での前提知識として重要である。そこで，債権執行の概要について以下に説明する。

債権執行の概要

【設例】
　Xは，Yに対する貸金債権 α につき勝訴確定判決を得て，YのZ銀行に対する預金債権 β から回収を図りたいと考えている。

（差押えの段階）

設例で，Xは，まず預金債権 β を差し押さえる必要がある（民執143条）。差押命令は，債務者Yに対して被差押債権の取立てその他の処分を禁止するとともに，第三債務者Zに対して弁済を禁止するものであり（民執145条1項），この禁止効は，第三債務者Zに対する送達によ

---

[5] 例えば，利息債権（上巻74-77頁），履行の強制（上巻140頁以下），債権者代位権（中巻406-410頁），詐害行為取消権（中巻489-490頁），債権譲渡（下巻870-879頁，887-895頁，907-911頁，935-937頁），弁済（下巻1034-1035頁），相殺（下巻1231-1252頁）などがある。

って生ずる（同条5項）。なお，差押命令の債務者Yに対する送達（同条3項）は，差押債権者Xの取立権限を基礎付けるものにすぎず（民執155条1項），差押えの効力発生に影響を及ぼすものではない。この債権差押えの効力は，これに抵触する処分行為をしても，差押債権者Xのほか，その差押えに基づく執行手続が存する限り，この手続に参加する全ての債権者に対して対抗することができないという相対的なものにとどまる（これは**手続相対効**といわれている）。すなわち，債務者Yが差押後にした処分行為は，絶対的に無効なのではなく，執行手続（具体的には，差押債権者Xのほか，執行手続に参加する全債権者）との関係においてのみ効力が否定され，執行手続以外の関係では有効である。

（換価・満足の段階）

次に，Xは，差し押さえた預金債権βから自己の債権を回収する必要がある。強制執行の目的が金銭債権（設例では預金債権β）である場合は，最終的には第三債務者Zの弁済によって金銭化が実現されることになる。

そこで，その主要な方法としては，①取立て，②転付命令がある。

①取立ては，差し押さえられた金銭債権（設例では預金債権β）の取立てを差押債権者Xに許す方法（民執155条）である。第三債務者Zが任意に弁済をしない場合は，差押債権者Xは，取立訴訟を提起することができる（民執157条）。②転付命令は，被差押債権βを差押債権者Xに移転して執行債権aの弁済に充当する方法（民執159条・160条）である。転付命令は債権譲渡と類似する。取立て（①）では，第三債務者が権利供託・義務供託をした場合などにおいて配当が必要となる（民執166条1項1号等。債権の平等性）。これに対し，転付命令（②）では，被差押債権βから独占的満足を得ることができる反面，被差押債権βの券面額の範囲で執行債権aは消滅する（民執160条）ために第三債務者Zが無資力であったり（設例では考えにくいが，一般的には第三債務者が無資力の場合もある）第三債務者Zから相殺を対抗されたりすれば自己の債権が回収できないリスクがある。また，転付命令は，第三債務者への送達によって直ちに確定する（つまり転付による債権移転の効力が生ずる）のではなく，執行抗告期間が経過するなどして転付

命令の確定を待たなければならない（民執159条5項・同条4項・10条・159条6項）。

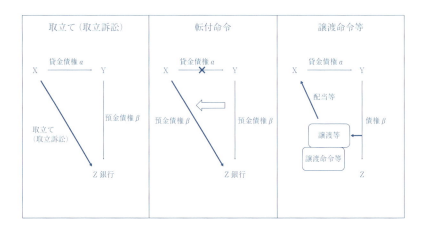

また，その他の方法として，③譲渡命令等（譲渡命令・売却命令・管理命令その他相当な方法による換価を命ずる命令）がある。③譲渡命令等は，被差押債権βを売却するなどの換価方法（民執161条）であるが，これは取立てが困難な場合の例外的な方法である（例えば，債権βが条件・期限付の場合など）。

住所・氏名の秘匿制度と供託命令（令和4年民訴法等改正）

前記の説明に関連して，令和4年民訴法等改正（令和4年法48号）において，供託命令の制度が新設された（民執161条の2）。実務上重要な制度であるので，その概要について以下に説明する。

第2章 債権の目的

【設例】
　性犯罪の被害者Xは，加害者Yに対し，不法行為に基づく損害賠償債権αにつき勝訴確定判決を得て，YのZ銀行に対する預金債権βから回収を図りたいが，Yからの二次被害を受けないために自らの住所・氏名をYに知られたくないと考えている。

（令和4年民訴法等改正〔秘匿制度関係〕の経緯）

　令和4年民訴法等改正前においては，訴訟につき，当事者の住所・氏名は訴状の必要的記載事項とされており（改正前民訴133条2項1号〔改正後民訴134条2項1号〕，民訴規則2条1項1号），また，債権執行につき，原告の住所・氏名を秘匿したまま手続を行うことは困難であった。しかし，犯罪被害者等において，安心して民事手続を利用し，権利保護を実現できるような制度を設けることが望ましい。そこで，令和4年民訴法等改正は，被害者の住所・氏名を相手方に秘匿する制度を新設した（民訴133条—133条の4，民執161条の2等）。

（訴訟の段階）

　まず，訴訟の段階で，Xは，申立てを行い，自らの住所・氏名がYに知られることによって自らが社会生活を営むのに著しい支障を生ずるおそれがあることを疎明して，裁判所の秘匿決定を受けることができる（民訴133条1項）。秘匿決定の効果として，秘匿決定において定めた住所・氏名の代替事項（例，「代替住所a，代替氏名A」）を記載すれば，真の住所・氏名の記載は不要となる（同条5項後段）。

（差押えの段階）

　その後，秘匿決定を受けたXは，Yに対する損害賠償債権αにつき勝訴確定判決（代替事項が記載されたもの）を得て，YのZ銀行に対する預金債権βから回収を図ることになる。まず，Xは，預金債権βを差し押さえる必要がある（民執143条）。その際，Xは，自己の住所・氏名を秘匿したままで差押えの申立てが可能である（民執20条，民訴133条5項後段）。

第 4 節　金銭債権及び利息債権

（換価・満足の段階）

　次に，換価・満足の段階であるが，従来の方法（上記①—③）では，差押命令の債権者欄に代替事項が記載されていると，差押命令からは，第三債務者 Z にとって債権者が誰か分からない（「代替住所 a の代替氏名 A」に支払おうと思っても，どこの誰に払ってよいか分からない）。そこで，供託命令の制度が新設された。すなわち，裁判所は，秘匿決定に係る差押債権者 X の申立てにより，差押えに係る金銭債権の全額に相当する金銭を債務の履行地の供託所に

供託すべきことを第三債務者 Z に命ずることができる（供託命令。民執 161 条の 2）。第三債務者 Z は，供託命令の送達を受けたときは，差押えに係る金銭債権の全額に相当する金銭を債務の履行地の供託所に供託しなければならない（民執 156 条 3 項〔義務供託〕。この供託は，執行供託としての性質を有するが，同時に弁済供託としての性質も有する〔下巻 1155 頁注 1），1158 頁[6] 参照〕）。そして，差押債権者 X は，供託所から支払を受けることになる（その際，還付を受ける権利を有することを証する書面〔供託規 24 条 1 項 1 号〕に代替事項が記載されている場合には，当該書面と併せて，代替事項に係る住所・氏名を明らかにする裁判所書記官作成の証明書の添付が必要であるとされている）。

　この供託命令は，従来の方法（前記①—③）のいずれとも異なる新たな回収方法として位置付けられる。

---

[6] なお，本文とは直接の関係はないが，民事執行法 156 条 1 項の権利供託について，下巻 1158 頁では，債権の一部が差し押さえられた場合（一部差押え），第三債務者は，本来の債権者に弁済することなく同法 156 条 1 項の権利供託をするには，「債権全部の供託のみが認められ，差し押さえられた部分のみの供託は許されない」としている。しかし，このような場合，「供託実務上（昭 55.9.6 民事四 5333 号民事局長通達），債権全部の供託以外に，差し押さえられた部分のみの供託も許容されている（田中康久『新民事執行法の解説〔増補改訂版〕』〔1980 年・金融財政事情研究会〕338 頁参照）」というのが正確であり，この限度で下巻の該当箇所の記述を改める。

Ⅱ　利息債権

(1)　意義

㋐　利息とは何か

　利息は，民法に定義規定がなく用語としても統一されていないけれども，元本から生ずる収益（元本使用の対価）として，その額と期間とに比例して一定の利率によって支払われる金銭その他の代替物である[7]と解されている。

　元本債権とは，利息債権を生み出す元となる債権である。これに対し，**利息債権とは，利息の支払を目的とする債権であり**，元本債権と対置される。

　利息は，通常，金銭消費貸借（587条，商513条1項。元本は貸金）や，金銭消費寄託（666条。元本は預貯金などの寄託金）から生ずるほか，金銭の立替払をしたときに生ずることもある（650条1項，商513条2項。元本は立替金）[8]。

　このように，①利息は必ず元本債権の存在を前提とするものであるから，元本債権のない終身定期金（689条）は利息に含まれない。また，②利息は元本使用の対価（法定果実〔88条2項〕）であるから，そうでない元本そのものの償却金，分割払の分割金は利息に含まれず，株式の配当金も利益の分配金と解されているので利息に含まれない。さらに，③利息は一定の利率によって支払われるものであるから，元本使用の対価であっても利率によらない謝礼・謝金などは利息に含まれない。

---

[7] 消費貸借では「金銭」だけでなく「その他の物」（例えば，一定量の米を利米とするなど）を元本・利息とすることができる（587条・589条）。大審院判例（大判明35.4.12民録8輯4巻34頁，大判大7.1.28民録24輯67頁，大判大9.7.10民録26輯1099頁）も，利米や利穀を利息として認めている。

[8] 不代替物である土地・建物・機械などを元本としてその使用の対価である賃料・小作料・地代なども利息といわれることもあるが，一般的には，貸金や預金などを元本とする使用の対価が利息とされる。

(イ) 利息債権の発生原因

　利息債権の発生原因は，契約又は法律の規定である。契約によって生ずる利息を約定利息といい，法律の規定によって生ずる利息を法定利息という。約定利息は，上記のとおり金銭消費貸借・金銭消費寄託に伴い約定されるのが普通であるが，例えば，売買目的物の引渡後も売買代金の支払を猶予して利息を付すといった約定によっても発生する（この場合の利息は支払猶予された売買代金使用の対価である）。法定利息は，法律の規定によって生ずるものであるが，民法上「利息」の語が用いられているもの（法定利息）には種々の内容のものがあり（上記の利息の定義によって説明できないものがある），統一的に理解することは困難である。このうち，実務上よく問題になる買主が支払うべき「利息」や，不当利得の「利息」の意味については，以下に説明する。

買主が支払うべき「利息」（575 条 2 項本文）の意味

【設例】
　売主Ｘは，買主Ｙに対し，売買契約に基づき，売買代金のほか，利息の支払を請求した。

　買主は，目的物の引渡しを受けた日から，代金の「利息」を支払う義務を負う（575 条 2 項本文）。ここにいう代金の「利息」の法的性質が問題となる（潮見・契約各論Ⅰ 214-216 頁，中田・契約法 337-338 頁参照）。
　一般的な原則によると，設例では，売買契約締結により，原則として，売主Ｘは，所有権を取得することとなる買主Ｙに対し，目的物によりもたらされる経済的利益（法定果実〔88 条 2 項〕）を引き渡し，一方，買主Ｙは，売主Ｘに対し，目的物所有権が帰属した日以降の目的物の保存・管理費用と代金支払期日以降は代金額の金銭を運用することによって得られる利益（代金から生ずる利息）を支払うことになるはずである。

（学説）
　575 条 2 項の「利息」について，学説は，法定利息説と遅延損害金

（遅延利息）説とに分かれる。

　法定利息説は，上記の一般原則に委ねると法律関係が複雑になるため，575条は目的物引渡しまでに目的物から生ずる果実（例えば，目的物を賃貸した場合における法定果実としての賃料。厳密には果実から上記目的物の保存・管理費用〔例えば，清掃費〕を控除した差額）と代金支払までに代金から生ずる利息とが等価値であるとして簡易な処理を目指したものであると理解する。

　したがって，575条2項本文にいう「利息」とは，代金債務の履行遅滞があるかどうかに関わりなく認められた法定利息であると解する。この説によれば，設例において，Xは，XがYに対して売買契約に基づき目的物を引き渡したこととその後の一定期間の経過を主張・立証すれば足りる。これに対し，Yは，同項ただし書により，目的物引渡時よりも後に代金支払時期の定めがあるとしてこの間の利息の発生を障害する事由を主張・立証することができる。

　なお，設例で売買代金につき期限の定めがなかったとしてXがYに対し売買代金の支払請求をした後における（412条3項），利息請求と遅延損害金請求との関係については，別個の原因によるものとはいえその内実は等しいのであるから利息請求以外に遅延損害金請求を認めると575条2項の意味を失わせるという見解と，それぞれの要件を満たす限りそれぞれの請求権が発生するとする見解（請求権競合）とがある[9]。

　以上に対し，遅延損害金（遅延利息）説は，575条2項は412条に対する例外を定めたものであると理解して，575条2項本文にいう「利息」とは代金債務の履行遅滞に基づく遅延利息であると解する。この説によれば，設例において，Xは，代金支払債務の履行遅滞に基づく損害賠償請求権の発生原因事実に加えて，XがYに対して売買契約に基づき目的物を引き渡したこととその後の一定期間の経過を主張・立証する必要がある。

9　なお，潮見・契約各論 I 215-216頁，中田・契約法338頁は，目的物引渡し以後支払請求時までの間は法定利息であるが，支払請求の後は412条3項に従って遅延損害金（遅延利息）とする。

（判例）

　判例（大判昭 6.5.13 民集 10 巻 252 頁）は，羊毛の売主が買主に対し代金のほか附帯請求として遅延損害金の支払を請求し，原審が目的物引渡日以後の商事法定利率による金員の支払を命じたのに対し，世界恐慌の際の支払猶予令（昭和 2 年勅令 96 号。上巻 63 頁参照）により同勅令所定の期間内（昭和 2 年 4 月 22 日〜同年 5 月 12 日）の遅延損害金の支払義務は猶予されているはずであるとして買主が上告した事案において，買主は目的物の引渡しを受けた以上 575 条により当然に代金の利息を支払う義務を負うものであって，原審が目的物引渡日以後の商事法定利率による金員の支払を命じたのは法定利息の支払を命じた趣旨であるとした上で，支払猶予令は法律上の利息の発生を停止するものではないとして，買主の上告を棄却した。上記判決は，支払猶予令の適用の有無が上告審で問題となった事案において，上記の法定利息説に沿う説示をし，原告である売主の附帯請求の合理的意思を探求して，原審判示の趣旨を善解したものといえる。

不当利得の「利息」（704 条前段）の意味

> 【設例】
> 　X の所有する時計（市場価格 15 万円）を Y が持ち出して 25 万円で売却した。X は，悪意の受益者 Y に対し，不当利得に基づき，売却代金相当額のほか，利息の返還を請求した。

　悪意の受益者は，その受けた利益に「利息」を付して返還しなければならない（704 条前段）。ここにいう「利息」の法的性質が問題となる。

（前提となる元本の内容）

　不当利得法において，今日支配的な見解は，「法律上の原因」のない利得に着目して，それを詳細に分析した上で，①給付利得（給付の原因となった法律関係が存在していなかったときの利得）・②侵害利得（他人の財貨からの利得）・③支出利得などに類型化し，それぞれの類型ごとに 703 条・704 条とは別の独立した要件・効果等を導き出そうとしている。そのため，703 条・704 条に定められた規律がそれぞれの類型に

よって変容することとなる。そこで，704条前段に規定された「利息」を考える場合にも，どのような類型において，どのような局面で問題となっているかを常に念頭に置いて検討する必要がある。

①給付利得の典型例である法律行為が無効の場合の不当利得については703条・704条の特則である121条の2が適用されるため，703条・704条が問題となる余地はない[10]。もっとも，法律行為でない非債弁済の場合は703条・704条によることになるが，704条前段の利息が実務で問題となる場面はそれほど多くない。

③支出利得としては，他人負担の費用を代わりに支払ったときの費用償還利得や，他人の負担する債務を代わって弁済したようなときの求償利得などがあるが，前者については608条1項・同条2項・196条などの規定が，後者については460条以下などの規定が設けられているので，それらでほぼまかなわれることになる。

そこで，以下では，②侵害利得について説明する。

侵害利得では，権利の帰属者とされている者に民法その他の法により本来割り当てられている利益が別の者に帰している場合，その帰属の誤りを是正するための法律関係が認められる。703条にいう「受益」とは本来割り当てられた利益を得たことをいうから，この割り当てに反する状況が2当事者間で生じたときは，同条にいう「損失」も，更に一方の「受益」と他方の「損失」との間の「因果関係」も，共に認められることになる。したがって，「損失」や「因果関係」の各要件を別途考慮す

---

[10] 給付利得において利息の扱いがどうなるかについて，121条の2等は明文の規定を置いていないが（無効・取消しの原因には様々なものがあり，例えば，詐欺・強迫を受けた被害者に利息の返還を認めるべきでないといった意見もあることから，一律に利息の返還義務を課すのは相当でないとして，明文化が見送られたものである），学説上は，給付利得の返還は原状の回復を目的とするから受益者は善意・悪意を問わず原則として利息の返還義務を負うとする見解が有力である（潮見佳男「売買契約の無効・取消しと不当利得(2)」法教456号〔2018年〕96頁，磯村・49-74頁参照）。改正前民法下の判例（最三小判昭38.12.24民集17巻12号1720頁，判タ157号103頁）は，A社から手形債務を引き受けたB社の破産管財人XがY銀行に対して同債務引受が無効であるとして不当利得に基づき弁済金と利息の返還請求をした事案において，Xが主張する商事法定利率による利息相当の運用利益はY銀行の行為の介入がなくてもB社において社会通念に照らし当然取得したであろうと推認できるから，Y銀行は善意の受益者であってもその返還義務を負うとした（高津環・判解民昭38年414頁，大久保・百選Ⅱ〔第9版〕68解説参照）。

る必要はない。しかも、この場合には、帰属の誤り、つまり割当て違反の状態は、上記の法が許容しないものなのであるから、上記「受益」を正当化する「法律上の原因」があるときに限り、不当利得の成立が阻まれることになる。

　侵害利得の発生要件としては、703条により、㋐他人の権利の内容である利益を受けること、㋑その利益の取得が法律上の原因（権原）によるものではないこと、ということになるが、これを攻撃防御方法の観点からみると、設例では、Xは、請求原因として、上記㋐の要件に該当する事実である、YがXの所有する時計の交換価値を取得して「利益」を受けたことを主張・立証することになり、これに対する抗弁として、Yは、上記㋑に関する要件に該当する事実である、上記交換価値の取得という「利益」が権原によるとしてその権原を主張・立証することができる。この抗弁の性質は、権利発生を障害する事由ということになる。

　侵害利得の不当利得が成立した場合には、その効果として返還の範囲が問題となる。その範囲は、Xに帰属するものであることをYが知っていたか知らなかったかによって異なることになる[11]。

　設例で、現物である時計の返還が可能である場合（時計がYの手元に現存しているような場合）には、Xは、所有権に基づく返還請求権により目的を達する。しかし、侵害利得による返還請求が問題となる場面は、現物が消費されてしまったり、売却されてしまったりしたことにより、現物返還が不可能になる場合である。設例のように時計が第三者に25万円で売却されてしまい即時取得（192条）が成立すればもはや返還は不可能である。そこで、Xは、売却された財産の価値の償還、つまり時計の価格返還を求めることになる。この場合の償還額は、所有者であるXに割り当てられた利益（時計を自由に使用・収益・処分する利益。これがYの侵害利得になる）なのであるから、売却時点における市場価格15万円ということになる。Yが受けた侵害利得の価値は、その市場価格（15万円）そのものであったということができる。

---

[11] 本文にあるとおり、2当事者間の侵害利得の場合、703条・704条の区別は、その効果である返還の範囲を定める局面で問題となる。

したがって、現実の売却価格のうち市場価格15万円を超える部分（10万円）は、Yの才覚・努力によるものであるから、Yに帰属することになる。Xは、不当利得返還請求権により、価値の償還として、15万円の支払を求めることができる[12]。

設例とは異なるが、一般的に、受益者が現物を自己の所有物と思い違いをし（善意）、売却代金をギャンブルなどの浪費で全て費消したような場合には、703条の「法律上の原因」を欠くことにつき善意であって「利益の存する限度」（現存利益）が消滅したことになる。他方、受益者が「悪意」であれば、「利益の存する限度」ではなく「受けた利益」を返還しなければならない。そうすると、不当利得返還請求に対し、受益者は、利得の消滅の抗弁として、利益の現存しないこと（利得の消滅）を主張・立証することができ、これに対し、損失者は、利得消滅の効果の発生障害事由（再抗弁）として、受益者が「悪意[13]」であることを主張・立証することができる。

（利息の意味）

また、Yが悪意の受益者の場合は、これに対する704条前段所定の利息の支払を求めることができる。

もっとも、704条前段の「利息」をどのような法的性質のものとみるかについては、類型論の立場から、次の2つの見解が唱えられている。

---

[12] 最一小判平19.3.8民集61巻2号479頁、判タ1237号148頁は、上場株式を取得したXらが、名義書換手続をする前に同株式について株式分割がされ、株式名簿上の株主Yに増加した新株が交付されてしまい、Yが上記新株を売却処分したことについて、上記新株の売却代金相当額の不当利得返還等を請求した事案（「売却代金相当額＞事実審の口頭弁論終結時の時価相当額」の事案）において、法律上の原因なく代替性のある物を利得した受益者は、利得した物を第三者に売却処分した場合には、損失者に対し、原則として、売却代金相当額の金員の不当利得返還義務を負うとした。その理由は、事実審の口頭弁論終結時の時価相当額を返還すべきであると解すると、売却後の値下がり・値上がりのいずれの場面でも公平の見地に照らして相当でないという点にある（中村心・判例民平19年(上)179頁、原・百選Ⅱ〔第9版〕69解説参照）。
[13] 704条所定の「悪意」の意義については、善意は全て含まないとする説（橋本佳幸ほか『民法Ⅴ事務管理・不当利得・不法行為〔第2版〕』〔2020年・有斐閣〕44-45頁〔大久保邦彦〕）、善意・有過失を含むとする説（四宮和夫『事務管理・不当利得・不法行為(上)』〔1981年・青林書院新社〕89頁）、善意・無重過失を含むとする説（藤原・新注民⒂176頁）に分かれている。

第 4 節　金銭債権及び利息債権

（学説）

　第 1 の見解は，704 条前段にいう「利息」は，損失者が受益者の受けた利益から上がる収益（果実・使用利益）を失っていると考え，それを金銭に換算して利益相当額としたものであるから，実質的には不法行為（受けた利益を超える収益も返還しなければならないとする加重責任は本来，不当利得責任を超えるものであるが，特に本条によって不当利得とされたものである）に由来する損害賠償責任の最小限度を確保しようとするものであるとする。したがって，この見解は，価格償還の場合に限らず，現物・代位物を返還する場合にも適用がある（その価格を評価してこれに利息を付す）と解することになる（四宮・前掲注 13）92-93 頁）。また，同条後段にいう「賠償の責任」とは不法行為責任を指し（最二小判平 21.11.9 民集 63 巻 9 号 1987 頁，判タ 1313 号 112 頁参照），利得返還と利息の支払によっても損害が塡補できない場合に悪意の受益者が不法行為の要件を満たす限りで不法行為責任を負うことを念のために明らかにした注意的規定にすぎず独立した権利根拠規定ではないとする。

　この見解によれば，設例では，利息の支払請求は，最小限度の損害賠償金を法定利息として求めることになる。

　第 2 の見解は，704 条前段にいう「利息」は，不当利得返還債務の履行遅滞に基づく（法定利率による最低限度の）損害賠償金であると解する。そして，同条後段にいう「賠償の責任」とは上記の債務不履行責任を指し，同条前段の損害賠償金を超える損害賠償責任（「なお損害があるとき」「の賠償の責任」）を認めたものであるとする（松岡久和「不当利得と不法行為」松本恒雄先生還暦記念『民事法の現代的課題』〔2012 年・商事法務〕491 頁以下，潮見・Ⅰ 234 頁）。

　この見解によれば，設例では，利息の支払請求は，不当利得返還債務の履行遅滞による損害賠償金を法定利息として求めることになる。

（判例）

　704 条前段の「利息」の法的性質について直接判示した判例は見当たらない。

　ただ，最三小判平 19.2.13 民集 61 巻 1 号 182 頁，判タ 1236 号 99 頁（改正前民法下のもの）は，過払金返還請求の事案においてではあるが，

悪意の受益者が付すべき704条前段所定の利息の利率は商事法定利率年6分でなく民法所定の年5分であるとしており，前掲最判平21.11.9をも併せて考えると，判例は，第1の見解に近いものといえるであろう。なお，判例上も，悪意の受益者であっても当然に不法行為が成立するということはできないとされていることに注意が必要である（例えば，最二小判平21.9.4民集63巻7号1445頁，判夕1308号111頁は，貸金業者が借主に貸金の支払を請求し借主から弁済を受ける行為が不法行為を構成する場合は，その行為の態様が社会通念に照らして著しく相当性を欠く場合に限られ，そのことは当該貸金業者が悪意の受益者と推定されるときであっても異ならないとした）。

(ウ) 利息債権の発生時期

利息債権の発生時期は，契約又は法律の規定によって定まる。例えば，消費貸借契約においては，借主が金銭その他の物を受け取った日が利息債権の最初の発生時期である（589条2項）。利息が生じた最初の時点は，法定利率の基準時となる（404条1項。この点は，本書111頁以下で詳しく述べる）。その後利息債権は元本使用の対価として時々刻々発生することになる。

(エ) 利息債権の弁済期

利息債権の弁済期は，契約又は法律の規定によって定まる。例えば，消費貸借契約において，当月分の利息を月末に支払うと合意したときは，毎月末日が利息債権の弁済期である。なお，利息債権の弁済期を経過したからといってその遅延損害金が発生するわけではない（本書97頁参照）。

(オ) 利息債権の位置付け

民法は，債権総則の「債権の目的」において，利息債権につき，404条・405条の2か条を規定している。すなわち，404条は，利息債権の利率としての法定利率について規定しており，405条は，法定重利（利息の元本への組入れ）について規定している。なお，これらについては，上巻66-69頁を参照されたい。

金銭債権は，一定の価値の移転を本質的内容とするものであるが，元本

債権と利息債権とに分けることができる。これを整理すると，下表のとおりとなる。

作為債務	与える債務	非金銭債務	特定物債権（債務）
			種類債権（債務）
		金銭債務	元本債権（債務）
			利息債権（債務）
	為す債務		
不作為債務			

(2) 性質

(ア) 遅延損害金（遅延利息）の性質

遅延損害金（遅延利息）とは，金銭債務の不履行により法定利率又は約定利率によって支払うべきものとされる損害金である（419条参照）。遅延損害金（遅延利息）には，二面性がある。すなわち，遅延損害金（遅延利息）は，①その性質は履行遅滞の効果としての損害賠償であって，利息とは異なる。もっとも，②経済的な視点からその実質をみると，元本から生じ得べき収益の喪失，すなわち，例えば，貸金であれば，元本（金銭）を有していればそれが生み出すはずの利息分を賠償として貸主（債権者）に得させるものであって，利息と類似する面もある。

民事訴訟においては，利息と遅延損害金との類似性を反映して，原告が「利息」又は「遅延損害金」として請求した場合であっても，判決では原告の合理的意思を踏まえて柔軟に解されることがある（前掲大判昭6.5.13，最一小判平18.12.21集民222号643頁，判タ1235号148頁〔悪意の受益者に対する不当利得金返還債務の利息の支払請求について，訴状送達の日の翌日以降の遅延損害金の支払を求める請求が含まれると解されたもの〕）。

遅延損害金（遅延利息）をめぐる実務上の諸問題については，本書97頁以下で詳しく述べる。

(イ) 基本的利息債権・支分的利息債権の性質

利息債権の性質を検討する際には，基本的利息債権・支分的利息債権の

区別が重要である。**基本的利息債権**とは，元本に対して一定期間に一定利率の利息を生ずることを目的とする基本的地位たる債権をいう（例えば，120万円を弁済期1年後として年10％の割合で毎月末日に利息を支払う旨の金銭消費貸借契約において，基本的利息債権は，元本120万円に対して1年間に年利10％の利息を生ずることを目的とする利息債権である）。**支分的利息債権**とは，基本的利息債権から生ずるところの，一定期間において一定利率に基づく一定額の支払を目的とする債権をいう。支分的利息債権は，将来の支分的利息債権（将来発生すべき支分的利息債権）と現在の支分的利息債権（既に発生した支分的利息債権）とに更に分類することができる（例えば，上記の例で貸付日から3か月経過の段階では，今後発生すべき9万円の利息債権が将来の支分的利息債権であり，既に発生した3万円の利息債権が現在の支分的利息債権である。なお，「現在の支分的利息債権」という分類は，実定法上も用いられている[14]）。

　元本債権との関係では，基本的利息債権や将来の支分的利息債権は付従性・随伴性を有する（ただし，将来の支分的利息債権の譲渡は可能である）のに対し，現在の支分的利息債権は独立性を有する。また，基本的利息債権との関係では，将来の支分的利息債権は付従性を有する（ただし，将来の支分的利息債権の譲渡は可能である）のに対し，現在の支分的利息債権は独立性を有する。以上の点は，消滅時効や債権譲渡，差押・転付命令，弁済充当などにおいて意味を有することになる。詳しくは，上巻74-77頁を参照されたい。

(3) 利息をめぐる実務上の諸問題

　利息をめぐる実務上の諸問題としては，①重利に関するもの，②変動利率に関するもの，③中間利息控除に関するもの，④利息制限法に関するものなどがある。上記④については上巻78-89頁に譲ることとして[15]，以下では，上記①―③について順次概観する。

---

[14] 例えば，社債，株式等の振替に関する法律73条・98条・121条は，振替国債・振替社債・振替投資信託受益権の譲渡は，振替の申請により，譲渡人がその口座における保有欄に当該譲渡に係る数・金額の増加・増額の記録等を受けなければ，その効力を生じない旨を規定しているが，そこでは差押えを受けることなく弁済期が到来した利息又は収益分配金の請求権が除かれている。

(ア) 重利

(a) 単利と複利（重利）

　利息には，単利と複利（重利）とがある。単利とは，当初の元本に対してのみ利息が付されるものであり，これが原則である[16]。複利（重利）とは，弁済期に達した利息が順次元本に組み入れられ，組み入れられた後の元本に利息が付されるものである（組入重利ともいわれる。これに対し，独立重利〔弁済期に達した利息を元本に組み入れないで，これを独立した元本として利息を生じさせるもの〕はここでいう複利〔重利〕ではない）。複利（重利）には，契約によるもの（約定重利）と法律の規定（405条）により認められるもの（法定重利）とがある。

(b) 405条による利息の元本組入後の利息や遅延損害金

　405条は，①利息の支払が1年分以上[17]延滞（弁済期を徒過）した場合において，②債権者が催告をしても，③債務者がその利息を支払わないときは，債権者は，これを元本に組み入れる（債権者から債務者に対する意思表示をする）ことができると規定する。その趣旨は，利息は当初の元本に対してのみ付されるのが原則であるが，利息の支払を1年分以上延滞し，催告にも応じないような怠慢な債務者に法定重利の不利益を負わせて，その間の利息を使用できなかった債権者を保護するというものである。したがって，405条が適用される場合は，利息の元本組入れが認められ，組み入れられた元本に対して利息や遅延損害金が発生することになる。例えば，120万円の貸金で元本弁済期が貸付日から1年半後，利息が年10％で毎月末日払の約定で，貸付日から1年間利息不払であり，催告

---

[15] 利息制限法に関する近時の判例としては，最三小判令3.1.26民集75巻1号1頁（債権者が会社に金銭を貸し付けるに際し，社債の発行に仮託して，不当に高利を得る目的で当該会社に働きかけて社債を発行させるなど，社債の発行の目的，会社法676条各号に掲げる事項の内容，その決定の経緯等に照らし，当該社債の発行が利息制限法の規制を潜脱することを企図して行われたものと認められるなどの特段の事情がある場合を除き，社債には利息制限法1条の規定は適用されないとされたもの）が重要である。同判決については，土井文美・判解民令3年(上)1頁参照。なお，小出篤・令和3年度重判解94頁も参照。

[16] 石田ほか・29頁〔荻野奈緒〕，中田・65頁参照。

[17] 405条にいう「1年分以上」とは，引き続き1年分以上という意味ではなく，合計して1年分以上という意味である（上巻71頁）。

をしても利息が支払われないため，貸付日から1年1か月後に1年分の延滞利息12万円を元本に組み入れて元本を132万円とする旨の意思表示がされたときは，債権者は，債務者に対し，組入後元本に対する利息を求めることができ，また，元本弁済期後は，①組入後元本132万円，②未払利息6.5万円（1か月分1万円＋5か月分5.5万円。この利息に対する遅延損害金を求めることはできない〔大判大6.3.5民録23輯411頁〕[18]），③132万円に対する弁済期の翌日から支払済みまで年10％の割合による遅延損害金（419条1項ただし書）を求めることができる。

(c) 遅延損害金（遅延利息）

遅延損害金（遅延利息）につき，延滞利息と同様の扱い（405条）をすべきか否かが問題とされている。

① 419条（金銭債務の履行遅滞に関する特則）

議論の前提として，419条について説明する。

債務不履行による損害賠償の要件は，415条1項本文によると，①債務の発生，②債務不履行の事実，③損害の発生及びその数額，④債務不履行の事実と損害との間に因果関係があることである。同項ただし書によると，⑤債務の不履行が契約その他の債務の発生原因及び取引上の社会通念に照らして債務者の責めに帰することができない事由によるものであることが免責事由とされている（以上につき，本書256頁参照）。その効果である損害賠償の範囲は，416条で定められている。

したがって，金銭債務（元本債務）の不履行による損害賠償の要件・効果も同様になるはずであるが，要件のうち，②の要件である債務不履行の事実については，金銭債務はその性質（本書77頁参照）から履行不能はあり得ず履行遅滞に限られており，③・④及び⑤の要件については，419

---

[18] 本文の大判大6.3.5は，利息の延滞があった場合において，債権者は特別の契約又は法律の規定がある場合を除き，利息に対する利息に相当する額をもって当然に生じた損害であるとしてその賠償を受けることはできない（つまり，419条の規定は利息債務の不履行の場合に適用すべきでない）として，利息に対する遅延損害金の支払請求を認容した原判決を破棄したものである。その理由として，利息に対する遅延損害金の支払請求が認められるとすれば，債権者は債務者が利息の支払を遅滞すると直ちにその利息に対して更に利息に相当する額の支払を受けることができることとなり，405条の規定を設けた趣旨に反するのみならず，同条の規定を無用なものにさせることを挙げている。上巻71頁も参照。

条2項・3項により特則が定められているため，債権者は主張・立証を要しない。また，効果についても，賠償範囲の原則を定める416条の特則である419条1項により，法定利率又は約定利率によってその数額が定められている（上巻186-187頁参照。なお，420条も参照）。

　以上のように，金銭債務（元本債務）の履行遅滞による損害である遅延損害金は，元本債務が履行遅滞に陥ると412条に定められた履行期の態様に従って一般に法定利率によって定められた額となる。他方，金銭債務（利息債務）の履行遅滞については，利息に対する遅延損害金を求めることができるとすれば405条の趣旨に反するという理由から，419条1項は適用されず[19]，遅延損害金は認められない（前掲大判大6.3.5。通説）。

② **遅延損害金について重利計算が可能か**

　冒頭に記載した問題点に関連して，遅延損害金は，上記のように飽くまで損害賠償金であって利息ではないのであるから，412条3項により，債権者の催告によって遅滞に陥り，その翌日から更に415条1項・419条により遅延損害金を生ずるのであって，遅延損害金につき利息に関する405条の適用はあり得ないとする見解（柚木＝高木・144-145頁）がある。実務上も，遅延損害金債務の一定期間分を確定遅延損害金としてこれに法定利率を乗じたものを本来の遅延損害金債務と別に請求するようなケースが散見される。

　確かに，本書94頁でみたように，遅延損害金は利息ではなく損害賠償金であることは間違いない。

　しかしながら，遅延損害金債務について重利計算が可能であるとすれば，412条3項の催告のみで次々と何重にも遅延損害金について遅延損害金が付くことになり，余りにも債権者に偏する事態を招来するばかりか，このような重利計算は実際に複雑極まりないものになりかねない[20]。また，419条1項が金銭債務の履行遅滞による損害賠償の額について約定利率が法定利率を超えるときは約定利率によって算出することにしたのは，

---

[19] なお，419条1項が利息債務について適用されないという意味は，同項が前提とする「金銭債務の不履行については法定利率によって定められる損害賠償債権が発生する」という考え方が，405条が債権者の救済のため特別に設けられていることに鑑みて，利息債務の不履行について当てはまらないということである。

[20] 笹本哲朗「判例解説」曹時75巻2号（2023年）229-231頁参照。

412条所定の履行遅滞の責任を負う時期の前後を通じて債務者は元本債務に約定利率を乗じた額の支払をすれば足りるものとする趣旨（すなわち，金銭債務については単なる遅滞では複利計算にはならないとする趣旨）とみるのが相当であって（我妻・139頁。なお，能見・注民(10)666頁参照），重利計算を肯定する見解はこの趣旨にもとることになる。

判例もまた同様の考え方に立っている。すなわち，前記(b)及び①で述べたとおり利息に対する遅延損害金は求めることができない（すなわち，419条1項の規定は利息債務の不履行の場合に適用されない）としており（前掲大判大6.3.5），同様に，遅延損害金に対する遅延損害金を求めることができるとすれば利息に対する遅延損害金の場合と同様に405条の趣旨に反するという理由から，遅延損害金について遅延損害金を求めることもできないとしている（大判昭17.2.4民集21巻107頁[21]，最三小判令4.1.18民集76巻1号1頁，判タ1496号84頁[22]）[23]。

もっとも，このような考え方によっても，405条は任意規定であるから，遅延損害金からその遅延損害金が生ずる旨を特約すること（例えば，遅延損害金の弁済期を定め，これに遅れるときは遅延損害金を支払う）は許される。しかし，利息制限法の定める制限を超えてはならないことはいうまでもない。

③ 遅延損害金について元本組入れが可能か

次に，遅延損害金につき，「利息」[24]の元本組入れを定めた405条の適用又は類推適用が認められるかが問題となる（なお，419条1項が適用されなければ直ちに405条が適用・類推適用されるという関係にあるわけではないことに注意を要する）。

---

[21] 本文の大判昭17.2.4については，吾妻光俊・判民昭和17年29頁参照。
[22] 本文の最判令4.1.18については，笹本・前掲注20) 211頁参照。
[23] 上巻188頁，荻野・新注民(8)728頁，笹本・前掲注20) 229-231頁参照。この点について，前記注18) も参照されたい。
[24] 本文では，405条の「利息」に遅延損害金が含まれるかを論じており，同様の議論は「利息」を定めた他の条文においても生ずるが（例えば，489条・575条2項など。なお，375条のように両者が区別されている例もある），それぞれの条文や制度趣旨に照らして個別的に検討されるべき問題であることに注意を要する。

㋐ 契約債権上の遅延損害金

　まず，契約債権（特に金銭消費貸借上の貸金返還債権）の履行遅滞による遅延損害金について，前掲大判昭17.2.4は，金銭消費貸借契約上の貸金返還債務の履行遅滞に基づく遅延損害金の支払が1年分以上延滞した事案において，405条が適用される（遅延損害金の元本組入れは可能）とした。そして，その理由として，①遅延利息（遅延損害金）が，その損害は元本の使用によって得ることができた利得の喪失であって，元本使用の対価としての性質を有し，この意味において経済上，元本債務の弁済期前に生ずる約定利息と何らその取扱いを異にする必要がないこと（経済的実質における遅延利息と約定利息との類似性），②仮に，405条にいう「利息」が約定利息のみを指し遅延利息を含まないものとすると，債務者が約定利息を1年分以上延滞したときは元本組入れができるのに，債務者が遅延利息を1年分以上延滞したときは元本組入れができないこととなり，債務者として情状が重い後の場合にかえって複利の責任を負わないこととなり，正義衡平に合致しないこと（約定利息と遅延利息の延滞がある場合の均衡論）を挙げた。

　この判例の立論からすると，金銭消費貸借契約上の貸金返還債務の履行遅滞に基づく遅延損害金（遅延利息）について，その経済的特質は約定利息と類似する旨の説示（上記①）のほか，その実質的観点（均衡論）からの説示（上記②）もされていることに照らせば，その射程は，契約債権上の遅延損害金のうちの一部，すなわち，金銭（準）消費貸借上の貸金返還債務の履行遅滞に基づく遅延損害金，金銭消費寄託上の寄託金返還債務の履行遅滞に基づく遅延損害金のようなものに限られると解される[25]。

　これまでの学説の多くは，遅延損害金一般について405条の適用の有無を論じていたが，有力な見解（潮見・Ⅰ243頁）は，前掲大判昭17.2.4は飽くまでも元本使用の対価としての実質面を捉えたときの金銭消費貸借における利息と遅延損害金の同質性を考慮に入れたものであり，本来は利息債権に関する405条の規律を金銭消費貸借の場面での遅延損害金に推及したものであって，これを超えて，同条の規律を不法行為に基づく損害賠償請求権の遅延損害金一般にも妥当させるのは適切でないとして，金銭消費

---

[25] なお，この点につき，笹本・前掲注20) 220頁，227頁参照。

貸借上の貸金返還債権と不法行為上の損害賠償債権との違いを意識した議論を展開していた。

なお，上巻191頁注9）で述べたところは，上記の見解と同旨であって，前掲大判昭17.2.4の理由の①を405条の適用・類推適用の基礎に据えるべきであるとの考え方によるものである[26]。

⑦ 不法行為上の損害賠償債務の遅延損害金

次に，法定債権のうち不法行為上の損害賠償債務の遅延損害金について，前掲最判令4.1.18は，不法行為上の損害賠償債務の履行遅滞に基づく遅延損害金の支払が1年分以上延滞した事案において，405条は適用・類推適用されない（遅延損害金の元本組入れはできない）とした。そして，その理由として，①不法行為上の損害賠償債務は，同じ金銭債務でも貸金債務とは異なり，債務者にとって履行すべき債務額が定かでないことが少なくないから，債務者がその履行遅滞により生ずる遅延損害金を支払わなかったとしても，一概に債務者を責めることはできないこと（債務者の帰責性の乏しさ〔理由①〕），②不法行為上の損害賠償債務は判例上不法行為時から遅延損害金が発生するとされており，遅延損害金の元本組入れを認めてまで債権者の保護を図る必要性が乏しいこと（債権者の要保護性の乏しさ〔理由②〕）を挙げた。

この判例に対する学説の反応は多岐に分かれ，結論又は理由付けに反対するものも少なくない。しかし，実務的にみると，412条3項の規定にかかわらず，不法行為による損害賠償債務については，催告を待たないで，不法行為の時から（具体的には損害の発生と同時に）当然に遅滞となるとして，債権者の保護を図ろうとするのが，確立した判例の立場（大判明43.10.20民録16輯719頁，最三小判昭37.9.4民集16巻9号1834頁，判タ139号51頁）である（理由②）。これを前提にして，例えば，交通事故・労災事故・ハラスメント事件でよくみられるように，不法行為時から1年以上治療が継続している場合の治療費や療養による休業が続いている場合の休業損害金などは中間利息を控除することなく不法行為時から遅延損害金を付することになるため，見方によっては，実質的に重利といえないこともなく，その上，重ねて405条の法定重利を肯定するとなると余りにも

---

[26] 大久保邦彦・判例評論769号3頁も同旨。

債権者の保護に偏るものといえよう。逆に，債務者の立場からみると，不法行為後1年を経過した時点でも（訴訟法上の問題ではなく）不法行為による損害額（元本額）そのものを把握することが困難で債務の履行に向けた話合いを持ちかけるきっかけをつかむこともできない状況が続きかねないことになる（理由①）。このように実務上採られている損害算定方式の合目的性・簡明性といったその特質を踏まえると，前掲最判令4.1.18の結論及び理由付けは支持できるように思われる[27]。

したがって，前掲最判令4.1.18の射程は，715条や719条に基づく損害賠償債務はもとより，会社法350条に基づく損害賠償債務，自動車損害賠償保障法3条に基づく損害賠償債務その他不法行為責任と同等の内容・性質を有する損害賠償債務の場合に及ぶものと解される[28]。

債権者が元本を使用し得ないことの
対価も利息とする見解について

上記判例の立場と異なり，不法行為時からの遅延損害金は，その実質

---

[27] 大久保・前掲注26）6頁は，不法行為のうち金銭騙取の場合や物の滅失の場合について，405条の適用・類推適用が可能であるという見解を紹介している。

そこで検討すると，前者については，本書85頁，③⑦で述べたような元本に類似する債権を観念することは可能であるが，債務者の欺罔の態様（愛情の利用，介護者の立場の利用等）や債権者の属性（高齢者，障害者等）いかんによっては慰謝料（慰謝料は口頭弁論終結までの諸事情を考慮要素とする〔上巻278頁注5)〕）が認められる状況もあり得るので（四宮和夫『事務管理・不当利得・不法行為(下)』〔1985年・青林書院〕540頁参照），少なくとも前掲最判令4.1.18の理由①（債務者にとって履行すべき債務額が定かでないことが少なくないこと）は妥当する。

また，後者については，そもそも本書85頁，③⑦で述べたような元本とその利息を観念することはできないし，この点を措くとしても，物の価値をめぐる争いで紛糾することがあり，当該物を愛着・愛玩していた場合その喪失による慰謝料が認められる理由となることもあるから，同じく少なくとも前掲最判令4.1.18の理由①（債務者にとって履行すべき債務額が定かでないことが少なくないこと）は妥当する。

なお，前掲最判令4.1.18は，不法行為に基づく損害賠償債務の遅延損害金について405条の適用・類推適用を類型的な処理として否定したものであって，個別の事案にうかがえる特色によってその可否を検討する立場に立つものではないと考えられる（このことは「不法行為に基づく損害賠償債務は…少なくない」，「一概に債務者を責めることはできない」といった判文からもうかがわれる。笹本・前掲注20）223頁参照）。

[28] 笹本・前掲注20）224-225頁も参照されたい。

からみて元本＝賠償金が支払遅滞にある期間における債権者の運用益であるから，利息として元本に組み入れることを妨げる性質ではないとする考え方（北居功「判批」民商158巻6号〔2023年〕112頁）がある。

この考え方は，利息について，本書85頁で述べた利息の定義（本文③⑦も同様である）に限定されることなく，債権者が元本を使用し得ないことの対価も利息とするのが通例であるとする見解（我妻・42頁。なお，笹本・前掲注20）216頁でも同様に紹介されている）に依拠するものである。それを不法行為による損害賠償の場合にも当てはめて，不法行為時に債権者が損害賠償金を一時金として手に入れた状態を元本とみてその支払遅滞期間中の運用益も遅延損害金とする考えであるといえる。

確かに，判例の見解は，不法行為の時点で一時金としての損害賠償債務が発生し，直ちに履行遅滞となり遅延損害金を付するとするものである。

しかしながら，このような判例の見解は，人損の事案でも，先に述べた治療費や休業損害金は中間利息を控除することなく不法行為時から遅延損害金を付することや，慰謝料の額は口頭弁論終結までに弁論に現れた諸般の事情を考慮要素として裁判所の自由な心証により決すべきであること（上巻278頁注5））に照らすと，飽くまで「損害賠償の目的に合致した簡明なルール」・「統一的で簡明な処理」であって（前田・新注民⑮487-488頁），法的な擬制というべきものである。したがって，上記の利息に関する見解を不法行為に当てはめて遅延損害金を賠償金＝元本が支払遅滞の間における債権者の運用益と捉える考え方は受け入れ難い。

⑦　不当利得上の利得金返還債務の遅延損害金

さらに，法定債権のうち不当利得上の利得金返還債務の遅延損害金について，侵害利得において405条の元本組入れが問題とならないことは本書101頁で述べたところから明らかである。

そこで，次の設例を用いてこの問題を考えることにしよう。

遅延損害金に関する 405 条の（類推）適用の範囲

上記各判例の類型以外の遅延損害金について，どのような場合に 405 条が（類推）適用されるのか（されないのか）が残された問題となる。

【設例 1】
　安全配慮義務違反による損害賠償債務の履行遅滞に基づく遅延損害金の支払が 1 年分以上延滞した。

【設例 2】
　会社法 429 条 1 項に基づく損害賠償債務の履行遅滞に基づく遅延損害金の支払が 1 年分以上延滞した。

設例 1 において，前掲最判令 4.1.18 と異なり，安全配慮義務違反の損害賠償債務については履行請求時（412 条 3 項）から遅延損害金が発生する[29]ため前記④の理由②は当てはまらないが，対象となる主な類型である労災事故事案においては，心身の療養が長期に及びながらなお後遺障害の症状の固定に至らないことが多くあって，債務者にとって履行すべき損害賠償債務の額が定かではないことが少なくないため前記④の理由①はそのまま当てはまる。そして，前掲最判令 4.1.18 の理由付けのうち，理由②は債権者の要保護性がそれなりに考慮されていることを説示するにすぎず，遅延損害金の起算日が事故発生日か履行請求日かの問題と，405 条の元本組入れが可能かという問題とは，論理的に連動するとはいえないことからすると，405 条の趣旨である債務者の対応の悪質性に直結する理由①が主たる理由であって，理由②は補充的なものと解される。したがって，**設例 1 では，405 条は（類推）適用されない（遅延損害金の元本組入れはできない）**というべきである[30]。

設例 2 において，判例は，会社法 429 条 1 項（旧商法 266 条ノ 3 第 1 項前段）は，株式会社が経済社会において重要な地位を占めていること，しかも株式会社の活動はその機関である取締役の職務執行に依存す

---

[29] 最一小判昭 55.12.18 民集 34 巻 7 号 888 頁，判タ 435 号 87 頁。吉井直昭・判解民昭 55 年 411 頁，上巻 171 頁も参照。
[30] 原田昌和「判批」ジュリ 1574 号（2022 年）94 頁，笹本・前掲注 20）232-233 頁，若林三奈・令和 4 年度重判解 62 頁参照。

るものであることを考慮して，第三者保護の立場から，取締役が悪意・重過失により会社に対する任務を懈怠し第三者に損害を被らせたときは，当該任務懈怠行為と第三者の損害との間に因果関係がある限り，間接損害（会社が損害を被った結果として第三者に生じた損害）・直接損害（第三者が直接被った損害）のいずれかを問わず，取締役が直接に第三者に対し損害賠償責任を負うべきことを規定したものであるとし（最大判昭44.11.26民集23巻11号2150頁，判タ243号107頁。このような見解は特別法定責任説〔間接直接両損害包含説〕と呼ばれる），その損害賠償債務は履行の請求を受けた時に履行遅滞となるとする（最一小判平元.9.21集民157号635頁，判タ714号83頁）。例えば，取締役の放漫経営により会社が倒産した場合に会社債権者が債権額と同額又はその一定額の損害を被る事例（間接損害事例）や，会社が倒産する直前の時期に取締役が返済見込みの乏しい金銭を借り入れた場合に貸主である第三者が貸付額と同額又はその一定額の損害を被る事例（直接損害事例）が考えられる。前掲最判令4.1.18と異なり，判例上会社法429条1項に基づく損害賠償債務については履行請求時（412条3項）から遅延損害金が発生するため前記④の理由②は当てはまらない。間接損害については，会社財産から債権の弁済を受けられなくなること等に伴う損害であるため，会社が債務超過の状態に陥るなど倒産状態になることが前提となる。しかも，間接損害が問題となる事案では，取締役の任務懈怠と会社の損害発生との間と，会社の損害発生と第三者の損害発生との間に，それぞれ416条の場合と同様の判断がされることとなる（上巻280-282頁参照）。そうすると，間接損害では，債務者（取締役）にとって履行すべき額が明確に把握できないことになる。直接損害についても，取締役の任務懈怠と第三者の損害発生との間に，416条の場合と同様の判断がされることとなるから，やはり債務者（取締役）にとって履行すべき額を捉えることが難しいことに変わりはない。そうすると，直接損害・間接損害のいずれにおいても，類型的に債務額の明確性が乏しいといえるため前記④の理由①は当てはまる。そして，前掲最判令4.1.18の理由付けのうち理由①が主たる理由であり，理由②は補充的なものにすぎないことは設例1で述べたとおりである。したがって，**設例2では，405条は（類推）適用されない（遅延損害金の元本組入れはできない）**

と解される。なお、前掲最判昭 44.11.26 の裁判官松田二郎ほかの反対意見で示された見解（特殊不法行為責任説〔直接損害限定説〕と呼ばれる）によれば、前掲最判令 4.1.18 の射程が及び、405 条は（類推）適用されない（遅延損害金の元本組入れはできない）と解される[31]。

賃料相当損害金をめぐる実務上の諸問題（関連問題）

　遅延損害金（遅延利息）に関連する問題として、賃料相当損害金をめぐる問題について述べることとする。

【設例】
　甲建物の賃貸人（所有者）X は、賃借人 Y に対し、Y の 6 か月間の賃料（月額 10 万円）不払により賃貸借契約を解除したとして、①賃貸借契約終了に基づく建物明渡請求、②未払賃料 60 万円とその遅延損害金（遅延利息）の請求のほか、③賃貸借契約終了による目的物返還債務の履行遅滞に基づく損害賠償請求、不法行為に基づく損害賠償請求、又は、不当利得に基づく利得金返還請求として、（解除日の翌日から甲建物明渡済みまでの）賃料相当額（1 か月当たり 10 万円）と更にその遅延損害金（遅延利息）の請求をした。

　設例において、法律上の要件を満たす限り上記①・②の請求が認められることに問題はない。問題は、上記③（附帯請求）のうち賃料相当額について遅延損害金（遅延利息）を求める請求の可否等である。実務でも、賃料相当額の請求に関し、履行遅滞構成、不法行為構成、不当利得構成としたり、その二者又は三者を選択的併合としたりして、賃料相当額について更に遅延損害金（遅延利息）を求める請求がみられるところである。

---

[31] 本文の最判昭 44.11.26 につき、杉田洋一・判解民昭 44 年(下)1076 頁以下参照。なお、同判決が抱える問題点を詳細に検証し、同判決の反対意見の見解の方が理論的にも政策的にも適切であるとする髙橋陽一「取締役の対第三者責任に関する判例法理は今後も維持されるべきか？(1)(2)」法学論叢 177 巻 6 号 1 頁、178 巻 2 号 1 頁（2015年）も参照。

（履行遅滞構成）

　第1に，甲建物の返還債務の履行遅滞に基づく損害賠償請求の場合，金銭債務の履行遅滞事案と異なり，非金銭債務（甲建物の返還債務）の履行遅滞事案であって，賃料相当損害金が飽くまで履行遅滞に基づく損害賠償金そのものであって「利息」（本書85頁）に当たらないことはいうまでもない。したがって，金銭債務を元本とする利息について特別に設けられた法定重利の規定（405条）を適用する余地は生じない[32]。

　また，設例の賃料相当損害金は，Xが賃貸借契約終了時に甲建物の返還を受けられなかったことによる遅延賠償であって，415条1項・416条によりその賠償範囲が確定されることになる。したがって，その損害は，遅滞中の期間（賃貸借契約終了後から甲建物の返還がされるまでの間）中に建物を使用することによって得ることができる利益を失ったこと（物の利用の対価）によるものであって，これを金銭的に評価したものが賃貸借契約終了日の翌日から甲建物を返還するまでの賃料相当損害金となる。そうすると，この損害金の支払債務のうち数日分を取り出して当該支払債務について412条3項の催告により遅滞に陥ったとしてその翌日から更に415条1項・419条により遅延損害金（遅延利息）を付することは，実質的には物の利用の喪失による損害塡補分を超えて何重にも遅延損害金（遅延利息）が付くことになり，このような事態は余りにも債権者に偏るものであり，その計算も複雑となって煩に堪えない。したがって，**履行遅滞による賃料相当額の損害賠償が認められる場合においては，その損害賠償金について遅延損害金（遅延利息）を請求することはできない。**

（不法行為構成）

　第2に，甲建物の不法占有を理由とする，所有権侵害の不法行為に基づく損害賠償請求の場合，賃料（使用料）相当損害金が飽くまで不法行為に基づく損害賠償金そのものであって遅延損害金（遅延利息）ではな

---

[32] 目的物返還債務の履行遅滞に基づく賃料相当損害金の元本組入れの問題と非金銭債務の不履行（例えば，安全配慮義務違反）に基づく損害賠償債務の遅延損害金（遅延利息）の元本組入れの問題とを比較すると，後者は金銭債務の遅延損害金（遅延利息）の元本組入れが一応問題になり得るのに対し，前者は金銭債務の遅延損害金（遅延利息）ではなく賃料相当損害金そのものであって，両者はその性質を異にする。

いのであるから，第1（履行遅滞構成）と同様に賃料相当損害金の元本組入れの問題は生じない。

また，賃料相当損害金は，債権者が甲建物の使用収益権限があるのに債務者がそれを占有することによってその権限行使を妨げている状態を金銭的に評価したものである[33]。そうすると，占有によって使用価値を奪ったと評価して他人の物の不法占有による賃料相当額の損害賠償が認められるときは，第1（履行遅滞構成）と同様に，この損害賠償金の支払債務のうち数日分を取り出して当該支払債務について損害の発生と同時に遅滞に陥ったとして415条1項・419条により遅延損害金（遅延利息）を付することは，実質的には物の利用の喪失による損害填補分を超えて何重にも遅延損害金（遅延利息）が付くことになり，このような事態は損害の公平妥当な分配という不法行為制度の基本理念にもとることになる。したがって，**その使用料（賃料）相当額について遅延損害金（遅延利息）を請求することができない**[34]。

なお，この点に関し，不法占有による損害は時々刻々（日々）発生し，それに伴い損害賠償債務（損害賠償請求権）も順次発生するという考え方[35]がある。その上で，継続的不法行為における賃料相当損害金の消滅時効に関する判例（大連判昭15.12.14民集19巻2325頁〔継続的不法行為における消滅時効（724条1号）が一括ではなく個別に進行するとしたもの〕)[36]との整合性を重視して，時々刻々発生する損害賠償債務が順次履行遅滞に陥り，それぞれに遅延損害金（遅延利息）が付くという見解[37]がある。一定期間（例えば，1年間）の賃料相当損害金に対する特定日（例えば，一定期間の最終日の翌日）からの遅延損害金（遅

---

[33] この点に関し，長野史寛『不法行為責任内容論序説』（2017年・有斐閣）280-282頁は，賃料相当額の賠償は，不法占有によってその期間に対応する利用・処分権限の時間的一部が侵害されているとみることによって説明が可能である，すなわち，そのような利用・処分権限の時間的一部の価値を補償するものが賃料相当額であって，「価値補償規範」（侵害された権利が保障する権利又はその行使により得られたであろう利益が失われたときは，その価値が賠償されなければならないとする規範）を踏まえることによって説明可能である，とその理論的根拠を述べており，参考となる。

[34] 篠原・注民(19)62頁，四宮・前掲注27）576-577頁，635頁参照。

[35] 薬師寺志光「民法第724条の解釈」『民事判例研究』（1925年・巌松堂書店）316-317頁（継続的不法行為は各個の不法行為が堆積するものであって，その各個の不法行為について時々刻々損害賠償請求権が発生するというもの）参照。

延利息）を求める場合も同様の見解に立つものといえる。

　しかし，上記見解は，次の2点から採用することができない。第1点は，設例のように不法占有が続いている状態を，継続的な加害行為を個々独立に分断して，時々刻々（日々）の占有を奪取する加害行為の集合・堆積であると理解すべきではなく，当該加害行為が連続して一体を成すものとしてみるのが自然であるから，時々刻々（日々）損害が発生しているとはいえ，不法行為による損害賠償請求権（損害賠償債務）の個数は飽くまで単一であって1個と解するのが相当である[38]。そうすると，上記見解の前提となる考え方は，相当でない。また，第2点は，上記見解は，消滅時効の起算点及びその進行を基礎付けるものではあるけれども，不法占有によって甲建物の使用利益を喪失している点を金銭的に評価したものが賃料相当額ということになるのであって，その損害について遅延損害金（遅延利息）を付することは，消滅時効の問題とは全く性質の異なる問題であり，先に述べたとおり，賃料相当損害金という損害填補分を超えて何重にも遅延損害金（遅延利息）を付けることができるとする上記見解は，やはり上述した不法行為制度の理念・目的にもとり相当でない（上記②〔遅延損害金について重利計算が可能か〕も参照）。

（不当利得構成）

　第3に，甲建物を返還しないことを理由とする，不当利得に基づく利得金返還請求の場合，ここでの不当利得返還請求は，本書89頁で述べた侵害利得ではなく，甲建物の占有という給付利得である。つまり，設例では，法律上の原因（賃貸借契約）に基づき給付（甲建物の引渡し）

---

[36] 本文の大判昭15.12.14は，工作物を所有することにより他人の土地を不法に占有するような継続的不法行為に基づく損害賠償請求権にあっては，724条1号所定の消滅時効は，上記行為により日々発生する損害につき被害者がこれを知った時から別個に進行する旨判示した。これは，被害者が損害と加害者を最初に知った時から消滅時効が進行するとした大判大9.6.29民録26輯1035頁を変更したものである。

[37] 前田・新注民(15)489頁で紹介されている見解を参照されたい。

[38] 末川博「不法行為に因る損害賠償請求権の時効」『不法行為並に権利濫用の研究』（1933年・岩波書店）122頁参照。また，継続的不法行為の様々な態様を考慮する近時の学説については，内池慶四郎「継続的不法行為による損害賠償請求権の時効起算点(1)(2)」法学研究48巻10号1頁，48巻11号31頁（1975年），潮見佳男『不法行為法』（2004年・信山社）289頁参照。なお，司法研修所・類型別54頁も参照。

がされたが，この原因である賃貸借契約が終了したことによって，その清算局面として原状回復が問題となる場面である。したがって，受益者Yは，原状回復義務を負い，その内容として，①現物（甲建物）の返還が原則であり，それが不能の場合に価格返還義務となり，②給付利得の返還範囲について受益者Yの善意・悪意は問題とならないとする見解が一般的である[39]。そして，甲建物が返還されるに当たり，それまでの使用利益を受益者Yが損失者Xに返還しなければならないか（返還の範囲がどのように定められているか）については，受益者が給付利得返還（甲建物の返還）義務の発生後の一定期間（賃貸借契約終了日の翌日から原状回復義務として甲建物を返還するまでの間）の使用利益を返還すべきであると解される。したがって，使用料（賃料）相当額の利益（使用利益）も飽くまで給付利得の返還義務の内容になるのであるから，第1（履行遅滞構成）と同様に賃料相当額の元本組入れの問題は生じない。

　また，このような使用利益の返還は，価値償還の方法によるべきであり，その物を使用するために本来支払うべき価格に見合った金額は甲建物の賃料相当額となる。したがって，**この賃料相当額の支払債務のうち数日分を取り出して当該支払債務について412条3項の催告により遅滞に陥ったとしてその翌日から更に415条1項・419条により遅延損害金（遅延利息）を付することは，できない**[40, 41]。

---

[39] 四宮・前掲注13) 128頁，潮見佳男『基本講義債権各論Ⅰ契約法・事務管理・不当利得〔第4版〕』（2022年・新世社）356頁参照。

[40] 四宮・前掲注13) 128-130頁，藤原・新注民⒂ 105頁以下，潮見・前掲注39) 355-359頁，藤岡康宏ほか『民法Ⅳ債権各論〔第5版〕』（2023年・有斐閣）472頁〔松本恒雄〕参照。

[41] なお，設例と異なるが，所有者Xと占有者Yとの間に賃貸借関係がなく物権侵害の関係だけがあるときは，侵害利得の場面であるが，一般不当利得法（703条・704条）の適用は排除され，189条・190条のみが適用され，所有者は，悪意占有者に対し，賃料相当額を請求することができるにとどまる（善意占有者に対しては賃料相当額も請求することができない）。松岡久和『物権法』（2017年・成文堂）39-40頁，潮見・前掲注39) 347頁，佐久間毅『民法の基礎(2)物権〔第3版〕』（2023年・有斐閣）306-308頁参照。

（まとめ）

したがって，設例において，いずれの法律構成を採っても，賃料相当額の元本組入れの問題は生じず，また，賃料相当額について遅延損害金（遅延利息）を請求することはできないことになる。

(ｲ) **変動利率**

404条は，法定利率について変動利率（緩やかな変動制）としている。すなわち，法定利率は年3％とされるが（同条2項），その後は短期貸付けの平均利率の変動に応じて，3年ごとに変動するとされている（同条3項—5項）。法定利率は利息が生じた最初の時点における法定利率であって，一旦定まった法定利率が後に変動することはない（同条1項）。

以下では，変動利率に関する幾つかの問題点について説明する。

(a) **利息債権や遅延損害金債権の法定利率を決める「最初の時点」（404条1項・419条1項）**

利息債権や遅延損害金債権の法定利率を決める（利息が生じ，又は遅滞の責任を負った）「最初の時点」（404条1項・419条1項）はいつか，が問題となる[42]。

この点は，契約の内容又は法律の規定（例えば，利息につき，589条2項〔「借主が金銭その他の物を受け取った日」〕・545条2項〔「金銭」「の受領の時」〕など）から明らかになるが（遅延損害金につき，上巻167-172頁参照），解釈上の問題が生ずることもある[43]。

例えば，分割弁済の約定がある貸金返還債務につき分割弁済期間の途中で法定利率の変動（404条3項）があったとして，変動後に分割弁済金債務の遅延損害金の法定利率は変わるであろうか。この場合，1個の貸金返還債務について分割弁済する約定があるにすぎないから，債務者が変動前の特定の弁済期を徒過して履行の責任を負うに至った場合には，当該弁済期の翌日が「債務者が遅滞の責任を負った最初の時点」となる。したがって，遅延損害金の法定利率としては変動前のものとなり，このことは変動

---

[42] 潮見・Ⅰ239-240頁，内田・69-70頁，松岡ほか・改正コメ189-190頁〔原田昌和〕，中田・64頁，218頁，荻野・新注民(8)730頁参照。

[43] 中田・218頁参照。

後に到来する弁済期を徒過した場合についても変わらない[44]。

　これに対し，例えば，**建物賃貸借契約が締結され当該賃貸借期間の途中で法定利率の変動（404条3項）があったとした**として，変動後に賃料債務の遅延損害金の法定利率は変わるであろうか。この場合，各月の賃料債務は1個の賃貸借契約から発生するものではあるものの，支分権に該当する各月の賃料債権はそれぞれ別個のものであると考えられるから，変動前に支払時期の到来した賃料債務の履行遅滞による遅延損害金の法定利率は変動前のものであるが，変動後に支払時期の到来した賃料債務の履行遅滞による遅延損害金の法定利率は変動後のものとなる[45]。

　金銭消費貸借契約，消費寄託契約につき「その利息が生じた最初の時点」の後に，法定利率の変動（404条3項）があり，その変動後に変更契約が締結された場合に，その後に発生する利息債権の法定利率はどうなるであろうか。変更契約といっても様々な態様が考えられ，当初契約と変更後契約との間に同一性があるかどうかに帰着する（同一性があれば，法定利率は変わらず，同一性がなければ，法定利率は変動後のものになる）[46]。

　交通事故で，事故後，保険会社が保険金を支払う前に，法定利率の変動（404条3項）があった場合において，保険会社が保険事故による損害が生じたことにより被保険者が取得する債権について被保険者に代位したとき（保険25条）は，遅延損害金債権の法定利率はどうなるであろうか。保険会社は，被害者である車両の所有者に保険金を支払ったとしても，遅延損害金を支払う旨の約定がない限り，元本についてのみ代位するから，交通事故の日から保険金支払の日までの間に発生する遅延損害金の請求権を代位取得することはない（最一小判平24.2.20民集66巻2号742頁，判タ1366号83頁[47]）。しかし，保険会社が代位取得するのは不法行為による損害賠償請求権であるから，保険会社が加害者に対して取得した損害賠償請求権（損害賠償債務）について保険金支払日の翌日からの遅延損害金の請求をする場合（最二小判令元.9.6民集73巻4号419頁，判タ1468号

---

[44] 村松秀樹ほか「債権法改正に関する経過措置の解説(3)」NBL1158号（2019年）22頁参照。

[45] 村松ほか・前掲注44）22頁参照。

[46] 契約の変更については，中田・契約法249-259頁参照。

[47] 本文の最判平24.2.20につき，榎本光宏・判解民平24年(上)173頁参照。

40頁[48]）の法定利率は，交通事故の時点における法定利率（変動前のもの）によるものと解される。

(b) **訴訟における変動利率の取扱い**

> 【設例1】
> 労働事件で付加金支払に対する遅延損害金の法定利率（労基114条。最一小判昭43.12.19集民93号713頁でその遅延損害金の起算日は判決確定の日の翌日とされている）で年3％（口頭弁論終結時の法定利率）とする判決がされたところ，口頭弁論終結から判決確定までの間に法定利率の変動（404条3項）があり，年2％になった場合や，年4％になった場合には，どのような問題があるか。
>
> 【設例2】
> 設例1で，判決確定までに法定利率の変動（404条3項）の可能性があることを考慮して，付加金支払に対する遅延損害金について，「判決確定日の翌日から支払済みまで同日（判決確定日の翌日）における民法404条所定の法定利率の割合による金員を支払え」とする判決をすることには，どのような問題があるか。

これらの問題は，変動利率に伴う問題といえる。

設例1では，判決前であれば弁論再開（民訴153条）の上，控訴審係属中であれば常に，訴えの変更（民訴143条・297条）で対応することができ，設例1のような事態を回避することができる。もっとも，**上告又は上告受理申立ての後に法定利率の変動（404条3項）があった場合のように訴えの変更で対応することが困難な場面も考えられ**（上告審は控訴審と異なり事実認定をすることができず原判決の法令違反についてのみ審査を行う事後審・法律審であるから，上告審において訴えの変更は許されない），**強制執行の段階で問題となる**。年2％になった場合には，債務名義である確定判決における請求権の内容の記載と実体状態との不一致が生じているから，差額の1％分について請求異議の事由となり得る（民執35条1項前段）。年4％になった場合には，差額の1％分については別訴を提起するほかない。仮に，定期金賠償を命じた確定判決の変更を求める訴えについ

---

[48] 本文の最判令元.9.6につき，光岡弘志・判解民平31年・令元年244頁参照。

て規定する民訴法117条の類推適用の余地を認める見解に立っても，ここでは口頭弁論終結後に法定利率の変動（404条3項）があったにすぎず口頭弁論終結後の事情の変更によって給付額が著しく不相当となったとはいえないから，同条の類推適用を認めることはできないであろう。

　設例2では，設例1のような問題は生じないものの，このような判決主文で**債務の内容が確定したといえるか，強制執行が可能か**，が問題となる。判決確定日の翌日は最終的に特定され，その日における404条所定の法定利率は客観的に明らかとなるから，確定性の要件を満たし，強制執行も可能である（債務名義である確定判決に表示された請求権が不確定であることを理由とする請求異議は認められない）と解される。

(ウ)　中間利息控除

　417条の2・722条1項は，将来において取得すべき利益又は負担すべき費用を現在価額に換算するために中間利息（その利益を取得すべき時までの利息に相当する額）を控除するときは，「その損害賠償の請求権が生じた時点」における法定利率によるとする[49]。不法行為（例えば，交通事故）又は債務不履行（例えば，安全配慮義務違反，診療契約上の義務違反）による人身損害の場合の逸失利益（417条の2第1項にいう「将来において取得すべき利益」に当たる）や将来介護費用（同条2項にいう「将来において負担すべき費用」に当たる）につき一時金による賠償をする場面において中間利息控除が問題となる。中間利息控除については，債務不履行による損害賠償の範囲の問題（本書270頁）にも関連するが，ここでは法定利率の基準時と定期金賠償について以下に説明する。

(a)　中間利息の控除割合である法定利率の基準時

　417条の2・722条1項は，中間利息の控除割合である法定利率の基準時を「損害賠償の請求権が生じた時点」とする。具体的には，人身侵害の場合，債務不履行による損害賠償請求権の成立時は「損害が発生した時」とされ（最三小判平6.2.22民集48巻2号441頁，判タ853号73頁〔安全配慮義務違反による損害賠償請求の事案〕），また，不法行為による損害賠

---

[49] 中間利息控除については，潮見ほか・詳解112-120頁〔水野謙〕，秋山ほか・85頁〔中原太郎〕，荻野・新注民(8)686-693頁参照。

償請求権の成立時も「損害が発生した時」(不法行為の時) とされる (前掲最判昭 37.9.4〔本書 101 頁〕)[50]。

これに対し，遅延損害金の算定に用いられる法定利率の基準時は「債務者が遅滞の責任を負った最初の時点」であり，期限の定めのない債務については履行の請求を受けた時である (419 条 1 項本文・412 条 3 項。本書 154 頁参照)。

したがって，債務不履行 (例えば，安全配慮義務違反，診療契約上の義務違反) による損害賠償請求権については，中間利息の控除割合である法定利率と遅延損害金の算定に用いられる法定利率が異なり得ることに注意を要する (例えば，安全配慮義務違反の事故日とその損害賠償請求権の請求日との間に法定利率の変動〔404 条 3 項〕があれば，中間利息の控除割合である法定利率と遅延損害金の法定利率とが異なることになる)[51]。

(b) **定期金賠償**

不法行為又は債務不履行による人身損害の場合の逸失利益や将来介護費用の賠償で中間利息控除をせずに済む方法としては，定期金賠償がある[52]。**定期金賠償とは，金銭賠償 (417 条) の方式として，一時金賠償と対比されるものであり，将来継続的に発生ないし具体化する損害につき，回帰的に給付される金銭賠償をいう**。定期金賠償は，一時金賠償と比べて，実態に即した賠償が可能となり，賠償金の総額が高くなり，口頭弁論終結後の事情変更に対処可能である (民訴 117 条 1 項) などのメリットがある反面で，賠償義務者の負担が大きく，履行が不確実であるなどのデメリットがある。

定期金賠償については，定期賠償金の可否，終期が問題となる。

第 1 に，**後遺障害逸失利益**については，最一小判令 2.7.9 民集 74 巻 4 号 1204 頁，判タ 1480 号 138 頁は，①交通事故の被害者が後遺障害逸失利益について定期金賠償を求めている場合において，不法行為に基づく損害賠償制度の目的・理念に照らして相当と認められるときは，後遺障害逸失利

---

[50] 荻野・新注民(8)691-692 頁参照。
[51] 中田・212 頁参照。
[52] 定期金賠償につき，高橋眞「定期金賠償」ジュリ 1126 号 (1998 年) 246 頁，荻野・新注民(8)683-685 頁参照。

益は，定期金賠償の対象となる，②交通事故に起因する後遺障害逸失利益につき定期金賠償を命ずるに当たっては，事故の時点で，被害者が死亡する原因となる具体的事由が存在し，近い将来における死亡が客観的に予測されていたなどの特段の事情がない限り，終了可能期間の終期より前の被害者の死亡時を定期金による賠償の終期とすることを要しないとした上で，③被害者が事故当時4歳の幼児で，高次脳機能障害という後遺障害のため労働能力を全部喪失し，その逸失利益の現実化が将来の長期間にわたるという事情の下で，その逸失利益は定期金賠償の対象となるとした[53]。このうち，②は一時金賠償の場合についていわゆる継続説（事故後の別の原因による被害者の死亡を考慮すべきでないとする説）を採った判例（最一小判平8.4.25民集50巻5号1221頁）と平仄を合わせたものである。

　第2に，**将来介護費用**については，①その性質に照らして，定期金賠償が認められ得るが，②一時金賠償の場合についていわゆる切断説（事故後の別の原因による被害者の死亡を考慮すべきであるとする説）を採った判例（最一小判平11.12.20民集53巻9号2038頁，判タ1021号123頁）を踏まえると，その終期は被害者の死亡時となろう。

　以上のような逸失利益と介護費用との取扱いの違いは，次のような違いに由来すると解される。すなわち，後遺障害逸失利益と介護費用とは，共に法的には不法行為時には既発生の損害であり，損害額の算定の基礎となる事情について，将来を予測し，その予測に基づいて賠償額を決定し，事後的にこれと異なる事情が判明することがあり得るという性質を有する点では変わりはない。しかし，後者の介護費用は債権者自ら現実的な出捐を要するものであるのに対し，前者の逸失利益はいわゆる相続構成（被害者に逸失利益に係る損害賠償請求権が発生し，これを遺族が相続により承継するという法律構成）を採る我が国においては遺族に対する扶養の原資となるべきものである。このような扶養的性質を有するか否かが上記の処理の違いに現れたといえる[54]。

---

[53] 本文の最判令2.7.9については，長野・百選Ⅱ〔第9版〕94解説，大寄麻代・判解民令2年（下）375頁参照。

54 河邉義典・判解民平11年(下)1044頁,1049頁,大寄麻代・判解民令2年(下)390-391頁,402頁参照。この点に関し,長野・前掲注33)285-286頁は,①逸失利益においては,身体・健康に対する権利の保障内容の中核の1つである「人的資源を投入する権限」(労働能力)が損なわれているため「価値補償規範」(侵害された権利が保障する権限又はその行使により得られたであろう利益が失われたときは,その価値が賠償されなければならないとする規範)に基づきそれ自体の価値の賠償を請求できるといえるのに対し,②介護費用においては,「人間らしい生活を送ることのできる地位」に基づいて得られる「利益」の喪失を回避するため「利益保全規範」(権利の保障する権限の行使によって得られる利益の喪失を回避するために支出された費用は,必要な限度で賠償されなければならないとする規範)に基づき賠償を請求できるといえる,とその理論的根拠を述べており,参考になる。

第 3 章

債権の効力

第1節　概　説

Ⅰ　序　説

(1) 債権の「効力」とは

債権の「効力」は，①債権という権利の内容を実現するために法によって債権者に認められた権能ないしは権限であるという側面と，②債権という権利の存立を保障する法的保護の手段ないし制度であるという側面とを有する。このような意味における「債権の効力」としては，大別して次の3つを挙げることができる。

　(ｱ)　債権内容実現のために債務者に対する関係において認められる効力（債権の対内的効力）
　(ｲ)　債務者に属する一般財産（責任財産）[1]の維持・回復を図る権限（責任財産保全の効力）
　(ｳ)　第三者の違法な侵害に対する法的保護（債権の対外的効力）

民法は，(ｱ)については（主に債権の内容が実現されなかった場合について）「第3編　債権」「第1章　総則」「第2節　債権の効力」中の「第1款　債務不履行の責任等」において，(ｲ)については「第2款　債権者代位権[2]」「第3款　詐害行為取消権」において，それぞれ規定している。

また，契約債権に特有の制度として解除があるが，その要件・効果については「第2章　契約」の「第1節　総則」「第4款　契約の解除」において，

---

[1] 通常，一般財産と責任財産の範囲は一致するが，責任財産限定特約がある場合など，責任財産の範囲が限定されることがある。債務と責任の関係については，上巻125頁以下参照。

目的物の種類・品質・数量に契約不適合があったときの債務者の責任については「第3節　売買」において，それぞれ規定されている[3]。

なお，(ウ)は，不法行為の規定（709条以下）に委ねられている。

以下では，(ア)について述べる。

(2) 債権者に認められた権能としての債権の「効力」

債権の「効力」を，法によって債権者に認められた権能という側面からみるとき，債権が法律上の債権として効力において完全なものであるためには，①**給付保持力**に加えて，②**請求力（裁判外の請求力・訴求力）**，及び，③**強制力（執行力）**が備わっていることを要する。これらをまとめると，債権の効力は次のような構造になる（下記の表参照）。

債権の効力の構造

(a)　給付保持力

(b)　請求力　　　　裁判外の請求力
　　　　　　　　　裁判上の請求力＝訴求力

(c)　強制力（執行力）　①貫徹力
　　　　　　　　　　　②掴取力――「責任」（財産責任）

(d)　損害賠償

II　債権の対内的効力

債権の「効力」を，権利の存立を保障する法的保護の手段という側面からみるとき，債権の対内的効力（債務者に対する関係で認められる効力）として権利内容実現の方法・態様が問題となる場面は，(1)**任意の履行**，

---

[2] 改正前民法下の判例で，責任財産とは関係のない個別債権保全のための債権者代位権の転用型が認められてきたが，そのうち一部の類型が423条の7として規定された点に留意されたい（中巻377-380頁，411-412頁参照）。

[3] 例えば，売買契約の買主の債権の内容が実現されなかった場合には，本文で述べたように，売買の規定のみならず，契約総則や債権総則の規定が適用されることを理解することが肝要である。

(2)裁判上の履行請求，(3)履行の強制，(4)損害賠償（及び双務契約における解除）である。

(1) 債権の第1次的効力

㋐ 裁判外の請求力（任意の履行）
(a) 最小限度の効力

債権は，①債務者に対して一定の行為（給付行為）を請求することができる権利であるとともに，②債務者のする給付を受領しその結果（給付結果）を保持することができる権利である（本書5頁参照）[4]。

したがって，債権の第1次的効力は，まず債務者に対し任意の履行を求めることができること（**裁判外の請求力**）にあり，かつ，債務者の給付を受領し（もっとも，不作為債務のように受領を要しない場合もある），これを保持できる点にある（**給付保持力**）。この意味で，任意の履行が債権実現の本来の姿であり，債権の最小限度の効力は，このような任意履行の請求及び受領・保持の権能にある。そして，このような最小限度の効力を備えていれば，たとえ訴求力が欠けている場合（自然債務）であっても，なお法律上の債権ということができる[5]。

債務者は，本来，履行すべき時期がくれば法的には当然に履行すべきものであって，債権者からの履行の請求は必ずしも履行のための前提ではないことはいうまでもない。

したがって，履行期の定めのある債務，及び，特に履行期を定めていないが現在既に履行すべき債務（発生と同時に履行期にある債務）においては，債務者は履行期に当然に履行すべきであり，これは債権者からの請求の有無，催告の存否とは何ら関わりがない。ただ，期限の定めのない債務

---

[4] この立場は，契約債権の場合，履行請求権は契約の効果であると理解するものであって，実務もそのように運用されている（司法研修所・新問研9頁以下，司法研修所・類型別2頁以下）。
　これに対し，債権の効力の中心は給付保持力にあるとし，履行請求権は債権の実現が妨げられている場合に債権者に与えられる救済手段（債務不履行の効果）の1つであると位置付ける見解もある（潮見・Ⅰ274頁，潮見・新注民(8)197頁参照）。なお，履行請求権の位置付けについては，中田・91頁も参照されたい。

[5] 自然債務については，上巻113頁参照。なお，任意の履行請求をすることすらできない場合（いわゆる徳義上の義務）は，法律上の債権とはいえない。

においては，遅滞責任を発生させるという意味で，請求（催告）が必要とされている（412条3項）にすぎないのである。

　(b)　**裁判外の請求力の作用**

　裁判外の請求力は，債権の能動的作用（権能）の第1のものであって，債務者に対し，債務の存在を意識させ，その規範意識を喚起して債務の自発的な履行（任意の履行）へと促す作用を有する。

　請求力の法的意義は，債務者に対する請求行為が権利の行使として適法であることに求められる[6]。

　(c)　**裁判外の請求力の限界**

　裁判外の請求力は，以上に述べたように債務者に向けられ，履行を促すものであるが，裁判外の請求のみによって債権の実現を図るには限界がある。なぜなら，誠実な債務者は，請求を待つまでもなく履行期になると進んで履行するであろうし，不誠実な債務者は，単なる請求のみでは履行しないからである。

　債務者が任意に履行しない場合には，債権内容の実現のために，更に別の，より強力な法的手段が用意されていなければならない[7]。

　(イ)　**裁判上の請求力（訴求力）**

　債権者は，債務者に対し，訴えによって履行を請求することもできる。このような裁判上の請求は，債務者が任意に債務の履行をしないときに履行を強制するための前提として行われるのが通常であるが，履行期（135条1項）が到来すると遅滞（412条。債務不履行）に陥っていなくとも裁判上の請求が可能であること[8]などに照らすと，**裁判上の履行請求権（訴求力）もまた，任意の履行請求権と同様に，債務不履行の効果ではなく，**

---

[6] 請求には，時効の完成猶予（147条1項1号。ただし，裁判外の請求には催告としての効力しかない〔150条〕），遅滞責任の発生（412条3項）の効果が結び付けられている。

[7] 社会において債務の履行（債権の実現）を支えているのは，法的な強制であるというよりは，むしろ，債務は履行すべきものであるとの規範意識，及び，履行をしなかった場合に債務者の被る社会的・経済的不利益（取引社会における債務者の信用の失墜，債権者との間での今後の取引の機会の喪失など）である。
　そのほか，法的には，双務契約において当事者は相互に債務を負担しているのであって，自己の債権の行使のためには，まず自己の負担する債務の履行の提供をする必要があること（同時履行の関係の存在）も看過すべきではない。

債権に内在する本来的な権能（債権の第1次的効力）の1つと位置付けられる[9]。

(2) 債権の第2次的効力

㋐ 履行の強制（執行力）

履行の強制は，強制執行の手続によって具体化される（414条1項）[10]。狭義の強制力（執行力）の実現形式は，①**債務内容をそのまま実現する形で行われる場合**と，②**債務者の一般財産への差押え・換価・配当の手続を経て行われる場合**とに分かれる[11]。

後者は，債権が最初から一定額の金銭の支払を目的とする場合（金銭債権），及び，履行に代えて（又は，履行とともに）損害賠償の請求がされる場合，さらには，現実的な履行の強制に要する費用の取立て（民執42条1項・2項）等の場合である。

①の形で現れる強制力を「貫徹力」（Durchsetzbarkeit）と名付け，②の形で現れる強制力を「掴取力」（Zugriffsmacht）と呼ぶことにする。**債務者の一般財産が掴取力の対象となっている状態を「責任」（Haftung）という**。掴取力は財産の交換価値を把握するものであって，有体物の有形

---

[8] もっとも，実務上は，債務者が遅滞（412条1項の場合は確定期限の経過，同条2項・3項の場合は訴訟外での債権者による履行の請求等）に陥っている段階になって裁判上の請求がされるのが一般的である。

[9] 債権内容の強制的実現は，通常，裁判上の請求（給付訴訟）及びこれに続く強制執行を通して行われる。強制執行の前提としては，確定した給付判決その他の債務名義を必要とする（民執22条）。強制力は，狭義では，強制執行による強制実現可能性，つまり執行力を意味するが，その前提として裁判上の請求をして給付判決を得ることが必要とされるのである。

　もっとも，確定判決以外にも債務名義はあり得るので（民執22条2号以下），履行の強制の前提として常に訴え提起が必要となるわけではない。

[10]「履行の強制」は実体法上の概念であり，「強制執行」は手続法上の概念である。

　なお，414条は，1項本文において債権に実体法上の強制力（執行力）があること及び同項ただし書においてその限界をそれぞれ定めており，強制執行の手続については民事執行法その他の法令によることとしている。

[11] 近代法秩序は，原則として，私人の私力行使たる自力救済・自力執行を禁止しており，債権内容の強制的実現は全て国家機関の手により行われるべきものとされている。ここにいう債権の強制力ないし強制実現可能性とは，債権者が債権に基づき，法的手続を経た上で，国家機関の手により債権内容を強制的に，つまり，債務者の意思いかんにかかわらず，実現できることを意味している。

的支配そのものを目的とするものではない[12]。

執行力も、債権の効力に含まれるものではあるが、「債務者が任意に債務の履行をしないとき」（414条1項）に強制的に権利を実現するための手段として認められるものであり、任意の履行をしないことを要件として認められるものであって、**債権の第2次的効力**と位置付けられる。

(イ) 損害賠償

債務内容をそのまま実現する形での履行の請求、さらにその強制が可能な場合であっても、債権者は必ずこれによる満足を得なければならないとの拘束を受けるものではない。

このような履行の強制は、債権者の権利であって義務ではない。債権者は、このような履行を追求することに代えて、履行に代わる損害賠償を請求することもできる[13]。また、履行の強制によって本来的内容の実現ができた場合でも、なお履行遅延による損害は残るので、その賠償を求めることができる。

履行が不能な場合には、債権者は、履行を請求することはできず（412条の2第1項）、履行に代わる損害賠償を請求するほかない。

また、履行はされたが、それが内容上又は方法上不完全であったために債権者が損害を受けた場合（不完全履行）など、一応の履行はあったが債務の本旨に従ったものでなかった場合（例えば、562条・564条・565条など契約不適合責任）にも、債権者はそれによって生じた損害の賠償を求めることができる。

以上いずれの場合にも、損害賠償の要件としては、原則として債務者に

---

[12] 例えば、特定物債権の履行の強制において、債権の目的物の引渡しをそのまま実現する場合は、債権の「貫徹力」の実現であって「掴取力」の実現ではない。特定物の引渡しが履行不能となり、履行に代わる損害賠償請求権を行使できる場合（415条）、その実現として一般財産を差し押さえ、換価するときは、「掴取力」の実現である。

[13] 改正前民法下では、履行に代わる損害賠償を請求するためには、履行不能であるか、契約を解除することを要する（履行請求権が不能又は解除によって塡補賠償請求権に変わる）とする解釈（「**債務転形論**」といわれる）が優勢であった。

415条2項によると、履行請求権と履行に代わる塡補賠償請求権とが併存する場合（債務者が履行拒絶の意思を明確に表示したとき〔同項2号〕又は解除権が発生したとき〔同項3号〕）があることになるから、改正法下では上記のような解釈は採れない。

帰責事由のあることが必要であるが（415条1項ただし書），これら債務不履行の諸態様における損害賠償による救済もまた，債権の第2次的効力として理解される。

(3) 解除

債務不履行に対する債権者の救済としては，履行の強制・損害賠償のほかに，双務契約に基づく債権関係においては，契約の解除がある[14]。

解除権は，債務者が債務不履行に陥った場合，債権者を契約の拘束力から解放するための手段であり，解除権者（債権者）が自らの負担している反対債務を免れる点にメリットがある。

解除は，契約関係のある場合にのみ債権者に認められる救済手段であって，債権一般について認められるものではない。したがって，「債権の効力」においてではなく，「第2章　契約」の「第1節　総則」において規定されている（540条以下）。

なお，民法は，「債権の効力」の中で受領遅滞についても規定しているが（413条・413条の2第2項），この点については上巻105頁参照。

Ⅲ　叙述の順序

Ⅱ(1)(ア)の「裁判外の請求（任意の履行）」については，民法は，債権の消滅の面から「弁済」（473条以下）のところで規定している。下巻1010頁以下を参照されたい。

Ⅱ(1)(イ)の「裁判上の請求（訴求力）」については，訴えの提起（給付訴訟）であるので，主に民事訴訟法の規定によることになる。

Ⅱ(2)(ア)の「履行の強制」に関連する，「強制力の欠如した債権」，「債権と強制力との関係」，「自然債務」及び「債務と責任（責任なき債務）」等については，上巻107頁以下，134頁以下を参照されたい。

Ⅱ(2)(イ)の「損害賠償」の問題は，要件論としての「債務不履行」と，その効果としての「損害賠償」とに分けて考えるのが便宜である。そこ

---

14 片務契約の解除については，これを否定するのが伝統的な通説であるが，近時は肯定する見解もみられる（磯村・119頁，中田・契約法196頁参照）。

で，第 2 節では「債務不履行の意義」を「履行の強制」も含めて取り上げ，第 3 節で「債務不履行による損害賠償」の要件とその効果を取り扱う。なお，「受領遅滞」については中巻 337 頁以下を，「第三者による債権侵害」については中巻 356 頁以下を，それぞれ参照されたい。

　なお，「責任財産保全の効力」については，中巻 373 頁以下，413 頁以下を参照されたい。

第2節　債務不履行の意義

第1項　債務不履行とは何か

I　概　　説

　債権に内在する第1次的効力は，裁判外の請求力（任意の履行）及び裁判上の請求力（訴求力）であり，これを体現したものが債権者の履行請求権であって，これに対応する債務者の義務が給付義務である。したがって，債務者がこの給付義務を履行期までに任意で履行すれば，弁済（473条）となって債権は消滅し，何ら法的な問題は生じない。

　債務者が任意に債務（給付義務）の履行をしなかった場合には，債権者が債権内容の実現を求めようとすれば（与える債務及び為す債務Ⅰの場合である。本書7頁以下参照），一般的には給付判決を得た上で（民執22条1号。本書123頁参照），履行の強制を裁判所に請求することができる（414条1項。本書124頁参照）。他方，債権者が債務者との契約関係の実現を断念しようとするときには，当該契約を解除して未履行の反対給付を免れ，あるいは既履行の債務の返還を求めることができる（545条1項）。

　以上のほかに，**債務不履行があったときは，その効果として，損害賠償を請求することもできる**（415条1項）。この損害賠償請求は，履行の強制により債権が実現されたときでも，契約が解除されたときでも，債務不履行により被った損害が債権者に残る限り請求できることはいうまでもない（履行の強制につき414条2項，解除につき545条4項参照）。

Ⅱ　債務不履行の意義と種別

(1)　債務不履行の意義

　債権に内在する第1次的効力の発現としての履行請求権に対応する債務者の債務は，給付義務（給付結果を実現するために必要な行為をすべき義務）である。したがって，債務不履行とは，本来的には，債務者が給付義務を履行しないことを意味する。この場合，債権者は，債務の履行が不能であるとき（原始的不能であるか後発的不能であるかを問わない）を除いて（412条の2第1項），債務者に対し，給付義務（具体的・個別的な行為としての給付義務。本書36頁参照）の履行の強制を裁判所に請求することができるほか（414条1項本文），債務不履行の効果として，その要件を満たすならば，損害賠償請求（415条）をすることができる[1]。もっとも，給付義務が診療契約上の医師の債務のように手段債務である場合（為す債務Ⅱの場合である。本書9-10頁参照）には，その不履行があっても履行請求ないし履行の強制をすることはできず，不履行に対する救済手段としては解除（報酬減額等）及び損害賠償によることになる点に留意されたい。

　また，債務者が債務不履行責任を負うのは，給付義務の不履行があった場合に限られない。債務者が負うべき義務の中には，給付義務のほか，**付随義務**（給付結果の実現のために直接必要なものではないが，給付利益確保のために付随的に必要とされる義務）及び**保護義務**（債権者・債務者間において相互に，相手方の生命・身体・所有権その他の財産的利益を侵害しないように配慮すべき注意義務）も含まれている（本書37頁以下参照）。

---

[1]　「債務不履行」という語を用いる際には，①**債務が履行されないという事実のみを示す場合**と，②**債務が履行されず，そのことについて債務者が責任を負うべきことを示す場合**とがあることに留意されたい。上記①の債務不履行があれば，債務者は，原則として損害賠償責任を負うが，債務者に帰責事由がないことを主張・立証できた場合など，例外的に責任を負わない場合もある。本書では，債権の本来的効力が問題となる場面（例えば履行請求や履行の強制）では上記①の意味で，債務不履行の効果が問題となる場面（例えば損害賠償）では上記②の意味で，「債務不履行」という語を用いている。この点につき，上巻153-154頁を参照されたい。

このような付随義務や保護義務は，給付義務と異なり，債権者の履行請求権に直接対応する債務者の義務ではなく，したがって，原則として履行請求ないし履行の強制の対象になるものではない[2]。しかし，債務者がこれらの付随義務や保護義務に違反して債権者に損害を生じさせた場合には，本来的な債務不履行（給付義務の不履行）による損害とは別に[3]，付随義務違反ないし保護義務違反を理由として 415 条により損害賠償責任を負うことになる。この意味における債務不履行には，付随義務及び保護義務の違反も含まれることになる。このような債務不履行は，かつてのように不完全履行の分類に当てはめることはできず，不完全履行を含め**その他の債務不履行**として考察する必要がある。

(2) 債務不履行の種別

民法は，「第 1 款　債務不履行の責任等」として履行遅滞（412 条）や履行不能（412 条の 2・415 条）について規定しており，415 条 1 項本文において「債務の本旨に従った履行をしないとき又は債務の履行が不能であるとき」と定め，同項ただし書・416 条において，「債務の不履行」という表現を用いている。これらの条項の理解の仕方としては，「債務の不履行」とは「債務の本旨に従った履行をしない」ことであって，415 条 1 項本文が「又は債務の履行が不能であるとき」と定めたのは，「履行をしない」という表現の中に履行不能が文言上入らないとの疑義を回避するためにすぎない。

---

[2] 本文にある履行請求や履行の強制が問題となる場面では，給付義務と付随義務の区別は，必ずしも一義的に明確なものではないことに留意すべきである。例えば，機械の売買契約について，目的物の引渡義務は典型的な給付義務であるのに対し，取扱方法を説明する義務は付随義務に位置付けられる。もっとも，売買契約書に付属品として取扱説明書が記載されている場合や，口頭であっても取扱説明書の交付について合意した場合，すなわち，当該契約の内容に取り込まれているような場合には，取扱説明書の交付義務は，付随義務であっても，履行請求や履行の強制の対象となり得る。

[3] 付随義務違反や保護義務違反によって，結局は本来の債務（給付義務）の不履行（遅滞・不能・不完全履行）が生じたという場合には，本来の債務不履行に包摂されるから，付随義務違反ないし保護義務違反が独立して問題とされることはない（例えば，売買契約の目的である家具を搬入する際に不注意で当該家具に傷をつけたなど）。これに対し，給付義務の不履行に包摂されない損害が生じた場合には，付随義務違反ないし保護義務違反による債務不履行が問題となる（例えば，危険な機械の取扱方法を説明しなかったため債権者が操作を誤って傷害を負った場合など）。

「債務の本旨に従った履行をしない」といえるか否かは，契約債務の場合，債務の発生原因である契約の解釈問題である（本書15頁参照）ということになるが，履行遅滞・履行不能にはそれぞれ損害賠償請求の要件・効果の点で独自性があり，これらに含まれない債務不履行には種々の態様があるから，実務的観点からは，債務不履行の要件及び効果を論ずるに際し，履行遅滞・履行不能・その他の債務不履行に分類して考察することは有用である。

以下では，債務不履行のうち**給付義務の不履行**を念頭に置いて，履行遅滞及び履行不能についてその概略を述べる。

(ア) 履行遅滞

履行遅滞とは，債務の履行が可能であるにもかかわらず，債務者が履行期において履行をしないことをいう（412条）。債務者は，履行期が到来するまでは債務を履行する必要がないから，債務不履行になるのは履行期が経過してからである。

履行遅滞の場合の債権者の救済手段としては，履行の強制（414条1項本文）を求めるか，契約債権の場合は契約の解除（541条・542条）を求めることができ，どちらの場合にも損害賠償（遅延賠償）を請求することができる。履行遅滞については，本書150頁以下で詳述する。

(イ) 履行不能

履行不能とは，債務の履行が契約その他の債務の発生原因及び取引上の社会通念に照らして不能であることをいい，この場合，債権者は，その債務の履行を請求することができない（412条の2第1項）。債権は履行請求権を内在するといっても，履行を請求することができるためには，履行が可能でなければならない。したがって，履行不能は，履行請求権の限界を画する基準であるといえる（本書58頁，159頁参照）。

履行不能の場合の債権者の救済手段としては，契約債権の場合には催告なしで契約を解除することができ（542条1項1号），債務の履行に代わる損害賠償（塡補賠償）を求めることもできる（415条1項・2項1号）。また，債務者が目的物の代償である権利等を取得したときは，債権者は，代償請求として，その権利の移転等を請求することができる（422条の2）。

なお，損害賠償請求は債務者に帰責事由があることを要するが，履行遅滞後に履行不能を生じたときは，債務者は，履行遅滞につき免責事由がない限り，履行不能自体には債務者に帰責事由がなくても，なお債務不履行責任を免れない（413条の2第1項）。

履行不能については本書158頁以下で詳述する。

第2項　履行の強制

(1)　履行の強制の要件・方法

⑺　履行の強制の要件

債務者が任意に債務を履行しないときは，債権者は，国家機関（司法機関）の強制力によって債権内容を強制的に実現することができる（履行の強制）。**その要件は，債権が履行期にあるにもかかわらず債務者が債務の履行をしないことである**。履行の強制（執行力）も，債権の効力に含まれるものではあるが（本書121頁，139頁参照），「債務者が任意に債務の履行をしないとき」（414条1項）に強制的に権利を実現するための手段として認められるものであり，任意の履行をしないことを要件とする（本書139頁参照）。もっとも，債権の本来的内容の実現であるから，**債務を履行しないことが債務者の責めに帰すべき事由によることは必要ではない**。

なお，実体法上の概念である履行の強制の要件とは別に，手続法上の概念である強制執行の要件として，有効な債務名義の存在及び執行当事者適格（実体的要件）並びに有効な執行申立て（手続的要件）などがある（中田・96頁参照）。

⑷　履行の強制の方法

履行の強制は，民事執行法その他強制執行の手続に関する法令によって具体化される（414条1項）。履行の強制の方法について，概略をまとめると以下のとおりである（上巻140頁以下参照）。

㈡—1　作為債務
⒜　与える債務（作為債務その1）
①　物の引渡債務——直接強制（民執168条—170条）又は間接強制（民執173条1項・172条1項）

動産の引渡し・不動産の引渡し等を内容とする債務については，民事執行法168条—170条の定めるところによる（直接強制）。その骨子は，不動産又は人の居住する船舶等については，執行官が債務者の目的物に対する占有を解いて債権者にその占有を取得させる方法による（民執168条1項）。その他の動産については，執行官が債務者からこれを取り上げて債権者に引き渡す方法により行う（民執169条1項）。第三者が目的物を占有し，かつ，その物を債務者に引き渡すべき義務を負っているときは，執行裁判所が，債務者の第三者に対する引渡請求権を差し押さえ，請求権の行使を債権者に許す旨の命令を発する方法により行う（民執170条1項）。

物の引渡債務の場合には，間接強制の方法によることもできる（民執173条1項・172条1項）。

②　金銭債務（③を除く）——直接強制のみ

金銭債務については，扶養義務等に係る金銭債務の場合（後記③）を除き，直接強制のみが認められる[4]。

③　扶養義務等に係る金銭債務——直接強制又は間接強制（民執167条の15）

金銭債務のうち，婚姻費用，子の養育費その他の監護費用，扶養料等の「扶養義務等に係る金銭債権」（民執151条の2第1項）については，直接強制のほか，間接強制の方法によることができる（民執167条の15）。

④　子の引渡し[5]——直接的な強制執行（民執174条1項1号・175条・176条）又は間接強制（民執174条1項2号・172条1項）

子の引渡し（例，親権者の意思に反して子を自己の支配下に置き親権者の親権行使を妨げている者の親権者に対する引渡義務）の強制執行は，直接的な強制執行（民執174条1項1号）又は間接強制（民執172条1項）の方法によって行うが，**直接的な強制執行の申立てをするには，間接強制**

---

[4] 金銭債権の執行方法につき，本書79頁を参照。
[5] 子の引渡義務の履行の強制の方法については，かつて法律上直接の規定がなく，学説・判例上，見解が分かれていたが，令和元年法律第2号（令和2年4月1日施行）による改正後の民事執行法で規律が明確になった。

の決定確定から2週間経過したとき（民執174条2項1号），間接強制をしても奏功する見込みがないとき（同項2号），又は，子の急迫の危険防止のため必要があるとき（同項3号）のいずれかの要件を満たす必要がある。また，直接的な強制執行の場合の執行官の権限等について民事執行法175条に詳細に規定されているほか，執行裁判所及び執行官の責務として，できる限り，当該強制執行が子の心身に有害な影響を及ぼさないよう配慮すべきこととされている（民執176条）。

なお，国境を越えた子の連れ去り等については国際的な子の奪取の民事上の側面に関する条約（ハーグ条約）があり，同条約の実施に関する法律（ハーグ条約実施法）により，子の返還命令の執行方法が定められている。同法によれば，16歳未満の子の返還の強制執行は，代替執行（民執171条1項）又は間接強制（民執172条1項）の方法によることとされている（ハーグ条約実施法134条・135条）。

(b) 　為す債務（作為債務その2）
① 　代替的作為債務——代替執行（民執171条1項1号・同条4項）又は間接強制（民執173条1項・172条1項）

代替的作為債務（例，建築物の取壊し）の実現については，債権者が自ら又は特定の第三者をしてその内容を実現することができる旨の授権（代替執行権の授権）及びその費用を債務者から取り立て得る旨の授権を裁判所より取得し，これに基づき債権者又は第三者が権利内容を実現し，かつそれに要した費用を債務者から取り立てるという方法（代替執行）による（民執171条1項1号・同条4項）。

もっとも，代替的作為債務の全てにおいて代替執行による方法が意味を持つわけではない。例えば，債権者の貨物を運送する債務や債権者の支配下にある債権者の建物を取り壊す債務，あるいは債権者の土地上に建物を建築する債務などは，代替執行の手段をとることは全く無意味であり，むしろ，これら債務の発生原因である契約を解除した上で第三者にこれをさせ，債務者に対し，損害賠償を請求するという方法をとれば足りる。

代替執行の方法によらなければならないのは，権利内容を実現するのに債務者の行為は要しないが（第三者でも実現可能），債務者の権利圏への介入を伴うことになるため，それに債務者の忍容を要する場合である。例えば，債務者がその支配下にある土地上の債務者の建築物を取り壊すべき

債務を負っている場合には，執行裁判所の授権により債務者の権利圏への干渉権限を取得し，又は，債務者の抵抗を排除できなければ（そのためには執行官の援助を求める必要がある。民執6条2項・171条6項），権利内容を実現できない。

代替的作為債務についても，間接強制の方法によることができる（民執173条1項・172条1項）。

② **意思表示をすべき債務――意思表示の擬制（判決代用。民執177条1項）**

意思表示ないし準法律行為（観念通知又は意思通知。法律行為の成立に必要な同意又は承諾，債権譲渡の通知，法人登記の申請等）をすべき債務は，債務者が実際にこのような行為をすることが必要なのではなく，このような行為をしたのと同一の法律効果を生ずればその目的を達するものである。したがって，民事執行法は，このような行為をすべきことを命ずる裁判（判決）があるときは，その確定によってその意思表示ないし準法律行為があったのと同一の効果を生じさせることにした（民執177条1項）。

これに反し，飽くまで債務者自身の事実行為によってされなければならない意思表示，例えば，手形行為として手形に署名を必要とする場合などは，意思表示の擬制（民執177条1項）によることができず，不代替的作為義務としての執行（間接強制）によることになる（民執172条1項）。

③ **不代替的作為債務――間接強制（民執172条1項）**

債務者本人にさせなければ債務本来の趣旨に沿わないような行為を目的とする債務を不代替的作為債務という。言い換えれば，第三者が代わってすることが法律上又は事実上不可能であるか，ないしは可能であっても債権者に債務者がしたのと同一結果を与えることができないような行為を目的とするものである。例えば，㋐その行為が本人の特別の才能・学識・技能などの発揮を要する場合（芸術的創作，学術的著作，講演，鑑定，仲裁判断をする義務），㋑本人がその法律上の責任においてすることを要する場合（計算報告，財産目録の作成の義務），㋒本人のすることが法律上の効果の発生に必要な場合（証券への署名義務），㋓行為の内容を本人の裁量に任せなければならない場合（代理人の選任義務），などである（中野＝下村・857頁参照）。

これらの債務の強制執行は，間接強制の方法によるが（民執172条1項），債務の性質上履行の強制が許されないもの（履行の強制の限界。本

書 139-140 頁）はもとより，間接強制の許されないもの（間接強制の限界。本書 141-142 頁）については，もはや履行の強制の途はない（したがって，この場合には，債権者は，債務者に対して債務不履行による損害賠償を請求することで満足するほかはない）。

(イ)—2 **不作為債務**

不作為義務には，債権者の態度に関係なく，一定の行為をしないことを目的とするもの（狭義の不作為義務）と，債権者又は第三者が一定の行為をするに当たってそれを受忍し，妨害しない義務（忍容義務）とがある（詳細は上巻 144 頁以下参照）。

不作為義務の違反に対する実体法上の救済として，(a)**不作為自体の貫徹**，(b)**不作為義務違反の結果の除去**[6]，(c)**将来の不作為義務違反の予防**[7]，が考えられる。

(a) **不作為自体の貫徹**

① **狭義の不作為義務──（不作為義務違反の行為が継続中の場合又は将来違反のおそれがある場合）間接強制（民執 172 条 1 項）**

現在及び将来の不作為を内容とする判決その他の債務名義が存する場合，不作為義務違反の行為が継続中であれば，間接強制（民執 172 条 1 項）の方法によってその違反行為を止めることができる。債務者の身体に

---

[6] 通説的見解によれば，不作為を命ずる債務名義成立前に違反結果が有形的に存する場合には，実体法上の請求権として具体的・個別的な違反結果の除去請求権の発生を認め，これを訴訟物とする訴え及び執行手続によるものとし，不作為を命ずる債務名義成立後に違反結果が生じたとされる場合には，授権決定に至る手続で除去請求を導く事実（債務名義成立後の違反行為によるか否か及び作為の代替性）を審理・判断することになる（民執 171 条 3 項・4 項）ものと解される。なお，債務者は，結果除去等の債務の不存在や消滅を主張して請求異議の訴えを提起することができる。

[7] 不作為債権と予防請求権の関係は困難な問題であるが，物権や人格権のようないわゆる絶対権において，その法益保護の強度の必要性から解釈上，予防請求権が承認されている（占有権については 199 条が明文で規定する）のと異なり，契約により設定される不作為債権において，その違反のおそれがある場合に，不作為債権の効力として一般的に予防請求権までも認めることはできない。

もっとも，契約による反復的又は継続的な不作為債権において，不作為を命ずる債務名義を得ている場合には，これに基づく強制執行（代替執行）の一環として，執行裁判所により，「適当な処分」（民執 171 条 1 項 2 号）の内容として，違反行為を防止する物的設備の設置，再度の違反行為による損害賠償のための担保の提供などの予防的処分を得ることができると解される（中野＝下村・817-818 頁。改正前民法下の学説として兼子・執行法 296 頁，小山昇ほか編『演習民事訴訟法〔下〕』〔1973 年・青林書院〕〔竹下守夫〕，奥田＝坂田・新版注民⑽ I 587 頁参照）。

実力を行使して違反行為を止めることはできない。

現在違反行為はないが将来違反のおそれがある場合に，上記の債務名義に基づき予防のための何らかの執行が許されるかどうかについて，①債務名義成立後，まだ違反行為がない場合と，②反復的・継続的不作為義務について，債務名義成立後，既に違反行為があったが，現在違反行為がない場合が問題になるが，**最二小決平 17.12.9 民集 59 巻 10 号 2889 頁，判タ 1200 号 120 頁**は，フランチャイズ契約による競業禁止義務を認めた判決に基づく間接強制（民執 172 条 1 項）が申し立てられた事案（②の事例）で，**間接強制決定をするには，債務者が不作為義務に違反するおそれがあることの立証があれば足り，現にその不作為義務に違反している必要はないと判示した**[8]。同最決の射程は，①の場合にも及ぶと解されている。

② 忍容義務

㋐ 物的設備による妨害の場合――代替執行又は間接強制

不作為義務の違反が物的設備による妨害である場合には，それが債務名義成立後であれば，その債務名義に基づく執行として妨害物を除去すべく代替執行又は間接強制の方法による（民執 171 条 1 項 2 号・173 条 1 項）。債務名義成立前に既に妨害状態が形成されているときは，その妨害状態の除去の訴えにより，その判決の執行（代替執行又は間接強制）の方法がとられる。

㋑ 人力による妨害（抵抗）の場合

妨害が債務者又はその指図に従う者の人力による抵抗によってされている場合，間接強制よりも実効的な手段が求められるが，学説は，債権者は抵抗排除のため執行官に援助を求めることができるとする説（**民執 6 条 2 項類推説**。三ケ月・執行法 424 頁，中西正ほか『民事執行・民事保全法〔第 2 版〕』〔2021 年・有斐閣〕270 頁〔中島弘雅〕）と，債権者は執行裁判所に民事執行法 171 条 1 項 2 号所定の「適当な処分」として執行官の立会・抵抗排除を命ずる決定を求めることができるとする説（**適当処分説**。中野＝下村・868-869 頁）とに分かれている。

---

[8] もっとも，本文中の最決平 17.12.9 は，間接強制決定の発令後，金銭を取り立てるため執行文の付与を受ける段階では，義務違反があったとの事実を立証する必要があるとしている（民執 27 条 1 項・33 条 1 項）。

(b) **違反結果の除去——代替執行（民執171条1項2号・同条4項）又は間接強制（民執173条1項・172条1項）**

不作為義務に違反して違法な物的状態が作り出されたときは，上記忍容義務の場合について述べたことが当てはまる。すなわち，不作為を命ずる債務名義成立前の違反結果は，直接その除去を求める作為請求の訴えとそれを認容する判決の執行（代替執行又は間接強制）によるが，債務名義成立後にされた違反結果は，同債務名義自体に基づき，債権者は，代替執行により，執行裁判所の授権決定を得て，債務者の費用をもってこれを除去することができるほか（民執171条1項2号・同条4項），間接強制により債務者に除去させることもできる（民執173条1項・172条1項）。

なお，反復的ないし継続的な不作為義務の違反があった場合には，裁判所は，「将来のため適当な処分をすべきこと」を命ずることができ（民執171条1項2号），この決定に基づいて代替執行，間接強制等をすることになる。

			直接強制	代替執行	間接強制
作為債務	与える債務	物の引渡債務	○	×	○
		※子の引渡しは直接的な強制執行（民執174条1項1号・175条・176条）又は間接強制（同174条1項2号・172条1項）			
		金銭債務（扶養義務以外）	○	×	×
		金銭債務（扶養義務）	○	×	○
	為す債務	代替的作為債務	×	○	○
		※意思表示をすべき債務の強制執行は意思表示の擬制（判決代用。民執177条1項）			
		不代替的作為債務	×	×	○
不作為債務	貫徹	狭義	×	×	○
		忍容義務	×	○	○
	違反結果除去		×	○	○

(2) 履行の強制が許されない場合——履行の強制の限界

(ア) 債務の履行が不能になったとき

　履行の強制（執行力）は債権に内在する本来的な効力であるが，債権者が債務者に対して履行を請求し，強制的に債権内容を実現することができるためには，債務の履行が可能でなければならない。債務が履行不能であるときは，債権者は履行を請求することができず（履行請求権の限界。本書58頁，131頁参照），履行の強制を求めることもできない。

　例えば，債権者が，債務名義（特定物の引渡請求を認容する確定判決等）を得て強制執行に着手したが，執行を完了するまでの間に当該目的物が滅失したような場合には，もはや債権の内容を強制的に実現することはできなくなる。この場合，債務者は，当該債務が履行不能になったこと（**目的物が滅失したこと**）を主張して請求異議の訴えを提起することができる[9]。

(イ) 債務の性質が履行の強制を許さないとき（414条1項ただし書）

　414条1項は，本文において，債権の基本的効力の1つ（強制力）として債務内容を強制的に実現することができるとの実体法理を述べる一方で，ただし書において，「債務の性質がこれを許さないときは，この限りでない。」と定めている。これは，**債務の性質上，いかなる方法によるかを問わず，およそ履行の強制が認められない場合があること（履行の強制の限界）を示す趣旨**である[10]。

　「債務の性質がこれを許さないとき」としては，①債務者の自由意思に反してその履行を強制することが人格尊重等の観点から是認できない場合（婚姻予約の履行義務，夫婦の同居義務等），②債務者の自由意思を圧迫して強制したのでは，債務の本旨にかなった給付を実現し難い場合（芸術的創作をすべき義務等）などが挙げられる。なお，③債務の履行について債

---

[9] 債権者は，債務不履行（履行不能）に基づき，債務者に対し，改めて履行に代わる損害賠償（塡補賠償）を請求することができる。なお，損害賠償請求の要件として債務者の責めに帰すべき事由の存在が必要となるが，本文のような場合には，債務者は，履行遅滞に陥っているのが通常であろうから，履行遅滞後の履行不能（413条の2第1項）として，遅滞について免責事由がない限り，損害賠償責任を免れないことになる。

務者の意思のみによらず第三者の協力が必要となる場合について、かつては、このような場合は当然に間接強制が許されないとする考え方（我妻・93頁以下）がとられていた。この考え方を前提にすると、間接強制による以外に強制執行の方法がない不代替的作為債務については、上記の場合は当然に強制執行が許されないこととなるから、このような場合も「債務の性質がこれを許さないとき」に当たると解することになろう。しかし、近時の学説は、**債務の履行に第三者の協力が必要であるというのみで当然に間接強制が許されないと解するのではなく、間接強制が許されない場合（間接強制の限界）に当たるか否かを執行手続の過程で個別の事情に即して審理判断すべきものと解している**（本書141頁参照）。この考え方からすると、債務の履行について債務者の意思のみによらず第三者の協力が必要となる場合であることをもって、「債務の性質がこれを許さないとき」に当たると解することはできない。

(ウ) 強制執行が権利の濫用に当たるとき

強制執行が権利の濫用に当たる場合にも、強制執行は許されない。強制執行が権利の濫用に当たることは、請求異議事由となる。

最一小判昭37.5.24民集16巻5号1157頁は、逸失利益の損害賠償の支払を命じた確定判決に基づく加害者の父母に対する強制執行について、被害者は回復して事業を営んでいる一方で、加害者は損害賠償債務の負担を苦に自殺したという事情の下では権利の濫用に当たる可能性があると判示

---

10 改正前民法下では、414条1項本文は「与える債務」について直接強制が認められる旨を定めた規定であり、同項ただし書は「為す債務」について直接強制が認められない旨を定めた規定であるとの解釈の下、債権の内容・性質に照らして履行の強制が否定される場面があることについては、同項の解釈から切り離して、専ら間接強制（民執172条1項）の許されない場合（間接強制の限界）の1つとして論じられてきた（上巻143-144頁参照）。

改正法では、414条1項本文は、「債務者が任意に債務の履行をしないときは、債権者は、民事執行法その他強制執行の手続に関する法令の規定に従い、直接強制、代替執行、間接強制その他の方法による履行の強制を裁判所に請求することができる。」と改められ、直接強制以外の強制方法も含むものとして「履行の強制」という文言を用いているので、債権の内容・性質に照らして履行の強制が否定されるべき場面については、間接強制の限界の一場面としてではなく、同項ただし書にいう履行の強制の限界（債務の性質がこれを許さないとき）として位置付けられることになる（吉政・新注民(8)403-404頁参照）。

した。また，最二小判昭43.9.6民集22巻9号1862頁，判タ228号93頁は，建物収去土地明渡しを命ずる確定判決に基づく強制執行について，債権者が先に当該建物に対する金銭執行として強制競売を申し立て，競落人に敷地を賃借できるとの期待を抱かせるような言動をしていたという事案で，権利の濫用に当たるとした。他方，最一小判昭62.7.16集民151号423頁，判タ655号108頁は，確定判決，和解調書等の債務名義に基づく強制執行が権利の濫用となるといえるためには，債務名義の性質，債務名義により執行し得る権利の性質・内容，債務名義成立の経緯及び債務名義成立後強制執行に至るまでの事情，強制執行が当事者に及ぼす影響等諸般の事情を総合して，債権者の強制執行が，著しく信義誠実の原則に反し，正当な権利行使の名に値しないほど不当なものと認められる場合であることを要するとした上，和解調書を債務名義とする強制執行が権利の濫用に当たらないとした。

(エ) 不執行の合意があるとき

　当事者が不執行の合意（強制執行をしないとの合意）をした場合，債権者は，訴えをもって請求することはできるが，認容判決を得ても，これに基づいて強制執行することはできない[11]。不執行の合意に違反して強制執行がされた場合，債務者は，請求異議の訴えによってこれを排斥することができる。

(3) 間接強制が許されない場合――間接強制の限界

(ア) 債務の履行に第三者の協力等を要するとき

　債務の履行が債務者の意思のみに係るものでなく，履行のために第三者の協力や同意等が必要である場合には，間接強制の方法による強制執行は許されないのではないか，という問題がある。そのような場合には，間接強制によって債務者に心理的圧迫を加えても，単に債務者を苦しめるだけであり，その行為をさせること（目的の達成）は期待できないからである。例えば，履行をするのに事実上又は法律上第三者の同意又は協力を要するにもかかわらず容易にこれを得る見込みのない場合，あるいは実行に

---

[11] 責任なき債務の一場面である。上巻130頁以下参照。

つき債務者の資力に不相応な多額の費用を必要とする場合について，間接強制の方法による強制執行の可否が論じられてきた。

判例上，財産管理の精算を請求する債権は間接強制が許されるが（大決大 10.7.25 民録 27 輯 1354 頁，大決昭 5.10.23 民集 9 巻 982 頁），株主が会社から焼失した株券の再発行を求めてこれを質権者に交付すべき債務（大決昭 5.11.5 新聞 3203 号 7 頁）や債権者の側で受電設備を完成しない以前の送電義務（大決大 4.12.21 新聞 1077 号 18 頁）につき否定されている。

近時の学説では，履行のために第三者の協力等が必要であるというだけでは足りず，執行方法で克服することができない外的な障害があるか（中野＝下村・839 頁），債務者が第三者の協力を得るために期待可能な行為を全て行ったかどうか（松本博之『民事執行保全法』〔2011 年・弘文堂〕330 頁）をメルクマールにすべき（立証責任は債務者の側にある）とするなど，間接強制の限界になるかどうかの要件をより厳密に検討するよう求めるようになっている[12]。

なお，最三小決平 31.4.26 集民 261 号 247 頁，判タ 1461 号 23 頁は，意思能力のある子（9 歳）を母親に引き渡すよう父親に命じた家事審判を債務名義とする間接強制の申立てについて，一般論として，子が引渡しを拒絶していることは間接強制決定を妨げる理由にはならないとしつつ，当該事案の経緯等に照らし，子の心身に有害な影響を及ぼすことのないように配慮しつつその引渡しを実現するため合理的に必要と考えられる父親の行為は具体的に想定できず，間接強制は過酷な執行として権利の濫用に当たり，許されないとした。他方，最三小決令 4.11.30 集民 269 号 71 頁，判タ 1506 号 33 頁は，同じく子（8 歳）の引渡しを命じた家事審判を債務名義とする間接強制の申立てについて，約 2 か月の間に 2 回にわたり子が母に引き渡されることを拒絶する言動をしたにとどまるなどの事実関係の下では，間接強制の方法による子の引渡しの強制執行の申立てが権利の濫用に当たるとはいえないとした。

---

[12] この点につき，山本和彦「間接強制の活用と限界」曹時 66 巻 10 号（2014 年）12 頁以下参照。

(イ) 他の執行方法との併用の可否

平成15年・16年の民事執行法改正により間接強制の適用範囲が拡大されたことに伴い、間接強制と直接強制又は代替執行との併用の可否が議論されるようになった。

同一の債務について間接強制とその他の執行方法（直接執行又は代替執行）を並行して申し立てることができるか（**並行申立ての可否**）、並行申立てが可能であるとして、裁判所が（それぞれ要件を満たす場合に）それらをともに認めることができるか（**並行決定の可否**）については、肯定説と否定説に分かれる[13]。

並行決定が可能であるとしても、他の執行手続（直接強制又は代替執行）により履行が完了して請求権の満足を得た場合には、もはや間接強制は許されない。この場合には、間接強制の申立ては不適法として却下され[14]、既にされた間接強制決定による間接強制金の発生は阻害されると解される。

---

[13] 間接強制と他の執行方法が目的を同じくする場合には併用を許すべきでないとして並行申立て及び並行決定を基本的に否定する見解（大濱しのぶ「間接強制と他の執行方法の併用の許否」判タ1217号〔2006年〕73頁以下）、並行申立ては可能であるが、一定の順序で執行を実施し、先に代替執行授権決定がされたときは、その不奏功が判明しない限り、間接強制決定をすることはできないとして基本的に並行決定を否定する見解（中野＝下村・854頁）等がある。山本・前掲注12）1-11頁参照。

[14] 最三小決令4.6.21集民268号295頁、判タ1503号21頁は、ハーグ条約実施法134条に基づき子の返還を命ずる終局決定を債務名義とする間接強制の申立てがされたが、その後に同終局決定を債務名義とする代替執行により子の返還が完了したという事案で、同終局決定に係る強制執行の目的を達したから、上記間接強制の申立ては不適法になったと判示した。なお、不適法とされた根拠は、申立ての利益を欠くことになるから、あるいは、申立ての濫用になるから、であろう。

第3節 債務不履行による損害賠償

第1項 要件

I 概　説

(1) 損害賠償請求の要件（415条1項）

　債務不履行による損害賠償請求の一般的な要件は，415条1項本文によると，①債務の発生，②債務不履行の事実（本書129頁注1）参照），③損害の発生及びその数額，④債務不履行の事実と損害との間に因果関係があること，である。同項ただし書によると，⑤「債務の不履行が契約その他の債務の発生原因及び取引上の社会通念に照らして債務者の責めに帰することができない事由によるものであるとき」は，例外的に損害賠償責任を免れるとされており，同項ただし書所定の事由を免責事由という。

　したがって，主張・立証責任は，前記①—④については債権者（原告）が，⑤については債務者（被告）が負う。

　このうち，本項では，①債務の発生（後記II）を前提として，②債務不履行の事実（遅滞・不能・その他の債務不履行）（後記III—V）及び⑤免責事由（債務者の責めに帰することができない事由）（後記VI）について検討し，③損害の発生及びその数額，④因果関係については第2項（効果）で取り扱う。

(2) 塡補賠償（履行に代わる損害賠償）請求の要件（415条2項）

⑺ 塡補賠償請求とは何か

415条2項には，同条1項により損害賠償請求ができる場合（前記(1)参照）において，債権者が履行に代わる損害賠償を請求できる要件が定められている。

履行に代わる損害賠償（塡補賠償）とは，債務の本旨に従った履行がされたとすれば債権者が得られたであろう利益（履行利益。なお，履行に代わる損害賠償と履行利益の賠償との関係については，本書287頁を参照されたい）を回復させるに足りるだけの損害賠償である。 例えば，AがBに対し，中古自動車（クラシックカー）甲を1000万円で売る契約をし，代金を支払ったが，引渡前に甲車が事故で滅失（全損）した場合，Bは，滅失時の甲車の市場価格に相当する額の損害賠償を得ることができれば，債務が履行されたのと等しい利益を回復することができる。滅失時の市場価格は，売買代金額と同額の場合も多いであろうが，売買契約後に上昇した結果，売買代金額を上回る場合もある。前記の事例で，仮に，甲車の市場価格が上昇して滅失時には1200万円になっていたとすれば，Bは，塡補賠償として1200万円を請求することができる。

債権者が，債務不履行を理由として履行に代わる損害賠償（塡補賠償）を求めることができるのは，債務不履行による損害賠償請求の一般的な要件（415条1項）を満たす場合であることを前提として（前記(1)参照），①履行不能，②履行拒絶，③（契約債権の場合）契約の解除又は債務不履行による解除権の発生のいずれかに該当するときに限られる（同条2項）。

⑻ 履行に代わる損害賠償（塡補賠償）請求の要件

⒜ 履行不能（415条2項1号）

債務が履行不能である場合は，当然に履行に代わる損害賠償請求が認められる。この場合，履行不能を理由に契約の解除をすることもできることから（542条1項1号），両者の関係が問題となる。債権者は，自己の債務を履行していない場合には，契約を解除して自己の反対債務を免れた上で，履行に代わる損害賠償（塡補賠償。ただし反対債務〔対価〕を控除する）を請求することができ（545条4項），自己の債務を履行している場

合には，契約を解除することなく履行に代わる損害賠償（塡補賠償）を請求することもできる。多くの場合，いずれを選択しても賠償額は同額となるが，債権者の反対給付が金銭以外の給付である場合などには，解除せずに塡補賠償請求をする実益がある[1]。

(b) **履行拒絶（415条2項2号）**

債務者がその債務の履行を拒絶する意思を明確に表示した場合[2]，債権者は履行に代わる損害賠償を請求することができる。この場合も，債権者は，前記(ア)と同様に，履行拒絶を理由に契約を解除しても（542条1項2号），解除しなくても，塡補賠償を請求することができる。

(c) **契約の解除又は債務不履行による解除権の発生（415条2項3号）**

債権が契約から生じたものである場合において，その契約が解除され，又は債務の不履行による契約の解除権が発生したときは，債権者は，債務

---

[1] AがBに対し，中古自動車（クラシックカー）甲を1000万円で売る契約をし，Bが代金全額を支払ったが，引渡前に甲車が事故で滅失（全損）した場合，Bは，Aの債務不履行（履行不能）を理由に売買契約を解除して代金1000万円の返還を求めることも，解除することなく塡補賠償として価値相当額である1000万円を請求することもでき，結果は異ならない。

また，甲車の市場価格が上がって滅失時に1200万円になっていたという場合，Bは，自己の代金支払債務が未履行であれば，売買契約を解除して自己の債務の履行を免れた上で塡補賠償200万円（Aの債務が履行されていれば得られたであろう利益1200万円から解除により支払を免れた代金額1000万円を差し引いた額）を請求することができ（545条1項・4項），また，自己の代金支払債務が既履行であれば，解除せずに塡補賠償1200万円を請求することもでき，いずれの場合も，やはり結果は異ならない。

もっとも，甲車の市場価格が下がって滅失時に800万円になっていたような場合には，Bは，売買契約を解除しなければ，代金1000万円の支払義務を負う一方で塡補賠償として800万円（Aの債務が履行されていれば得られたであろう利益）を受領できるにとどまるから，解除して代金債務を免れる実益があるが，これは例外的な場合である。

これに対し，交換契約等，債権者の反対給付が金銭以外の給付である場合には，解除するか否かで結果が異なる。例えば，Aが所有する中古自動車甲とBが所有する乙絵画を等価（いずれも1000万円）で交換する契約をしたが，引渡前に甲車が滅失した場合において，甲車の市場価格のみが1200万円に上昇していたとすると，Bは，交換契約を解除して（乙絵画を手元に残して）甲車と乙絵画の市場価格の差額200万円を損害賠償として請求するか，解除せずに（乙絵画を引き渡すことを前提に）塡補賠償1200万円を請求するか，のいずれかを選択することができる。

[2] 債務者が債務の履行を拒絶する意思を明確に表示した場合は，通常，取引上の社会通念に照らしてもはや債務の履行を期待することができないといえるから，履行不能の一場合に該当する。

の履行に代わる損害賠償請求をすることができる。

「契約が解除されたとき」には，債務者による債務不履行以外の理由で契約が解除された場合（合意解除されたときや，債権者の側にも債務不履行があって債務者が解除したときなど）も含まれる。

債務不履行による契約の解除については，解除権発生要件という観点から，①相当期間を定めて履行を催告した上での解除（催告解除），②催告することなくできる解除（無催告解除）の2態様が定められている（541条・542条）。解除権発生要件のうち履行不能及び履行拒絶については，別途，塡補賠償請求の要件として規定されているので（415条2項1号・2号），ここで主に問題となるのは履行遅滞である。履行遅滞による解除権が発生するための要件は，(a)催告後に相当期間が経過したにもかかわらず履行がされなかった場合（541条），(b)定期行為の場合（542条1項4号），(c)契約をした目的を達するのに足りる履行がされる見込みがない場合（同項5号），とされている。これらの場合には，債権者は，解除することなく塡補賠償を請求できることになる。なお，債権者が解除せずに塡補賠償を請求することに実益があるのは，債権者の反対給付が金銭以外の給付であるような場合である（前記(a)参照）。

以上につき，詳しくは本書165頁以下参照。

II　債務の発生

(1) 契約により生ずる債務（契約債務）

金銭債務の不履行については，既に詳しく述べた（本書97頁以下参照。なお，上巻186-192頁も参照）。契約以外から生ずる債務（法定債務）の場合，事務管理義務（697条以下），不当利得した物の返還義務（703条）のほか，名誉毀損における原状回復義務（723条）があるが，主に損害賠償，つまり金銭債務が問題となる。そこで，以下では，契約債務について，そのうち金銭債務を除く作為債務と不作為債務について述べることとする。

(2) 給付義務の違反と債務不履行責任の態様

契約債務は，給付義務の内容に応じて作為債務と不作為債務に分類される。

(ア) 作為債務（以下では金銭債務を除く）と債務不履行責任
(a) 作為債務の構造と債務不履行責任

作為債務は，与える債務と為す債務に分類され，本書 8 頁以下で述べたように，その履行構造から，①与える債務，②為す債務Ⅰ，③為す債務Ⅱに分けられる。

作為債務	与える債務		金銭債務
			非金銭債務
	為す債務	為す債務Ⅰ	
		為す債務Ⅱ	

与える債務（売買契約に基づく目的物の引渡債務等），及び，為す債務Ⅰ（建築請負契約に基づく請負人の仕事完成債務等）のように，一定の結果を実現しなければ債務が履行されたとはいえない債務（結果債務[3]）については，遅滞・不能・その他の債務不履行のいずれの態様による債務不履行も問題となり得る。

これに対し，為す債務Ⅱ（一般的な診療債務等）のように，結果（病気の治癒）を実現すること自体が債務の内容ではなく，望ましい状態に向かって客観的に適切な行為をすることが給付内容とされている債務（手段債務）については，412 条 1 項・2 項所定の期限までに一定の結果を実現することが約束されているわけではないから，遅滞が問題となることはない。例えば診療開始前に患者が完治又は死亡してしまったというような場合には不能が問題となり得るが，ほとんどの場合はその他の債務不履行による損害賠償のみが問題となる。

---

[3] 結果債務・手段債務については，本書 41 頁以下を参照。
また，本書 10 頁の図も参照。「Ａ　与える債務・為す債務Ⅰ」が結果債務に，「Ｂ　為す債務Ⅱ」が手段債務に，それぞれ位置付けられる。

(b) **契約類型と債務不履行責任**

以下では，前記(a)で述べたことを，契約類型のうちとりわけ問題の多い役務提供契約に即して，給付義務の違反と債務不履行責任の態様との関係について検討する。

まず，請負契約における請負人の債務は，一定の結果の実現（仕事の完成）を約束するものであるから，典型的な結果債務（為す債務Ⅰ）に分類される。したがって，前記(a)に述べたとおり，遅滞・不能・その他の債務不履行のいずれの種別による債務不履行も問題となり得る。

次に，（準）委任契約の中には，一般的な医師の診療債務のように手段債務（為す債務Ⅱ）に位置付けられるものもあれば，成果物の引渡しを要する事務処理契約（648条の2）のように，結果債務（為す債務Ⅰ）に位置付けられるものもあり，当該契約内容によって異なる。前者（手段債務）の場合には遅滞は問題とならず，後者（結果債務）の場合には遅滞・不能・その他の債務不履行のいずれも問題となり得る。

もっとも，上記のような結果債務と手段債務の区別は一応のものであって，現実には両者の性質が混合・融合したものも少なくない。例えば，寄託契約における受寄者や賃貸借契約における賃借人の債務の中には，契約終了時における目的物の返還義務，契約期間中の目的物保存義務（保管義務）等が併存するところ[4]，このうち返還義務については遅滞が問題となり得るが，保存義務（保管義務）についての遅滞は観念できない。

(イ) **不作為債務と債務不履行責任**

不作為債務には，債権者の態度に関係なく，一定の行為をしないことを目的とするもの（狭義の不作為義務）と，債権者又は第三者が一定の行為をするに当たってそれを受忍し，妨害しない義務（忍容義務）とがあるが

---

[4] 引渡義務と保存義務との関係を一律に解することはできない。売主が目的物について負う保存義務は，引き渡すための前提として要請されるもので，いわば従属的な意味しかないのに対し，幼児の保護預かり契約や寄託契約においては，保護ないし保管自体が主たる内容であって，引渡し（返還）は，保護ないし保管を終えた後に生ずる従たるものにすぎない。他方，賃借人の場合には，賃貸借の期間中，使用収益を行うに際して目的物を毀損あるいは滅失しないように注意すべき義務と，賃借期間中及び賃貸借終了後返還までの間，目的物を盗難や第三者の加害行為から守るという意味での保存義務が課せられているといえる。

（本書 136 頁），いずれについても，遅滞・不能は問題とならず，その他の債務不履行による損害賠償のみが問題となる。

(3) 付随義務・保護義務の違反と債務不履行責任

(ア) 付随義務の違反と債務不履行責任

付随義務は，給付結果の実現それ自体のために直接必要なものではないが，給付利益確保のために付随的に必要とされる義務（売買の目的物である複雑な機械の操作方法を説明すべき義務等）である（本書 37 頁）。このような付随義務の違反は，それによって給付義務の遅滞又は不能を招来することはあり得るが（その場合は給付義務の遅滞・不能として処理すれば足りる），付随義務自体について遅滞・不能を問題とする必要はない。遅滞・不能以外の態様で付随義務に違反して債権者の給付利益を侵害した場合（例えば，売主が目的物の操作方法を説明しなかったために買主が操作を誤って目的物を壊してしまった場合等）には，その他の債務不履行として付随義務の不履行による損害賠償が問題となる。

(イ) 保護義務の違反と債務不履行責任

保護義務は，債権者・債務者間において相互に，相手方の生命・身体・所有権その他の財産的利益を侵害しないように配慮すべき注意義務であって，一般的には不法行為法による保護の対象とされるものである（本書 40 頁）。このような保護義務について，遅滞・不能が問題となる余地はなく，保護義務に違反して債権者の利益を侵害した場合（例えば，売買の目的物である家具を運び入れる際に誤って債権者所有の花瓶を割ってしまった場合等）には，その他の債務不履行として保護義務違反による損害賠償が問題となる。

Ⅲ　債務不履行の事実（遅滞）

(1) 履行遅滞の意義

履行遅滞とは，(ア)債務の履行が可能であり，(イ)その債務が履行期にありながら，(ウ)債務者が債務を履行しないことをいう。この場合における債権

者の救済手段には，第1に履行の強制（414条。本書132頁）が，第2に債務者に対する損害賠償があるほか，解除（多くは双務契約の場合）がある。

以下では，債務が発生していること（前記Ⅱ）を前提として，債務不履行の一態様としての履行遅滞の成立要件を考えてみる。なお，履行の強制の前提としては(ｱ)ないし(ｳ)で十分である[5]。

金銭債務の不履行については既に詳しく述べており（本書97頁以下参照），契約以外から生ずる債務（法定債務）の場合は主に損害賠償（金銭債務）が問題となる。そこで，以下では，契約債務のうち金銭債務を除く作為債務について述べることとする（不作為債務について遅滞は問題とならない。本書149-150頁参照）。

(2) 履行遅滞の成立要件

(ｱ) 履行が可能なこと

債務の履行が不能であるときは，その債務の履行を請求することができないとされているから（412条の2第1項），原始的か後発的かにかかわらず，債務の履行が不能な場合には，履行遅滞ということはあり得ないことになる（履行の可能・不能の区別については，本書169頁を参照）。なお，当初は履行が可能であったが，遅滞している間に履行が不能になった場合（例えば，売買の目的物である建物の引渡しを遅滞している間に火災で全焼した場合）には，不能による損害賠償（塡補賠償）のほかに，遅滞による損害賠償（例えば遅滞期間中の賃料相当損害金等）が問題となる。

(ｲ) 履行期の到来

履行期とは，債権者が債務者に対して履行を請求し得る時期をいい，債務者についていえば，その債務を履行すべき時期をいう（弁済期ともいう）。契約債務にあっては，履行期は，契約自体において定められるのが通常であるが，法律（例えば，売買では573条，寄託では662条・663

---

[5] 履行請求権を債権に内在する本来的な権能が発現したものと把握する本書の立場からすると，履行請求権は，これを履行遅滞の効果とみる必要はなく，飽くまで債権そのものに由来するものであることに留意されたい。この点について，債務不履行の意義に関して述べた本書129頁も参照されたい。

条。なお，金銭債務であるが，消費貸借では591条，賃貸借の賃料では614条など）や慣習，債務の性質その他の事情などによって定まることもある。

民法は，次のように，債務の履行期の種類に従い，履行遅滞がいつから生ずるかについて定めを置いている（412条）。

(a) 確定期限付債務

債務の履行について確定期限があるときは，債務者は，その期限の到来した時から遅滞の責任を負う（412条1項）。この場合には，債権者において催告をする必要はない。

確定期限とは，例えば，2024年3月31日とか，2024年10月1日午後5時というように，暦の上の年月日あるいは時刻をもって履行期が定められている場合をいう。ある特定の日から1週間後というように期間をもって定めた場合も，期間の計算法（138条─143条）により履行期を確定することができるから，確定期限である。

時刻をもって期限を定めたとき（例えば2024年10月1日午後5時）には，その時刻（同日午後5時）の到来とともに遅滞に陥ることは明らかである。

期日をもって期限を定めた場合（例えば2024年3月31日）には，遅滞の発生時期は期日の初めか終わりかが問題となる。これは，契約の解釈問題であって，期日の設けられた趣旨及び信義則や取引通念を考慮して判断されなければならないが，通常は期日の終わりに（期日の経過とともに）遅滞になるとみるべきであろう[6]。

幅のある期間をもって履行期を定めた場合（例えば2024年10月1日から同月3日までの間）にも同様の問題が生ずるが，このような履行期を定めた趣旨，すなわち，①債権者の権利行使の便宜のために定められたものか，②債務者の履行の便宜のために定められたものかを考慮して判断すべきである[7]。①の場合には，債権者から履行の請求があった時点で遅滞と

---

[6] 奥田・注民⑽ 212頁，奥田＝潮見・新版注民⑽ I 447頁参照。

[7] 本文中の①（債権者の権利行使の便宜のために期間を定める場合）は，債権者が債務者の住所等に出向いて履行を求める取立債務において，②（債務者の履行の便宜のために期間を定める場合）は，債務者が債権者の住所地に出向いて債務を履行する持参債務において，多くみられる。潮見・新注民⑻ 207頁参照。

なり，②の場合には最終時点が到来した時点で（最終日の経過とともに）遅滞となる。

一定の確定的な期間をもって期限を定めた場合，例えば今年中に明け渡すなどと定めた場合には，当該期間の終末が確定期限となる。したがって，終末までに（例えば12月31日中に）履行すれば遅滞とならず，終末の経過によって当然に遅滞となる。

確定期限付債務でありながら，期限の到来のみによっては遅滞とならない例外的なものとして，①指図証券について特則があるほか，②取立債務等（債務の履行についてまず債権者の協力を必要とする場合）がある。これらについては，上巻168-169頁を参照されたい。

(b) **不確定期限付債務**

債務の履行について不確定期限があるときは，債務者は，その期限が到来した後に履行の請求を受けた時又はその期限の到来したことを知った時のいずれか早い時から遅滞の責任を負う（412条2項）。不確定期限付債務の場合にも，期限の到来によって債務は履行期にあるが，債務者不知の間に遅滞の責任を問うのは適当ではないので，債務者が知った時から責任を負わせているのである。

不確定期限とは，例えば，「Aが死亡したら建物を明け渡す」というように，履行期が不確定な事実（Aの死亡）をもって定められている場合をいう。この場合，Aの死亡によって履行期が到来するが[8]，債務者が遅滞に陥るのは，Aが死亡した後に履行の請求を受けた時又はAが死亡したことを知った時のいずれか早い時である。なお，「Aが死亡してから1か月以内に明け渡す」というように，不確定な事実に一定期間が付加されている場合には，その一定期間の終末（Aの死亡から1か月後）が履行期（これも契約時からみれば不確定期限）となる。

債務の履行について不確定期限の合意があったか否か及びその内容（債務の履行期をどのようなものとして合意したか），また，その期限が到来したか否かは，契約解釈を含む事実認定によって決せられるが，事案によ

---

[8] 履行期（債権者が権利を行使できる時期）と債務者が遅滞に陥る時期とは，必ずしも一致しない。履行期の到来により，債権者は履行の請求が可能となり，消滅時効の進行も開始するが（166条1項），債務者は遅滞に陥っていないという場合も生じ得る。中田・120頁参照。

ってはその判断は必ずしも容易ではない[9]。

(c) **期限の定めがない債務**

　債務の履行について期限を定めなかったときは，債務者は，履行の請求を受けた時から遅滞の責任を負う（412条3項）。

　期限の定めがない債務は，その債務が発生すると同時に履行期にあるから（最二小判昭 38.11.29 民集 69 号 439 頁，最三小判昭 54.3.20 集民 126 号 277 頁，判タ 394 号 61 頁参照），債権者はいつでも履行の請求をすることができるが，債務者が遅滞となるためには，債権者による履行の請求（催告）を必要とする。なお，同項は，債務者が「履行の請求を受けた時から」遅滞が生ずるとしているが，請求を受けた日に履行すれば遅滞とならないのであるから（大判大 10.5.27 民録 27 輯 963 頁），履行遅滞が生ずるためにはその日の経過が必要である[10]。

　「期限を定めなかったとき」とは，当事者が履行期を全く定めなかった場合のほか，確定期限又は不確定期限をもって履行期を定めなかった全ての場合をいう[11]。「請求があり次第支払う」という債務は，期限の定めがない債務であって，請求の時から遅滞の責任を負う（最一小判昭 40.12.23 民集 19 巻 9 号 2306 頁）。なお，債権者が催告に当たって，「10 日以内に」とか「月末までに」というように一定の期間を付けた場合には，その期間の終末が経過すれば直ちに遅滞となる。

---

[9] 不確定期限付債務の履行遅滞の認定・判断が問題となった判例として，前掲最判平 9.10.14（本書 53 頁注 6））がある。同判決は，ゴルフ場建設工事中に締結されたゴルフクラブ入会契約について，債務不履行（履行遅滞）による入会契約解除の可否が問題となった事案である。同最判は，履行期について，入会契約の趣旨からいかなる時期にゴルフ場の完成が約されているかを検討した上で，ゴルフ場を開場すべき債務の履行期が「工事の遅延に関して予想される合理的な期間が経過した時」という不確定期限であるとした上で，本件の事実関係の下では，解除時に不確定期限が到来していたとはいえず，履行遅滞に陥っていなかったとした。

[10] 司法研修所・類型別 5 頁。

[11] 法定債務は，法律が特に履行期を定めていない場合には期限の定めのない債務として成立すると解されているが（我妻・105 頁），不当利得返還債務，不法行為に基づく損害賠償債務等，各債務の特性を考慮して検討する必要がある。問題となる諸場合について，上巻 170-172 頁を参照。中田・121-122 頁も参照されたい。なお，不法行為に基づく損害賠償債務のうち離婚に伴う慰謝料債務は，離婚の成立時（離婚判決確定の時）に発生し，遅滞に陥るとされている（最二小判令 4.1.28 民集 76 巻 1 号 78 頁，判タ 1498 号 39 頁）。

ただし，上記の例外として，金銭債務であるが，期限の定めがない消費貸借（要物契約としての消費貸借につき587条，諾成的消費貸借につき587条の2）による返還債務については，貸主は相当の期間を定めて返還の催告をしなければならないとされており（591条1項），相当の期間を定めないで催告しても，催告の時から相当期間を経過した後に遅滞を生ずる（大判昭5.1.29民集9巻97頁)[12]。

なお，債権者の催告の方法等については，上巻169-170頁を参照されたい。

(ウ) **履行をしないこと**

履行遅滞が成立するためには，履行期の到来に加えて，履行期において債務者が履行をしないことが必要である。債務者は，弁済の提供の時から，債務を履行しないことによって生ずべき責任を免れるから（492条），正確にいえば履行の提供をしないことが必要である（主張・立証責任につき，本書297頁参照）。

履行遅滞にならない正当な理由[13]

履行期に履行をしないことにつき債務者側に正当な事由があれば遅滞

---

[12] 期限の定めがない消費貸借契約の場合，一般的な考え方（我妻・講義V2・372頁等）は，契約の成立要件と終了事由とを分け，契約の成立要件は冒頭規定である587条に依拠し，591条1項の催告（告知）がされて契約が終了するという立場に立つ。この場合には，同項の催告（告知）により，契約は終了し，返還義務が発生することになる。その上で，催告時（告知時）に返還債務の履行期が到来し相当期間経過後に遅滞に陥ると考えるのか，催告後相当期間経過時に履行期が到来すると考えるのかについては議論がある（沖見眞已「条件および期限について」大塚直ほか編『要件事実論と民法学との対話』〔2005年・商事法務〕183頁，司法研修所・新問研39頁参照）。

[13] 同時履行の抗弁権や留置権が認められるなど，債務を履行しないことを正当化する事由が存在する場合には，債務者は，履行期に債務を履行しなくとも遅滞による責任を負わない。このことについて，伝統的には，違法性が阻却される（違法性阻却事由がある）と表現されてきたが，近時では，違法性という概念・要件を介さずに説明するのが一般的である。潮見・新注民(8)220頁参照。

既に述べたとおり，「債務不履行」という語には，①債務が履行されないという客観的な事実のみを示す場合と，②債務が履行されず，そのことについて債務者が責任を負うべきことを示す場合とがある（本書129頁注1））。同時履行の抗弁等の正当化事由は，免責事由の存在と同様に，②の意味での債務不履行の成否に関する要件として位置付けられる。

とはならない。正当な事由とは，不可抗力によって一時的に履行ができないといった問題ではなく（それは次の免責事由である），債務者が同時履行の抗弁権（533条）・留置権（295条）を有する場合などをいう。なお，履行の猶予があった場合には，履行期の延期（確定期限を付しての延期，又は，改めて催告する時まで延期する等）があったとみるべきである[14]。

　債務者が同時履行の抗弁権（533条）又は留置権（295条）を有するときは，たとえ履行期に履行しなくても遅滞には陥らない。具体的には，双務契約上の確定期限ある債務において両債務が同時に履行すべき関係にあるときは，期限の到来と同時に遅滞の責任が生ずるのではなく，相手方から履行の提供を受けながら自己の債務を履行しない場合に初めて遅滞の責任を負うことになる（大判大4.5.24民録21輯797頁，大判大6.4.19民録23輯649頁，大判大10.3.19民録27輯563頁等）。当事者双方が，履行期にともに弁済の提供をせずに期日を経過したときは，いずれも遅滞の責任を負うことなく（大判大9.1.29民録26輯25頁〔解除の効力が問題となった事案〕），両債務はそれ以後，履行期の定めのないものとなる（大判大13.5.27民集3巻240頁〔解除権発生の要件としては1回の催告で足りるとされた事案〕）[15]。もっとも，双務契約上の債務であって同時履行の抗弁権がある場合であっても，当事者の一方が自己の債務を履行しない意思を明確にしたときは，相手方が弁済の提供をしなくても，自己の債務の不履行について履行遅滞の責任を免れることはできない（大判大3.12.1民録20輯999頁，最三小判昭41.3.22民集20巻3号468頁，判タ190号122頁[16]）。この問題は，双務契約の一方の当事者が解除とともに損害賠償請求をする際に，その前提として相手方を遅滞に陥れなければならない（したがって，自分の債務の履行を

---

[14] 最一小判昭46.3.18集民102号273頁，判タ263号201頁は，貸金債務を担保するために株式に質権が設定され，弁済期に債務が履行されないときは株式は債権者の所有に帰する旨の流質の特約がされたところ，債務者は弁済期に債務の履行をしなかったが，その後に債務引受契約が成立したことから，債権者が債務の履行を猶予し，株式は債権者に帰属しなかったとした原審の判断が正当とされた事案である。

[15] 我妻・講義V1・155頁参照。

[16] 川嶋義徳・判解民昭41年116頁参照。

提供して相手方の同時履行の抗弁の効果を封じなければならない[17]ことと関連して論じられる問題である。同時履行の抗弁の主張・立証責任については後述する。

(3) 履行遅滞の効果

412条1項ないし3項は，履行遅滞の効果として，債務者は「遅滞の責任を負う」としているところ，履行遅滞は，415条1項にいう「債務の本旨に従った履行をしないとき」に該当するから，債権者は，債務者に対し，遅滞によって生じた損害の賠償（遅延賠償）を請求することができる。**遅延賠償とは，履行が遅れたことによる損害の賠償であって，債権者が遅れた給付（履行）を受けたのでは回復されない損害の賠償をいう**。例えば，賃貸借契約終了後に目的物の返還債務の履行が遅滞した場合における返還までの賃料相当額の損害などであり，金銭債務の場合は一定利率の遅延損害金として表される。遅延賠償請求権は，履行請求権と両立（併存）し得るものであり，履行の請求とともに遅延賠償を請求することができるし，遅滞後に債務が履行された場合でも履行されるまでの期間について遅延賠償を請求することができる[18]。

また，415条2項3号に該当する場合（遅滞により解除権が発生したとき等）には，履行に代わる損害賠償（塡補賠償）を請求することができる。

そして，これらの損害賠償の内容・範囲等については，416条以下の規定によることになる。

以上のような債務不履行（遅滞）の効果は，本書280頁以下で詳しく述べる。

---

[17] この場合，相手方は，解除されたり損害賠償請求をされたりするものの，同時履行の抗弁の趣旨に反して先に履行しなければならなくなるというわけではないことに注意すべきである。
[18] 中田・180-181頁，潮見・Ⅰ 467頁参照。なお，遅延賠償の意義については議論があるが，この点につき，詳しくは本書280頁において述べることとする。

Ⅳ　債務不履行の事実（不能など）

(1)　履行請求権と履行不能との関係

㋐　履行請求権の意義と機能
(a)　履行請求権の位置付け
　履行請求権（債務者に対して一定の行為〔給付行為〕を請求することができる権利）は，債権の効力として認められる債権者の権能であるが，その機能の仕方に応じて3段階のレベルで把握することができる（本書10頁以下，121頁以下参照）。
　① 債権の第1次的効力としての履行請求権
　㋐　裁判外の履行請求権（任意履行請求権）
　任意の履行を請求することができる権利（裁判外の履行請求権）は，債権に内在する本来的な権能の1つであり，債権の最小限度の効力でもある。期限の定めのない債務においては，任意履行請求権の行使は，遅滞責任（付遅滞の効果）を生じさせることができる（412条3項）。
　㋑　裁判上の履行請求権（給付訴訟における給付請求権）
　訴えによる履行の請求は，債務者から任意の履行を受けられない場合に債務者に対して履行を強制するための前提として行われるのが通常であるが，裁判上の履行請求権（訴求力）もまた，債権に内在する本来的な権能の1つである。不訴求特約がある場合や自然債務は，裁判外の履行請求権はあるが，裁判上の履行請求権はなく，任意の履行を請求できるにとどまる（上巻108頁以下参照）。
　② 債権の第2次的効力としての履行請求権──履行の強制を求める権利（強制履行請求権）
　国家機関によって債務の履行を強制することができる権能（執行力）としての履行請求権も，債権の権能に含まれるものではあるが，このような強制履行請求権は，債務者が「任意に債務の履行をしないとき」（414条1項。債務不履行[19]）を要件とし，債務不履行の効果（救済手段）として認められるものであって，債権の第2次的効力と位置付けられる。もっとも，債務の性質が履行の強制を許さないとき（同項ただし書）や，不執行

の合意があるときなどは（本書139頁以下），強制履行請求権は認められない。

(b) 履行請求権の限界としての履行不能[20]

① どの意味での「履行請求権」の限界か

412条の2第1項は，「債務の履行が契約その他の債務の発生原因及び取引上の社会通念に照らして不能であるときは，債権者は，その債務の履行を請求することができない。」と定めている。これは，債権者が債務者に対して債務の履行を請求する実体法上の権利（履行請求権）を有することを前提として，その限界事由を「不能」概念（その判断は契約その他の債務の発生原因及び取引上の社会通念に照らして行われる。なお，不能の意義・類型については後記(3)で詳しく述べる）で把握するものである。

履行不能となっても，債務は消滅することなく存続するが[21]，債権者は，履行請求権を行使することができなくなる。上記のとおり，履行請求権は，3段階のレベルで把握することができるが，いずれも，債権の実体法上の効力として債権者に与えられるものであり，履行不能は，どの履行請求権との関係でも，その限界を画する基準となる[22]。

② 履行不能が履行請求権の限界となる根拠

契約上の債権の場合，履行不能が履行請求権の限界を画することの理論

---

[19] ここでいう「債務不履行」とは，債務が履行されないという事実（債務不履行の事実）のみを示しており，そのことについて債務者が責任を負うべきことまでは含まない。本書129頁，132頁参照。

[20] 履行請求権の限界としての履行不能に関する改正法の審議過程については，森田・文脈252頁以下，田中洋「履行請求権とその限界（追完請求権・履行の強制を除く）」民商154巻4号（2018年）214頁以下参照。

[21] 履行不能となっても債権が消滅するわけではないので，履行請求権はなくとも給付保持力は存在する。したがって，例えば，履行するために不相当（過分）な労力・費用を要するため履行不能とされる場合（本書170-171頁），債権者は履行を請求することはできないが，債務者があえて過大な費用をかけて債務を履行したときは，債権者がそれを受領することは可能である。

[22] 「履行不能」となるか否かの判断基準は，どのレベルの履行請求権との関係でも基本的には異ならないと解される。もっとも，履行不能概念を拡張し，主観的不能（債務者の一身上の都合による不能）を含める立場から，任意履行請求権や裁判上の履行請求権との関係では履行不能とはいえなくとも，強制履行請求権との関係では履行不能と判断する余地があることについて，能見善久「民法改正と債務不履行責任」司法研修所論集130号（2020年）69-70頁参照。

的な根拠（履行請求権の限界の基礎付け）としては，㋐「契約」によるリスク分配の問題として説明しようとする考え方（履行請求が認められるのは，契約によって各当事者に割り当てられた利益や価値の範囲においてであり，履行請求権だけではなくその限界も「契約」によって基礎付けられるという考え方）と，㋑権利濫用の概念から説明しようとする考え方（給付に伴う債務者の負担と給付から受ける債権者の利益とが著しく均衡を失するような場合には，債権者による履行の請求は権利の濫用になるという考え方）とがある。

　履行請求権が債権に内在する効力であるといっても，債務の履行を請求することができるというためには履行が可能でなくてはならず，契約上の債権については，履行が可能か不能かは契約の趣旨に即して判断されるべきである。このことからすると，履行請求権の限界は，基本的には，契約に内在する限界であり，その根拠は「契約」によって基礎付けられるということができよう（なお，契約の拘束力については，本書14頁参照）。しかし，履行不能の全ての類型（本書169頁以下）を契約によるリスク分配の問題として理解することができるかについては疑問が残る。債権者側，債務者側双方の利益・不利益やその他の事情を考慮した上で履行が不能か否かを評価する場面（本書170頁）も存在するなど，権利濫用的な概念も履行請求権の限界を基礎付ける根拠になっていることは否定できないと解される[23,24]。

⑷　原始的不能の処理

　412条の2第2項は，「契約に基づく債務の履行がその契約の成立の時に不能であったことは，第415条の規定によりその履行の不能によって生じた損害の賠償を請求することを妨げない。」と定めている。これは，債務の内容が原始的に不能であっても，当事者の合意の内容次第では契約が有効に成立する可能性があることを前提として，その場合に，債権者は債務の履行を請求することはできないものの，履行がないことによって生じ

---

[23] 能見・前掲注22）70-71頁，潮見・Ⅰ280頁，285頁参照。

[24] 権利濫用的な概念が基礎にあるといっても，抗弁としての権利濫用を基礎付ける考慮要素とは異なることに留意されたい（例えば，債務者の帰責性の程度が大きいからといって不能と評価されなくなる〔履行請求を認める〕というわけではない）。

た損害の賠償を請求できるとするものである[25]。原始的不能については，上巻195頁も参照されたい。

原始的不能の具体的な事例について

> 【設例1】
> 　A（売主）とB（買主）がA所有の建物を5000万円（市場価格）で売買する契約を締結したところ，前日に建物は焼失していたが，契約締結時にはAもBもその事実を知らなかった。Bは，契約締結前に測量等の費用として100万円を支出していたほか，Cとの間で代金を5500万円とする転売契約を締結していた。

　A，Bともに建物が存在すると思って契約を締結したのであるから，原始的不能（契約締結前の目的物である建物焼失）であっても，上記売買契約は有効に成立する[26]。

　BはAに対して履行を請求することはできないが（412条の2第1項），履行不能（建物焼失）についてAに415条1項ただし書所定の免責事由（本書256頁以下で詳しく述べる）がない限り，履行に代わる損害賠償（履行利益の賠償）を求めることができる（415条1項本文・同条2項1号・416条）。履行利益の賠償範囲は，通常は代金（市場価格）相当額である5000万円であるが，AがB・C間の転売契約（特別事情）を予見すべきであったといえるときは，これに加えて転売利益500万円の賠償を請求することができる（416条2項）。なお，この場合，測量等に要した費用100万円については，履行利益の賠償に吸収されるので，別途損害賠償請求することはできない。

---

[25] 原始的に不能な給付を目的とする契約が有効であるとしても，それだけでは履行不能（原始的不能）による履行利益の損害賠償請求権を基礎付けることはできない。412条の2第2項は，原始的不能について，不能が契約締結前（債務発生前）に生じたものであるにもかかわらず，債務不履行として損害賠償責任（履行利益の賠償責任）を負わせることとした規定である。

[26] 錯誤（95条1項2号）を理由とする契約の取消しが認められる余地はあるが，ここでは考慮しない。

第3節　債務不履行による損害賠償

それでは，履行不能（建物焼失）については免責事由が認められるが（第三者の放火又は落雷による焼失等），契約締結時に建物焼失の事実を知らなかったことについて免責事由が認められないときは，Bは，Aに対し，債務不履行（履行不能）を理由として履行利益の賠償を請求することができるであろうか。原始的不能であっても，「415条の規定により不能によって生じた損害の賠償を請求することを妨げられない」（412条の2第2項）とあり，他方，415条1項ただし書は，「債務の不履行が…債務者の責めに帰することができない事由によるものであるとき」は，不能によって生じた損害の賠償を請求することができないと規定している。ここで問題とされる債務者の帰責事由は，①契約上の給付を（原始的）不能としたことについての帰責事由（αの帰責事由）に限られるのか，それとも，②（原始的に）不能な給付を目的とする契約を締結したことについての帰責事由（βの帰責事由）でこれを代替することもできるのか。この点については，次のとおり見解が分かれる。

　第1の見解（代替否定説）は，給付義務の違反（債務の不履行）を理由として履行に代わる損害賠償が認められるための要件となる帰責事由は，当該債務不履行（不能）についての帰責事由（αの帰責事由）でなければならず，契約締結についての帰責事由（βの帰責事由）は給付を不能としたこと（債務不履行）を基礎付けるものではないとする。この見解では，債務の履行が不能になったこと（建物焼失）について帰責事由（αの帰責事由）がない以上，Bは，Aに対して履行に代わる損害賠償（履行利益の賠償）を請求することはできないことになる。もっとも，契約締結時に履行が不能であること（建物焼失）を知らなかったことについて帰責事由（βの帰責事由）があるときは，Bは，Aに対して，契約準備段階における信義則上の義務違反（本書174頁参照）として，いわゆる信頼利益[27]の範囲内で賠償（測量等の費用100万円）を求めることができるであろう[28]。

---

[27]「信頼利益」という語は，一般的には，契約が不成立又は無効の場合において，契約が成立する（又は有効である）と信頼して支出した費用等と定義されることが多いが，ここでは，契約の不成立又は無効の場合に限定することなく，給付目的が実現されなかったことにより無駄になった費用の賠償（原状回復的な損害賠償）という意味で用いている。信頼利益概念の多様性については，本書270頁以下参照。

第2の見解（代替肯定説）は，原始的に不能な契約を締結したこと（目的建物が焼失している事実を知らなかったこと）についてAに帰責事由（βの帰責事由）があれば，Bは，Aに対して履行に代わる損害賠償（履行利益の賠償）を請求できるとする。この場合，履行に代わる損害賠償を基礎付ける帰責事由は当該債務不履行についての帰責事由（αの帰責事由）に限定されないとしてこれを肯定する考え方もあり得ないわけではないが，理論的には，当該給付義務の不履行を直接の対象としない帰責事由（βの帰責事由）によって給付義務の履行に代わる損害賠償請求権の発生根拠としての帰責事由（αの帰責事由）を代替できると解することは困難であると考えられる。したがって，代替肯定説は，412条の2第2項が特にこれを認めたもの（創設的な規定）であると理解することになろう[29,30]。

　なお，履行不能（建物焼失）についてAに免責事由が認められ（第三者の放火又は落雷による焼失等），かつ，契約締結時にそれを知らな

---

[28] 改正前民法下において，原始的に不能な給付を目的とする契約が無効であることを前提としたものであるが，前田達明「原始的不能についての一考察」林良平先生還暦記念『現代私法学の課題と展望（下）』（1982年・有斐閣）77頁等があるので参照されたい。

[29] 森田・文脈70-72頁は，現行ドイツ民法311a条をめぐる学説の議論を踏まえて，412条の2第2項は，原始的不能給付を目的とする契約が有効となる場合があることを裏側から認めるとともに，有効とされる場合には，契約締結についての帰責事由（βの帰責事由）があれば履行に代わる損害賠償が認められるとした創設的な規定であるとする。

　なお，ドイツ民法311a条は，1項において，「給付障害（不能）が契約締結時に既に生じていること（原始的不能であること）は当該契約の有効であることを妨げない」とし，2項本文において，「債権者はその選択に従い，履行に代わる損害賠償又は費用賠償を請求できる」とした上，同項ただし書において，「債務者が給付障害（不能）について契約締結時にこれを知らず，かつその不知について責めを負わない場合にはこの限りではない」と規定している。同項について，理論的には，契約締結時に不能を知らなかったことについての帰責事由によって履行に代わる損害賠償請求権を導き出すことはできないが，特にこれを認めた創設的な規定と理解されている（森田・文脈66-69頁）。

[30] 原始的に不能な給付を目的とする契約に基づく履行に代わる損害賠償請求の理論構成に関する議論状況につき，森田・文脈66-69頁参照。なお，長坂純「原始的不能と債務不履行責任―改正民法412条の2第2項の構造把握」法律論叢92巻4・5号（2020年）65頁以下は，現行ドイツ民法改正の経緯や各規定の詳細な分析検討を踏まえ，412条の2第2項の構造についての考え方の視点を整理し，問題点も詳しく指摘していて参考になる。

第 3 節　債務不履行による損害賠償

かったことについても免責事由がある場合には，B は，A に対して損害賠償（履行利益又は信頼利益の賠償）を請求することはできず，危険負担（536 条 1 項）又は解除（542 条 1 項 1 号）の問題となる。

【設例 2】
　A（売主）と B（買主）が槌の子（蛇の一種といわれる想像上の動物）の売買契約を締結した（通常は心裡留保，錯誤取消し等により処理されると思われるが[31]，ここでは考えないこととする）。

　槌の子は実在しないから，A の債務は契約締結と同時に履行不能（原始的不能）である。売買契約は当然には無効となることはないが，B は，A に対して債務の履行を請求することはできない（412 条の 2 第 1 項）。それでは，B は，A に対し，債務不履行（履行不能）を理由として履行に代わる損害賠償（履行利益の賠償）を請求することができるであろうか。
　まず，A の債務の履行が不能となった原因は，売買契約の目的である槌の子が実在しないことにあり，そのことについて A に免責事由があることは明らかである。また，実在しない槌の子を目的とする売買契約上の債務については，そもそも履行利益というものが想定できないから，損害がないということもできる。したがって，上記の場合，いずれの見地からも，B は，A に対し，履行に代わる損害賠償（履行利益の賠償）を請求することはできない。

【設例 3】
　A（甲国企業）が B（乙国企業）に電子部品を売却する旨の契約を締結したところ，当該電子部品を外国企業に売却（輸出）することは甲国の法律によって禁止されていたが，契約締結当時，A も B もそ

---

[31] 錯誤により取り消された場合（95 条），契約は無効であるから，履行に代わる損害賠償請求ができないことはいうまでもない。この場合，B が債務の履行を受けられると信頼して売買契約を締結したことについて A に信義則上の義務違反があれば（例えば，専門家とされている A が誤った情報を提供して槌の子が実在すると誤信させたなど），A は，B が契約締結のために支出した費用等（いわゆる信頼利益）の損害賠償責任を負うことがあるが，その法的性質は不法行為責任である（上巻 237 頁参照）。

のことを知らなかった。Bは，当該電子部品を用いて電子機器を製造販売する予定で，そのために製造用機械を購入していた。なお，当該電子部品を甲国企業以外から調達することは困難である。

　Aの債務は，物理的には履行可能であるが，法律的に履行不能（原始的不能）と評価できる。この場合も，他の設例と同じく，売買契約は当然には無効とはならないが，Bは，Aに対して債務の履行を請求することはできない。
　また，Aの債務の履行が不能となった原因は，売買契約の目的である電子部品の輸出が法律により禁止されていたことにあるから，Aの債務が（原始的）不能であること自体についてはAに免責事由がある。
　もっとも，Aが自国法である甲国の法律を知らずに債務の履行（電子部品の引渡し）が不能な売買契約を締結してしまったことについては，免責事由がないとされることになろう。この場合，Bは，Aに対し，履行利益（電子部品を用いて電子機器を製造販売することにより得られたであろう利益）の賠償を請求することができるであろうか。この設例の事案では，給付の目的である電子部品は甲国以外から調達することができず，甲国の企業は法令によりその輸出が禁じられているのであるから，Bが売買契約に基づく給付を受けることはおよそあり得ないのであって（設例1のように物理的に滅失しても価値代替物を観念できる場合とは異なる），そもそも「債務が履行されたとすれば得られたであろう利益（履行利益）」を観念することができないと考えられる。そうすると，設例1において第1の見解（代替否定説）又は第2の見解（代替肯定説）のいずれに立つかにかかわらず，Bは，Aに対して履行利益の賠償を請求することはできず，せいぜい信頼利益（製造用機械の購入費用）の賠償を請求できるにとどまることになろう。

(2) 履行に代わる損害賠償請求権（塡補賠償請求権）の成立要件としての履行不能など

　履行に代わる損害賠償の請求ができるのは，①債務の履行が不能であるとき（415条2項1号），②債務者が債務の履行を拒絶する意思を明確に

表示したとき（同項2号），③契約債務において，その契約が解除され又は債務不履行による契約の解除権が生じたとき（同項3号）のいずれかの場合である（本書145頁参照）。

(ア) 履行不能（415条2項1号）

履行不能は，履行に代わる損害賠償請求権（塡補賠償請求権）の成立要件の1つである（415条2項1号）。履行請求権の限界事由となる「不能」（412条の2第1項）と，塡補賠償請求権の成立要件の1つとしての「不能」（415条2項1号）は，同義と解してよい[32]。「不能」の意義・類型について，詳しくは後記(3)で述べる。

(イ) 明確な履行拒絶（415条2項2号）

債務者による明確な履行拒絶（確定的な履行拒絶）も，塡補賠償請求権の成立要件の1つである（415条2項2号）。**「その債務の履行を拒絶する意思を明確に表示した」とは，債務者が確定的な履行拒絶の意思を明示的に表明したことを意味する**[33]。

債務者がその債務の履行を拒絶する意思を明確に表示した場合には，取引上の社会通念に照らしてもはや債務の履行を期待することができないとして履行不能の一場合に該当することも多いと考えられるが，いまだ履行不能とまでは評価できないとされる場合も想定される。この場合，履行期が到来していれば（履行期後の履行拒絶），債権者は，履行請求権と履行に代わる損害賠償請求権とのいずれを行使することもできる。他方，履行期が未到来であれば（履行期前の履行拒絶），債権者は，履行期到来を待って履行請求権を行使することもできるが，直ちに履行に代わる損害賠償請求をすることもできることとされたものである[34]。

---

[32]「不能」概念は，①履行請求権の限界事由（412条の2）及び②塡補賠償請求権の成立要件（415条2項1号）として挙げられているほか，③無催告解除が認められる場合の1つとしても取り上げられている（542条1項1号）。③の場面における「不能」を①及び②の場面における「不能」と同義に解してよいか，という論点がある。潮見・新注民(8) 269-270頁参照。

[33] もっとも，債務が契約から生じたものである場合には，債務者がその債務の全部の履行を拒絶する意思を明確に表示したことは解除権の発生原因であるから（542条1項2号），多くの場合，415条2項3号後段の適用場面と重複することになろう。

履行拒絶による塡補賠償請求が問題となる場面としては，売買・交換・贈与契約等に基づく目的物引渡債務の履行拒絶（もっとも，譲渡者が目的物を第三者に譲渡して引き渡してしまったような場合は，明確な履行拒絶であるとともに履行不能にもなったと評価される）のほか，請負・雇用契約等（役務提供契約）において役務提供者側（請負人・労働者）が債務の履行を明確に拒絶した場合などが考えられる。

それでは，請負又は雇用契約において，役務受領者側（注文者・使用者）が一方的に契約破棄を通告したような場合はどうであろうか。例えば，医師の雇用契約を病院側が一方的に破棄したような場合が考えられる。この場合，役務受領者側（病院）の債務は金銭債務（報酬支払債務）であるから，履行不能となることはない（したがって，医師が債務不履行を理由に解除したような場合を除き，履行に代わる損害賠償請求は問題とならない）。他方，役務提供者側（医師）の債務についてみると，債権者である病院が医師による債務の履行を受けることを拒絶しているために履行ができない状態に陥っている。この場合，債権者の受領遅滞[35]（413条1項。受領拒絶）により債務者の債務は時々刻々と履行不能になり，この履行不能は，413条の2第2項により債権者の責めに帰すべき事由によるといえるから，債務者（医師）は，536条2項前段により，役務を提供していなくても，報酬（賃金）の支払を請求することができる[36]。また，上記の場合，医師は，履行請求（536条2項前段）として報酬（賃金）を請求することに代えて，債務不履行に基づく損害賠償（415条1項）として，当該病院で勤務するために支出した準備費用（転居費用等）や，新たな雇用先を探すために必要となった諸費用，雇用先がみつかるまでの間の

---

[34] 415条2項2号は，交渉等により債務者が翻意する可能性があることにも配慮しつつ，明確な履行拒絶（その後に翻されることが見込まれないほど確定的な履行拒絶）に限り，履行期の前後を問わず，履行不能に並んで，塡補賠償請求権（415条2項2号）及び解除権（542条1項2号・3号・同条2項2号）の発生根拠となる債務不履行として位置付けたものである。小粥・新注民(8) 482-483頁，中田・130-131頁参照。
　なお，履行期前に債権実現の可能性を低下させる行為（契約危殆化）が広範に債務不履行として塡補賠償請求権等の発生根拠となるものではないことに留意すべきである。小粥・新注民(8) 484-485頁参照。

[35] 債権者の受領遅滞については，中巻344-345頁を参照されたい。

[36] この点について，中巻348-350頁のほか，中巻354頁注20）も参照。

報酬相当額等の賠償を求めることもできる[37]（ただし，報酬〔賃金〕の支払と損害賠償の両方を請求することはできない）。

なお，履行拒絶については，一部の履行拒絶も含め，上巻232-233頁も参照されたい。

㋒ **契約の解除又は債務不履行による解除権の発生（415条2項3号）**

解除権発生要件のうち履行不能及び履行拒絶については，別途，塡補賠償請求の要件として規定されているので（415条2項1号・2号），ここで主に問題となるのは履行遅滞である（本書148頁以下参照）。

履行遅滞による解除権が発生するための要件，すなわち，(a)催告後に相当期間が経過したにもかかわらず履行がされなかった場合（541条），(b)定期行為の場合（542条1項4号），(c)契約をした目的を達するのに足りる履行がされる見込みがない場合（542条1項5号）には，債権者は，解除することなく直ちに塡補賠償を請求することができる。

この場合，履行請求権と塡補賠償請求権が併存することになるため，①債権者は，（解除しないまま）塡補賠償の請求をした場合でもなお本来の履行を請求できるか，また，②債務者は，債権者から塡補賠償の請求をされた後でもなお本来の履行をすることができるか，といった問題が生ずる。履行請求権は債権に内在する第1次的効力であるのに対し，債務不履行による損害賠償請求権はその債務が履行されない場合における第2次的効力（救済手段）であって，両者は次元を異にするものであるとする本書の立場からは，いずれも肯定に解することになる（解除されない限り，債権者は本来の履行を請求することができ，債務者はなお本来の履行をすることもできる）。

もっとも，意思表示の解釈（塡補賠償請求に解除の意思表示が含まれていると解すべき場合等）や，信義則・権利濫用法理により，あるいは，契約の目的を基準として債権者利益を考慮することにより，債権者による本来の履行請求又は債務者による本来の履行が制限されることもあり得ることに注意されたい[38]。債権者が本来の履行請求権と塡補賠償請求権の両方

---

[37] 小粥・新注民(8) 514頁参照。

[38] この点について，上巻182-183頁を参照されたい。なお，中田・185-186頁も参照。

を行使した場合でも，その両方を取得できるわけではないことはいうまでもないから，債務者がいずれかの債務を履行すれば，もう一方の請求は認められないことになる。

(3) 塡補賠償請求権の成立要件としての履行不能

(ア) 履行不能の意義と類型
(a) 意義

履行請求権の限界としての412条の2第1項所定の履行不能とは，債務の履行が「契約その他の債務の発生原因及び取引上の社会通念に照らして」[39]不可能と認められる場合のことである。①単に物理的に不可能な場合（物理的不能）に限られず，②債務の発生原因となった契約に関する諸事情や取引上の社会通念を考慮して，債務者に履行を期待することは相当でない場合（社会通念上の不能）も含む。

(b) 類型
① 物理的不能

物理的不能の典型例としては，目的物引渡債務において履行の可能性が事実として存在しない目的物滅失などがある。例えば，賃貸借の目的である建物が焼失したときは，賃借物の返還義務は履行不能になる（最三小判昭30.4.19民集9巻5号556頁）。

② 社会通念上の不能

事実としては履行が可能であっても，社会通念上，次のような場合には履行不能となる。その際の判断は，契約その他の債務の発生原因及び取引上の社会通念に照らして行われることになる[40]。

---

[39]「契約その他の債務の発生原因」とされているのは，契約債権以外の法定債権を含むためである。契約債権について，「契約」と「取引上の社会通念」との関係が問題となるが，当該契約の趣旨を認定するに際して契約内容のみならず社会通念をも勘案するものと理解すべきであろう。上巻157頁参照。

[40] 債務者以外の者には可能なことがあっても，当該債務者にはできないというように，不能の原因が債務者の個人的能力又は一身上の事由による場合であってもよい（例えば，外国語のできない者が通訳する債務を負う場合）。このように，一般的には（他人ならば）可能な内容の給付であっても，当該債務者自身については不能な場合を主観的不能と呼んで，何人にとっても客観的に不能な場合（客観的不能）から区別し，特に，原始的不能の取扱いにつき両者を区別する立場もあるが，民法はそのような区別をしていない。

㋐　履行の可能性が「法的に」存在しない場合（法令による禁止等）

法令によって売買対象物の取引が禁止されたなどの場合には，目的物が物理的には存在していても，目的物引渡債務を履行することができる可能性が「法的に」存在しないから，履行不能となる[41]。この場合は①の物理的不能と同様，履行することができないこと（履行の不可能）を意味することになる。

㋑　履行の可能性が「社会的に」存在しない場合（二重譲渡等）

売主が目的不動産を二重に譲渡して第三者に登記を移転してしまったときのように，売主の債務の履行可能性が「社会的に」存在しないと判断されるときは，売主の債務は原則として不能になったものとして扱われる[42]。

また，他人が所有する物の売買（561条）・賃貸借や将来生ずべき物又は権利の給付などについては，契約の趣旨に照らして，これらの給付を目的とすることは，法律上は不能ということはできない。ただし，例えば，履行期までにその他人が終局的に権利移転・権限付与を拒絶したようなときなどには，社会通念上不能になったものとして扱われる。詳しくは上巻198頁を参照されたい。

㋒　履行の可能性が「経済的に」存在しない場合

物理的には可能であっても，例えば，売買契約の対象である宝石を深海に落としたようなときには，宝石の引渡債務の履行可能性が「経済的に」もはや存在しないということができ，社会通念上履行不能と判断される。

もっとも，海中に沈んだ宝石を捜索して回収することを内容とするサルベージ契約を締結したような場合には，直ちに履行不能とはいえない。このように，履行不能か否かは，当該契約において債務者がどのようなリスクを引き受けたかといった観点も含め，契約の趣旨に即して判断されることに留意すべきである。

㋓　不相当（過分）な労力・費用を要する場合（債権者の利益と債務者の費用の不均衡）

契約内容にふさわしい履行を受ける債権者の利益に比べてこれを実現す

---

[41] 証券会社が顧客との間で締結した損失補償契約と証券取引法改正による損失補塡禁止との関係が問題となった最二小判平15.4.18民集57巻4号366頁，判タ1123号78頁につき，上巻39頁参照。

[42] 二重譲渡と不能に関する判例については，上巻199頁注2）を参照されたい。

るために債務者に不相当（過分）な費用・労力を要する場合にも，履行請求は否定されることがある。例えば，建物建築請負契約において，ほぼ完成した時点で軽微な未施工部分があることが判明したが，これを施工するためには既施工の大部分を取り壊す必要がある場合などである[43]。

　不相当（過分）か否かを判断するに当たっては，(i)債務者が負担すべき費用（債務者がそれまでに履行のため要した費用のほか，これから履行〔追完〕するために要する費用も含む）の大きさと，(ii)履行により債権者が得られる利益の大きさとが比較される。その際，(i)債務者が負担すべき費用の大きさとしては，債務者が通常負担する費用のほかに，対価等に照らした特別のリスクの引受けの有無・程度（特別の技能を見込まれて高額の契約を締結したような場合には，それだけ債務者が負担すべき費用は大きくなる）等が考慮され，(ii)履行により債権者が得られる利益の大きさとしては，完全な給付がされた状態（価値）と現状（不適合状態）との差の大きさのほか，他の方法による調達可能性の有無とそのために要する費用の大きさ等が考慮されることになる[44,45]。

改正前民法634条1項ただし書の削除と履行不能との関係

　改正前民法634条1項ただし書は，請負契約について，「瑕疵が重要でない場合において，その修補に過分の費用を要するとき」は，その修補を請求することができないと規定していた。改正法ではこの規定は削除されたが，その理由は，過分の費用を要するときは取引上の社会通念

---

[43] この場合は修補に代わる損害賠償請求も否定される（筒井＝村松・341頁参照）。
　なお，改正前民法下の判例であるが，最一小判昭58.1.20集民138号1頁，判タ496号94頁は，修補に著しく過分の費用を要する場合には，634条1項ただし書の法意に照らし，注文者は修補に代わる損害賠償請求をすることができないとしていた。もっとも，潮見・Ⅰ287頁注31は，同項ただし書は「修補」請求という形での履行請求権を排除しているのであって，金銭による調整（損害賠償の形での救済）まで否定するものではないとしてこれに反対している。
[44] 山本敬三「債権法改正と契約責任」司法研修所論集129号（2020年）77-78頁参照。
[45] 不適合の程度については，費用が不相当（過分）か否かの判断に吸収されることになるので，「不適合が軽微であること」を独立の要件とする必要はないと解される（山本・前掲注44）77頁参照）。したがって，不適合の程度が軽微とはいえなくとも，不相当（過分）な費用を要するとして社会通念上不能と判断される場合もあり得る。

に照らして修補は不能であると扱われ，履行不能に関する一般的な規定（412条の2第1項）が適用されるからであるとされている（筒井＝村松・340頁）。

改正前民法下では，634条1項ただし書に該当する場合（瑕疵が重要でなく，その修補に過分の費用を要する場合）を「不能」の一例として位置付ける見解は一般的ではなかったが，412条の2第1項にいう「不能」は，上記のような場合を含む広範な概念であり，「不能」概念を拡張したものと捉えられる[46]。

(イ) 基準時

履行が可能か不能かの判断は履行期を標準とすべきであるが，履行不能自体は履行期前に生ずることがある。例えば，特定物引渡債務の目的物が履行期前に滅失した場合のように，履行期においても履行が不能であることが確実であれば，履行期を待たないで直ちに履行不能を生ずる。履行期前に一時不能となっても履行期においては可能であることが確実であれば履行不能を生じない。

V 債務不履行の事実（その他の債務不履行）

(1) 「その他の債務不履行」の種別

「債務不履行の事実」として，前記Ⅲでは履行遅滞（412条・415条1項），前記Ⅳでは履行不能など（412条の2・415条1項・同条2項）について詳しく述べたが，ここでは「その他の債務不履行」を取り上げる。

(ア) 契約の解釈と債務の構造

契約債権について，「その他の債務不履行」の事実があるか否か，すなわち，「債務者がその債務の本旨に従った履行をしない」（415条1項本文）といえるか否かは，まず何よりも契約を解釈して（本書15頁），発生する債務の内容を確定することから出発することになる。

---

[46] 山本・前掲注44) 73-74頁参照。潮見・Ⅰ285頁も参照。

その結果，契約の解釈により確定した債務の内容を踏まえ，本書で繰り返し述べてきた債務の構造（本書7頁，36頁参照）を分析することにより，契約の中核部分から生ずる「給付義務」や，それ以外の義務（付随義務，保護義務）のそれぞれの役割を浮かび上がらせることは，実務的観点から，具体的な問題を解決する過程を説明する際に有用な論拠を提供することになる[47]。その概要は，本書148頁以下で述べているが，ここでは損害賠償請求権の成立要件という観点から検討することにする。

(a) **給付義務違反**

415条1項本文の「履行」は，本来の「債務」すなわち「給付義務」の履行を意味しているのであるが，本来の「債務」について，既に述べた履行遅滞や履行不能とは異なり，履行期にその債務の履行が一応されたものの「債務の本旨に従った履行をしないとき」に該当する場合がある。このように，債務者により何らかの履行行為がされ，かつ，その履行行為の不完全（給付内容・給付方法の不完全）により給付目的物，給付結果又はそれ以外の債権者の法益に損害を生じさせることがある（本書129頁，150頁参照）。

このような不完全な履行の典型例としては，金銭債務（金銭債務は履行遅滞となる。本書97頁，151頁参照）を除く作為債務のうち，与える債務に関するもの（例えば，売買契約に基づく目的物の契約不適合）が挙げられるが，為す債務Ⅰ（結果債務）はもちろん，為す債務Ⅱ（手段債務）でも不完全な履行による損害賠償が問題となる。他方，不作為債務は，多様なものが含まれるが，その違反による損害賠償も「その他の債務不履行」に位置付けるのが相当である（上巻232頁参照）。

(b) **付随義務違反・保護義務違反**

415条1項本文の「履行」では，本来の債務（給付義務）の履行が考えられており，付随義務（給付結果の実現のために直接必要なものではないが，給付利益確保のために付随的に必要とされる義務）の履行[48]，保護義

---

[47] 本文で述べたとおり，債務不履行を履行遅滞，履行不能，不完全履行の3つの態様に区分する伝統的な見解（三分説）を前提に，「不完全履行」を含む「その他の債務不履行」については，契約解釈のアプローチを出発点に置きながら，債務の構造を分析するアプローチも適宜取り込み，具体的な事例に即して考察していくことが重要であると考えられる（上巻154頁，207-214頁参照）。

173

務(債権者・債務者間において相互に,相手方の生命・身体・所有権その他の財産的利益を侵害しないように配慮すべき注意義務)の履行という観念は考えられていない。

そして,**付随義務違反や保護義務違反によって,結局は本来の債務(給付義務)の不履行(遅滞・不能・不完全履行)が生じたという場合には,本来の債務不履行に包摂される**から,付随義務違反や,保護義務違反が独立して問題とされることはない(例えば,機械の取扱方法を説明しなかったため債権者が引渡前の試運転時に操作を誤って機械が滅失した場合など)。

これに対し,**付随義務違反や保護義務違反により「給付義務」の不履行に包摂されない損害が生じた場合には,415条1項本文の「債務者がその債務の本旨に従った履行をしないとき」に当たるとして,付随義務違反ないし保護義務違反による損害賠償が問題となる**ことがある(例えば,危険な機械の取扱方法を説明しなかったため債権者が操作を誤って機械が壊れて債権者も傷害を負った場合など。本書130頁注3),150頁参照)。

(c) **信義則上の義務違反**

さらに,今日,債務不履行責任として捉えられているものは「既存の債務」の不履行に尽きず,それよりも広いものが考えられている(例えば,契約準備段階における信義則上の注意義務違反など。なお,上巻233-235頁参照)。そこでは,信義則(1条2項)を根拠とする法定の債務関係が観念されているようであり,厳密には415条1項の類推適用に基づき,信義則上の義務違反による損害賠償が問題になる。

以上述べた「その他の債務不履行」の種別を整理すると,次の表のとおりである。

---

48 もっとも,履行請求や履行の強制が問題となる場面では,給付義務と付随義務の区別は,必ずしも一義的に明確なものではないことについて,本書40頁注74)を参照されたい。

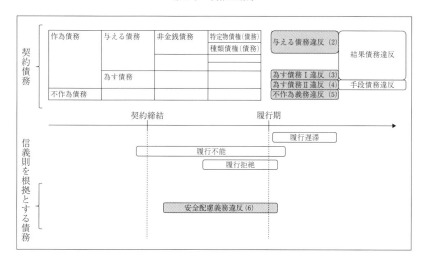

(イ) 叙述の順序

以下では、「その他の債務不履行」を、債務の構造から分析・分類して個別に検討するとともに（後記(2)―(5)。本書175-251頁参照）、安全配慮義務違反についても検討することとする（後記(6)。本書251頁以下、上巻215頁、232頁参照）。

(2) 作為債務その1（与える債務）

ここでは、金銭債務を除く作為債務のうち「与える債務」（給付の内容としての作為が物の引渡しである債務。本書8頁参照）を念頭に置き、給付義務・付随義務・保護義務の違反について検討する。

契約によって発生する債務（契約債務）について、「与える債務」の場合、給付の中身である債権者に帰すべき利益（債権者利益）はもとより、そのような結果を実現する手段としての具体的・個別的行為の内容も、原則として、契約によって定められる。

もっとも、売買契約（後記(ア)）、贈与契約（後記(イ)）、賃貸借契約（後記(ウ)）等の典型契約の場合には、その中心的な内容は次のとおりとなるのが通例であるから、この観点から整理することとする。

(ア) 売買契約

(a) 給付義務の違反

① 給付義務の主要な内容

売買契約において、売主の債務（給付）は買主に目的物についての完全な支配を取得させることであるが、具体的・個別的行為（手段）としての売主の給付義務は、**①目的物の財産権（所有権）移転義務**（555条。後記「④　具体例1」に対応する）、**②目的物の引渡義務**（555条。後記「⑤　具体例2」に対応する）、**③目的物の対抗要件（不動産の場合の登記、車両等の場合の登録等）を備えさせる義務**（555条・560条）である。これらはいずれも「与える債務」である（本書8頁、33頁、49頁、55頁参照）。

もっとも、前記①の財産権（所有権）移転義務について、判例（前掲最判昭35.6.24〔本書72頁注12〕）の立場からは、売買の対象が売主所有の特定物の場合は売買契約が成立すれば原則として所有権が移転し（176条）、売買の対象が売主所有の不特定物の場合は売主が特定のために必要な行為をすれば原則として所有権が移転するとされている（401条2項・176条。本書72頁注12）参照）。したがって、**売買の対象が他人の所有する目的物の場合以外は、実務上も、売主の所有権移転義務が問題となることはない**（本書8頁、37頁注67) 参照)[49]。

他人物売買

【設例】

　Xは、YからY名義の甲土地を購入し、代金を支払い、甲土地の引渡しと所有権移転登記を受けた。その後、Xは、甲土地の真実の所有者であると主張するAから、甲土地につき、明渡請求及び登記請求の訴訟を提起され、敗訴した。

　設例において、売主Yは、買主Xに対し、売買契約に基づき、甲土地の所有権を移転する義務を負っていた（555条・561条。給付義務の内容）が、その義務を履行することができなかった（給付義務違反）。

---

[49] 財産権（所有権）移転義務の位置付けに関し、学説の状況については、小粥・新注民(8)505-506頁に詳しいので、参照されたい。

そうすると，415条1項本文の「債務の履行が不能であるとき」に当たるから（本書169頁以下参照），買主Xは，売主Yに対し，免責事由（415条1項ただし書）がある場合を除き，これによって生じた損害の賠償を請求することができる（415条1項・2項1号）。なお，売主Yから「権利」（甲土地の所有権）が「買主に移転した」わけではない（無履行である）から，565条が適用される場面ではない（上巻217頁参照)[50]。

　贈与契約における贈与者の債務，交換契約における両当事者の債務は，同じ財産権移転型契約として[51]，売買契約における売主の債務に類似する（549条・586条1項）が，異なる点もある（例えば，551条）。贈与契約については，後記(イ)で説明する。

目的物の対抗要件を備えさせる義務（555条・560条）の位置付け

　目的物の対抗要件を備えさせる義務の位置付けについては，給付義務の捉え方の違いに対応して，見解の対立がある。
　本書は，給付義務を，給付結果を実現すべき義務（総体としての給付義務）であるとともに，給付結果実現のために債務者に義務付けられている具体的な行為をすべき義務（具体的・個別的な手段としての給付義

---

[50] 潮見・契約各論Ⅰ105頁，磯村・289頁，中田・契約法295頁，小粥・新注民(8)510頁参照。
　なお，設例で買主Xが売買契約当時，権利が売主Yに属しないことを知っていたような事情があるときは，そのような買主Xの主観的態様も考慮して，売主Yの所有権移転義務の具体的な内容，すなわち，売主Yにおいて権利の移転そのものを引き受けていたのかどうか，買主Xにおいて権利を移転し得ないリスクがあることを認識していたのかどうか，といった点を踏まえて契約を解釈することが重要となる。この場合，所有者Aが甲土地を他に売却したい固い意向があったのかどうか，売主Yが所有者Aから甲土地を相当な価格で取得する努力をしたのかどうか，といったことも含めて，買主Xに甲土地の所有権を移転することができない事由（帰責事由）の有無を明らかにするために一体的な判断がされることになる（森田・深める9-29頁参照）。改正前民法下の判例として，最一小判昭41.9.8民集20巻7号1325頁，判タ198号127頁がある。同判決については，安倍正三・判解民昭41年367頁，髙・判例百選Ⅱ〔第9版〕43解説も参照されたい）。
[51] 潮見・契約各論Ⅰ33頁，小粥・新注民(8)505頁参照。

務）であると解している。この見解からは，例えば，不動産売買契約における売主の登記移転義務は，具体的・個別的な給付行為のレベルでの給付義務に位置付けられる。他方，目的物の使用方法を買主に開示する義務（取扱説明義務）などは，合意により特に給付内容とされない限り，付随義務（給付義務の存在を前提として，債務の本旨に従った履行による給付結果の実現及び給付利益の保護へと向けられた義務）に位置付けられることになる（本書37頁参照。また，上巻25頁も参照されたい）。

これに対し，給付義務とは，債権関係において，債権者に対して一定の利益（給付結果）を得させるための拘束を受けた債務者の地位そのものであると解する立場（潮見・Ⅰ159-161頁）からは，給付義務の内容は，給付結果の実現そのものであるということになる。この見解では，不動産売買契約における売主の給付義務は，財産権移転義務に尽きることとなり，登記移転義務は，給付結果の実現そのものではなく，債権者が給付結果の取得を通して実現しようとした目的（債権の目的・契約の目的）達成のために必要な措置を講じるという付随義務であるとされる。

② 給付義務違反があると判断する過程

実務では，売買契約に基づく給付義務の違反の有無は，契約の解釈により内容が確定された「あるべき状態」（事案ごとに導き出された給付の具体的な内容）と，「現実」にされた履行内容（事実認定の問題である）とを対比することによって（規範的に）判断されることになる。

このように，売買契約の具体的な給付義務違反（特に契約不適合）の判断枠組みは，2段階から成る。このような判断枠組みそのものは，既に改正前民法下の判例においても採用されていたものである（最三小判平22.6.1民集64巻4号953頁，判タ1326号106頁[52]）。

---

[52] 本文の最判平22.6.1につき，榎本光宏・判解民平22年(上)341頁，桑岡・百選Ⅱ〔第9版〕44解説参照。また，本文で述べた判断枠組みについては，近時の有力な学説も同様である（潮見・Ⅰ55頁，199頁，潮見・契約各論Ⅰ119頁，中田・契約法304頁参照）。

③ 売買の目的に契約不適合がある場合の買主の救済方法

売買の目的に契約不適合がある場合の売主の責任は，契約責任に位置付けられる。そのため，契約不適合に基づく損害賠償，解除は，一般の債務不履行の救済手段によることになる（564条）。したがって，損害賠償の請求については415条，解除権の行使については541条・542条によることになる。

売買契約が解除され，又は債務不履行による解除権が発生した場合は，履行に代わる損害賠償請求が認められる（415条2項3号）。買主は，自己の債務を履行していない場合には，契約を解除して自己の反対債務を免れた上で，履行に代わる損害賠償（塡補賠償。ただし反対債務〔対価〕を控除する）を請求することができ（545条4項），自己の債務を履行している場合には，契約を解除することなく履行に代わる損害賠償（塡補賠償）を請求することもできる。多くの場合，いずれを選択しても賠償額は同額となる（本書146頁参照）。

一方，修補請求，代物請求などの追完請求権（562条）[53]や代金減額請求権（563条）は，その特則として位置付けられることになる。この点については，上巻216-223頁を参照されたい。

追完請求権の限界[54]

履行請求権に限界があることは既に述べたが（本書159頁），追完請求権の限界については，主に修補請求権を念頭に置いて，履行請求権の限界事由との異同が議論されている。

不完全な履行がされたものの，その追完が不能である場合には，追完

---

[53] 買主の追完請求権に対し，売主は，対抗措置として，買主に不相当な負担を課するものでないことを要件として，異なる方法による追完をすることができる（562条1項ただし書）。もっとも，買主が追完請求でなく損害賠償請求（564条・415条）をすれば，562条1項ただし書の適用はなく，売主は，追完をすることはできない（上巻183頁参照）。すなわち，訴訟上，売主の異なる方法による追完が抗弁として機能するのは，買主が追完請求をした場合だけであって，買主が損害賠償請求をした場合は除かれる。

[54] 追完請求権の限界については，上巻221頁，227頁のほか，潮見・新注民(8)274-275頁も参照されたい。

請求権は認められないと解される。

　どのような場合に追完が不能であるかについては，履行不能の場合（412条の2第1項）と同様に，契約その他の債務の発生原因及び取引上の社会通念に照らして判断され，物理的不能の場合のほか，修補に過分の費用を要する場合（改正前民法634条1項ただし書参照）も含まれるものと解するのが多くの考え方である（筒井＝村松・341頁，田中洋『売買における買主の追完請求権の基礎づけと内容確定』〔2019年・商事法務〕269-276頁）[55]。

　この考え方に立つ場合であっても，追完が可能かどうかを判断する場合においては，履行が可能かどうかを判断する場合と異なった観点から，種々の要素を考慮する必要があることに注意が必要である。なぜなら，追完請求は，ともかくも債務者（売主）の何らかの履行行為がされ，それが不完全であるとする局面において問題となるものであるため，一旦された何らかの履行行為の巻き戻し・清算に要する債務者（売主）の費用や，本来の履行行為とは異なる修補・代替品調達に要する債務者（売主）の費用，他方，追完に際し協力する必要に迫られた債権者（買主）の不利益や，追完措置によって実現される債権者（買主）の利益，などを考慮に入れる必要があるからである。

　次に，④（移転した権利の契約不適合）・⑤（目的物の契約不適合）において，契約不適合について具体例を基に検討する。

④　具体例1——移転した権利の契約不適合[56]

㋐　権利の一部が他人に属する場合

---

[55] もっとも，履行請求権の限界事由と追完請求権の限界事由とは，局面が違う問題であるから，おのずから内容が異なるとする見解もある（森田宏樹「売買における契約責任」瀬川信久ほか編『民事責任法のフロンティア』〔2019年・有斐閣〕282頁）。

[56] 移転した権利の契約不適合については，上巻216-217頁のほか，潮見・契約各論Ⅰ175-176頁，磯村・288-291頁，中田・契約法313-314頁参照。
　また，売買の契約不適合責任に関する改正法の審議過程については，森田・文脈356-400頁，荻野奈緒「売買における契約不適合責任(1)―(3)」民商157巻3号135頁，157巻4号140頁，157巻5号125頁（2021年）参照。

【設例】
　Xは，YからY名義の1筆の土地である甲土地を2000万円で購入し，代金を支払い，甲土地の引渡しと所有権移転登記を受けた。その後，Xは，甲土地の一部である甲2土地の真実の所有者であると主張するAから，甲2土地につき，明渡請求及び登記請求の訴訟を提起され，敗訴した。その結果，Xは，残部である甲1土地のみの引渡しと所有権移転登記を受けるにとどまった。

　設例では，X・Y間の売買契約の目的物は甲土地全体であった（555条・561条。給付義務の内容）が，売主Yは，給付義務の一部である甲2土地の所有権移転義務を履行することができなかった（給付義務違反）。したがって，「権利の一部（注：甲2土地の所有権）が他人（注：A）に属する場合においてその権利の一部を移転しないとき」（565条括弧書き）に当たるから，562条―564条が準用される。

　設例では，追完は不能であるから562条は問題とならず，買主Xは，563条2項1号に基づき，催告をすることなく直ちに代金減額請求をすることができる（契約で決めた代金額と契約の内容に適合した目的物の価格〔市場価値〕が同じである場合は，減額される金額は2000万円×甲2土地の面積÷甲土地の面積となろう）。

　また，買主Xは，解除権の行使及び損害賠償請求をすることも妨げられない（564条）。残地（甲1土地）のみでは買主が「契約をした目的を達することができない」場合には，買主Xは，542条1項3号により売買契約を解除することができる。さらに，415条1項本文の「債務の本旨に従った履行をしないとき」に当たるので，免責事由（同条1項ただし書）がある場合を除き，買主Xは，売主Yの債務不履行（移転した権利の契約不適合）によって生じた損害の賠償を請求することもできる（上巻217頁参照）。このうち，追完に代わる損害賠償の請求は，上記の場合（契約で決めた代金額と契約の内容に適合した目的物の価格〔市場価値〕が同じである場合）には代金減額請求と同じ結果になるが，代金減額請求（もとより563条3項の「買主の責めに帰すべき事由によるものである」ことが抗弁となる）とは異なり，上記免責事由の存在が抗弁となる。

代金減額請求と填補賠償請求とを同時にすることができないことはいうまでもない。

なお，移転した権利の契約不適合に基づく損害賠償請求権については，種類又は品質の契約不適合の場合における566条のような期間の制限はないが（ただし，商人間の売買においては，商法526条が適用される），消滅時効の一般原則（166条1項）の適用はある（後記㋑及び㋒についても同様である）。

　㋑　契約に適合しない権利の負担が存在する場合

【設例】
　Xは，YからY名義の甲土地を購入した。売買契約締結当時，甲土地上にはA所有の乙建物が存在していたが，Xは，Yから，Aとの甲土地の借地契約は合意解除されており，履行期までに乙建物は収去されるとの説明を受けていた。しかし，Y・A間の合意解除は錯誤により取り消された。

設例において，売主Yは，買主Xに対し，売買契約に基づき，借地権の負担のない甲土地の所有権を移転する義務を負っていた（555条。給付義務の内容）が，実際には借地権の負担のある甲土地の所有権を移転するにとどまり，「あるべき状態」と「現実」との間に不適合が生じた（給付義務違反）。したがって，「売主（注：Y）が買主（注：X）に移転した権利（注：借地権の負担のある甲土地の所有権）が契約の内容に適合しないものである場合」（565条）に当たるから，562条—564条が準用される。

ただ，設例では，追完は不能であり，しかも，前記㋐と異なり，実際には563条1項所定の「不適合の程度に応じた代金の減額」も観念し難いから，562条・563条は問題とならない。

解除権の行使及び損害賠償請求が問題となるが（564条），設例のような状況であれば，542条1項3号の「契約をした目的を達することができない」場合に当たるであろうから，買主Xは，売買契約を解除することができる。また，415条1項本文の「債務の本旨に従った履行をしないとき」に当たるので，免責事由（同条1項ただし書）がある場合を除き，買主Xは，売主Yの債務不履行（移転した権利の契約不適合）によって生じた損害の賠償を請求することもできる（上巻217頁参照）。この場合，

填補賠償としては，借地権の負担のない甲土地の価格と借地権の負担のある甲土地の価格との差額ということになろう。

　㋒　権利の不存在により契約不適合が生じている場合

【設例】
　Xは，Yから，Y名義の甲土地を購入した。売買契約締結の際，Xは，Yから，隣地である乙土地の所有者Aとの間で，甲土地を要役地，乙土地を承役地とする通行地役権設定契約が締結されているとの説明を受けていた。しかし，Y・A間の通行地役権設定契約は交渉段階にあったにすぎず，その後，Aは契約締結を拒絶した。

　設例において，売主Yは，買主Xに対し，売買契約に基づき，通行地役権の付いた甲土地の所有権を移転する義務を負っていた（555条。給付義務の内容）が，実際には通行地役権の付いていない甲土地の所有権を移転するにとどまり，「あるべき状態」と「現実」との間に不適合が生じた（給付義務違反）。したがって，「売主（注：Y）が買主（注：X）に移転した権利（注：通行地役権の付いていない甲土地の所有権）が契約の内容に適合しないものである場合」（565条）に当たるから，562条─564条が準用される。

　ただ，設例では，追完は不能であり，しかも，前記㋐と異なり，実際には563条1項所定の「不適合の程度に応じた代金の減額」も観念し難いから，562条・563条は問題とならない。

　解除権の行使及び損害賠償請求が問題となるが（564条），甲土地には，設定されているはずの通行地役権がついていなかったのであるから，542条1項3号の「契約をした目的を達することができない」場合に当たるとして，買主Xは，売買契約を解除することができることになろう。また，415条1項本文の「債務の本旨に従った履行をしないとき」に当たるので，買主Xは，免責事由（同条1項ただし書）がある場合を除き，売主Yの債務不履行（移転した権利の契約不適合）によって生じた損害の賠償を請求することもできる（上巻217頁参照）[57]。この場合，填補賠償と

---

[57] なお，改正前民法下の判例として，最二小判平8.1.26民集50巻1号155頁，判タ900号289頁（借地権付き建物に対する強制競売において借地権が存在しなかった場合に，物の瑕疵ではなく権利の瑕疵であるとされたもの）参照。

しては，通行地役権の付いた甲土地の価格と通行地役権の付いていない甲土地の価格との差額ということになろう。

抵当権登記と移転した権利の契約不適合（関連問題）

【設例】
　甲土地（時価2000万円）の所有者Yは，Aに対する1200万円の債務を担保するため，甲土地に抵当権を設定し，その登記を行った。その後，Yは，甲土地を800万円でXに売却し，移転登記を行った。Yの債務の履行期が到来し，Aが抵当権を実行しようとしたことから，Xは，YのAに対する債務を弁済した。

　設例のように抵当権の負担のある不動産の売買においては，契約当事者の意思がどのようなものであったかが重要である。設例においては，被担保債権額を控除して売買代金の額が決定されており，買主Xは，売主Yとの関係で，当該債権を担保する抵当権の負担を引き受けたと解される（契約の解釈）。そうすると，売主Yは，買主Xに対し，売買契約に基づき，買主Xにおいて抵当権の負担を引き受ける前提で甲土地の所有権を移転する義務を負っていたところ（555条。給付義務の内容），甲土地の所有権移転義務が履行された後に買主Xの引き受けた抵当権の負担が現実化したというものであって，「あるべき状態」と「現実」との間に不適合はない（給付義務違反の不存在）。したがって，売主Yがその債務の本旨に従った履行をしたから，買主Xは，これによって生じた損害の賠償を請求することができない（415条1項本文）。

　他方，設例においては，上記のような契約内容であったのであるから，「買い受けた不動産について契約の内容に適合しない…抵当権が存していた場合」（570条）に当たらず，買主Xは，売主Yに対し，Aに対して支払った債務額の費用の償還を請求することもできないことになる（上巻225頁注4）参照）[58]。

---

[58] 潮見・契約各論 I 178頁，磯村・291-292頁，中田・契約法315頁参照。

⑤ 具体例2——目的物の契約不適合[59]

㋐ 総説

562条・564条は，売買で「引き渡された目的物」（後記㋑）が「種類，品質又は数量に関して契約の内容に適合しないものであるとき」（種類・品質・数量に関する契約不適合。後記㋒）は，買主は，売主に対し，415条の規定により損害賠償の請求をすることができる旨を規定する（上巻219頁参照）。売主は，買主に対し，売買の目的物が特定物・種類物のいずれである場合においても，種類・品質・数量に関して契約の内容に適合したものを供与すべき義務を負っており（給付義務の内容。562条以下の規定もこのことを前提としている），引き渡された目的物が契約不適合であるときは同義務に違反したことになる（給付義務違反）。したがって，上記の損害賠償は，売買契約上の債務不履行による損害賠償である（この意味で，562条以下の定める契約不適合責任は債務不履行の一般原則規定に対する特則であるといえる）[60]。その判断枠組みは，前記①・②で述べたとおりである。

以上は，目的物の契約不適合による損害賠償一般の要件についてである。

追完に代わる損害賠償の要件（売買契約）

目的物の契約不適合による**追完に代わる**損害賠償（履行の追完それ自体によって得られるべき経済的地位〔利益〕を金銭で実現することを目的とする損害賠償）を請求するための要件について，議論がある（この点については，上巻221-223頁を参照されたい。なお，この問題について，詳しくは田中洋「改正民法における『追完に代わる損害賠償』(3)」NBL1176号〔2020年〕32-35頁も参照）。

---

[59] 目的物の契約不適合については，上巻218-223頁，潮見・Ⅰ55頁，中田・132頁のほか，潮見・契約各論Ⅰ112-175頁，磯村・272-287頁，中田・契約法301-313頁参照。

[60] 潮見・契約各論Ⅰ154頁，磯村・140頁，279頁，中田・契約法293頁，299頁，310頁参照。また，田中洋『売買における買主の追完請求権の基礎づけと内容確定』（2019年・商事法務）254-255頁も参照。

第3節　債務不履行による損害賠償

【設例】
　Xは，Yから，新築建て売り建物を2000万円で購入し，引渡しを受けたところ，構造耐力上の問題があることが判明し，その修補費用として1200万円を要するとされた。Xは，Yに対し，修補（追完）に代わる損害賠償請求をしたいと考えている。

　第1の見解（付加要件不要説）（上巻222頁で415条1項適用説として紹介したものに対応する）は，「追完に代わる損害賠償」の請求が認められるためには，履行に代わる損害賠償請求に関する規定である同条2項の要件（解除権の発生等）を考慮する必要はなく，債務不履行に基づく損害賠償の一般的要件（同条1項）を満たせば足りるとする。その理由として，同条2項は，不完全な履行がされたにとどまる場合の損害賠償請求権を射程に含んでいないことを挙げる。この見解は，追完に代わる損害賠償請求が肯定されるための要件として解除権の発生要件である催告（541条2項）は必要ないとし，さらに，軽微な契約不適合にとどまる場合（解除権の発生が妨げられる場合）でも損害賠償請求は可能であるとして，債務不履行に基づく損害賠償の一般的要件（415条1項）に付加すべき要件は不要であるとする。この見解によれば，設例において，買主Xが売主Yに対し損害賠償請求をするためには，引渡しを受けた建物に構造耐力上の契約不適合があったこと，その修補に1200万円を要すること，を主張・立証すれば足りることになる。

　これに対し，**第2の見解（付加要件必要説）**は，「追完に代わる損害賠償」の請求が認められるためには，債務不履行に基づく損害賠償の一般的要件（415条1項）を満たすことに加えて，何らかの付加すべき要件を満たすことが必要であるとする。その理由として，代金減額請求権の行使に付加的要件（催告等の要件）が課されていることと権衡を失することを挙げる。必要説は，さらに次の2つの見解に分かれる。

　必要説のうち**415条2項の法意説**（上巻222頁で415条2項適用・準用説として紹介したものにほぼ対応する）は，同項の法意から，「追完に代わる損害賠償」の要件を導き出そうとする見解である（潮見・Ⅰ483頁，潮見・契約各論Ⅰ164-165頁）。この見解は，追完に代わる損害賠償請求権に関する規定は設けられておらず，しかも，請負における

修補に代わる損害賠償請求権を定めた改正前民法 634 条 2 項が削除されたことからすると，追完に代わる損害賠償も 415 条 2 項によって処理することにしたものであるという考え方，すなわち，追完に代わる損害賠償よりも履行の追完による救済を優先すべきであるという「追完の優先」の考え方に基づく。この見解によれば，設例において，買主 X が売主 Y に対し損害賠償請求をするためには，引渡しを受けた建物に構造耐力上の契約不適合があったこと，その修補に 1200 万円を要することに加えて，415 条 2 項をその法意に照らして一部修正した要件，すなわち，①追完が不能であること，②Y が追完をする意思がないことを確定的に明らかにしたこと，③売買契約が一部解除され，又は売買契約の一部解除事由若しくはこれに相当する事由（追完が可能であるにもかかわらず催告をしても追完がされなかったこと）が存在すること，のいずれかを満たすことを主張・立証する必要がある。

必要説のうち **563 条類推説**は，563 条（1 項又は 2 項）の規定の類推適用によって，「追完に代わる損害賠償」の要件を導き出そうとする見解である（潮見ほか・詳解 138 頁〔田中洋〕）。その理由として，追完請求権と追完に代わる損害賠償請求権との関係が，追完請求権と代金減額請求権との関係と同質であることを挙げる。この見解によれば，設例において，X が Y に対し損害賠償請求をするためには，引渡しを受けた建物に構造耐力上の契約不適合があったこと，その修補に 1200 万円を要することに加えて，563 条 1 項又は 2 項を定める要件を類推した要件，すなわち，①買主 X が相当の期間を定めて履行の追完の催告をし，その期間内に履行の追完がないこと，②追完不能や売主 Y の明確な追完拒絶など，買主 X が催告をしても履行の追完を受ける見込みがないことが明らかであることのいずれかを満たすこと，を主張・立証する必要がある。

本書の立場は，上巻 222-223 頁で述べたとおりである。設例において，買主 X が売主 Y に不信感を抱き，自ら（他の業者に依頼して）不適合なところを修補したような場合（このような事態は実務上よくあることである），買主 X は，売主 Y に追完の催告をしていないから，代金減額を請求することができないこと（563 条）はもちろん，売買契約を解除することもできず（541 条），売買代金を全額支払わなければな

らない。他方，売主 Y は，契約に適合しない給付をしたにもかかわらず，買主 X が追完の催告をしなかったからといって，そのことだけで，その損害賠償責任までも免れるとするのは不当である。しかも，そもそも修補費用の賠償は，修補義務の履行費用であって一般的な損害賠償とはその性質を異にしていると考えられる。したがって，改正前民法下の判例（最二小判昭 52.2.28 集民 120 号 201 頁，最三小判昭 54.3.20 集民 126 号 271 頁, 判タ 394 号 60 頁[61]）の基本的な考え方と同じく，**買主は，追完請求権を行使することなく直ちに修補に代わる損害賠償請求ができる**と解すべきである。この見解によれば，設例において，X が Y に対し損害賠償請求をするためには，引渡しを受けた建物に構造耐力上の契約不適合があったこと，その修補のために 1200 万円を出捐し，その数額が相当であること，を主張・立証すれば足りることになる[62]。

目的物の契約不適合と錯誤[63]

　売買の目的物に契約不適合（562 条）がある場合，不適合がないと信じて目的物を買った買主には目的物の性質に関する錯誤（95 条）があるといえるため，契約不適合の規定と錯誤の規定との適用関係が問題となる（改正前民法下でも同様の問題があったが，それぞれ要件・効果が改正されていることに注意を要する）。

---

[61] 本文の最判昭 52.2.28，最判昭 54.3.20 は，いずれも請負人が注文者に対し瑕疵修補の請求をすることなく直ちに瑕疵修補に代わる損害賠償を請求することができるとしたものである。

[62] なお，磯村・277-278 頁は，改正前民法下においては瑕疵担保責任に基づく損害賠償義務は無過失責任と解されていたが，改正法の下では，564 条によって準用される 415 条は，売主の帰責事由を要件とするから，売主に帰責事由がない場合には修補費用の賠償請求もできない可能性があるとした上で，改正法下の解釈として，607 条の 2・608 条（賃借人の修繕費用の償還請求）の類推適用又は 703 条・704 条の不当利得（費用償還請求）により，買主は本来売主が負担すべき費用を立て替えたとしてその償還を請求することができるとする。

[63] 改正前民法下の判例理論が改正法の下でどのように取り扱われるか，また改正法が家裁実務にどのような影響を及ぼすかについて詳しく述べたものとして, 佐々木茂美＝潮見佳男監『債権法改正と家庭裁判所の実務』（2019 年・日本加除出版）25 頁〔光吉恵子〕があるので，参照されたい。なお，保証との関係で錯誤規定の適用の在り方について述べた中巻 646-650 頁も参照。

第 1 説は，契約不適合の規定が優先して適用されるという見解である（古谷貴之『民法改正と売買における契約不適合給付』〔2020 年・法律文化社〕48-50 頁，田中宏治『ドイツ売買論集』〔2021 年・信山社〕454 頁参照）。その理由として，買主が錯誤取消しを自由に選択できるとすると売主に履行の追完をする機会を与えた趣旨が没却されること，錯誤取消規定を重畳的に適用することは買主の権利行使に関して特別の期間制限を設けた趣旨に反することが挙げられる[64]。

第 2 説は，買主は錯誤の規定又は契約不適合の規定を選択することができるという見解である（潮見・契約各論 I 201 頁，中田・契約法 305 頁参照）。その理由として，改正法では，契約不適合において契約責任説が採用され，錯誤の効果が無効から取消しとなり短期の期間制限（126 条前段〔取消権は，追認をすることができる時から 5 年間行使しないときは，時効によって消滅する〕）が及ぶことになったため，買主においていずれかを自由に選択することに支障がないことが挙げられる。

そこで検討すると，第 1 説によれば，売買の目的物に契約不適合がある場合に買主が錯誤取消しの主張が許されないということになり得るが，錯誤制度・契約不適合責任制度は一般法・特別法の関係に立つものではない。また，実務的な観点からは，売買代金を支払った買主において，売買の履行を想定して設備・施設の準備をしていたような場合には，錯誤取消しによる原状回復で代金を取り戻すとともに，信義則上の注意義務違反による原状回復的な（無駄になった費用の）損害賠償を求めることができるとし，他方，買主において，目的物の転売先を見つけて転売利益を想定していたような場合には，415 条 1 項・2 項に基づき履行に代わる損害賠償（塡補賠償）もできるとした方が，買主の利益状況に応じた柔軟な救済方法が実現可能であるといえる。そうすると，**買主が，売主に対し，契約不適合責任（損害賠償請求等）を追及するか，**

---

[64] この点について，四宮和夫＝能見善久『民法総則〔第 9 版〕』〔2018 年・弘文堂〕262-263 頁は，「債務不履行責任に関する規定の方が，賠償額での調整や，過失相殺による調整など，柔軟な解決ができるので，債務不履行責任で解決するのが望ましいのではないか」とするが，同書 252-253 頁，257-258 頁の記述も踏まえると，第 1 説に立つとまではいえないであろう。

錯誤を理由として売買契約を取り消して売買代金の返還を求めるかは，自由であるというべきである。したがって，第2説が相当であろう[65]。

⑦ 引渡し
562条1項にいう「引き渡された」とは，売買目的物の占有が移転したことをいう。具体的には，売買目的物の現実の引渡し（182条1項），簡易の引渡し（同条2項），占有改定（183条），指図による占有移転（184条）などがこれに当たる。

【設例】
　Xは，Yから，中古自動車（クラシックカー）甲を1000万円で買い，履行期に甲車を持ってきてもらったが，引渡前に試乗してみたところ，ブレーキにその場で調整することのできない不具合があることが判明した。

設例では，ブレーキに不具合のあることが判明したのは，甲車の引渡前であるので，562条・564条の適用はない。
次に，売主Yは，買主Xに対し，売買契約において，特定物である甲車をどのような状態で引き渡す義務を負っていたかが問題となる（給付義務の内容）。

(i) X・Y間において，甲車が通常の走行に支障がない状態にあることを前提として売買契約を締結していた場合
　この場合には，売主Yは，買主Xに対し，甲車を通常の走行に支障のない状態で引き渡す義務を負っていたが，その義務を履行していないことになる（給付義務違反）。買主Xは，売主Yに対し，債務の本旨に従った履行（甲車を通常の走行に支障のない状態で引き渡すこと）を請求することができるが（履行請求。本書158頁参照），412条の2第1項に該当する場合（修補するための部品が入手困難である場合や修補に過分の費用を要する場合等）には，もはや履行を請求することができない。また，売主Yが「その債務の本旨に従った履行をしないとき又は債務の履行が不能であるとき」に当たるから，買主Xは，免責事由（415条1項ただし

---

[65] この関連で，原始的不能の処理を述べた本書161頁も参照されたい。

書）がある場合を除き，これによって生じた損害の賠償を請求することができる（同条）。

　そうすると，まず，履行請求ができる場合（ブレーキの修補が可能な場合）には，買主Xは，「履行とともにする損害賠償」（415条1項本文）として，引渡しが遅れたことにより生じた損害の賠償，つまり「遅延賠償」（例えば，引渡しの遅れた期間レンタカー確保のために必要となった費用など）を求めることができる。

　他方，履行請求ができない場合（履行不能に陥った場合。同条2項1号）や，債務者が債務の履行を拒絶する意思を明確に表示した場合（同項2号），売買契約が解除され又は債務不履行による解除権が発生した場合（同項3号〔542条の要件を満たさない限り541条の要件を満たす必要がある〕）には，買主Xは，契約を解除することができるほか，「履行に代わる損害賠償」（415条2項柱書き），すなわち「塡補賠償」として，一般的には甲車と同種同等品の時価相当額の損害の賠償を求めることができる。

(ii) 　X・Y間において，単に契約締結時の状態で甲車を引き渡す債務を負っていたにすぎない場合

　この場合には，ブレーキの不具合が契約締結時に存在していたときは，その状態で甲車を引き渡すことにより債務の本旨に従った履行をしたことになるから，売主Yは，債務不履行責任を負わない。(i)・(ii)のいずれに当たるかは契約内容確定（契約解釈）の問題であるが，例えば，甲車と同種同等品を中古自動車市場において1000万円程度で手に入れることができるようであれば，通常，(i)と解されることになろう[66]。なお，設例では，引渡前に試乗していることから上記(i)の契約であったと解される。

　㋒　**目的物の契約不適合の意義とその具体的内容**

　562条1項にいう「目的物が…契約の内容に適合しないものである」（目的物が契約不適合である）とは，売買目的物が客観的に（契約内容から切り離して）本来備えるべき状態を備えていないこと（客観的瑕疵概念）ではなく，売買目的物が当事者の合意や契約の趣旨に従って本来備え

---

[66] 潮見・契約各論Ⅰ 154頁，磯村・139-140頁，274-275頁，中田・契約法301-302頁参照。

るべき状態を備えていないこと（主観的瑕疵概念）をいう[67]。その上で，「あるべき状態」の具体的な内容確定においては，第1に，具体的な契約において当事者がどのような合意をしたかを探求することになり，第2に，当事者の合意内容が明らかでない場合には，当時の取引観念を踏まえ，当該目的物に対して客観的に結びつけられるところの通常の利用目的から導かれる種類・品質・数量をも考慮して，契約解釈することになる。

契約不適合の基準時について，562条1項は，「引き渡された目的物が」と定め，目的物の引渡しを契約不適合責任の要件としている。また，567条は，目的物の滅失等についての危険の移転に関し，「引渡し」を基準としている。これらに照らせば，契約不適合の基準時は，引渡時と解するのが相当である（なお，前掲最判昭54.3.20は，請負に関する改正前民法634条2項の損害賠償債権は注文者が目的物の引渡しを受けた時に発生するとしている）[68]。

以下では，562条1項が定める「種類」（後記 i ），「品質」（後記 ii ），「数量」（後記 iii）の順に，具体的に検討する。

i 種類

562条1項にいう「種類」とは，品名，形状・色彩，産地，製造業者等をいう[69]。

「種類」に関する契約不適合が実務上問題となることは多くはないが，次のような典型的な例で検討することとする。

> 【設例】
> Xは，Yから，最新モデルの新車を200万円で購入し，引渡しを受けたが，引き渡された新車は1つ旧式のモデルであった。

設例は種類物売買の事例である。種類物売買においては，目的物が引き渡されてもそれが契約不適合物であれば「特定」は生じず，したがって，給付危険の移転は生じず（401条2項），また，対価危険の移転も生じない（567条1項後段）と解される（本書70頁）。売主Yは，買主Xに対

---

[67] 潮見・契約各論 I 120頁，磯村・139頁，273頁，中田・契約法303頁参照。
[68] 田中・前掲注60) 256-265頁，松岡ほか・改正コメ730頁〔北居功〕参照。
[69] 潮見・契約各論 I 122頁参照。

し，売買契約に基づき，最新モデルの新車を引き渡す義務を負っていたが，実際には1つ旧式のモデルの新車を引き渡した。そこで，買主Xは，売主Yに対し，本来の履行請求権に基づき，引き渡された新車に代えて最新モデルの新車を引き渡すように求めることができる。また，買主Xは，541条の規定により，催告をした上で相当期間内に履行（最新モデルの新車の引渡し）がなければ売買契約を解除することもできるし，415条1項の規定により，免責事由（415条1項ただし書）がある場合を除き，売主Yの債務不履行によって生じた損害の賠償を請求すること（例えば，本来の履行請求とともにする遅延賠償の請求や，履行に代わる損害賠償として目的物の時価相当額の賠償の請求など）もできる。

　もっとも，種類物売買においても，買主が給付されたものが契約不適合であることを認識した上でその給付を履行として認容したと認められる事情があるときは，特定が生ずる（前掲最判昭36.12.15〔本書71頁〕）。そこで，買主Xは，引き渡された1つ旧式のモデルの新車が種類に関する契約不適合物であることを認識した上でその給付を履行として認容し，代金減額請求をすることができる（563条。減額されるのはいわゆる「型落ち」に伴う金額となろう）。

　設例において，買主Xが引き渡された新車を履行として認容した上で562条1項所定の追完請求権として代替物の引渡しを請求することはできない（買主Xは，契約に適合した最新モデルの新車を欲するのであれば，飽くまで本来の履行請求としてその引渡しを求めるべきである）。

　ⅱ　品質

562条1項にいう「品質」とは，性質，効用，規格，価値等をいい，物理的なものに限られない[70]。

　実務上，「品質」に関する契約不適合が問題となることはよくあるので，代表的な例を取り上げて検討することとする。

　ⅱ―1　自動車の不具合

【設例】
　Xは，Yから，中古自動車甲を100万円で購入し，代金を支払い，

---

[70] 潮見・契約各論Ⅰ122頁参照。

> 引渡しを受けたが，甲車のブレーキに不具合があった。しかし，Yは不具合がないとして修補に応じない[71]。

　設例において，X・Yは，甲車が安全に走行できる状態にあるとして契約を結ぶのが通常であるから，甲車のブレーキに不具合がないことが売買契約の内容になっていたと解釈することができる。そうすると，売主Yは，買主Xに対し，売買契約に基づき，甲車を通常の走行に支障のない状態で引き渡す義務を負っていた（給付義務の内容）が，実際にはブレーキに不具合のある状態で甲車が引き渡され，「あるべき状態」と「現実」との間に不適合が生じた（給付義務違反）。したがって，「引き渡された目的物が…品質…に関して契約の内容に適合しないものである場合」（562条1項）に当たる。そして，追完（修補）に代わる損害賠償を求める場合，前記⑦で述べたとおり，本書の立場によると，買主Xは，564条・415条1項の規定により，免責事由（415条1項ただし書）がある場合を除き，追完（修補）を催告することなく直ちに損害の賠償（修補に代わる費用賠償）を請求することができる。

売買契約の一部の不完全（関連問題）

> 【設例】
> 　Xは，Yから，6客1組のティー・カップを5万円で購入し，引渡しを受けたが，そのうち1客にひびが入っていた。しかし，補修は不可能で，代替品も入手不能であった。

　まず，売主Yは，買主Xに対し，売買契約において，ティー・カップをどのような状態で引き渡す義務を負っていたかが問題となる（給付義務の内容）。

　種類物売買であるとすれば，通常，売主はひびの入っていないティー・カップを引き渡す義務を負っていたといえるから，売主Yはその義務を履行しなかったことになる。この場合，本書の立場では，契約に適合

---

[71] 特定物売買における，買主の代替物の引渡請求権（代物請求権）の有無については，解釈上見解が分かれているが，この点については，本書57頁注5）を参照されたい。

しない（ひびの入った）ティー・カップを引き渡しても，原則として特定は生じず，買主Xは，本来の履行請求として，ひびの入っていないティー・カップ1客の引渡し（追完）を求めることができるはずであるが，設例では，代替品の入手（追完）が不能であるため，本来の履行請求として追完を求めることはできない。

買主Xは，542条1項3号の場合（残存する部分のみでは契約をした目的を達することができないとき）に当たるとすれば，売買契約を解除することができるし，又は，解除することなく，415条1項の規定により，免責事由（415条1項ただし書）がある場合を除き，債務不履行によって生じた損害の賠償（通常は塡補賠償として6客の価値相当額から代金相当額を差し引いた額）を請求することができる。

他方，種類物であっても，買主が給付されたものが契約不適合であることを認識した上でその給付を履行として認容したと認められる事情があるときは，特定が生ずる（前掲最判昭36.12.15〔本書71頁〕）。そこで，買主Xは，引き渡されたティー・カップが数量に関する契約不適合物であることを認識した上でその給付を履行として認容し，代金減額請求をすることができる（563条2項1号）。

ii—2　建物の心理的瑕疵

【設例】
　Xは，Yから，中古マンションの一室である甲建物を1000万円で購入し，代金を支払い，引渡しを受けたが，甲建物において契約の数年前に住人の自殺があったことが判明した。

設例において，売主Yは，買主Xに対し，売買契約において，甲建物をどのような状態で引き渡す義務を負っていたかが問題となる。

不動産仲介による売買で仲介業者の重要事項説明書に設例にあるような事象が何ら記載されていなかったような場合には，X・Yは，甲建物がいわゆる事故物件でないとして契約を結ぶのが通常であるから，甲建物に設例のような事象がなかったことが売買契約の内容になっていたと解釈することができる。そうすると，売主Yは，買主Xに対し，建物での自殺歴のない甲建物を引き渡す義務を負っていた（給付義務の内容）が，実際に

は事故物件である甲建物が引き渡され,「あるべき状態」と「現実」との間に不適合が生じた(給付義務違反)。そして,このような類型は,改正前民法下でよくみられ,「心理的瑕疵」(上巻226頁参照。目的物の物理的な品質に問題があるわけではないが,目的物に関して嫌悪すべき歴史的背景等があるもの。例えば,かつて当該建物内で自殺があったり,殺人等があったりしたなど)と呼ばれてきたものであるが,上記のような売買契約の内容は,目的物の「品質」に関する契約不適合に当たることになる[72]。したがって,「引き渡された目的物が…品質…に関して契約の内容に適合しないものである場合」(562条1項)に当たることになれば,買主Xは,564条・542条1項1号の規定により,売買契約を解除することもできるし,564条・415条1項の規定により,免責事由(415条1項ただし書)がある場合を除き,これによって生じた損害(自殺があったことを前提とした場合の販売価格との差額分等)の賠償を請求することができる。

もっとも,X・Y間において甲建物において自殺があったことも内容として売買契約を締結していたような場合(実際には販売価格は極めて廉価になろう)には,売主Yは,買主Xに対し,建物での自殺歴のない甲建物を引き渡す義務を負っていないことになり,給付義務違反もない[73]。

ⅱ—3　土壌汚染

【設例】
　Xは,Yから,自宅用地として甲土地を3000万円で購入し,代金を支払い,引渡しを受けたが,甲土地の土壌には乙有害物質が含まれていたことが後に判明した。

設例において,まず,X・Y間の売買契約の内容がどのようなものであるかが問題となる。その際には,売買契約締結当時の取引観念を考慮して判断すべきことになる。
（ⅰ）仮に,売買契約締結当時,取引観念上,乙有害物質が土壌に含まれ

---

[72] 潮見・契約各論Ⅰ123頁参照。

[73] なお,「現状有姿」で引き渡すという特約がある場合,同特約の内容は,売買契約内容の確定のレベル(損害賠償請求訴訟においては請求原因のレベル)においても,担保責任免除特約(572条)の有無のレベル(同訴訟においては抗弁のレベル)においても,問題になる。中田・契約法323頁参照。

ることに起因して人の健康に係る被害を生ずるおそれがあるとは認識されておらず，X・Y間において，甲土地が備えるべき属性として，その土壌に乙有害物質が含まれていないことが特に予定されていたというような事情もないとすれば，売買契約の内容として甲土地に乙有害物質が含まれていないことが予定されていたとはいえない（給付義務の内容）。この場合には，引き渡された甲土地の土壌に乙有害物質が含まれていたとしても，「引き渡された目的物が…品質…に関して契約の内容に適合しないものである場合」（562条1項）に当たらないから，買主Xは，564条・415条の規定による損害賠償を請求することができない（前掲最判平22.6.1[74]参照）。

(ⅱ) これに対し，売買契約締結当時，取引観念上，乙有害物質が土壌に含まれることに起因して人の健康に係る被害を生ずるおそれがあると認識されていた場合には，X・Yは，買主Xが自宅用地として甲土地を取得する以上，甲土地の土壌に乙有害物質が含まれていないことが予定されていたと解釈することができる（給付義務の内容）。そうすると，引き渡された甲土地の土壌に乙有害物質が含まれていたことは，「引き渡された目

---

[74] 本文の最判平22.6.1は，売買契約の当事者間において目的物がどのような品質・性能を有することが予定されていたかについては，売買契約締結当時の取引観念をしんしゃくして判断すべきであるとした上で，売買契約の目的物である土地の土壌に，上記売買契約締結後に法令に基づく規制の対象となったふっ素が基準値を超えて含まれていたことは，①上記売買契約締結当時の取引観念上，ふっ素が土壌に含まれることに起因して人の健康に係る被害を生ずるおそれがあるとは認識されておらず，②上記売買契約の当事者間において，上記土地が備えるべき属性として，その土壌に，ふっ素が含まれていないことや，上記売買契約締結当時に有害性が認識されていたか否かにかかわらず，人の健康に係る被害を生ずるおそれのある一切の物質が含まれていないことが，特に予定されていたとみるべき事情もうかがわれないなどの事情の下においては，改正前民法570条にいう瑕疵に当たらないとされた事例判例である。

上記判例においては，①売買契約の当事者間において目的物が有することが予定されていた品質・性能を確定し，②その品質・性能を有しないことが瑕疵（契約不適合）とする判断枠組みがとられている。前記①の確定作業は，契約解釈の問題であり（本書15頁参照），具体的な契約から離れて客観的・抽象的に確定されるのではなく，当事者間の具体的な契約に関連付けて確定されることになる（主観的瑕疵概念）。その上で，個別事案の確定作業においては，(ⅰ)まず当事者間の「個別」の予定が認定できるのであればそれが優先するが，(ⅱ)次に個別の予定が認定できないときは「典型」的な予定が契約解釈として参照されることになる。

この点につき，桑岡・百選Ⅱ〔第9版〕44解説参照。また，詳しくは，田中洋「判批」神戸法学雑誌60巻3・4号（2011年）163頁も参照されたい。

的物が…品質…に関して契約の内容に適合しないものである場合」（562条1項）に当たるから，買主Xは，564条・542条1項1号の規定により，売買契約を解除することができ，また，564条・415条1項の規定により，免責事由（415条1項ただし書）がある場合を除き，これによって生じた損害（売買契約締結に要した費用や自宅建築の準備に支出した費用等）の賠償を請求することができる。なお，設例では，代金減額又は追完（補修）ということは実際には観念しづらいので，代金減額請求や追完に代わる損害賠償が問題になることはないと考えられる。

　以上の幾つかの設例をもとに，目的物の品質に関する契約不適合をみてきたが，いずれの設例においても，当該契約不適合に基づく追完に代わる損害賠償請求権については，566条の期間制限がある（もっとも，商人間の売買においては〔商4条1項，会社5条〕，商法526条が適用される）ほか，消滅時効の規定（166条1項）の適用がある（最三小判平13.11.27民集55巻6号1334頁，判タ1079号155頁）。

サプライチェーン（供給網）の人権侵害[75]

　サプライチェーン（供給網）における人権侵害が近時社会的に問題となっている。この問題は，企業間取引の契約不適合責任にも及ぶ場合がある。例えば，X社が，Y社から継続的に衣料製品の供給を受け，これを卸販売していたところ，Y社の製品の生産過程において人権侵害（児童労働）があったため，卸先からの大量の返品対応を余儀なくされたような場合である。

　欧米では，ウィーン売買条約が適用される場合に，人権侵害状況で生産された製品について契約不適合責任を追及することができるとする見解がある。この見解は，調達した物品の客観的品質自体に問題はなくても，その生産のプロセスにおける人権侵害が製品の経済的価値を損なう可能性があるとするものである。

　我が国では，買主企業が児童労働や強制労働といった人権侵害を排除

---

[75] この問題については，木戸茜「『ビジネスと人権』の視点がもたらす契約法学へのインパクト」ジュリ1580号（2023年）27頁が参考になる。

する旨を「取引行動規範」において定めており，売主・買主間の取引基本契約においても当該「取引行動規範」の遵守が約定されているような例も見受けられるようになってきたが，このような場合には，売主企業は，買主企業に対し，製品の生産過程において人権侵害をしないで製品を引き渡す義務を負っていたが，その義務を履行しなかったこととして，物の「品質」に関する契約不適合に当たるのではないかが問題となる。もっとも，実際には，企業間の継続的取引の場合には，関係の維持が優先されるため，契約不適合責任を問うことには，消極的であることが多い，との指摘もある。

競売における担保責任等（関連問題）[76]

【設例】
　Xは，甲土地を3000万円で競落し（債務者Y・債権者Z），代金を支払い，引渡しを受けたが，甲土地の土壌には乙有害物質が含まれていたことが判明した。

　568条4項は，「競売の目的物の…品質に関する不適合については」，同条3項の損害賠償請求の規定が適用されない旨定める。これは，競売目的物の品質につき民事執行法上採り得る調査手段に限界があることを踏まえたものである。したがって，設例において，買受人Xは，債務者Y・債権者Zに対し，損害賠償を請求することができない。もっとも，一般には，買受人は，債務者に対し，契約解除をし（541条・542条），又は代金減額を請求する（563条）ことができる（568条1項。562条の追完請求はできない。なお，債権者に対する請求につき568条2項，債務者が物又は権利の不存在を知りながら申し出なかったとき等における損害賠償請求につき同条3項を参照）。

---

[76] 民事執行法に基づく競売は，公法上の処分であると同時に私法上の売買でもあり，債務者と買受人との間には売買契約が成立したとみることができる（中西正ほか『民事執行・民事保全法〔第2版〕』〔2021年・有斐閣〕181頁〔中西正〕，中野＝下村・534頁参照）。

ⅲ 数量

562条1項にいう「数量」の意義については，解釈上争いがある。**数量指示売買**（①当事者において目的物の実際に有する数量を確保するため，②その一定の面積・容積・重量・員数・尺度があることを売主が契約において表示し，③その数量を基礎として代金額が定められた売買をいう〔最三小判昭 43.8.20 民集 22 巻 8 号 1692 頁，判タ 227 号 133 頁[77]〕。改正前民法 565 条参照）に 562 条 1 項が適用されることに争いはないが（後記ⅲ―1 参照），単に一定の数量の目的物を引き渡す内容の売買に同項が適用されるか否かについては争いがある（後記ⅲ―2 参照）。

ⅲ―1 数量指示売買

【設例】
> Xは，Yから，Yが所有する甲土地を 4000 万円で購入し，代金を支払い，引渡しを受けた。売買契約に際し，甲土地の面積が 200 ㎡であることを前提とし，1 ㎡当たりの単価を 20 万円として，売買代金が定められた。しかし，引渡後に実測してみると，甲土地の面積は 190 ㎡であることが判明した。

設例では，X・Yは，甲土地の 1 ㎡当たりの単価を 20 万円として売買代金を定めていた。そして，X・Yは，甲土地の面積が実測で 200 ㎡であるとして契約を結んでおり，甲土地の面積が 200 ㎡であることが当該売買契約の内容となっていたと解釈することができる。そうすると，売主Yは，200 ㎡の面積を備えた甲土地を引き渡す義務を負っていた（給付義務の内容）にもかかわらず，その義務を履行しなかったことになる（給付義務違反）。したがって，この場合，「引き渡された目的物が…数量に関して契約の内容に適合しないものである場合」（562 条 1 項）に当たることは明らかである。

設例では，履行の追完（不足分の引渡し）はできないから，契約不適合責任のうち追完請求権（562 条）を行使することはできない。しかし，

---

[77] 本文の最判昭 43.8.20 につき，鈴木重信・判解民昭 43 年（下）878 頁参照。
　また，最一小判昭 57.1.21 民集 36 巻 1 号 71 頁，判タ 462 号 68 頁，最一小判平 13.11.22 集民 203 号 743 頁，判タ 1083 号 117 頁も参照されたい（淺生重機・判解民昭 57 年 59 頁，森田・百選Ⅱ〔第 9 版〕46 解説，秋山ほか・271 頁〔田中洋〕参照）。

563条2項1号に当たるから，買主Xは，契約不適合責任として代金減額請求をすることができる（一部の履行がされていることを前提にその不履行に相当する部分の代金の減額を求めるものである）。

また，買主Xは，564条・415条の規定により，免責事由（415条1項ただし書）がある場合を除き，契約不適合（数量不足）によって生じた損害の賠償（塡補賠償として面積不足分の価値相当額）を請求することができるし，564条・542条1項3号の要件を満たせば，売買契約を解除することができる。この場合の損害賠償（塡補賠償）の請求は，数量に適合する土地を取得していればあったであろう状態と土地を取得しなかったことによって生じている現実の状態を比較して，その差の補塡を求めるものである（したがって，買主Xが目的物の価額を超える損害〔例えば，転売利益の喪失〕を被っている場合には，416条の範囲内でその損害賠償請求が認められる）。

このように代金減額請求と損害賠償請求とは，原則として異なることになるが，契約で定められた1㎡当たりの単価20万円が市場価格と同じであるような場合には，同一の結果になることもある点に留意されたい[78]（ただし，損害賠償請求の場合は免責事由が抗弁となり得る）。

なお，数量の契約不適合に基づく損害賠償請求権については，種類又は品質の契約不適合の場合における566条のような期間の制限はないが（ただし，商人間の売買においては，商法526条が適用される），消滅時効の一般原則（166条1項）の適用はある。

iii―2　数量不足

【設例】
　Xは，Yから，ワイン（甲ワイナリーの乙銘柄）12本を購入し，代金を支払い，郵送で引渡しを受けた。しかし，引渡しを受けたのはワイン（甲ワイナリーの乙銘柄）10本のみであった。

設例のように，単に一定の数量の目的物を引き渡す内容の売買に562条1項が適用されるか否かについては争いがある。

肯定説は，数量に関する契約不適合の適用範囲の確定に当たっては，売

---

[78] この点について，詳しく述べる磯村・284-286頁を参照されたい。

主が当該売買契約において目的物の実際に有する数量を確保する義務を負っていたかが重要であって，数量指示売買の場合に限られないとする[79]。この見解によれば，次のとおりになる。

　設例は，(限定)種類物売買の事例である。(限定)種類物売買においては，目的物が引き渡されてもそれが契約不適合物であれば「特定」は生じず，したがって，給付危険の移転は生じず（401条2項），また，対価危険の移転も生じない（567条1項後段）と解される（本書70頁）。売主Yは，買主Xに対し，売買契約に基づき，ワイン（甲ワイナリーの乙銘柄）12本を引き渡す義務を負っていた（給付義務の内容）にもかかわらず，ワイン（甲ワイナリーの乙銘柄）10本しか引き渡していなかった。そこで，買主Xは，売主Yに対し，本来の履行請求権に基づき，不足分2本のワインを引き渡すように求めることができる。

　また，買主Xは，415条1項の規定により，免責事由（415条1項ただし書）がある場合を除き，これによって生じた損害の賠償を請求することができるし，542条1項3号の要件を満たせば，売買契約を解除することができる。

　もっとも，(限定)種類物売買においても，買主が給付されたものが契約不適合であることを認識した上でその給付を履行として認容したと認められる事情があるときは，特定が生ずる（前掲最判昭36.12.15〔本書71頁〕）。そこで，買主Xは，引き渡されたワインが数量に関する契約不適合物であることを認識した上でその給付を履行として認容し，その上で，代金減額請求をすることもできる（563条）。

　なお，設例において，買主Yが，数量不足の引渡しを履行として認容した上で562条所定の追完請求権に基づき不足分（ワイン2本）の引渡しを請求することは，実際には考え難く，これを認める必要にも乏しい。不足分を求めようとする場合には，買主が数量不足の引渡しを履行として認容することはないはずであり，買主Xは，先に述べた本来の履行請求として不足分の引渡しを求めることになろう。

　数量の契約不適合に基づく損害賠償請求権については，種類又は品質の契約不適合の場合における566条のような期間の制限はないが（ただし，

---

[79] 筒井＝村松・275頁，中田・契約法308頁参照。なお，磯村・283頁も参照。

商人間の売買においては，商法526条が適用される），消滅時効の一般原則（166条1項）の適用はある。

　否定説は，改正前民法下の数量指示売買との連続性を重視すべきであり，数量に関する契約不適合の適用範囲は数量指示売買の場合に限られる[80]とする。すなわち，数量の不足というのは可分な給付の一部がない場合であるから，数量指示売買以外の場合は履行請求権を行使すれば足りるとするものである。この考え方によれば，設例では，「数量」に関する契約不適合は問題とならず，562条—564条の適用はないことになる（もっとも，売買の目的物の「数量」が，買主からみて特定の契約目的を達成するのに特に意味があるような場合〔例えば，レンガ50個を必要とするレンガ壁を作る目的でレンガ50個の売買契約を締結した場合〕，数量は目的物の用途そのものと結び付いているものであるから〔1個でも不足すればその用途に用いることができない〕，数量が不足していることにより目的物の「品質」に関する契約不適合が問題とされる余地はある。この場合の期間制限については，「品質」に関する契約不適合で述べたとおりである）。

数量超過の問題（関連問題）

【設例】
　Xは，Yから，Yが所有する甲土地を4000万円で購入し，代金を支払い，引渡しを受けた。売買契約に際し，甲土地の面積が200㎡であることを前提とし，1㎡当たりの単価を20万円として，売買代金が定められたが，引渡後に実測してみると，甲土地の面積は210㎡であることが判明した。

　X・Y間でどのような合意内容であったかが問題となる。562条—564条の規定は，契約不適合（数量に関しては数量不足）の場合の売主の責任（買主の救済手段）を規定したものであり，数量超過の場合に類

---

[80] 潮見・契約各論Ⅰ127頁参照。なお，566条の期間制限に関し，土地の面積の表示がその「品質」をも表す場合には同条が適用されるとする森田宏樹「数量に関する契約不適合の意義」法教478号（2020年）1頁も参照。

推適用される(例えば、563条を類推適用して代金増額請求権が認められる)ものではない(改正前民法下のものではあるが、最三小判平13.11.27民集55巻6号1380頁、判タ1079号190頁参照)。その上で、X・Y間の合意内容確定(契約解釈)においては、当事者間の利益状況も反映されることになろう[81]。

(b) 付随義務の違反

売買契約において、売主の付随義務違反による債務不履行が認められることがある(本書37頁以下、173-174頁、上巻25頁、223頁参照)[82]。

① 付随義務の主要な内容

売買契約における売主の付随義務とは、**給付結果を通して買主が実現・獲得を目指す利益(給付利益)確保のために付随的に必要とされる義務を**いう。例えば、売買契約上、売主において、㋐売主の給付義務を履行するために、適切な準備を行い、目的物を毀損しないよう保管し、引渡しに際しても目的物を毀損しないよう注意を尽くす等の義務や、㋑目的物の使用方法を(取扱説明書を交付するなどして)買主に説明する義務等[83]は、合意により給付内容とされていない限り、付随義務であり、信義則を根拠とする。

このように、売主の付随義務の内容は、原則として信義則により確定さ

---

[81] 小野憲一・判解民平13年(下)788頁参照。なお、数量超過の問題については、潮見・契約各論Ⅰ153頁(買主は、①数量超過分の返還又はこれに代わる価額返還をするか、又は、②契約を解除することができ、③買主がこのような手段をとらないときは、売主は、選択権の行使を催告した上で、これに応じない買主に対して代金増額を求めることができるとするもの)、磯村・287頁(買主の利益を考慮すると売主の救済を広く認めることはできない反面、一定の範囲での売主の救済の必要性もあるとして、売主の錯誤取消しを認めつつ、買主が超過分に対応する追加代金の支払に応じることによって売主の錯誤主張を排除できるとするもの)、中田・契約法307頁(当事者の合意を基準とすべきであり、別段の合意が認められない限り、増額請求は否定すべきであるとするもの)など様々な考え方が示されているので、参照されたい。

[82] 奥田昌道「契約責任と不法行為責任との関係(契約法規範と不法行為法規範の関係)」司法研修所論集85号(1991年)22-28頁参照。なお、中田・132-136頁、小粥・新注民(8)488-491頁も参照されたい。

[83] 最二小判平17.9.16集民217号1007頁、判タ1192号256頁(売主から委託を受けてマンションの専有部分の販売に関する一切の事務を行っていた宅地建物取引業者が専有部分内に設置された防火戸の操作方法等につき買主に対して説明すべき信義則上の義務があるとされた事例)も参照。

れる。

② 付随義務違反があると判断する過程

前記①㋐に関して，売主が引渡前に目的物を毀損又は滅失した場合について検討する。

特定前の種類物であれば，売主は，引き続き同種同量の目的物を引き渡す義務を負い，履行期に引き渡せなければ履行遅滞（412条）が問題となる（履行期に引き渡されれば債務不履行にはならない）。また，特定物又は特定後の種類物であれば，売主の債務は履行不能（412条の2第1項）となる。これらの場合，付随義務違反（目的物の毀損又は滅失）は，本来の債務（給付義務）の不履行（遅滞，不能）に帰着することになるから，付随義務違反が独立して問題とされることはない。

前記①㋑に関して，売主が買主に適切な説明をしなかったために買主が使用方法を誤って目的物を壊してしまった場合について検討する。

特定前の種類物の損壊（例えば，新品機械引渡前の試運転時の損壊）であれば，売主は，引き続き同種同量の目的物を引き渡す義務を負い，履行期に引き渡せなければ履行遅滞（412条）が問題となる（履行期に引き渡されれば債務不履行にはならない）。この場合も，本来の債務不履行（履行遅滞）に包摂されるから，付随義務違反が独立して問題とされることはない。

これに対し，引渡後の損壊（例えば，機械引渡後の本格稼働時の損壊）の場合はどうか。この場合，給付義務の履行（引渡し）は既に終わっているから，履行不能（412条の2第1項）を含め本来の債務不履行が問題となる余地はない。しかし，信義則に由来する付随義務（目的物の使用方法説明義務）の違反により，当該目的物（給付利益）が損なわれ，これによる損害が生じている。したがって，上記の場合，売主は，付随義務違反により，買主が被った損害（修補費用や，修補不能な場合の代物購入費用等）を賠償する責任を負う（415条1項）。

(c) 保護義務の違反

売買契約において，売主の保護義務違反による債務不履行が認められることがある（本書40頁，173-174頁，上巻25頁，223-224頁，228頁参照）[84]。

① 保護義務の主要な内容

売買契約における売主の保護義務とは，前記(b)で述べた付随義務のよう

に給付利益の保持に向けられた義務ではなく，それ以外の，**買主の生命・身体・所有権その他の財産的利益（完全性利益）の保護に向けられた義務**をいう（保護義務は，契約当事者が相互に相手方に対して負う義務であるが，ここでは売買契約上の売主の義務について述べる）。例えば，㋐ひよこの売買について，伝染病に罹ったひよこを引き渡すなどして買主が所有する他のひよこに感染させることがないよう配慮すべき義務（目的物の契約不適合が原因となって拡大損害[85]が生ずる類型で論じられる義務）や，㋑売主が売却した家具を買主宅に搬入するに際して，建物や家財などを損壊しないように配慮すべき義務（履行過程において債権者の一般法益に損害を与える類型で論じられる義務）などがあり，いずれも信義則を根拠とする。

売主の保護義務の内容は，信義則により確定される。

② **保護義務違反があると判断する過程**

前記①㋐に関して，売主が，伝染病に罹ったひよこを引き渡し，これにより，買主が所有していた他のひよこに感染した場合について検討する。この場合，引き渡したひよこに着目すれば，給付義務違反（目的物の品質に関する契約不適合）があることになるが（本書193頁以下参照），他のひよこに着目すれば，この給付義務違反行為は，同時に保護義務にも違反するものと捉えられる。したがって，売主は，買主に対し，本来的な債務不履行（給付義務の不履行）に基づく損害（購入したひよこに関する損害）の賠償責任に加えて，保護義務違反に基づく損害（買主が所有していた他のひよこに関する損害）の賠償責任を負う（415条1項）[86]。

前記①㋑に関して，売主が，売却した家具を買主宅に搬入する際，建

---

[84] 奥田・前掲注82）22-28頁のほか，保護義務の射程については，奥田・前掲注82）33-38頁，奥田・接点34-38頁を参照。なお，中田・132-136頁，小粥・新注民(8)488-491頁も参照されたい。

[85] 拡大損害とは，給付利益以外の一般法益（給付利益以外の債権。生命・身体・健康・所有権などの完全性利益）にまで及んだ損害をいう（上巻207頁）。

[86] 本文で述べた見解に対し，給付義務違反に伴う因果関係ないし損害賠償の範囲の問題として構成する見解もある（我妻・156-157頁）。また，契約不適合ではなく履行遅滞の事案であるが，最一小判昭59.2.16集民141号201頁は，改正前民法416条2項の解釈・適用の問題として処理している。以上につき，上巻228頁注26）のほか，潮見・新注民(8)229-230頁，小粥・新注民(8)489-491頁，荻野・新注民(8)638-642頁も参照されたい。

物の壁やじゅうたんを損傷した場合について検討する。この場合，引き渡した家具自体には損傷等がなかったとすれば，給付義務違反はない。しかし，買主の所有する財産（完全性利益）が契約履行過程で侵害されたものであるから，保護義務違反による債務不履行があったといえる。したがって，売主は，買主に対し，債務不履行（給付義務の履行過程における保護義務違反）に基づく損害（損傷した壁やじゅうたんの補修費用等）の賠償責任を負う（415条1項）。なお，これらの場合には，完全性利益が侵害されているので，債務不履行（保護義務違反）に基づく損害賠償請求権と不法行為に基づく損害賠償請求権とが競合することになる（通常，保護義務違反に該当する行為は，不法行為法上の注意義務違反〔過失〕と評価されることになろう。本書311頁参照）。

付随義務違反とともに保護義務違反が問題となる類型

例えば，機械の売主が取扱説明書を交付せず，取扱方法も説明しなかったため，買主が引き渡された機械の取扱いを誤り，その結果，機械が壊れるとともに買主がけがをしたという場合には，売主の行為（取扱方法を説明しなかったこと）は，売買目的物である機械が壊れたことに関しては付随義務違反と評価され，買主がけがをしたことに関しては保護義務違反と評価される。したがって，売主は，免責事由がない限り，買主に対し，債務不履行（付随義務違反及び保護義務違反）に基づく損害（①機械の修補費用等及び②買主のけがの治療費・慰謝料等）を賠償する責任を負う（415条1項）。

(イ) 贈与契約
(a) 給付義務の違反
① 他人物贈与における給付義務違反

【設例】
　Xは，YからY名義の甲土地を贈与され，甲土地の引渡しと所有権移転登記を受けた。その後，Xは，甲土地の真実の所有者であると主張するAから，甲土地につき，明渡請求及び登記請求の訴訟を提起さ

> れ，敗訴した。

　改正前民法549条は，贈与の対象を「自己の財産」としていた。しかし，改正前民法下の判例（最二小判昭44.1.31集民94号167頁，判タ232号106頁）は，他人の物の贈与契約も有効であり，贈与者は自らその財産を取得して受贈者にこれを移転する義務を負うとしていた。

　民法は，売買については他人物売買の規定（561条）を置いたが（本書176頁），他人物の贈与者が受贈者にその権利の全部を移転しない場合については，これに相当するような規定は設けなかった。しかも，「贈与者は，贈与の目的である物又は権利を，贈与の目的として特定した時の状態で引き渡し，又は移転することを約したものと推定する。」と意思推定規定（551条1項）が置かれたが，他人物贈与に関する意思推定規定は設けられなかった。これは，実務において他人物贈与が問題になることは多くはなく，議論の蓄積も乏しいことから，他人物贈与について規定を設けることを断念したという経緯による。もっとも，贈与契約の冒頭規定である549条では，改正前民法549条の「自己の財産」が「ある財産」と改められた[87]。これにより，他人物贈与が「成立」し，「効力を生ずる」ことが条文上も明らかになったのであるが，効力の内容，すなわち，**他人物贈与の場合に贈与者が負う義務がどのようなものかについては**，引き続き解釈に委ねられた。現在では，大別すると次の2つの見解が示されている。

　第1の見解は，他人物贈与について，原則として贈与者には財産の所有権を受贈者に移転する義務があるとする（この点では他人物売買の561条と同様である）[88]。その理由として，贈与は無償行為であるが，549条の下では，贈与者は財産権移転義務を給付義務として負っているのであるから，他人物贈与においても贈与者には贈与目的物とされた財産についてその権利を取得して受贈者に移転する義務があるというべきであるとする。この立場からは，所有者から所有権を取得することが贈与者に義務付けられていなかったこと（特約の存在）や，贈与者が所有者から所有権を取得

---

[87] 他人物贈与の規律に関する審議過程については，潮見佳男「他人物贈与における贈与者の義務と責任」磯村保ほか編『法律行為法・契約法の課題と展望』（2022年・成文堂）371頁参照。

[88] 潮見・契約各論I65頁参照。

することが停止条件とされていたことは，上記移転義務の発生を障害する事由として贈与者が主張・立証すべきものと位置付けられる。贈与者が権利の全部を移転しない場合には，贈与者は債務不履行責任を負うべきであり，この場合，受贈者は，債務不履行に基づき損害賠償を求めることができ（415条・416条），また，贈与契約を解除することもできる（541条・542条）とされる。なお，損害賠償の免責事由（415条1項ただし書）の判断に当たっては，贈与の無償性を考慮に入れ，当該贈与契約の趣旨に照らして他人の財産権を取得してまで権利を移転することを贈与者に期待することができないかどうかを検討することになる。

　第2の見解は，他人物贈与について，原則として贈与者には財産の所有権を受贈者に移転する義務はないとする[89]。この見解は，贈与者がどのような義務を負担するのかは，当該贈与契約で合意された内容によるところ，贈与が無償契約であることを踏まえると，原則として，贈与者がその財産を取得した場合にはそれを受贈者に移転する義務を負うにとどまり，他人の権利の売主のように「その権利を取得して買主に移転する義務」（561条）まで負うことは例外であるとする。

　上記の見解の対立点は，贈与の無償性を踏まえて，デフォルト・ルールをどのように設定すべきかという点である。贈与契約は無償契約であるとはいえ，その目的は多様である上，その動機も必ずしも恩恵的・好意的なものにとどまらないことからすると，贈与者が自らの意思により財産権の移転を引き受けた以上，原則として，他人からその財産権を取得してその移転義務を負うというべきであり，このことは改正前民法下の判例法理とも整合的であるので，本書は第1の見解に立ちたい。実務的にも，贈与が訴訟上問題となる事案では，何らかの負担ないし対価的要素（例えば，扶養や老後の介護）を含んでいる場合が多い。

　第1の見解に立てば，設例では，反対趣旨の特約のない限り，贈与者Yは，受贈者Xに対し，贈与契約に基づき，甲土地の所有権を移転する義務を負っていた（給付義務の内容）が，その義務を履行することができなかったことになる（給付義務違反）。そうすると，415条1項本文の「債務の履行が不能であるとき」に当たるから（本書169頁以下参照），受贈

---

[89] 中田・契約法270頁参照。

者Ｘは，贈与者Ｙに対し，免責事由（415条1項ただし書）がある場合を除き，これによって生じた損害の賠償を請求することができる（同条1項・2項1号）。

② **贈与者の契約不適合責任**[90]

㋐ 551条の規定[91]

前記①で述べたとおり，551条1項は，「贈与者は，贈与の目的である物又は権利を，贈与の目的として特定した時の状態で引き渡し，又は移転することを約したものと推定する。」と意思推定規定を置いている（その法的性質は解釈規定[92]と解される）[93]。

これは，贈与者は品質等に関して贈与契約の内容に適合した目的物を引き渡す債務等を負うことを前提とした上で，贈与者の責任を軽減する観点から，贈与契約においては，贈与の目的として特定した時の状態で贈与の目的物を引き渡すこと等を合意していたものと推定することとしたものである。

これにより，当事者間でこれと異なる合意等がされていることが主張・立証されない限り，贈与者は，目的物が「特定」した時（特定物贈与であれば契約時）の状態で目的物の引渡し等をすれば足りることになる。もっとも，種類物については，契約の内容に適合しないものでは特定を生じないとの立場（本書70頁参照）を前提とすると，そもそも契約不適合責任が問題となる余地はなく，契約の内容に適合する目的物をなお調達し，引き渡す義務があるということになる。

㋑ **法的性質**[94]

贈与者の引渡義務等について551条1項の意思推定規定が適用される

---

[90] 贈与者の契約不適合責任につき，筒井＝村松・266頁，田中洋「贈与者の契約不適合責任の課題」磯村ほか編・前掲注87）409頁参照。

[91] 筒井＝村松・266頁参照。

[92] 田中・前掲注90）417頁参照。なお，解釈規定については，兼子・研究Ⅰ315頁，司法研修所・第一巻26頁参照。

[93] 改正前民法551条1項は，「贈与者は，贈与の目的である物又は権利の瑕疵又は不存在について，その責任を負わない。ただし，贈与者がその瑕疵又は不存在を知りながら受贈者に告げなかったときは，この限りでない。」と規定し，贈与者は，贈与の目的物又は権利に瑕疵があった場合においても，原則として，その瑕疵について責任を負わないとし，例外的に，贈与者がその瑕疵を知りながら受贈者に告げなかったときはその瑕疵について責任を負うとしていた。

と，引き渡された贈与の目的物に契約不適合があるという事態が生ずる場面は実際には限定され，その結果，贈与者が契約不適合責任を負うこととなる場面も限定される。

もっとも，前記⑦で述べたとおり，当事者が551条1項の推定を覆すような合意をするなどした場合において，贈与者が贈与契約の内容に適合しない物を引き渡し又は権利を移転したときは，目的物の契約不適合があったことになり，贈与者は契約不適合責任を負う。

この場合に贈与者が負う契約不適合責任は，贈与契約の内容に適合した目的物を引き渡す債務等の不履行に基づく責任であるから，債務不履行責任の性質を有する。

⑨ **責任内容**

贈与者が負う契約不適合責任の内容は，債務不履行の一般的規律による。すなわち，受贈者は，贈与者に対し，それぞれ要件を満たせば，損害賠償請求をすることができるほか（415条），贈与契約の解除をすることもできる（541条・542条）[95]。さらに，追完請求（例えば，修補請求など。562条参照。適用ないし準用ではない）[96]もすることができる。追完請求が可能であることの理論的根拠が問題となるが，追完請求権は，履行請求権が具体化されたものであってこれと同質性を有すると解される一方で，履行請求権と完全に同じ性質のものといえない面もあり，個々の局面ごとに追完請求権の内容確定等をすべきところ（上巻223頁），贈与者の契約不適合の責任内容という局面では，契約不適合という事態に着目した救済手段として，債権の第1次的効力である履行請求権（本書122頁以下）が具体化されたものとしての追完請求権が認められると考えたい。

これに対し，売主の契約不適合責任とは異なり，代金減額請求権（563条参照）は認められない。代金減額請求権は，双務有償契約における給付と反対給付との間の主観的等価性（対価的均衡）を維持することを目的とする救済手段であり，対価を伴わない無償契約である贈与契約（なお，負

---

[94] 田中・前掲注90）417-418頁参照。
[95] 片務契約における解除につき，本書126頁注14）参照。
[96] 筒井＝村松・267頁，潮見・契約各論Ⅰ61頁，中田・273頁，田中・前掲注90）418頁参照。

担付贈与契約については次に述べる）には無用のものであるからである[97]。

　なお，損害賠償請求については，免責事由の存在（415条1項ただし書。本書256頁以下参照）や損害賠償の範囲の確定（416条。本書270頁参照）において，具体的な贈与契約の性質・目的を考慮して，契約不適合について贈与者が負う責任が軽減ないし排除される余地はあろう[98]。

負担付贈与における贈与者の契約不適合責任（551条2項）[99]

　551条2項は，負担付贈与における贈与者の契約不適合責任について，「**贈与者は，その負担の限度において，売主と同じく担保の責任を負う。**」と定めており，これは改正前民法当時から変わっていない。その意味は，受贈者の負担が金銭債務である場合にはその減額請求（563条）が可能となるものと解され，「その負担の限度」とは，受贈者が，自ら負担を履行することによって損失を被らない限度まで，負担の減額を請求することができるという意味であると解される。例えば，50万円相当とされている骨董品を贈与し，受贈者が5万円だけ支払うという負担付贈与契約が締結された場合において，その骨董品が1万円の価値しかないことが判明したときは，負担を1000円（価値の1割。買主の代金減額請求の考え方ではこのようになる）にすることではなく，1万円にすること（価値相当額）を請求することができることになる。これは，負担付であったとしても贈与については，売買のように対価的均衡を考慮する必要はないことを踏まえたものである。

　次に，代金減額請求権以外の，負担付贈与における契約不適合責任の内容（損害賠償請求権，契約解除権，追完請求権）について，通常の贈与における規律との均衡をどう考えるかが問題となる。**第1の見解**は，代金減額請求権以外のものについても「負担の限度において」責任を負うにとどまるとする（中田・契約法281頁参照）。**第2の見解**は，代金

---

[97] 田中・前掲注90）418頁参照。
[98] 中田・契約法272-274頁，田中・前掲注90）422-424頁参照。
[99] 筒井＝村松・267頁，田中・前掲注90）419頁参照。

減額請求権以外のものについては「負担の限度において」という制約なく責任を負うとする（潮見・契約各論Ⅰ72頁参照）。通常の贈与においても，贈与の目的物に契約不適合があったときは原則として贈与者の契約不適合責任が認められるという規律が採用されていることや，通常の贈与の場合の方が負担付贈与の場合よりも贈与者が負う責任が重くなるのは不均衡であることに照らせば，第2の見解が相当であろう[100]。

次に，③・④において，契約不適合について具体例を基に検討する。
③ 具体例1──移転した権利の契約不適合[101]

【設例】
Xは，YからY名義の甲土地の贈与を受けた。贈与契約締結の際，Xは，Yから，隣地である乙土地の所有者Aとの間で，甲土地を要役地，乙土地を承役地とする通行地役権設定契約が締結されているとの説明を受けていた。しかし，Y・A間の通行地役権設定契約は交渉段階にあったにすぎず締結されていなかった。

設例において，X・Y間の贈与契約の内容は通行地役権が付いた甲土地の所有権を移転するというものであったと認められる（給付義務の内容）が，実際には通行地役権の付いていない甲土地の所有権を移転するにとどまり，「あるべき状態」と「現実」との間に不適合が生じた（給付義務違反）。したがって，Xは，415条1項の規定により，免責事由（同項ただし書）がある場合を除き，これによって生じた損害の賠償を請求することができる[102]。

④ 具体例2──目的物の契約不適合[103]

【設例】
Xは，Yから，中古自動車甲の贈与を受け，引渡しを受けたが，甲車のブレーキに不具合があった。

---

[100] 田中・前掲注90) 431頁参照。
[101] 潮見・契約各論Ⅰ64頁，潮見・前掲注87) 371頁参照。
[102] 潮見・契約各論Ⅰ60-61頁参照。
[103] 潮見・契約各論Ⅰ59頁，田中・前掲注90) 409頁参照。

設例において，まずX・Y間の贈与契約の内容を確定する必要があるが，この点については551条1項の推定規定があることから，事実関係によって，(i)贈与の目的として特定した時の状態で引き渡すことを約したものと推定される場合と，(ii)推定が覆り，甲車を通常の走行に支障のない状態で引き渡すことを約したものと認められる場合とが考えられる。そして，(ii)の場合には，「あるべき状態」（給付義務の内容）と「現状」との不適合がある（給付義務違反）とされ，受贈者Xは，贈与者Yに対し，免責事由（415条1項ただし書）がある場合を除き，これによって生じた損害の賠償を請求することができる（同項）。もっとも，前記②で述べたとおり，免責事由の存在（同項ただし書。本書256頁以下参照）や損害賠償の範囲の確定（416条。本書270頁参照）において，具体的な贈与契約の性質・目的を考慮して，契約不適合について贈与者が負う責任が軽減ないし排除される余地はあろう。

(b) 付随義務の違反

贈与契約において，贈与者の付随義務違反の債務不履行が認められることがある（本書37頁，173-174頁，上巻25頁，223頁参照）。

付随義務違反の具体例としては，本書204頁以下で述べた売買の場合と同様である。

(c) 保護義務の違反

贈与契約において，贈与者の保護義務違反の債務不履行が認められることがある（本書40頁，173-174頁，上巻25頁，223-224頁，228頁参照）。

保護義務違反の類型としては，本書205頁以下で述べた売買の場合と同様である。

なお，この問題を考える際には，贈与の無償性を考慮してはならない点に留意されたい[104]。

(ウ) 賃貸借契約

(a) 給付義務の違反

① 給付義務の主要な内容

賃貸借契約において，賃貸人は，賃借人に対し，目的物を使用収益に適

---

[104] 潮見・契約各論Ⅰ66頁参照。

した状態に置くという積極的内容の債務を負うが（601条），そのための具体的・個別的行為（手段）として，㋐目的物の引渡義務（601条），㋑目的物の修繕義務（606条1項本文）など[105]の給付義務を負担する。このうち㋐が「与える債務」であり，㋑が「為す債務Ⅰ」である（本書8頁，9頁参照）。㋑の修繕義務は，「与える債務」ではないのであるが，目的物の契約不適合責任との関係もあるので，便宜上関連問題として，後記⑤で述べる。

他方，賃借人は，賃貸人に対し，目的物の使用収益の対価として賃料支払義務（601条）を負うほか，㋒契約又は目的物の性質によって定まった用法に従い使用収益する義務（616条・594条1項），㋓契約が終了したときに目的物を返還する義務（601条。後記「④ 具体例2」に対応する）など[106]の給付義務を負担する。このうち㋒が「為す債務Ⅰ」であり，㋓が「与える債務」である（本書8-10頁，55頁参照）。

他人物賃貸借

【設例】
　Xは，Yから，所有者Zから賃貸権限を受けたとの説明を受けて，甲建物を賃借するとの契約を締結した。しかし，Yは，実際にはZ

---

[105] 本文の目的物を使用収益させる義務から派生する義務として，条文にある費用償還義務（必要費につき608条1項，有益費につき同条2項）のほか，目的物の使用を妨げる者を排除する義務（最二小判昭28.12.18民集7巻12号1515頁，判タ36号41頁）や，使用収益状態の確保に向けて賃借人に協力する義務（最三小判昭35.10.11民集14巻12号2465頁，判タ111号55頁〔農地賃貸人が農業委員会に対する賃借権設定許可申請手続に協力する義務〕）があり，これらはいずれも具体的・個別的行為（手段）としての給付義務である（本書8頁，36-37頁参照。なお，潮見・契約各論Ⅰ372-373頁も参照）。

[106] 本文の目的物を適切に使用収益する義務から，具体的な義務として，用法遵守義務（特約によるペット飼育禁止，居住用建物を事務所に使用するなどは，性質による用法違反である），受領した目的物を返還するまで善良な管理者の注意をもって保管する義務（400条〔善管義務〕）のほか，目的物が修繕を要し，又は目的物について所有権などの権利を主張する者があるときにその旨を賃貸人に通知する義務（615条〔通知義務〕）があり，これらはいずれも具体的・個別的行為（手段）としての給付義務である（本書8頁，36-37頁参照。なお，潮見・契約各論Ⅰ398-401頁も参照）。

> から賃貸権限を受けておらず，Xに対し，甲建物の引渡しをすることができなかった。

設例において，賃貸人Yは，賃借人Xに対し，賃貸借契約に基づき，甲建物の賃貸権限（所有権又は管理処分権）をZから取得した上で，甲建物を引き渡し，使用収益させる義務を負っていた（559条・561条）が，その義務を履行することができなかった（給付義務違反）。そうすると，415条1項本文の「債務の履行が不能であるとき」に当たるから[107]（本書169頁以下参照），賃借人Xは，賃貸人Yに対し，免責事由（同項ただし書）がある場合を除き，これによって生じた損害の賠償を請求することができるし（415条1項本文・2項1号），契約を解除することもできる（542条1項1号。潮見・契約各論I 356頁，中田・契約法393頁，434頁参照）。

使用貸借契約における貸主・借主の債務は，同じ利用供与型契約として[108]，賃貸借契約における賃貸人・賃借人の債務に類似するが（593条），異なる点もある[109]。

② 給付義務違反があると判断する過程

賃貸借契約に基づく「与える債務」の給付義務違反の有無は，契約の解釈により内容が確定された「あるべき状態」（給付義務の内容）と，「現実」にされた履行内容（事実認定の問題である）とを対比することによって（規範的に）判断されることになる。

以下では，③において賃貸人の給付義務違反（権利の契約不適合）について，④において賃借人の給付義務違反（返還義務違反）について，具体例を基に検討する。

---

[107] なお，履行不能の時期が問題となるが，判例は，賃借人が真の権利者に目的物を返還したり，真の権利者との間で賃貸借契約を締結したりしたときなどに，履行不能になるとしている（山下郁夫・判解民平9年(上)232頁参照）。
[108] 潮見・契約各論I 311頁，小粥・新注民(8)515頁参照。
[109] 例えば，賃貸借において，賃料を取得する賃貸人は601条・606条で使用収益に適した状態を作出するという積極的な作為義務を負うのに対し，使用貸借では，賃料を取得しない貸主は593条で借主の使用収益を妨げないという消極的な不作為義務（使用収益の受忍義務）を負うにとどまるとされている。潮見・契約各論I 321頁参照。

③ 具体例1——移転した権利の契約不適合

【設例】
　Xは，自宅を建築する目的で，YからY名義の甲土地を賃借し，引渡しを受けた。賃貸借契約締結の際，Xは，Yから，「隣地である乙土地の所有者Aとの間で，甲土地を承役地，乙土地を要役地とする通行地役権設定契約が締結されていたが，同契約は既に合意解除されている」との説明を受けていた。しかし，Y・A間の合意解除は錯誤により取り消された。

　設例において，賃貸人Yは，賃借人Xに対し，賃貸借契約に基づき，通行地役権の負担のない状態で甲土地を使用収益させる義務を負っていた（給付義務の内容）が，実際には通行地役権の負担のある甲土地を使用収益可能な状態に置いたにとどまり，「あるべき状態」と「現実」との間に不適合が生じた（給付義務違反）。したがって，559条・565条により562条—564条が準用されるが，設例では，562条（追完請求）・563条（代金減額請求）は問題とならない。もっとも，損害賠償請求（415条）又は解除権の行使（541条・542条）は可能であるところ（564条），設例では，甲土地に通行地役権の負担が存在したため自宅建築の目的を達成することができなかったとみられるので，解除に関する542条1項3号の「契約をした目的を達することができない」場合に当たる。そうすると，賃借人Xは，賃貸借契約を解除することができ，その場合には，それまでに準備した費用が無駄になったことによって生じた損害（例えば，自宅建築のための測量費用，自宅建築に関して締結した各種契約の違約金）の賠償を請求することができる（415条1項本文・545条4項）。

④ 具体例2——目的物の返還義務の不完全履行

【設例】
　Xは，Yに対し，甲建物を賃貸して引き渡したが，その後，賃料不払を理由に賃貸借契約を解除した。Yは退去したが，甲建物内にはYが設置した家庭用エアコンのほか，たんすや机などの荷物がそのままになっている。

設例において，賃貸借終了後に賃借人が負う義務として，㋐目的物返還義務（601条），㋑原状回復義務，㋒収去義務の相互の関係が問題となる[110]。

この点に関し，改正前民法下では，原状回復義務（**広義の原状回復義務**）は，附属物の収去義務と，賃借物の損傷を原状に復する義務（**狭義の原状回復義務**）とを含むものと解されていた[111]。ところが，民法は，両者を区別し，附属物の収去義務につき622条・599条1項本文，賃借物の損傷を原状に復する義務（狭義の原状回復義務）につき621条と[112]，それぞれ書き分ける規定を置いた。そのため，「原状回復義務」という語は，収去義務を含む広義の原状回復義務という意味で用いられる場合と（改正前民法下における一般的な用法），収去義務と区別される狭義の原状回復義務（621条所定の原状回復義務）という意味で用いられる場合とがあるので，混乱しないよう注意する必要がある。

賃借人は，賃貸借契約に基づく義務として，賃貸借契約の終了により附属物を収去した上で目的物を賃貸人に返還するという1個の義務としての目的物返還義務を負い，附属物の収去義務はその返還義務に包摂されると解される（1個説）[113]。つまり，目的物返還義務は，その中に収去義務（㋒）を含んだ引渡義務であって，㋐と㋒は別個の義務ではないと考えるのである[114]。

そうすると，設例で，賃借人Yは，甲建物から退去したものの，家庭用エアコンの収去義務を履行しておらず（家庭用エアコンは，甲建物に附属しているが，比較的廉価で撤去可能であり，分離不能物又は分離に過分な費用を要する物ではないので，収去義務の対象となる），また，タンス

---

[110] 潮見・契約各論Ⅰ 428頁，森田・ケース 313頁〔三枝健治〕参照。

[111] 我妻・講義V2・466-467頁，山本・438-442頁参照。なお，改正前民法下の判例である最二小判平17.12.16集民218号1239頁，判タ1200号127頁（沖野・消費者百選〔第2版〕23解説参照）は「賃借人は，賃貸借契約が終了した場合には，賃借物件を原状に回復して賃貸人に返還する義務がある」と判示するが，ここでいう原状回復義務は本文にいう広義の原状回復義務に対応する。なお，森田・新注民⑬Ⅰ 535頁参照。

[112] 621条所定の原状回復義務が，「損傷」に限定されたものであることに留意されたい。

[113] 司法研修所・第二巻122頁，司法研修所・類型別101頁参照。

[114] 潮見・契約各論Ⅰ 431頁参照。

や机などの荷物がそのままになっているというのであるから，目的物返還義務の不完全履行ということになる。そして，収去や物の搬出は可能であるから，目的物返還義務の不完全履行により生ずる損害に関しては，履行遅滞の問題として処理されることになる[115]。

　したがって，賃貸人Ｘは，賃借人Ｙに対し，甲建物の返還義務の履行が不完全であるとしてその履行（甲建物の明渡し）を求めることができるほか，履行とともにする損害賠償（遅延賠償）として，債務の本旨に従った履行がされるまでの間の賃料相当損害金を請求することができる。

　なお，民事執行法上は，甲建物の明渡しの債務名義（民執22条）に基づき，その強制執行として，執行官が債務者Ｙの甲建物に対する占有を解いて債権者Ｘにその占有を取得させることになり（民執168条1項。上巻140頁参照），その際，設例の家庭用エアコンやたんすや机などの荷物については，目的外動産として，執行官が取り除いて債務者Ｙ等に引き渡し，それができないときは執行官が保管・売却し，保管費用は執行費用となる（民執168条5項・6項）。もっとも，附属物の内容・状態によっては，建物明渡しの債務名義と別に附属物収去の債務名義を得た上で，代替的作為債務の代替執行（民執171条1項1号・4項）がされる場合もある（上巻141頁参照）。

附属物の収去義務の不履行と損害賠償請求権

【設例】
　土地賃貸借契約が終了して賃借人が土地を賃貸人に明け渡したが，賃貸中に設置された工作物の撤去（附属物の収去）が行われていない。賃貸人が賃借人に対して撤去に要する費用（収去に要する費用）

---

[115] 不完全履行と履行遅滞・履行不能の関係について，本書172-174頁参照。また，この点を簡潔に説明している磯村・140頁も参照されたい。
　なお，不完全履行と履行遅滞との関係について，債務者が一部履行の意思を示して履行をした場合には残部の履行遅滞の問題となるが，債務者が全部履行の意思を示して不完全な履行をした場合には全体として不完全履行の問題となるとする見解がある（石田穣『債権総論』〔2022年・信山社〕327頁，337頁参照）。

> を損害賠償として請求するための要件はどのように考えるべきであろうか（415条1項の要件のみで足りるか，同条2項又は563条〔類推〕の規定する付加要件が必要か）。

　この点については，売買において詳しく述べたところであるので（本書185-188頁参照），ここでは，設例を念頭に賃借人の目的物返還義務に特有な問題について述べる[116]。

　本書の立場（上巻222-223頁）は，契約に適合しない給付をした債務者が，債権者から追完ないし修補の催告がなかったからといって，そのことだけで損害賠償責任までも免れるのは不当であること，修補費用の賠償は，修補義務の履行費用であって一般的な損害賠償とはその性質を異にしていると考えられることなどから，**債権者は，415条1項に基づき，催告等をすることなく直ちに修補に代わる損害賠償を求めることができる**とするものである（付加要件不要説）。もとより，この見解によれば，解除権の発生等や軽微な不履行にとどまるかどうかを考慮する必要はない。

　設例では，賃貸借契約終了後に引き渡された土地について工作物撤去（附属物収去）義務が履行されていなかったのであるから，土地の返還債務の不完全履行に当たる[117]。したがって，賃貸人が賃借人に対し，履行に代わる損害の賠償を求めるためには，賃貸人がその撤去のために金員を出捐し，その金額が相当であること，を主張・立証すれば足りることになる。この場合，履行不能（415条2項1号），明確な履行拒絶（同項2号），解除権の発生（同項3号）等の要件を考慮する必要はない。

　これに対し，付加要件必要説については，設例のような場合，賃貸借契約は既に終了しているから，追完ないし修補義務の履行催告後相当の期間が経過しても，契約の解除権（415条2項3号）は発生しないため，履行不能（同項1号）又は明確な履行拒絶（同項2号）の要件を満

---

[116] 筒井＝村松・76頁，341頁，森田宏樹「履行に代わる損害賠償と解除権の発生の要否」法教500号（2022年）1頁参照。
[117] 飽くまで1個の債務不履行（不完全履行）であって，これとは別の債務不履行（履行遅滞）が生ずるわけではないことに留意されたい。

たす場合でない限り，収去費用の賠償請求はできなくなるのではないか，という問題があるように思われる[118]。

⑤ 関連問題——修繕義務（目的物の契約不適合責任との関係）

【設例】
Xは，Yから，居住目的で甲建物を賃借し，引渡しを受けたが，雨漏りが発生するようになった。しかし，Yは，Xからの修繕の求めに応じない。

設例では，賃借した建物の修繕が問題となっているので，この点に関する賃貸借契約に特有の規定をみてみることにする。

賃貸人は，賃借人に対し，賃借物を使用収益させる義務を負う（601条）。したがって，賃借物の使用収益に適しない状態が生じれば，賃貸人は，これを解消して賃借物の使用収益ができる状態を維持すべきであり，そのために，賃借人に対して修繕義務を負うことになる（606条1項）。

設例では，雨漏りの原因は不明であるが，その原因が賃借人Xの責めに帰すべき事由による場合（606条1項ただし書）を除き，たとえ地震や台風のような不可抗力による場合でも，賃貸人Yは，甲建物の雨漏りの修繕義務を負う。この場合，賃貸人Yが知っている場合を除き，賃借人Xは，賃貸人Yに対し，615条本文により，甲建物が修繕を要する旨を遅滞なく通知しなければならない。

この修繕義務の履行を遅滞したときは，賃貸人Yは，賃借人Xに対し，415条1項により，遅滞により生じた損害を賠償する義務を負うことになる[119]。

次に，甲建物の修繕義務が履行不能の場合には，賃借人Xは，賃貸人

---

[118] 森田・前掲注116）1頁参照。
[119] 潮見・契約各論Ⅰ 381頁，磯村・300頁，中田・契約法409頁参照。
　設例と異なり，営業用店舗の賃貸借では，賃借人は，営業利益相当の損害の賠償を求めることができる。もっとも，最二小判平21.1.19民集63巻1号97頁，判タ1289号85頁（店舗の賃借人が賃貸人の修繕義務の不履行により被った営業利益相当の損害について，賃借人が損害を回避又は減少させる措置をとることができたと解される時期以降に被った損害の全てが416条1項にいう通常生ずべき損害に当たるということはできないとされた事例）も参照。

Yに対し，修繕義務の履行を求めることはできない（「不能」には物理的不能の場合だけでなく過分な費用を要する場合も含まれることにつき，本書159頁注21），170-171頁を参照）。

なお，雨漏りにより甲建物の使用収益が一部不能になる事態が生じた場合には，611条1項により，当然に賃料が割合的に減額されることになる[120]。

一方，賃貸借契約は有償契約であるから，559条により売買における契約不適合の規定（562条以下）が準用される。設例のように修繕義務が問題となる場合には，「引き渡された目的物が…品質…に関して契約の内容に適合しないものである場合」（559条・562条1項）に当たることになる。したがって，562条1項により，賃借人Xの賃貸人Yに対する修補（修繕）義務の履行を求めることができる。しかしながら，契約不適合責任には期間制限があるところ（566条），その準用の有無については議論があるが[121]，これが準用されると，失権のおそれがある。

そうすると，実務的には，設例のように賃貸人の修繕義務が問題となる事案では，566条準用の可能性もあることを考慮し，これを契約不適合責任の問題と捉えるよりも，賃貸借特有の修繕義務の問題として処理する方が適切であると思われる。

もっとも，賃貸借契約であっても，目的物が例えば工作機械（クレーン車など）である場合には，型式違いによる「種類」の不適合や，台数違いによる「数量」の不適合など，修繕が問題とならない場面では，契約不適合責任により処理すべきことになる。

---

[120] 賃借人は，①修繕が必要である旨を通知するなどした（615条参照）にもかかわらず賃貸人が相当の期間内に必要な修繕をしないとき，②急迫の事情があるときは，自ら修繕することができる（607条の2）。この場合，賃借人は，修繕のために支出した費用について，608条1項により，賃貸人に対し，直ちに償還請求することができる。

なお，607条の2の要件を満たさずにされた修繕についても，賃貸人が本来修繕義務を負っていることに照らせば，賃借人は，賃貸人に対し，償還請求することができる（もっとも，賃貸人が修繕していたならばより低廉な費用にとどまっていた場合には，請求できるのはその限度にとどまる）と解される（磯村・302頁参照）。

[121] 森田・前掲注55）279頁は，売買の担保責任の期間制限の規律について，債務者による目的物の引渡しと債権者によるその受領が要素となる契約類型に特有の利益衡量がとられており，売買及び目的物の引渡しを伴う「物請負」についてのみ妥当する規律であるとする。

なお，例えば地震等により建物が全壊した場合のように賃借物を使用収益させる義務が全部履行不能の場合には，賃貸借契約は616条の2（同条は，改正前民法下の最三小判昭32.12.3民集11巻13号2018頁，判タ78号50頁を明文化したものである）により当然終了になることに注意されたい。

使用貸借の目的物の契約不適合

【設例】
　Xは，Yから，中古自動車甲を無償で借り受けたが，甲車のブレーキに不具合があった。

　この点については，596条で贈与に関する551条が準用されるため，本書213頁（贈与の目的物の契約不適合）と同様になる。すなわち，設例において，まずX・Y間の使用貸借契約の内容を確定する必要があるが，この点については596条・551条1項の推定規定があることから，事実関係によって，(i)使用貸借の目的として特定した時の状態で引き渡すことを約したものと推定される場合と，(ii)推定が覆り，甲車を通常の走行に支障のない状態で引き渡すことを約したものと認められる場合とが考えられる。そして，(ii)の場合には，「あるべき状態」（給付義務の内容）と「現状」との不適合がある（給付義務違反）とされることになる。もっとも，免責事由の存在を判断する際（415条1項ただし書。本書256頁以下参照）や，損害賠償の範囲確定の場面（416条。本書270頁参照）において，具体的な使用貸借契約の性質・目的（無償性等）を考慮して，契約不適合について貸主が負う責任が軽減ないし排除される余地はあろう（本書212頁参照）。

(b) **付随義務の違反**
　賃貸借契約において，賃貸人の付随義務違反の債務不履行が問題になることがある（本書37-39頁，173-174頁，上巻25頁，223頁参照）。
① **付随義務の主要な内容**
　賃貸借契約における賃貸人の付随義務とは，給付結果を通して賃借人が

実現・獲得を目指す利益（給付利益）確保のために付随的に必要とされる義務をいう[122]。例えば、動産（建設機械等）の賃貸借契約上、賃貸人において、目的物の使用方法を（取扱説明書を交付するなどして）賃借人に説明する義務[123]などは、合意により給付内容とされていない限り、付随義務であり、信義則を根拠とする。

　そして、上記の例で、賃貸人が目的物の使用方法について賃借人に適切な説明をしなかったために賃借人が使用方法を誤って目的物を壊してしまった場合、特定前の種類物の損壊（例えば、引渡前の試運転時の損壊）であれば、賃貸人は引き続き同種同量の目的物を引き渡す義務を負うため履行遅滞（412条）の問題となり、本来の債務不履行（履行遅滞）に包摂されるから、付随義務違反が独立して問題とされることはない。これに対し、引渡後の損壊であれば、賃貸人の修繕義務が問題となるほか、使用収益ができない期間中の賃料債務は発生しないこととなるが、更に損害（例えば、使用収益ができなかった期間中仕事を受注できなかったことによる逸失利益）が生じた場合には、賃貸人は、賃借人に対し、付随義務違反に基づき、上記損害を賠償する責任を負う（415条1項）。

(c) **保護義務の違反**

　賃貸借契約において、賃貸人又は賃借人の保護義務違反の債務不履行が認められることがある（本書40頁、173-174頁、上巻25頁、223-224頁、228頁参照）。

① **保護義務の主要な内容**

　賃貸借契約における賃貸人又は賃借人の保護義務とは、前記(b)で述べた付随義務のように給付利益の保持に向けられた義務ではなく、それ以外の、賃借人又は賃貸人の生命・身体・所有権その他の財産的利益（完全性利益）の保護に向けられた義務をいう。例えば、賃貸借契約上、㋐賃貸人において、賃借物を使用収益させるに際して、使用収益に伴い賃借物から生ずる侵害の危険から賃借人の生命・身体・健康・財産を保護するために

---

[122] 賃借物を賃借人に引き渡すまで毀損しないよう保管する義務（保存義務）等は、ここでいう付随義務ではないことに留意されたい。特定物の引渡債務と保存義務との関係については、本書60頁以下、61頁注8）参照。

[123] 例えば、音楽スタジオの賃貸借契約で特殊な音響装置の取扱説明書を備え付ける義務、レンタカー契約で特殊な操作方法を説明する義務などが考えられる。

適切な措置をとるべき義務や，④賃借人において，具体的状況下において（例えば，賃貸人所有の2階建て家屋の2階の一室に賃借人が下宿しているなど），賃借人が，賃借物を使用収益するに際して，賃貸人の生命・身体・健康・財産を保護するために適切な措置をとるべき義務を負う場合がある。これらは，保護義務であり，信義則を根拠とする。

賃貸人又は賃借人の保護義務の内容は，信義則により確定される。

② 保護義務違反があると判断する過程

前記①⑦に関して，賃貸人が，賃貸建物の管理不備に起因して漏電・火災を発生させ，その結果賃借人所有の家財が焼失したような場合には，賃貸人の保護義務違反による損害が発生したものとして，賃借人は，賃貸人に対し，賃貸借契約上の債務不履行による損害賠償を請求することができる（最一小判平 3.10.17 集民 163 号 365 頁，判タ 772 号 131 頁参照）[124]。これは，賃借人の完全性利益が契約履行過程で侵害されたという場面である。

前記①④に関して，賃借人が，漏水事故を起こして階下に居住する賃貸人所有の家具等に損傷を与えたような場合には，賃借人の保護義務違反による損害が発生したものとして，賃貸人は，賃借人に対し，賃貸借契約上の債務不履行による損害賠償を請求することができる。これは，賃借人の完全性利益が契約履行過程で侵害されたという場面である。

上記の場合は，いずれも，債務不履行責任と不法行為責任が競合する。

⑴ その他の契約

「与える債務」を内容に含む契約としては，他に請負契約，寄託契約，運送契約などがあるが，これらについては「為す債務Ⅰ」（後記(3)）で適宜取り上げることとする。

(3) 作為債務その2（為す債務Ⅰ）

ここでは，金銭債務を除く作為債務のうち「為す債務Ⅰ」（一定の結果を実現しなければ債務が履行されたとはいえないもの。本書9頁参照）を念頭に置き，給付義務・付随義務・保護義務の違反について検討する。

---

[124] 潮見・契約各論Ⅰ 382 頁，小粥・新注民(8) 490 頁参照。

第3節　債務不履行による損害賠償

「為す債務Ⅰ」において，債務者が給付義務の内容に反して不完全な結果しか実現しなかったときは，給付義務の不完全履行となる（上巻229頁参照）。

契約によって発生する債務（契約債務）について，「為す債務Ⅰ」の場合，給付の目的である債権者に帰すべき利益（債権者利益）はもとより，そのような結果を実現する手段としての具体的・個別的行為の内容も，原則として，契約によって定められる。

もっとも，請負契約（後記(ア)）などの典型契約の場合には，その中心的な内容は次のとおりとなるのが通例であるから，この観点から整理することとする。

(ア)　請負契約
(a)　給付義務の違反
①　給付義務の主要な内容と規律
㋐　給付義務の主要な内容

請負契約において，請負人は，注文者に対し，仕事を完成させる義務を負うのに対し，注文者は，請負人に対し，その対価として報酬を支払う義務を負う（632条）。仕事の内容には無形のもの（例えば，講演）もあるが，以下では有形のもの（例えば，建物建築）を念頭に述べる。後者の場合，請負人は，仕事を行い，目的物を完成させるだけではなく，完成させた目的物を引き渡す義務も負う[125]。

㋑　請負契約における仕事の完成と目的物の引渡し

㋐で述べた請負人の仕事完成義務について契約に見合うような履行がされない場合に，どのような法的問題が生ずるか，について，設例を挙げて検討する。なお，実務では，建設工事の請負契約において，建設工事標準請負契約約款等の条項の検討は欠かせないが，ここではその問題には触れないこととする[126]。

---

[125] 中田・契約法507頁注4）は，本文と異なり仕事完成義務と完成させた目的物の引渡義務を区別する見解もあるとした上で，そのような見解は632条の規律との関係で不明確になるおそれがある点を指摘する。

第3章 債権の効力

> 【設例1】
> Yは、Xから、自宅新築工事を報酬額2000万円で請け負い、躯体工事を終えたが、予定工程の終了前に（中間検査で）、構造耐力上の問題（施工に起因するもの。以下同じ）があることが判明した。
>
> 【設例2】
> Yは、Xから、自宅新築工事を報酬額2000万円で請け負い、予定工程を終了したが、建物引渡前に（竣工検査で）、構造耐力上の問題があることが判明した。
>
> 【設例3】
> Yは、Xから、自宅新築工事を報酬額2000万円で請け負い、予定工程を終了し、Xに建物を引き渡したが、その後に構造耐力上の問題があることが判明した。

以上の設例は、いずれも契約で求められている、構造耐力に問題のない建物の完成・引渡しという結果債務が実現されていないという場合に当たる。

⑦ 仕事完成義務と報酬支払義務との関係

まず、債務不履行による損害賠償の問題とは直接に関係しないが、「為す債務Ⅰ」である仕事完成義務を考える前提として、その対価である報酬支払義務との関係について、関連する問題として述べることとする。

632条の「完成」とは、本来、仕事が遂行され、契約に適合した形で仕事が完了した場合を意味するが、実務上は、一般的には、その仕事が契約に適合しているか否かにかかわらず、当該工事が予定された最後の工程まで終了したこと（予定工程終了）を意味するとされている（下巻1277頁）。そして、636条・637条の「終了」がこの予定工程の終了（「一応の完成」）であるとされている[127]。その理由は、仮に、仕事の完成を完全な

---

[126] 本文で述べた約款については、潮見・契約各論Ⅱ223頁、中田・契約法505頁、笠井・新注民⑭119-121頁を参照されたい。また、建設工事の関連法令については、笠井・新注民⑭121-122頁を参照されたい。

[127] 「一応の完成」は、①給付危険の移転（請負人の仕事完成義務からの解放）を示す基準、②報酬請求権の発生時期又は履行期、という2点で言及される（中田・契約法507頁参照）。なお、給付危険の移転については、本書56-57頁を参照されたい。

履行をすることであるとすると，注文者が契約不適合を主張して報酬支払を拒む場合に，その主張の当否が決まるまで請負人は報酬を得られなくなるが，それでは請負人にとって過大な負担となるからである[128]。

したがって，この立場に立てば，請負人Xは，設例1では，予定された最後の工程まで工事を終えていないので，その段階で具体的な報酬債権は発生しないが（中巻347頁以下，とりわけ352頁注12），353頁注14）参照），設例2・3では，予定された最後の工程まで工事を終えているので，その段階で具体的な報酬債権が発生することになる。なお，この債権を行使できるかどうかは，別途考える必要がある（633条。中巻353頁注14）参照）。

㊁ 規律——債務不履行責任と契約不適合責任

i 請負人の債務不履行責任

次に，仕事完成義務が履行されない場合，すなわち，請負人が債務不履行責任を負う場合に，注文者は救済手段として，履行請求権，契約解除権（541条・542条），損害賠償請求権（415条）が与えられることはいうまでもない。これらの要件については，履行遅滞につき本書150頁以下を，履行不能（請負では修補に過分の費用を要する場合が多い[129]）につき本書158頁以下を，それぞれ参照されたい。

ii 請負人の契約不適合責任

また，仕事の目的物が契約の内容に適合しない場合も，前記 i と同様に仕事完成義務が履行されていない場合に当たるから，請負人は債務不履行責任を負う。もっとも，前記㋐・㋒で述べたとおり，請負人は，予定された工程を終了しているため仕事完成の対価である報酬支払請求権を取得することになる。このように，請負契約も有償契約であるから，契約不適合

---

[128] 笠井・新注民(14) 142頁参照。
[129] 改正前民法下の判例として，前掲最判昭58.1.20（造船の請負契約による建造船舶に比較的軽微な瑕疵があるが，その修補に著しく過分の費用を要する場合において，修補に代えて改造工事費及び滞船料相当の金員につき損害賠償請求が「民法634条1項但書の法意に照らし」許されないとされた事例），最三小判平14.9.24集民207号289頁，判タ1106号85頁（建築請負の目的物である建物に重大な瑕疵があるためにこれを建て替えざるを得ない場合に，注文者が請負人に対し建物の建て替えに要する費用相当額の損害賠償を請求することができるとされたもの）参照。秋山ほか・319頁〔田中洋〕，357頁〔藤澤治奈〕も参照。

責任に関する規定（562条以下）が準用される（559条）。

　すなわち、「引き渡された目的物が種類、品質又は数量に関して契約の内容に適合しないものであるとき」（562条1項）については、上記の債務不履行責任の特則として、請負人の契約不適合責任（請負人の担保責任といわれることもある〔636条・637条の見出し参照〕）が定められていることになる。

　したがって、仕事の目的物に設例のような構造耐力上の問題があるときは、品質に関する契約不適合責任が問題になる。請負人から引渡しを受けた建物に品質に関する契約不適合がある場合、注文者には、救済手段として、追完請求権（562条）、報酬減額請求権（563条）、損害賠償請求権（564条・415条）や契約解除権（564条・541条・542条）が与えられる。

修補に代わる損害賠償の要件（請負契約）

　請負契約の仕事の目的物が契約の内容に適合しないものである場合、修補に代わる損害賠償（目的物の修補それ自体によって得られるべき経済的地位〔利益〕を金銭で実現することを目的とする損害賠償）の請求について、どのような要件が必要となるのかが議論されている。

　この点については、売買において詳しく述べたところであるので（本書185-188頁参照）、ここでは、前記⑦の設例3（修補費用として1200万円を要するとする）を念頭に請負特有の問題について述べる。

　本書の立場は、上巻222-223頁で述べたとおりである。設例3において、注文者Xが請負人Yに不信感を抱き、自ら（他の業者に依頼して）不適合なところを修補したような場合（このような事態は実務上よくあることである）、注文者Xは、請負人Yに修補の催告をしていないから、報酬減額を請求することができないこと（563条）はもちろん、請負契約を解除することもできず（541条）、報酬を支払わなければならない。他方、請負人Yは、契約に適合しない給付をしたにもかかわらず、注文者Xが修補の催告をしなかったからといって、そのことだけで、その損害賠償責任までも免れるとするのは不当である。しかも、そもそも修補費用の賠償は、修補義務の履行費用であって一般的な損害賠償とはその性質を異にすると考えられる（本書188頁参照）。した

がって，改正前民法下の判例（前掲最判昭 52.2.28〔本書 188 頁〕，前掲最判昭 54.3.20〔本書 188 頁〕）の基本的な考え方と同じく，注文者 X は，追完（修補）の催告をすることなく直ちに修補に代わる費用を損害賠償として請求できると考えるべきである。この見解によれば，設例 3 において，X が Y に対し損害賠償請求をするためには，引渡しを受けた建物に構造耐力上の契約不適合があったこと，その修補のために 1200 万円を出捐し，その数額が相当であること，を主張・立証すれば足りることになる[130]。

iii 設例の解決
iii―1 設例1・2（建物引渡前）

設例 1・2 においては，建物の引渡しがされる前に，構造耐力上の問題があることが判明している。この場合，契約不適合責任に関する規定（特則）は適用されず，前記 i で述べた一般的な債務不履行責任が問題となる。

具体的には，注文者 X は，請負人 Y に対し，債務の本旨に従った仕事を完成（構造耐力上問題のない建物を建築）して引渡しをするように請求することができる（履行請求。本書 158 頁参照）。もっとも，履行期が到来していない場合には，注文者が建物を完成させて引き渡すよう請求しても，請負人は履行期まではこれを拒むことができるし，412 条の 2 第 1 項に該当する場合（修補に過分の費用を要する場合等）には，注文者 X は履行を請求すること自体ができない。

以上を踏まえると，まず，履行請求ができる場合において工期が遅れたときは，注文者 X は，履行とともにする損害賠償（415 条 1 項本文）として，例えば，引渡しの遅れた期間他の宿泊場所を確保するために必要と

---

[130] なお，修補費用の支払を損害賠償請求として位置付けることの適否を再検討すべきであるとの指摘もあるところ（磯村・328 頁参照），この点に関する本書の立場は，本文に述べたとおり修補費用の賠償は修補義務の履行費用であって一般的な損害賠償とはその性質を異にしているとするものである。もっとも，請負人の契約不適合責任は債務不履行責任の特則であるから，免責事由（415 条 1 項ただし書）がある場合には，注文者は損害賠償請求をすることができないのは当然であるが，実務上，請負人がした仕事が債務不履行になっても，それが請負人の「責めに帰することができない事由によるものである」ことは想定しづらいように思われる。

なった費用など，建物の引渡しが遅れたことにより生じた損害の賠償，つまり「遅延賠償」を求めることができる。

　他方，履行請求ができない場合（履行不能に陥った場合。同条2項1号），債務者が債務の履行を拒絶する意思を明確に表示した場合（同項2号），契約が解除された場合（同項3号）や，債務不履行による解除権が発生した場合（同項3号〔542条の要件を満たさない限り541条の要件を満たす必要がある〕）には，注文者Xは，解除した上で損害があればその賠償を請求することができるし，解除せずに履行に代わる損害賠償（415条2項柱書き）として，一般的には構造耐力上問題のない建物の価値相当額の損害の賠償，すなわち「塡補賠償」を求めることもできる[131]。なお，契約をした目的を達することができるとき（構造耐力上の問題が契約をした目的を達することができない程度に至っていないとき）には，契約を解除することはできないが，注文者Xは，請負人Yに対し，追完に代わる損害賠償として建物の価値減少相当額の賠償を請求することはできる。

iii—2　設例3（建物引渡後）

　設例3においては，建物の引渡しがされた後に，構造耐力上の問題があることが発見されている。この場合には，前記 ii で述べた契約不適合責任の問題となる。すなわち，修補請求などの追完請求権（562条）や報酬減額請求権（563条）が認められるほか，損害賠償，解除（564条）も認められ，損害賠償については415条，契約解除権については541条・542条によることになる。

　ここでは，損害賠償について述べる。

---

[131] 415条2項3号の規定が「契約が解除され，又は債務の不履行による契約の解除権が発生した」ことを「履行に代わる損害賠償」の要件としていることが，理論的にどのような考え方により正当化できるかについて，田中洋「改正民法における『追完に代わる損害賠償』(2)」NBL1175号（2020年）35-37頁は，解除の制度が契約の拘束力からの解放であるという前提に立って，そこでいう契約の拘束力には，①債権者が自己の債務の拘束力から解放されること（反対債務からの解放），②債務者による給付を受領することからも解放される（受領遅滞に陥ることを防ぐ）こと（給付受領への拘束からの解放）という2つの側面があるとした上で，「履行に代わる損害賠償」の請求が認められるときは，②の点において契約の解除が認められたのと同様の効果が生ずるから，契約解除制度との評価矛盾を回避するために，契約の解除が認められるのと同様の要件が必要となると説明する。なお，履行請求権と履行に代わる損害賠償請求権との併存状態については，上巻182頁を参照されたい。

第3節 債務不履行による損害賠償

　まず，修補が可能な場合，注文者Ｘは，①構造耐力上問題のないように補修（修補）を求めるとともに，例えば，修補の期間他の宿泊場所を確保するために必要となった費用などの損害の賠償，すなわち「追完とともにする損害賠償」を請求することができるほか，②前記ⅱの末尾で述べたとおり，修補（追完）を催告することなく，他の業者に修補をさせ，その業者に支払った費用などの損害の賠償，すなわち「追完（修補）に代わる損害賠償」を415条1項により請求することもできる。

　次に，修補が不能な場合，請負人Ｙは，契約不適合責任を負い，注文者Ｘは，③契約をした目的を達することができないときは，契約を解除した上で損害（無駄になった費用）の賠償を請求でき，④契約をした目的を達することができない程度に達しないため解除ができないとき（例えば，約定には反するが建物としての一般的な安全性に問題はないときなど[132]）には，追完に代わる損害賠償として建物の価値減少相当額の賠償を請求することができる。

　もっとも，⑤完成した建物に安全性に関わる重大な契約不適合があり居住に耐えないような場合には，もはや建物を建て替えるほかない。この場合には，注文者Ｘは，請負人Ｙに対し，「追完に代わる損害賠償」ではなく，「（債務全部の）履行に代わる損害賠償」として，具体的には，建物の建て替え費用相当額の賠償を請求することができるであろう。この場合には，415条2項が定める要件によることになるので，542条1項5号の解除権の発生要件，すなわち，催告の不奏効の明白性，債務不履行が契約目的の達成不能をもたらすものであることの2つの要件が必要となる[133]。

---

[132] このような例として，後記②⑦の設例のような事案が考えられる。なお，最二小判平15.10.10集民211号13頁，判タ1138号74頁は，建物建築工事の請負契約において，耐震性の面でより安全性の高い建物にするため，主柱について特に太い鉄骨を使用することが約定され，これが契約の重要な内容になっていたにもかかわらず，建物建築請負業者が，注文主に無断で，前記約定に反し，主柱工事につき約定の太さの鉄骨を使用しなかったという事情の下では，使用された鉄骨が，構造計算上，居住用建物としての安全性に問題のないものであったとしても，当該主柱の工事には，瑕疵（契約不適合）があるとされた事例である。同判決につき，山地修「請負人の瑕疵担保責任における『瑕疵』概念について」判タ1148号（2004年）4頁（佐々木茂美編『民事実務研究Ⅰ』〔2005年・判例タイムズ社〕所収），山田・消費者百選〔第2版〕68解説参照。4.9.24，秋山ほか・357頁〔藤澤治奈〕，永岩・消費者百選〔第2版〕67解説参照。

なお，請負契約における559条・562条1項にいう「引渡し」（引渡しを要しない場合にあっては仕事の終了〔636条・637条参照〕）は，契約不適合責任の要件とされているから（559条・562条1項），文言どおり，「引渡し」（目的物の占有の移転。具体的には，請負目的物の現実の引渡し〔182条1項〕，簡易の引渡し〔同条2項〕，占有改定〔183条〕，指図による占有移転〔184条〕など）の時点から契約不適合責任が生ずることになる[134]。

② 建物建築請負における仕事完成義務違反の実務上の諸類型

以下では，建物建築請負の建物完成引渡後における「品質」（性質，効用，規格，価値等をいい，物理的なものに限られない）に関する契約不適合責任について，実務的な観点から，具体例を類型的に整理して述べる。

⑦ 約定違反型

【設例】
　Xは，Yに対し，建物建築工事を発注し，Yとの間で，耐震性の面でより安全性の高い建物にするため，主柱について特に太い鉄骨（断面寸法300㎜×300㎜）を使用することを約定したが，Yは，Xに無断で，構造計算上，居住用建物としての安全性に問題のない太さの鉄骨（断面寸法250㎜×250㎜）を使用し，建物を完成し，Xに引き渡した。

設例では，X・Yは，主柱について特に太い鉄骨（断面寸法300㎜×300㎜）を使用することを約定したのであるから，請負人Yは，注文者Xに対し，請負契約に基づき，主柱について断面寸法300㎜×300㎜の鉄骨を使用して建物を建築して引き渡す義務を負っていた（給付義務の内容）。しかし，請負人Yは，実際には断面寸法250㎜×250㎜の鉄骨を使用し，契約不適合が生じた（給付義務違反）。したがって，使用された鉄骨が居住用建物としての安全性に問題のないものであったとしても，「引き渡された目的物が…品質…に関して契約の内容に適合しないものである

---

[133] 建て替え費用相当額の賠償については，前掲最判平14.9.24，秋山ほか・357頁〔藤澤治奈〕，永岩・消費者百選〔第2版〕67解説参照。

[134] 売買における562条1項の引渡しについては，本書191-192頁参照。なお，本文と異なる見解として，笠井・新注民(14) 161頁がある。

場合」(559条・562条1項)に当たる(前記注132)参照。約定内容に関わる資料としては,設計図書,見積書,確認事項メモ等が考えられる)。

⊘ 法令違反型

【設例】
　Xは,Yに対し,自宅の建築工事を発注したところ,Yは,建築確認申請図書よりも規模の大きい建物を建築し,Xに引き渡した。Xは,建物の規模が大きくなった結果として建築基準法令の構造上の安全性に違反することになったと主張している。

　設例では,X・Y間の明示的な合意内容までは明らかでないが,注文者は,通常,建築確認申請図書どおり安全性等の点において建築基準法令等を遵守した建物の建築を注文するものと考えられるから,建築基準法令の構造上の安全性を満たすことが請負契約の内容になっていたということができる。そうすると,請負人Yは,注文者Xに対し,請負契約に基づき,建築基準法令の構造上の安全性を満たす建物を建築して引き渡す義務を負っていた(給付義務の内容)が,実際には建築基準法令の構造上の安全性を満たさない建物が引き渡され,契約不適合が生じた(給付義務違反)。したがって,「引き渡された目的物が…品質…に関して契約の内容に適合しないものである場合」(559条・562条1項)に当たる(裁判実務上も,設例のような構造強度に関する事案のほか,耐火構造等において,このような判断枠組みがとられている)。

⊙ 施工精度型

【設例】
　Xは,Yに対し,建物建築工事を発注し,完成後引渡しを受けたが,洋室の壁面のクロスのしわが顕著であった。

　設例では,X・Y間の明示的な合意内容は明らかでないが,通例,社会通念に照らして相当な範囲内の施工がされることが請負契約の内容になっていたと解釈することができる。そうすると,実際の施工内容を前提に,社会通念に照らして工事の内容が相当性を逸脱しているといえる場合には,契約不適合が生じたといえるから,「引き渡された目的物が…品質…に関して契約の内容に適合しないものである場合」(559条・562条1項)

に当たる（裁判実務上も，設例のような内装の仕上がりに関する事案のほか，雨漏り，床面の傾き等において，このような判断枠組みがとられている。もっとも，実際に適合・不適合を判断するためには建築専門家の知識を必要とする場合が少なくない）。

(b) **付随義務の違反**

請負契約において，請負人の付随義務違反の債務不履行が認められることがある（本書37頁，173頁以下，上巻25頁，223頁参照）。

例えば，建物の特殊な手入れの仕方についての取扱説明書の不交付により，建物が傷んだ場合や，建物建設請負契約において，第三者（付近住民等）との間に紛争が生じたような場面で，請負人が，当該第三者を利するような行為をしてはならない義務や注文者に協力して紛争解決に向けて努力すべき義務を負う場合（本書38頁参照）などが考えられる。

付随義務違反があると判断する過程については，本書205頁を参照されたい。

(c) **保護義務の違反**

請負契約において，請負人の保護義務違反の債務不履行が認められることがある（本書40頁，173頁以下，上巻25頁，223-224頁，228頁参照）。

例えば，請負人が自宅建築工事で用いた化学物質が原因で注文者がシックハウス症候群にかかった場合（目的物の契約不適合が原因となった拡大損害が生ずる類型）や，請負人が壁の塗装作業中に注文者の家具を毀損した場合（履行過程において債権者の完全性利益に損害を与える類型）などが考えられる。

保護義務違反があると判断する過程については，本書206-207頁を参照されたい。

(イ) **その他の契約**

「為す債務Ⅰ」を内容に含む契約としては，他に無形の結果の作出として運送契約などがある。

(4) **作為債務その3（為す債務Ⅱ）**

ここでは，金銭債務を除く作為債務のうち「為す債務Ⅱ」（結果の実現自体が債務の内容ではなく，望ましい状態に向かって客観的に適切な行為

第3節　債務不履行による損害賠償

をすることが給付内容とされているもの。本書9頁参照）を念頭に置き，給付義務・付随義務・保護義務の違反について検討する。

「為す債務Ⅱ」は，ある結果の達成自体ではなく，それに向けて最善の措置をとることを内容とする手段債務であるから，債務の不履行は，ほとんどの場合，給付義務の不完全履行として現れる（上巻230頁。この点についての説明は，本書148頁を参照されたい）。手段債務においては，結果債務と異なり，事実としての債務不履行の判断と帰責事由の判断が一体的にされる（本書264頁参照）。

契約によって発生する債務（契約債務）のうち「為す債務Ⅱ」の場合，望ましい状態に向かって行われる客観的に適切な行為としての具体的・個別的行為の内容は，原則として，契約によって定められる。したがって，各給付義務の内容として，客観的に適切な行為として何をすべきかは，当該契約を解釈すること（本書15頁参照）によって確定されることになる。

この点に関し，民法は，役務を提供することを目的とする契約（役務提供契約）に属する典型契約として，（準）委任（643条・656条）のほか，雇用（623条），請負（632条），寄託（657条）に関する規定を置いている。そして，改正前民法下で，実務は，受任者の専門的な知見を活用し，複雑困難な役務を提供する医療・介護サービス・主催旅行・民事仲介などの契約を（準）委任契約と性質決定して，その規律を活用することによって，生起する法的諸問題に対処してきた。

他方，現代の社会生活においては，多種多様な役務提供契約（例えば，在学契約，フランチャイズ契約，スポーツ施設利用契約，ソフトウェア開発契約，取締役・監査役と会社との契約，各種業務委託契約など）が次々と現れるようになった。

このような事態を踏まえ，改正法に関する法制審議会の審議過程では，委任の規律で対処するような典型契約に当てはまらない役務提供契約に関する通則規定を設けることの是非や，準委任契約についても受任者との信頼関係に重きを置く類型はともかくこれを重視しないタイプの契約に改正前民法656条の規律を適用することの可否等について審議されたが，いずれも立法化が見送られた[135]。

以下では，「為す債務Ⅱ」の代表的な典型契約である（準）委任契約について検討することとする。

(ア) (準)委任契約

　委任とは，受任者が委任者から委託されて法律行為をすることを内容とする契約であり（643条），準委任とは，法律行為以外の事実行為の委託を内容とする契約である（656条）。

　受任者は，委任の本旨に従い，善良な管理者の注意をもって，委任事務を処理する義務を負い（644条），この義務に違反したときは，委任者に対し，損害賠償義務を負うことになる（415条1項）。

　受任者の義務の内容は，委任の本旨に従って事務処理をすることであり，その際に尽くすべき善良な管理者の注意とは，受任者と同程度の職業・地位に属する平均的な人において一般に要求される程度の注意である。

　そこで，（準）委任契約に当たる類型として，実務上よくみられる診療契約（後記(イ)）と弁護士委任契約（後記(ウ)）について述べることとする。

(イ) 診療契約

(a) 給付義務の特質

　診療契約において，診療をする義務は，準委任の類型に属する典型的な「為す債務Ⅱ」に当たるとされ[135]，その給付義務（病気の治癒等に向けて最善の医療を行うことを内容とする義務）は，**患者の生命・身体等の完全性利益に対する保護義務と不可分に結び付いている**（上巻230頁参照）。

　一般的な診療債務の場合には，診療契約締結の時点では，最善の注意を尽くして医療水準にかなった適切な診療をすべき債務といった抽象的な枠としての債務が設定されるにとどまり，具体的な給付内容が細部にわたり確定しているわけではない（医療水準に関する判例については，上巻230頁参照）。したがって，**診療債務においては，診療契約締結後の患者の容態・病状の変化等に応じてその時々で行為すべき内容（作為又は不作為）**

---

[135] 大村・152頁，山本・新注民(14)13-17頁，潮見・契約各論Ⅱ161頁，中田・契約法490頁参照。

[136] もっとも，診療契約の中には，美容整形に関する診療契約のように施術の結果を求められ結果債務的な要素を含むものもある。この点に関し，米村滋人『医事法講義〔第2版〕』（2023年・日本評論社）105頁は，「場面により医療側債務の一部に結果債務を含み得ると整理する」ことが適切であるとする。

が具体的に定まることになる（本書53頁参照）。

　また、一般的な診療債務では、債務の内容は、診断に関する義務、検査に関する義務、治療に関する義務、更には転送義務[137]等、医学の進歩に伴って多彩なものになっている。しかも、このような医療給付は、多かれ少なかれ完全性利益に対する侵襲を伴うものであるから、緊急性や専門性に由来する裁量的な性質を帯びることになる。さらに、この給付の対象が完全性利益と不可分であることから、医療提供者と患者の信頼関係（信認関係）が欠かせない。

　このような診療債務の特質が、患者の自己決定権を保障しながら医療側が役務を提供する場面において、医療水準、医療提供者の裁量権及び説明義務といった問題に反映されることになる。

　以上のように、一般的な診療債務は、結果の保証を伴わない専門的な役務提供を内容とするところから、準委任契約の典型とされてきた。このような役務の特質から、義務の内容と帰責事由（免責事由）の有無が一体的に判断されるという特色がみてとれる（本書264頁、上巻159頁参照）。

　なお、病院・医師の診療債務については、履行遅滞が問題となることはなく、例えば診察開始前に患者が死亡した場合などに履行不能となることはあり得るが、ほとんどは不完全履行として現れる。

　(b)　**不完全履行の諸相**

　以下では、前記(a)で述べた給付義務の特質を踏まえ、実務上問題となる事項について述べる。

　①　**給付義務の不完全履行と損害との因果関係**

　診療契約上の給付義務に違反する行為（作為又は不作為）があったか否かを判断する前提として、また、義務違反行為がある場合に生命・身体・健康等の完全性利益との関係でどのような損害が賠償範囲に含まれるかを画定する作業の前提として、「**事実的因果関係**」（上巻272頁注1）参照）

---

[137] 最二小判平7.6.9民集49巻6号1499頁、判タ883号92頁（未熟児網膜症に関する光凝固法の知見が当時の医療水準であったかが問題となった事案において、一定の場合に特定の治療法が実施可能な他の医療機関に転医をさせるなど適切な措置を採るべき義務があるとされたもの）、最三小判平15.11.11民集57巻10号1466頁、判タ1140号86頁（不法行為の事案であるが、開業医に患者を高度な医療を施すことのできる適切な医療機関へ転送すべき義務があるとされた事例）参照。

が問題となることが多い。

まず、医療紛争では、悪しき結果（死亡・後遺障害等）に至るまでの事実経過や医学的機序がはっきりしないことがある。この点に関し、最二小判昭 50.10.24 民集 29 巻 9 号 1417 頁、判タ 328 号 132 頁（ルンバール施術〔腰椎穿刺によるペニシリンの髄腔内注入〕と脳出血との間の事実的因果関係について判断したもの）は、実体法上の要件である因果関係について柔軟な対応をしており、参考になる[138]。

次に、発生した「悪しき結果」について債務不履行責任を負わせるためには、特定の時点で不適切な診療行為（作為又は不作為）が行われたことに加えて、当該時点で給付行為（診療行為）が適切に行われていれば「悪しき結果」を避けられたといえることが必要である。ところが、訴訟で争われる事例のうちには、医療水準にかなった適切な給付（診療）がされていたとしても、合併症や副作用のリスクがあるため、当該給付行為（診療）が成果を上げたかどうか（悪しき結果を避けられたかどうか）がよく分からないといったことが起こり得る。そこで、この問題に対する実務の対応について、以下述べることとする。

なお、診療契約においては、債務不履行責任と不法行為責任とが競合し、債務不履行（給付義務の不完全履行）に該当する不適切な診療行為は、通常、不法行為法上の注意義務違反（過失）と評価されることになる。上記の点（不適切な診療行為と「悪しき結果」との因果関係）は、債務不履行責任だけでなく不法行為責任においても同様に問題となる。

相当程度の可能性

最二小判平 12.9.22 民集 54 巻 7 号 2574 頁、判タ 1044 号 75 頁（夜間救急外来の医師が胸部疾患の可能性のある患者に対する初期治療として行うべき基本的義務を果たすことなく触診及び聴診を行ったにとどまった事案）は、不法行為責任が問題となった事案であるが、医師が過失に

---

[138] もっとも、本文の最判昭 50.10.24 は、訴訟上証明度の緩和（例えば、蓋然性説といった考え方）を肯定するものではない点に留意されたい（牧山市治・判解民昭 50 年 475-476 頁参照）。

より医療水準にかなった医療を行わなかったことと患者の死亡との間の因果関係の存在は証明されないけれども，**上記医療が行われていたならば患者が「その死亡の時点においてなお生存していた相当程度の可能性の存在」**が証明される場合には，医師は，患者が**上記可能性を侵害されたことによって被った損害**を賠償すべき責任を負うとした[139]（なお，前掲最判平 15.11.11 は，上記最判平 12.9.22 で示された考え方を死亡事案だけでなく重大な後遺症事案にも拡張した）。そして，最一小判平 16.1.15 集民 213 号 229 頁，判タ 1147 号 152 頁（スキルス胃がんにより死亡した患者について，胃の内視鏡検査を実施した医師が適切な再検査を行わなかった事案）は，上記最判平 12.9.22 で示された考え方が不法行為責任だけでなく債務不履行責任にも適用されるとした。

　これら「相当程度の可能性」という考え方については，「過失ないし善管注意義務違反があれば，それだけで何らかのリスクが上昇するものであるから，生存（や重大な後遺症のないこと）の確率が低下したとして，『相当程度の可能性』という法益を侵害するとしたもの」（抽象的な可能性侵害）であって，適切な医療給付を受ける期待権侵害とほぼ変わらないという評価もあり得た[140]。

　ところが，最一小判平 17.12.8 集民 218 号 1075 頁，判タ 1202 号 249 頁（拘置所に勾留中の者が脳梗塞を発症し重大な後遺症が残った事案。国家賠償法 1 条 1 項に基づく損害賠償請求がされたもの）は，重大な後遺症が残らなかった相当程度の可能性の存在が証明されたとはいえないとして損害賠償責任を否定した。同最判では，「専門医による医療水準にかなった適切な医療行為を受ける利益」を侵害したことに係る精神的損害を賠償すべきであるとする反対意見（横尾和子裁判官，泉徳治裁判官）に対し，そのような法益侵害を理由とする損害賠償責任を認める余地を認めるとしても，医療行為が「著しく不適切不十分なものであった

---

[139] 本文の最判平 12.9.22 は，「医療水準にかなった医療行為が行われていたならば患者がその死亡の時点においてなお生存していた相当程度の可能性」を生命とは別個の新たな法益とした上でその法益を侵害する不法行為を肯定したものである（杉原則彦・判解民平 12 年（下）863 頁参照）。
[140] 米村滋人「『相当程度の可能性』法理の展開とリスク発生型不法行為」瀬川ほか編・前掲注 55）505 頁は，この点を詳細に分析する。

というべき」場合（島田仁郎裁判官），あるいは「医師の検査，治療等が医療行為の名に値しないような例外的な場合」（才口千晴裁判官）に限定されるべきであるとする補足意見が付された。さらに，最二小判平23.2.25 集民 236 号 183 頁，判タ 1344 号 110 頁（整形外科医が自ら執刀した下肢の骨接合術等の手術後に患者が訴えた足の腫れ等の症状の原因が下肢深部静脈血栓症にあることを疑うに至らず，血管疾患を扱う専門医に紹介するなどしなかった事案。不法行為に基づく損害賠償請求がされたもの）は，原審が，後遺症が残存しなかった相当程度の可能性を否定した上で期待権侵害による慰謝料を認めたのに対し，適切な医療行為を受ける利益を侵害したことのみを理由とする不法行為責任を負うことがあるか否かは当該医療行為が著しく不適切なものである事案について検討し得るにとどまるとした上で，当該事実関係の下において期待権侵害のみを理由とする不法行為責任の有無を検討する余地はないとした（また，最三小判平 28.7.19 判時 2342 号 7 頁〔脳神経外科医が松果体腫瘍摘出術後に集中治療室での状態把握措置継続下で患者に出血の徴候が出現した時点で頭部 CT 検査を実施しなかった事案。不法行為に基づく損害賠償請求がされたもの〕も，当該事実関係の下において期待権侵害のみを理由とする不法行為責任の有無を検討する余地はないとした）。

　これらの判例は，不適切な診療行為（過失ないし義務違反）と悪しき結果（死亡・後遺障害等）との因果関係が証明されない場合においても，生命・身体とは別の「相当程度の可能性」という保護法益を設定し，その法益を侵害することによって損害賠償責任が成立し得るという枠組みを創出している。もっとも，一連の判例を子細に検討すると，①「相当程度の可能性」という法益が侵害されたといえるためには，「過失ないし義務違反があることによって法益侵害発生の相当程度の危険を有する状況が現実に発生すること」（具体的な可能性侵害）が必要であること（この考え方によると，適切な医療給付がされた際の状況を具体的事実経過に即して想定し，現実に発生した死亡や後遺障害をもたらすような危険な状況を回避できたことが必要となる），また，②このような「相当程度の可能性」侵害と明確に区別された「期待権」侵害（適切な医療行為を受ける利益を侵害したことのみを理由とする不法行為責任）については，当該医療行為が著しく不適切なものであるといった例外的

な事案においてのみ問題となるにとどまること,を示したものと整理することができる。

そして,上記の「相当程度の可能性」が侵害されたことによる損害としては,精神的苦痛(慰謝料)ということになる。つまり,上記の判例のうち「相当程度の可能性」侵害を認めたものは,死亡・後遺症等の結果が生じなかった「相当程度の可能性」を生命・身体とは別の保護法益と捉えたものであって,生命・身体という保護法益に対する割合的(確率的)侵害という概念や,因果関係についての割合的(確率的)心証という概念を採用したものではないから,生命・身体が侵害された場合に生じる財産的損害(逸失利益等)の賠償が割合的に認められると解することはできないと考えられる。実際にも,「相当程度の可能性」を具体的な数値(割合)でもって認定することは,特に後遺症の程度が問題になる事案などでは極めて困難である。

② 説明義務違反
⑦ 説明義務が問題となる場面

一般的な診療契約は,第1次的には,患者の生命・身体・健康といった身体的利益の保護を目的とし[141],医師は,給付義務の不完全履行(医学的に不適切な診療行為)によって患者の身体的利益を侵害したときは,それによる損害を賠償する責任を負う。もっとも,診療契約に基づく給付(診療行為)は,その対象が人体であり,給付そのものが大なり小なり侵襲性を帯びることや,治療の結果が患者の生活の質(クオリティ・オブ・ライフ)に影響を及ぼし得ることなどから,どのような治療を受けるかを自ら選択できるという人格的利益(自己決定権)もまた,契約によって実現されるべき給付利益(又は不法行為法上保護されるべき利益)として第2次的に考慮すべき場合があり,そのような観点から,医師の患者に対する説明義務違反による債務不履行責任(又は不法行為責任)が問題となる[142]。

---

[141] 美容整形等については,ここでは考慮の対象としない。
[142] 療養方法等の指示・指導としての説明義務や,転医勧告としての説明義務も含めて分類整理する見解もあるが,これらの説明義務は,身体的利益の保護に向けられたもの(給付義務としての診療行為の一環)であり,本文中で述べる説明義務とは性質が異なる。

ここで検討の対象とする医師の説明義務は、患者が自らの身に対して行われる治療行為に関わる重大な決定をする上で必要となる医学的情報を提供する義務（医療的決定に関わる説明義務）である[143]。

医師は、例えば身体への侵襲を伴う治療行為（手術等）を行おうとする場合には、診療契約に基づき、緊急を要するなど特別の事情のない限り、患者に対し、診断（病名・病状）、実施予定の治療行為の内容、当該治療行為に付随する危険性、他に選択可能な治療方法があればその内容と利害得失、予後などについて説明すべき義務がある。このような説明義務は、患者が自らの身体に行われようとする治療行為につき、その内容や利害得失を理解した上で、当該治療行為を受けるかどうかについて熟慮し、決断することができるようにするために認められるものであり、**当該治療行為を受けるかどうかを患者が自ら選択・決定できるという人格的利益（自己決定権）を保護するために認められるものである。**

このような医療的決定に関わる説明義務の違反が問題となった事例としては、①最三小判平 12.2.29 民集 54 巻 2 号 582 頁（宗教上の信念から輸血を受けることを拒絶していた患者に対し、救命手段がない事態に至った場合には輸血するとの方針を説明することなく手術を施行し、輸血したことにつき説明義務違反があるとされた事例。不法行為に基づく損害賠償請求がされたもの）、②最三小判平 13.11.27 民集 55 巻 6 号 1154 頁、判タ 1079 号 198 頁（乳がんの手術に当たり当時医療水準として未確立であった乳房温存療法について医師の知る範囲で説明すべき診療契約上の義務があるとされた事例）[144]、③最一小判平 17.9.8 集民 217 号 681 頁、判タ 1192 号 249 頁（帝王切開術による分娩を強く希望していた夫婦に経腟分娩を勧めた医師の説明が同夫婦に対して経腟分娩の場合の危険性を理解した上で経腟分娩を受け入れるか否かについて判断する機会を与えるべき義務を尽くしたものとはいえないとされた事例。債務不履行又は不法行為に基づく損害賠償請求がされたもの）、④最二小判平 18.10.27 集民 221 号 705 頁、判タ 1225 号 220 頁（未破裂脳動脈りゅうの存在が確認された患者がコイル塞

---

[143] 医療的決定に関わらない説明義務（例えば、末期がんの患者に診断結果を告知すべき義務）について診療契約上の付随義務違反が問題となることもあるが（最三小判平 14.9.24 集民 207 号 175 頁、判タ 1106 号 87 頁参照）、ここでは検討の対象としない。

[144] 本文の最判平 13.11.27 につき、中村也寸志・判解民平 13 年（下）714 頁参照。

栓術を受けたところ術中にコイルがりゅう外に逸脱するなどして脳梗塞が生じ死亡した場合において担当医師に説明義務違反がないとした原審の判断に違法があるとされた事例。不法行為に基づく損害賠償請求がされたもの）などがあり，いずれも，医師の説明義務違反が肯定された。

これらの判例からどのような場合に医師の説明義務違反が肯定されるかについての検討は他に譲ることになるが[145]，医療的決定に関わるあらゆる事項について医師に説明義務を負わせることは適切ではなく，原則として，**患者の身体的利益（医療的利益）に客観的に重大な影響を及ぼす可能性のある決定がされる場面についてのみ説明義務を負うと解すべきであろう**[146]。

㋑ 説明義務違反による損害賠償責任

医療的決定に関わる説明義務違反があり（例えば，外科的手術に付随する危険性の説明が不十分であったなど），治療行為自体は適切に行われたが，治療行為に付随する危険が現実化して悪しき結果（死亡等）が生じた場合の債務不履行責任について，議論がある[147]。

この場合，治療行為自体は医学的に適切に行われている以上，身体的利益の保護という観点からは，診療契約に基づく医師の給付義務に不履行（不完全履行）があったとはいえない。医療的決定に関わる説明義務の違反はあるが，このような説明義務は，患者が，自身に対して行われる治療行為につき，その利害得失を理解した上でこれを受けるかどうかを決定できるという人格的利益の保護に向けられたものであるから，説明義務違反によって侵害される利益（実現が妨げられる給付利益）は，上記の人格的利益であって身体的利益ではない。そうすると，説明義務違反を理由として身体的利益の侵害（死亡等）による損害の賠償（治療費や逸失利益等）を求めることはできず，**説明義務違反の債務不履行による損害賠償は，患者の人格的利益（自己決定権）が侵害されたことによる慰謝料に限られる**ことになる。このことは，債務不履行責任として構成するか，不法行為責

---

[145] 手嶋・新注民(15) 574-576 頁参照。

[146] この点につき，米村・前掲注 136) 139 頁参照。

[147] 小池泰「説明と同意（一・二完）」法学論叢 141 巻 3 号（1997 年）69 頁，143 巻 1 号（1998 年）89 頁，同「医療における自己決定保護に関する一考察」私法 63 号（2001 年）145 頁以下参照。

任として構成するかによって異ならない[148]。

　医師の説明義務が身体的利益とは別の人格的利益（自己決定権）の保護に向けられた義務であるとしても，一般の診療契約における第1次的な給付利益は，飽くまで身体的利益の保護（病気・けがの治癒，症状の緩和等）という目的に向けて医学的に最善の医療を受けることであって，特定の治療行為について説明を受けた上でこれを受けるかどうかを決定することができるという人格的利益は，上記の身体的利益から完全に切り離されて保護の対象となるものではないと解される。また，治療行為に付随するリスクが現実化せず悪しき結果が生じなかった場合には，リスク等に関する説明が不十分であったことによる精神的苦痛が生ずるとは考え難い。

　したがって，たとえ特定の治療行為に付随する危険性（リスク）についての説明が不十分であったとしても，結局そのリスクが現実化せず，悪しき結果（身体的不利益）が生じなかったような場合（例えば，経腟分娩のリスクを十分に説明されなかったため帝王切開ではなく経腟分娩を選択したが，母子ともに死亡・後遺症等の身体的不利益は生じなかった場合）には，説明義務違反による損害賠償（慰謝料）請求は認められないことになる。

　また，治療行為によって悪しき結果（死亡・後遺症等）が生じた場合であっても，説明義務違反が決断に実質的影響を与えなかった場合（危険性〔リスク〕について十分な説明を受けたとしても最終的にその治療を受けていたであろうと認められる場合）には，患者の自己決定権は実質的に侵害されていないから，損害賠償（慰謝料）請求は認められないことになろ

---

[148] 本文で述べた見解に対し，身体への侵襲を伴う治療行為が正当化されるためには患者の同意が必要であるとする（「患者の同意」を刑事事件における「被害者の同意」に類するものとして位置付ける）見解もある。この考え方によると，患者が危険性（リスク）について十分な説明を受けていなかった場合には，医学的に適切な治療行為であったとしても，有効な同意なく患者の身体的利益を侵害したことを理由として，治療行為によって生じた身体的不利益（死亡等）に対する損害賠償責任が認められることになろう（ただし，患者が十分な説明を受けていたとしてもその治療行為を受けていたであろうと認められる場合には，説明義務違反は結果に影響を及ぼさなかったとして，賠償責任は否定される）。この点について，ドイツにおける議論を紹介するものとして，小池・前掲注147）私法146-148頁参照。
　しかし，我が国の裁判実務は，上記のような考え方に立っておらず，医師の説明義務を身体的利益とは別の人格的利益（自己決定権）の保護に向けられた義務と解するのが一般的である。この点について，米村・前掲注136）134-136頁参照。

う。

なお，患者が宗教上の理由から特定の治療行為を拒絶する意向を明確に示している場合（輸血拒否に関する前掲最判平 12.2.29 参照）や，治療方法等に関して複数の選択肢（積極的な治療を行わないという選択肢も含む）が存在し，その選択の結果が術後の患者の生き方や人生の根幹に関係する生活の質に関わるような場合（乳房温存療法に関する前掲最判平 13.11.27 参照）など，**患者の人格的利益（自己決定権）に対する配慮が特に強く求められる場面では，悪しき結果（身体的不利益）が生じたか否かにかかわらず，説明義務違反の債務不履行（又は不法行為）により患者が被った精神的苦痛の賠償を認める余地がある。**

③ **顚末報告義務**

顚末報告義務とは，治療後，診療経過等について患者やその遺族に対して報告する義務をいう（645条参照）。これは，医療行為に不明なもの（例えば，死因）があった場合，医療行為の結果（例えば，投薬等による健康被害）に不満や不信が残るような場合，などに時々問題となるものである。このような治療後の説明・顚末報告義務は，先に述べた治療前の説明義務とは局面を異にするものであり，付随義務として捉えることができる[149]。

(ウ) **弁護士委任契約**

(a) **専門家責任**

診療契約のほかにも，受任者（弁護士，弁理士，司法書士，土地家屋調査士，行政書士，公認会計士，税理士，不動産鑑定士等）の専門的な知見を活用し，複雑困難な役務を提供する契約が数多く存在する。ここでは，弁護士の委任契約を取り上げる。

(b) **給付義務の特質**

弁護士が依頼者から訴訟追行を受任する契約の場合，弁護士は，専門家としての見地から，依頼者の利益を図るため，訴訟追行等の法律事務を処

---

[149] 報告すべき具体的な義務については，明石・新版注民(16) 238 頁参照。なお，実務的に事例を詳細に検討したものとして，劔持淳子「医師の顚末報告義務」判タ1304号（2009年）35頁（小佐田潔編『民事実務研究IV』〔2011年・判例タイムズ社〕所収）も参照。

理する義務を負う。その義務の内容は，抽象的には受任時に決まっているが，当該事案の中身，相手方の対応，訴訟の進行状況等との関係で具体的な行為義務は刻々と変化する[150]。

したがって，このような弁護士委任契約における善管注意義務の内容は，依頼者との合意内容のみによって確定するわけではなく，訴訟等を扱う専門家としての立場に立って，依頼者の利益を実現する最良・最善の方策は何であるかという観点から，当該事案に即して具体的な行為義務が決まることになる。ただ，実際には，弁護士は，依頼者の意向を適宜聴取しながら，事実調査を進め，法令解釈も踏まえつつ，その利害得失を説明するなど，手順に従い，場面ごとにふさわしい行為義務を負うことはいうまでもない。そのためにも，依頼者に対する顛末の報告（645条）は欠かせない。

なお，この点に関連して，弁護士が負う「為す債務Ⅱ」の中には，①弁護方針に関する義務のように弁護士の執務遂行上の裁量が大きいものもあれば，②期日・期間の遵守に関する義務のように裁量が狭いものもある。また，弁護士が負う義務の多くは「為す債務Ⅱ」であるが，なかには，一審を受任した弁護士が判決正本の送達を受けた後に依頼者に対して法定の期間内に控訴の手続を行うか否かの判断の機会を与える義務のような「為す債務Ⅰ」も含まれる[151]。さらに，弁護士が負う義務の中には，利益相反に係る義務等の忠実義務に関する義務も含まれる。

(c) 弁護士の債務不履行（善管注意義務違反）が問題となる場面

弁護士の行為義務違反が問題となるのは，主に弁護士倫理，具体的には弁護士職務基本規程に反するとして，弁護士会の懲戒手続の中で取り上げられる場合が多く，弁護士の民事責任が追及されることはそれほど多いわけではないが，以下では，民事責任が問題になるような類型について検討することとする。

① 依頼者の関係で生ずる問題

弁護士が依頼者にとって最良・最善の方策をとることなく訴訟で敗訴したとして，依頼者が不満を抱き，弁護士の責任を追及する事態に至ること

---

[150] 小粥・新注民(8) 524-525 頁参照。
[151] 小粥・新注民(8) 527 頁参照。

もある。もとより，弁護士は，勝訴を請け負っているわけではないから，たとえ敗訴になったとしても，善良な管理者の注意をもって前記(b)の義務を尽くしてさえいれば何ら法的責任を負うことはない。

もっとも，例えば法律問題が判例上決着を見ているような案件で，合理的な弁護士であれば判例に従った処理方針を立てるであろうと考えられるような場合において，あえて異説を立てて訴訟追行を助言して受任したようなときは，善管注意義務に違反して依頼者の利益を侵害したとされる事態も想定される。

また，依頼者が飽くまでも訴訟で争うよう求めていたにもかかわらず，弁護士がそれでは依頼者に不利益になるとして無断で和解に応じたような場合は，弁護士には上記訴訟追行について専門家としての裁量があるとしてもそれを逸脱していると思われる。

② **弁護士の業務管理の不備・不全から生ずる問題**

前記(b)で述べたとおり，弁護士が出訴期間制限のあることを看過して訴え提起をした場合や上訴期間を徒過してしまったような場合には，弁護士に善管注意義務違反があるということができ，勝訴の見込みが立証できず財産的損害は認められないとしても，依頼者が争う機会を失ったことによる精神的苦痛を被ったとして慰謝料の賠償が認められることがある。

判例では，債務整理を受任した弁護士が，特定の債務について消滅時効の完成を待つ方針をとる場合において，上記方針に伴う不利益等や他の選択肢を説明すべき義務を負うとされた事例（最三小判平25.4.16民集67巻4号1049頁，判タ1393号74頁[152]）がある。

なお，弁護士は，請負と異なり結果債務を負うわけではないが，成果報酬型委任（648条の2）である点において，報酬に関しては請負に類似するところがある[153]。

(エ) **その他の契約**

寄託契約における受寄者の保管義務（657条）や，保育・託児契約における保育所・託児所の子供の安全を守る義務は，「為す債務Ⅱ」（手段債

---

[152] 本文の最判平25.4.16につき，谷村武則・判解民平25年211頁参照。なお，この事案では，慰謝料等が請求されていた。

務）である[154]。以下，詳述する。

　寄託契約において，受寄者の債務（給付）は目的物を保管することであるが，そこでいう「保管」とは，寄託の目的物を自分の所持内に置いてその原状を維持することを意味し，「保管する」とは，寄託契約の目的が物を保管するという役務（労務）を提供する点にあることを意味する[155]。有償寄託の場合は，受寄者は，寄託契約及び取引上の社会通念に照らして善良な管理者の注意をもって寄託物を保管しなければならず（400条），無償寄託の場合は，受寄者は，自己の財産に対するものと同一の注意をもって寄託物を保管しなければならない（659条）。以上のとおり，寄託契約は，委任契約又は準委任契約と同様，役務提供契約として位置付けられるため，受寄者の保管義務は，「為す債務Ⅱ」（手段債務）に当たる[156]。

　また，保育・託児契約において，保育所・託児所の債務（給付）は，預かった子供の安全を守ることであり，これは生命・健康等の安全に対する配慮自体を契約目的とするものである（主たる給付義務としての保護義務）。改正前民法下の判例（最一小判昭61.1.23訟月32巻12号2735頁）では，無認可保育所において乳幼児が乳幼児突然死症候群により死亡した事故につき，保母（履行補助者）に保育上の過失，睡眠中の監視義務違反，救命措置義務違反がなかったとして債務不履行責任が否定された。ここでも，診療契約上の債務不履行等の場合と同様に，債務不履行の判断と帰責事由の判断が一元的に行われている（本書264頁参照）。

(5) 不作為義務違反

　不作為義務違反による損害賠償については，上巻232頁を参照されたい。ここでは，実務上必要な補充すべき点について述べることとする。
　本書では，不完全履行は，不完全な給付義務の履行に限らず，履行遅

---

[153] 中田・契約法538頁参照。
[154] 上巻229頁では，受寄者の目的物保管義務，保育所・託児所の預かった子供の安全を守る義務を結果債務（「為す債務Ⅰ」）としていたが，この記述を訂正する。
[155] 我妻・講義V3・702頁，潮見・契約各論Ⅱ357-358頁，中田・契約法545頁，吉永・新注民(14)362-364頁参照。
[156] 森田・深める48-51頁参照。なお，引渡義務と保管義務の関係については，本書61頁以下，上巻48頁参照。

滞・履行不能以外の債務不履行を含む概念として用いている。このような捉え方によると，不完全履行は，共通のメルクマールを持たない，いわば開かれた類型として「その他の債務不履行」ということになる（上巻207頁以下参照）。

したがって，不作為義務違反も，このような意味での「その他の義務違反」に位置付けることにする（本書149-150頁，173頁，上巻210頁，232頁参照）[157]。

契約債務である不作為義務の場合，その発生原因である合意の解釈が問題となることが多い[158]。また，義務違反があった場合には，有形・無形の債権者利益の侵害が生ずるため，まず，不作為義務違反が継続したり反復したりするような場合には履行の強制によって現在の違反の鎮圧を，あるいは，人力により妨害されたような場合には不作為自体の貫徹を，次いで，その不作為義務違反の物的状態が残る場合にはその除去を，それぞれ求めることになる（本書136頁，上巻144頁以下参照）。債権者にそれでもなお残る損害（無形の損害のことが多い）がある場合には，その賠償を求めることになるが（414条2項），損害額の証明が困難なことが多いため，当事者間で損害賠償額の予定（420条）がされることがよく見受けられる。

実務では，この予定条項が広範囲に及び，また，厳格であるとして争われることがあり（近時ではフランチャイズ契約をめぐるものがよくみられ

---

[157] これに対し，不作為義務違反について履行遅滞に該当するか否かを検討したり，あるいは，改正前民法下の通説であった三分説で用いられた意味での不完全履行に当たるかについて言及したりする見解もある（大野・新注民(8)587頁参照）。しかし，①2001年改正前のドイツ民法において明文規定にあった履行遅滞・履行不能に該当しない類型があるとして積極的債権侵害の問題が提起され，後の学説によってそのうちの1つとして不作為義務違反があると整理されていること（上巻207頁，212頁参照），②さらに，ドイツでは，その後の学説により，履行遅滞・履行不能以外に積極的債権侵害に加え「その他の義務違反」があることが肯定され，これらを含めた「開かれた体系」を志向する議論の展開がみられたこと（上巻208頁，210頁参照），③これらの状況を踏まえ，2001年改正後のドイツ民法が，義務違反という上位概念の中に全ての給付障害の種類を包括させた上で，給付関係的義務とその他の義務を並立させるに至ったこと（上巻208-209頁参照），④現在では，契約に基づく不作為義務には多種多様なものがあること（上巻232頁，中田・136-137頁，小粥・新注民(8)530-531頁参照）等に照らせば，本文で述べたとおり，不作為義務違反を「その他の債務不履行」に位置付けるべきである。

る[159]），公序良俗違反による一部無効，過失相殺による減額の有無が問題となる（上巻191頁注11）参照）。

(6) 安全配慮義務

前記(2)―(5)では契約債務の不履行を取り上げた。ここでは，信義則を根拠とする債務の不履行の典型例として安全配慮義務の問題について述べるが，全般的な説明は，上巻247-255頁を参照されたい。

以下では，実務上特に重要と思われる点を中心に述べることとする。

(ア) 判例にいう安全配慮義務の妥当領域

最三小判昭50.2.25民集29巻2号143頁は，「安全配慮義務は，ある法律関係に基づいて特別な社会的接触の関係に入った当事者間において，当該法律関係の付随義務として当事者の一方又は双方が相手方に対して信義則上負う義務として一般的に認められるべきもの」と述べる[160]。そこで，「特別な社会的接触の関係」，すなわち判例にいう安全配慮義務の妥当領域とはどのようなものであるかが問題となる。

判例にいう安全配慮義務の意義

判例にいう安全配慮義務とは，債権者である使用者が，債務者である労働者に対して指揮命令権（労務指揮権あるいは業務命令権とも呼ばれ

---

[158] この点が問題となった，最三小判平5.10.19集民170号31頁，判タ844号84頁（特許出願準備中の発明を実施する装置を他には販売しないとの約定の下に製造させる旨の契約による不作為義務の対象がその後の特許請求の範囲の減縮により縮小するとされた事例），最三小判平10.12.18集民190号1017頁，判タ992号98頁（卸売業者が特約店契約によっていわゆるカウンセリング販売を義務付けている小売業者に対して特約店契約を締結していない小売店等に対する卸売販売を禁止することが独占禁止法19条に違反しないとされたもの）を参照されたい。なお，合意の効力について争われたものとして，最三小決平16.8.30民集58巻6号1763頁，判タ1166号131頁（企業間の事業再編等に関する基本合意における独占交渉条項の効力が争われ，第三者との間で会社の営業の移転等に関する協議を行うことなどの差止めを求める仮処分命令の申立てについて保全の必要性を欠くとされた事例）がある。

[159] 難波・新注民(8)772-774頁参照。

[160] 本文の最判昭50.2.25につき，柴田保幸・判解民昭50年60頁参照。

第3節　債務不履行による損害賠償

る）を行使して労働者に労務を提供させその業務に従事させることに伴い（労務の受領という権利行使に付随して），信義則上，労働者のために環境整備をする義務（具体的には，労働者の利用する物的施設・機械等を整備する義務，安全等を確保するための人的管理を適切に行う義務〔危険作業を行うための十分な資格・経験を有する労働者を配置する義務，安全教育を行う義務，危険を回避するための適切な注意や作業管理を行う義務等〕），又はこれに準ずる場面（例えば，元請企業と下請労働者との間の関係など，当事者間に雇用・労働関係に近似する実質的な結合関係がある場合であって，下請労働者が事実上元請企業の指揮命令権に服することになり雇用・労働関係と同様の義務を負うような場面[161]）における義務であり，その妥当領域は限定されていることに留意すべきである。なお，前掲最判昭50.2.25は，公務員の勤務関係は雇用・労働関係と本質的に同視すべきものとする見解に依拠し，近似するものとしている。

　これに対し，①生命・健康等の安全の配慮自体を契約目的とする場合（例えば，入院患者に対する病院の義務，託児所・保育所の乳幼児に対する義務など），②給付義務の中核をなす「給付」に付随して，債権者の生命・健康等の安全を配慮すべき義務が債務者に課せられる場合（例えば，音楽会における聴衆に対する主催者の義務，遊園地における利用者に対する管理者の義務，生徒に対する学校の義務など），③取引的接触から生ずる完全性利益侵害に対する保護義務がある場合，も安全配慮義務の妥当領域であるとする見解もある。

　しかしながら，①―③のいずれの場合も債権者（使用者等）の債務者（労働者等）に対する指揮命令権の行使が問題となるような場面ではな

---

[161] 判例は，元請企業と下請労働者との間に「雇傭契約ないしこれに準ずる法律関係上の債務不履行」が生ずることを認め（前掲最判昭55.12.18〔本書104頁注29〕）），下請契約に類似する運航委託契約において海運業者が船舶の船長に対し安全配慮義務を負うことを認め（最一小判平2.11.8集民161号191頁，判タ745号109頁），下請企業の労働者が元請企業の作業場で労務の提供をするに当たり，元請企業の管理する設備，工具等を用い，事実上元請企業の指揮，監督を受けて稼働し，その作業内容も元請企業の従業員とほとんど同じであったなどの事実関係の下で，元請企業につき下請企業の労働者に対する安全配慮義務を認めている（最一小判平3.4.11集民162号295頁，判タ759号95頁）。

い上，①の場合は，契約に基づく給付義務そのものであってそもそも信義則に由来する保護義務ではないし，②の場合は，給付義務に付随するものではあるものの，債務者（主催者等）が債権者（聴衆等）に給付を提供する場面で負う義務であって判例にいう安全配慮義務とは義務の構造・内容を異にするし，③の場合は，判例にいう安全配慮義務と目的において共通するところはあるものの，判例にいう安全配慮義務とは構造・内容を異にする。そうすると，これらはいずれも判例にいう安全配慮義務の妥当領域に含まれないというべきである。

したがって，実務上よくみられるように，**表現として「安全配慮義務」という用語を用いているからといって，それが，判例が構築してきた「安全配慮義務」とは異なるものであることが少なくないことには留意する必要がある。**

(ｲ)　**判例にいう安全配慮義務の判断枠組み**

判例の立場では，信義則上の安全配慮義務が認められるか否かは，次のような2つの段階で判断されることになる。

(a)　第1段階

まず，当該法律関係における権利義務が，その目的・発生原因・内容・性質等に照らし，**「信義則上の安全配慮義務を負うべき特別な社会的接触の関係」**といえるかどうかを問題とする。

例えば，最一小判平28.4.21民集70巻4号1029頁，判タ1425号122頁は，国が拘置所に収容された被勾留者に対してその不履行が損害賠償責任を生じさせることとなる信義則上の安全配慮義務を負わない旨判示した[162]。「特別な社会的接触の関係」が信義則に由来するものであることからすると，当該当事者間の法律関係には，それが形成された原因や両者間の法律関係を規定する規範の性質・内容に照らし，安全配慮義務が要請される一定程度の関連性が求められるとしたものであると解される[163]。

(b)　第2段階

次に，第1段階が肯定されると，**当該義務の内容・性質が安全配慮義務**

---

[162] 本文の最判平28.4.21につき，野村武範・判解民平28年298頁参照。
[163] 中田・142頁の指摘も参照されたい。

を構成する具体的な義務といえるかどうかが検討されることになる。

例えば，最二小判昭 58.5.27 民集 37 巻 4 号 477 頁，判タ 498 号 86 頁は，自衛隊の自動車の運転者が運転上の注意義務を怠ったことにより生じた同乗者の死亡事故につき，「（国が公務員に対して負っている安全配慮）義務は，国が公務遂行に当たって支配管理する人的及び物的環境から生じうべき危険の防止について信義則上負担するものであるから，国は，自衛隊員を自衛隊車両に公務の遂行として乗車させる場合には，右自衛隊員に対する安全配慮義務として，車両の整備を十全ならしめて車両自体から生ずべき危険を防止し，車両の運転者としてその任に適する技能を有する者を選任し，かつ，当該車両を運転する上で特に必要な安全上の注意を与えて車両の運行から生ずる危険を防止すべき義務を負う」が，「運転者において道路交通法その他の法令に基づいて当然に負うべきものとされる通常の注意義務は，右安全配慮義務の内容に含まれるものではな（い）」などとして，国に同乗者に対する安全配慮義務違反があるとはいえないとした[164]。また，最三小判昭 58.12.6 訟月 30 巻 6 号 930 頁は，自衛隊車両がスリップして生じた事故につき，運転者が道路交通法上の注意義務を怠ったとしても，そこから直ちに，国が同乗隊員に対して負担する安全配慮義務の不履行があったとすることはできないとした。さらに，最二小判昭 58.12.9 集民 140 号 643 頁は，自衛隊の航空機の事故につき，機長が航空法その他の法令等に基づく注意義務を怠ったとしても，それだけでは，国が同乗者に対する安全配慮義務違反があるということはできないとした。これらの事例においては，債務者である国が負っていた安全配慮義務と，運転者（操縦者）としての運転上（操縦上）の注意義務とが区別され，運転者（操縦者）の行為が債務者である国の安全配慮義務の履行として行われたものではないとされている点に注意を要する。

(ウ) 残された課題

実務上残された課題として，**判例にいう安全配慮義務と不法行為責任との関係**がある。

判例は，宿直中の従業員が盗賊に殺害された事案において，使用者が

---

[164] 本文の最判昭 58.5.27 につき，遠藤賢治・判解民昭 58 年 193 頁参照。

「宿直勤務の場所である本件社屋内に，宿直勤務中に盗賊等が容易に侵入できないような物的設備を施し，かつ，万一盗賊が侵入した場合は盗賊から加えられるかも知れない危害を免れることができるような物的施設を設けるとともに，これら物的施設等を十分に整備することが困難であるときは，宿直員を増員するとか宿直員に対する安全教育を十分に行うなどし，もって右物的施設等と相まって労働者…の生命，身体等に危険が及ばないように配慮する義務」を負うとして，その不履行があったことを認めた（最三小判昭59.4.10民集38巻6号557頁，判タ526号117頁[165]）。このような**第三者惹起事故事例**をめぐって，不法行為法上の義務が「安全配慮義務」との間に共通性があるかどうかが問題となる。

この点については，基本的には，不法行為規範は，各人に対して自己の行為又は自己の支配する物（ないし支配領域）から他人の権利（法益）の侵害を生ずることのないようにすることを義務付ける消極的な内容のもの（一般的不可侵義務）にとどまり，積極的に支配領域に入り他人の権利を保護することを内容とするものではないとする見解[166]が有力である。この立場からすると，上記事例を不法行為規範で処理することは，困難である。

これに対し，不法行為法における不作為による不法行為の問題として，不法行為規範においても積極的な保護措置義務が課される場合もあるという見解[167]も提唱されており，これによると上記事例も不法行為規範により処理することができることになる。

この点については，今後更なる検討を要するところであろう。

---

[165] 本文の最判昭59.4.10につき，塩崎勤・判解民昭59年121頁参照。
[166] 奥田昌道「安全配慮義務」石田喜久夫＝西原道雄＝高木多喜男先生還暦記念㈥『損害賠償法の課題と展望』（1990年・日本評論社）39頁以下参照。
[167] 橋本・新注民(15) 282頁以下参照。

Ⅵ　帰責事由の不存在等

(1)　免責事由

(ア)　意義

　債務不履行の事実が存在しても，その債務の不履行が「契約その他の債務の発生原因及び取引上の社会通念に照らして債務者の責めに帰することができない事由[168]」によるものであるときは，債務者は債務不履行による損害賠償責任を負わない（415条1項ただし書）。ここでいう「債務者の責めに帰することができない事由」を，本書では免責事由という。

　債務者が免責事由の存在について主張・立証責任を負うことが条文上も明確にされている。

(イ)　改正前民法下の裁判実務との関係について
(a)　改正前民法下の裁判例

　改正前民法下では，債務者の責めに帰すべき事由（帰責事由）が債務不履行による損害賠償の要件である（ただし，債務者が帰責事由の不存在について主張・立証責任を負う）と解されていた。改正前民法下で債務者の帰責事由の有無が問題とされた判例として，以下のものがある。

　① 売買契約に基づく売主の債務（財産権移転義務）

　㋐　葉煙草の売買契約締結後にその取引を禁止する法律が公布され，売主の債務が履行不能となった事例（大判明39.10.29民録12輯1358頁）。ただし，遅滞中に不能となった事例であり，結果的には免責されなかった。

　㋑　Aから鉱業権を買い受けたYが，移転登録を受けないまま，事情を熟知するXにこれを売却し，Aから受領してあった売渡証（買主名空欄）をXに交付する一方，Aに対して鉱業権の移転登録をするよう求めていたところ，AはこれをBに売却して移転登録してしまったため，Y

---

[168] 「契約その他の債務の発生原因及び取引上の社会通念に照らして」の意義・解釈については上巻157-158頁参照。

のXに対する債務（移転登録義務）が履行不能になったという事例で，Xが直接Aに対して移転登録請求をすることもできる関係にあったなどとして，Yには帰責事由がないとされた（大判大 10.11.22 民録 27 輯 1978 頁）。

　㋒　Y（売主）が，X（買主）との間で，YがAから賃借中の土地を買い受けてXに売り渡す旨の売買契約を締結したが，Aの提示した代金額がYの想定以上に高額であったことなどから交渉が決裂し，その後，Xが直接Aから同土地を買い受けたため，Yの債務が履行不能になったという事例で，Yに帰責事由があることは否定できないとされた（前掲最判昭 41.9.8）[169]。

　㋓　競売手続中のA所有の不動産についてY（売主）がX（買主）との間で売買契約を締結したが，Yに対する競落許可決定に対してB（買主Xと通じていた）が即時抗告の申立てをしたため，Yが履行期に所有権移転登記手続等の債務を履行できなかったという事例で，履行遅滞につきYに帰責事由がないとされた（最一小判昭 57.7.1 集民 136 号 217 頁，判タ 477 号 88 頁）。

② 委任契約に基づく受任者の債務

　委託者が米穀取引所の仲買人に成行相場をもって買埋(かいうめ)を注文したが，相場が成立しなかったという事例で，履行不能につき仲買人に帰責事由がないとされた（大判大 6.5.23 民録 23 輯 896 頁）。

③ 賃貸借契約終了後の賃借人の目的物返還債務

　建物賃借人の目的物返還債務が原因不明の出火による建物焼失のため履行不能となったが，賃借人（債務者）は善良な管理者の注意をもって建物を保存していたとして，帰責事由がないとされた（大判昭 11.3.7 民集 15 巻 376 頁）。

④ 乳幼児保育契約に基づく保育所の債務

　無認可保育所において乳幼児が乳幼児突然死症候群により死亡した事故につき，保母（履行補助者）に保育上の過失，睡眠中の監視義務違反，救命措置義務違反がなかったとして債務不履行責任が否定された（前掲最判

---

[169] 安倍正三・判解民昭 41 年 367 頁，髙・判例百選Ⅱ〔第 9 版〕43 解説参照。なお，本書 177 頁注 50）も参照。

昭 61.1.23)。債務不履行の判断と帰責事由の判断が一元的に行われている（本書 264 頁参照）。

(b)　改正前民法下の裁判実務と現行法との関係

前記(a)からうかがわれるとおり，改正前民法下の裁判実務において，帰責事由の有無は，問題となった債務に係る給付の内容や不履行の態様から一律に定めるのではなく，**個々の契約関係に即して，契約の目的・性質，契約締結に至る経緯等，債務の発生原因となった契約に関する諸事情を考慮し，併せて取引に関して形成された社会通念も勘案して判断されていた**と考えられる[170]。

415条1項ただし書は，免責事由の有無を「契約その他の債務の発生原因及び取引上の社会通念に照らして」判断するとされているが，「契約その他の債務の発生原因」とされているのは，契約債権以外に法定債権を含むためである。契約債権について「契約」と「取引上の社会通念」との関係が問題となるが，当該契約の趣旨を認定するに際して契約内容のみならず社会通念をも勘案するものと理解すべきである。

したがって，契約債権においては，上記の改正前民法下での裁判実務における枠組みで判断され，法定債権においては，その発生原因，例えば事務管理であれば当該事務管理開始の経緯やその内容などに照らして判断されることになる。**改正法は，改正前民法下の裁判実務における判断枠組みを明確化するため，「契約その他の債務の発生原因及び取引上の社会通念に照らして債務者の責めに帰することができない事由」と文言をより具体的に改めた**ものと解される[171]（上巻157-158頁参照）。

---

[170] 改正前民法下の伝統的通説は，「責めに帰すべき事由」とは，債務者の故意・過失又は信義則上これと同視すべき事由（いわゆる履行補助者の故意・過失）と解していた（我妻・105頁）。これは，具体的な契約等の発生原因から切り離された過失責任の原則から損害賠償責任を基礎付けるものということができる。しかし，改正前民法下の判例が必ずしもこのように定式化して捉えていたわけでなかったことは，本文で検討したとおりである。

[171] 筒井＝村松・74頁。同書75頁は，帰責事由に関してはこれまでも学説上は様々な見解が提唱されているが，この改正の趣旨は，従来の実務運用を踏まえ，帰責事由についての判断枠組みを明確化したにとどまるものであり，実務の在り方が変わることは想定されていないとしている。なお，潮見佳男「債権法改正と『債務不履行の帰責事由』」曹時68巻3号（2016年）1頁も参照。

(ウ) 契約債権における損害賠償責任の帰責根拠について[172]
(a) 帰責の根拠と免責の根拠

債務者が債務不履行によって損害賠償責任を負わされる根拠（帰責の根拠）ないし責任を負わないとされる根拠（免責の根拠）については，大きく分けて以下の2通りの立場がある。

第1の見解は，帰責の根拠（免責の根拠）を契約の拘束力に求める。すなわち，債務者は，契約によって，債務の履行（契約により認められた利益の実現）を引き受けた以上，その債務を履行しなければ責任を負わされても仕方がないということが帰責の根拠とされる。その反面，債務不履行をもたらす原因（履行障害原因）となった事態が契約において考慮に入れられておらず，かつ，考慮するべきでもなかった場合には，そのようなリスクを債務者が引き受けることは契約において予定されていなかったのであるから，債務者に責任を負わせることは契約の拘束力からは正当化することができず，免責されると説明される[173, 174]。この立場からは，免責事由の有無は，履行障害原因について，債務者が契約でそのリスクを引き受けたといえるかどうかが契約の趣旨に照らして判断されることになる。

第2の見解は，債務者に損害賠償責任を負わせるためには，**債務不履行（契約違反）があることに加えて，債務者に損害賠償責任を負わせることが正当化されるような事由**[175]**（帰責事由）が必要である**とする[176]。その理

---

[172] 小粥・新注民(8) 538 頁以下参照。

[173] 山本・現代化Ⅱ 373-374 頁，潮見・Ⅰ 373 頁以下参照。

[174] 債務者が契約で債務の引受けとともに履行障害リスクも引き受けたとする本文中の見解とは別に，債務者が契約で引き受けたのは飽くまで債務の「履行」であるとの理解を前提として，結果債務において結果の不実現が不可抗力等による場合に債務者が免責されるのは，その契約上の「債務」がそのような履行障害事由を克服してまでも結果を実現するところまで及んでいないからであると説明する見解もある（森田・深める 35 頁）。

これに対しては，免責事由の存在（帰責事由の不存在）は，その履行障害原因が契約の拘束力の範囲外であることを確認する道具にすぎず，実体法上の独立の要件としては意味がない（せいぜい証明責任の分配としての意味しかない）ことになるのではないかとの指摘がある。能見・前掲注22) 80 頁参照。

[175] 「帰責事由」について，改正前民法下の伝統的通説では「故意・過失又は信義則上これと同視すべき事情」と説明されてきたが，債務不履行責任においては，債務者が契約等により履行義務を負っていることが前提とされるので，ここでいう「帰責事由」は，伝統的通説のいう帰責事由（行動の自由を前提とする不法行為責任の場面における故意・過失）とは異なるものである。

由として，債務不履行をもたらす様々な原因の全てについて，債務者に責任を負わせるか免責するかの基準を契約当事者の合意（そのリスクを引き受けていたかどうか）のみに求めることには疑問があること，「契約の解釈」という作業に過重な負担を課すことになりかねず，かえって不透明さを生ずること，債務不履行の場合に債務者に負わされる損害賠償責任は，履行の負担よりさらに加重されたものとなる場合があり（例えば，売買の目的物の引渡しが履行不能となった場合，塡補賠償として，目的物の価値相当額に加え，使用による収益や転売利益等の逸失利益の賠償責任を負わされることがある），そのような責任を負わせる正当化根拠として契約の拘束力だけでは不十分であることが挙げられる[177]。この立場からは，免責事由（帰責事由）の有無は，契約（合意）の内容・趣旨・性質（契約に関連する事情）を基本としながら，契約時及び不履行時における状況を含む契約外の事情（取引上の社会通念，公平，債権者の関与等）をも考慮して，債務者に損害賠償責任を負わせるのが合理的であるといえるかという観点から総合的に判断されることになる。

契約債権の場合，**債務者が債務不履行によって損害賠償責任を負わされる根拠（帰責の根拠）は，基本的には契約の拘束力に求められるべきであり**，免責事由の有無の判断も，まずは契約解釈として，契約の目的・性質，契約締結に至る経緯等，債務の発生原因となった契約に関する諸事情を考慮して，債務者が負っていた債務の内容（どこまでのリスクを引き受けていたかを含め）を確定することを出発点とすべきである（本書15頁以下参照）。ただ，実務の判断過程において，様々な履行障害事由の全てについてリスクの分配を当事者の合意（契約の趣旨）に還元することができるのか（契約解釈の名の下に過度に合意を擬制することにならないか）については疑問も残る。したがって，まずは上記のような作業を行った上で，**契約解釈によってリスクの分配（債務者がそのリスクを引き受けてい**

---

[176] 能見・前掲注22）80-83頁参照。

[177] 本文に挙げた見解のほか，診療債務や安全配慮義務の不履行等については，契約当事者は，通常，契約時までに生命・身体の侵害についてリスクを配分しているとはいえないから，なお過失責任主義に基づく判断枠組みを維持すべきとする見解もある（水野謙「債務不履行と不法行為の帰責構造」安永正昭ほか監『債権法改正と民法学Ⅱ』〔2018年・商事法務〕1頁参照）。

たかどうか）が導き出せる場合にはそれによることになるが，それでもなお確定することができずに残るリスクの分配については，契約時における契約に関する事情のみならず，不履行時における客観的状況等をも考慮し，債務者が不履行を回避するためになすべき行為を行ったか（回避可能性の有無）等をも評価の対象とし，取引に関して形成された社会通念をも勘案して，免責事由の有無を総合的に判断すべきものと考える[178, 179]。

(b) 具体例の検討

前記(a)で述べた本書の考え方を具体例に即して検討する。

① 売買契約の目的物である建物が契約後引渡前に焼失した場合

売主の債務は履行不能になるが，不能（滅失）の原因が売主の失火によるものであるときは免責事由が認められず，他方，落雷・地震等の自然災害によるものであるときは免責事由が認められることになろう。

それでは，不能（滅失）の原因が第三者の行為にある場合，例えば，隣家からの失火（延焼）や第三者の放火による焼失の場合はどうか。完全な状態で建物を引き渡すことが契約の内容であったことを基本としながら，取引上の社会通念をも考慮し，契約時及びその後の事情も踏まえ，不履行とならないようにするために売主としてすべき行為の有無やその内容，結果回避可能性の有無等をも考慮して免責事由に該当するかどうかを判断することになる。

② 売買契約締結後の禁輸措置により目的物が輸入できなくなった場合

国内に在庫がなければ売主の目的物引渡債務は履行不能となる。この場合，国の禁輸措置という売主のコントロールの及ばない原因によってその債務が履行不能になったのであるから，通常は免責事由が認められるであろう。もっとも，契約時において国が禁輸措置をとるであろうことが分かっていた場合や，契約後であってもそれが分かった時点で何らかの措置を講じること（禁輸措置の発効前に輸入するか，国内の在庫を確保しておくなど）が可能であったような場合には，免責事由が認められないことになろう。

---

[178] この点について，中田・159頁も参照されたい。

[179] もっとも，近時，大規模な企業間で交わされている契約書では，本文でいう免責事由は詳細に明示されていることが多い。そのような場合には，実務上，業界慣行を踏まえながら，明示されたところに従って判断することになろう。

③ 第三者の所有する目的物を買い受けてこれを転売する旨の売買契約（他人物の売買契約）を締結したが，売主が所有者から当該目的物を買い受けることができなかったため債務を履行できなかった場合

この場合，契約時の状況等を踏まえて契約解釈を行い，その結果，売主によるリスク引受けの合意（明示又は黙示）の有無が判断できるときはそれに従うことになるが，そうでないときは，目的物の性質，契約時における買主の認識の有無等，売主の属性のほか，契約後の事情（債務を履行するために債務者がとった行動等）などをも考慮し，取引上の社会通念に照らし，買主に目的物の所有権を移転できないことについて売主に免責事由があるかどうかを総合的・評価的に判断することになる。

売主は，売買契約によって買主に目的物の所有権を移転すること（結果の実現）を約束したのであるから，単なる見込み違い等により所有者から当該目的物を買い受けることができなくなったとしても，免責事由は容易に認められないであろう（特に，企業間の売買契約の場合には，他人物を売買するに際してあらかじめ想定されるリスクの分配は契約で明確に定めておくべきものであるから，そのような合意がない以上，所有者から当該目的物を買い受けることができなかったとしても，免責事由が認められる可能性はまずないといってよい）。もっとも，個人間の売買契約において，売主が所有者から目的物の買受けについて確約を得ており，買主もその事情を熟知していたが，所有者が売主との約束を反故にして当該目的物を第三者に譲渡してしまい，売主としてはそれを防ぐことが困難であったというような事情がある場合には，例外的に売主の免責事由が認められることもあると考えられる。

④ 土地家屋調査士が，土地の所有者との間で，土地を測量して図面を作成する契約を締結したが，借地人が土地への立入りを拒絶したため，土地を測量することができなかった場合

この場合，第三者（借地人）による立入り拒絶は，通常，債務者（土地家屋調査士）のコントロールの及ばない事象であるから，取引上の社会通念に照らし，債務者が債務を履行できなかったことにつき免責事由があるといえる。もっとも，債務者（土地家屋調査士）が第三者（借地人）と近しい関係にあり，第三者の協力が得られることを請け合って土地所有者との間で契約を締結したなど，債務者がリスクを引き受けたと評価できるよ

うな事情があれば，免責事由がないとされることもある。
　⑤　ピアニストがコンサートで演奏する契約を締結したが，当日，以下の理由でピアノを演奏することができなかった場合
　　㋐　暴漢に襲われて重傷を負った（第三者の犯罪行為）
　　㋑　伝染病に感染した（病気）
　　㋒　台風で搭乗予定の飛行機が欠航した（自然災害）
　いずれについても，契約時の状況等を踏まえて契約解釈を行い，その結果，債務者によるリスク引受けの合意（明示又は黙示）の有無が判断できるときはそれに従う（実際の契約では，このような事態を想定して，免責の有無について特約で定めることが多いと思われる）。それでもなお合意によるリスク分配が確定できないときは，不履行時における客観的状況等をも考慮し，債務者が不履行の原因となった事象を予見することができたか（予見可能性の有無），不履行を回避するためになすべき行為を行ったか（回避可能性の有無）等をも評価の対象とし，社会通念をも勘案して免責の可否を判断することになる。
　前記㋐—㋒は，いずれも，債務者のコントロールの及ばない事象であるから，免責事由に当たるとされる可能性があるが，抽象的に一律に評価することはできない。
　㋐（暴漢による襲撃）については，予見も回避も困難であったとして免責事由が認められることが多いであろう。
　㋑（伝染病罹患）については，一般に，病気になること自体は想定し得ることであるから，免責事由が認められるためには，伝染病の性質（感染力の高さ等），予防の可能性，債務者が尽くしていた注意の程度等を勘案し，感染を防止することが困難であったと評価できる事情が必要であろう。
　㋒（台風による欠航）については，予測可能であって早めに出発すれば到着できた場合や，飛行機以外の交通手段を利用すれば到着できた場合等には，免責事由が認められないと考えられる。これに対し，予見困難な大規模震災によって交通が途絶したような場合には，免責が認められることになろう。

結果債務・手段債務における債務不履行と帰責事由(免責事由)の関係

　結果債務とは，債務者が一定の結果の実現自体を給付の内容として約束している債務であり，手段債務とは，結果の実現自体を約束しておらず，債務者が目標到達に向けて合理的な注意を尽くして適切に行為することを給付内容とする債務である。

　結果債務(売買契約に基づく目的物引渡債務等)においては，約束された結果が実現されていないという事実があれば，債務不履行の事実自体は認められ，債務者が損害賠償責任を負うかどうかについて免責事由の有無が判断されることになる。すなわち，債務不履行の判断と免責事由の判断が区別されて二元的に行われる(ただし，債権者の側で債務不履行の事実を証明した場合には，通常，債務者の側で当該債務不履行について免責事由があることを証明するのは容易ではない)。

　これに対し，手段債務(一般的な診療契約上の債務等)においては，結果の実現(治癒等)が約束されているわけではないから，例えば患者が治癒することなく死亡したとしても，直ちに債務不履行の事実が認められるわけではない。一般的な診療契約において，医師に債務不履行があったといえるためには，当該医師(債務者)が具体的な状況の下で合理的な注意を尽くして医療水準に則った適切な診療行為を行わなかったという事実がなければならず，適切な診療行為を行ったかどうかの判断には帰責性に関する評価も含まれる。すなわち，**手段債務においては，債務者が為すべき給付行為(債務)の具体的内容を確定し，その不履行の有無を判断する過程で，帰責性についても考慮される結果，債務不履行の判断と免責事由(帰責事由)の判断が一元的に行われる。したがって，手段債務においては，債務不履行の事実があったと判断されれば，通常は改めて免責事由の有無を判断する必要はないことになる。**

(2) 履行補助者

(ア) 問題の所在

履行補助者とは，債務者がその債務の履行のために使用する者をいう。

履行補助者の作為又は不作為によって債務の不履行が生じたときに，債務者が損害賠償責任を負う根拠をどのように考えるのか，ということがこれまで議論されてきた。

(イ) 履行補助者による債務不履行の問題の考え方
(a) 改正前民法下の議論

伝統的な通説は，履行補助者による債務不履行責任を帰責事由の問題と捉え，一定の要件の下で，信義則上，履行補助者の故意・過失が債務者の故意・過失と同視されると解していた。これは，債務不履行責任の帰責性の根拠を故意・過失に求める考え方を前提とし，過失責任主義（個人責任の原則）の例外として，債務者が他人（履行補助者）の行為に責任を負うのはどのような場合か（他人の行為に対する契約責任の一場面）という視点から履行補助者責任の問題を捉えるものであったということができる。また，有力説として，履行補助者責任を使用者責任との対比で捉える見解もあったが，この考え方も，履行補助者責任を他人の行為に対する責任（過失責任主義の例外）として捉える点では，伝統的な通説と共通の土台に立つものであった（この点の詳細は，上巻161-162頁を参照されたい）。

(b) 現行法下の考え方

本書は，前記(a)の考え方のように，**履行補助者責任を他人の行為に対する責任として捉えるのではなく，債務者が自ら締結した契約により負担した債務の履行を怠ったところにその責任の根拠を求める立場に立つ**。

その理由は，改正前民法105条・658条2項・1016条2項（履行代行者の使用が明文上又は債権者の承諾により許容されている場合には債務者は履行代行者の選任・監督につき過失のあった場合にのみ責任を負う旨の規定）が削除等されたことに加え，415条1項の下での帰責事由の判断枠組みないし帰責の根拠を本書の立場（本書260-261頁）のように理解していることによる。

すなわち，契約債権における債務不履行の帰責の根拠を基本的に契約の拘束力に求める本書の立場（本書260-261頁）からすると，履行補助者を用いた場合においても，債務者の帰責の根拠は契約の拘束力に求められ，債務不履行の一般原則によって正当化されるべきであると考えるわけである。詳しく説明すると，債務者は，契約によって給付義務を履行すること

を義務付けられているのであるが，不代替的な債務[180]を別にすれば，その履行方法（債務者が自ら履行するか，他人を用いて履行するか）は，原則として債務者が自由に決定することができるのであって，他人（履行補助者）を用いることは，債務者自身が選択した履行方法の1つにすぎない。そうすると，債務の不履行という事態がたとえ他人（履行補助者）の行為によって生じたものであったとしても，債務者が自らの意思で他人（履行補助者）を債務の履行過程に組み込んだものである以上，その選択の中に帰責の根拠を求めることができる[181]。

このように考えると，履行補助者には，債務者が，その意思に基づいて契約上の債務の履行に関与させた全ての者が含まれることになる[182]。その場合，債務者との間に指揮監督関係等があることは必要とならず，債務者の干渉可能性があることも必要ではない。

その上で，履行補助者による債務不履行の問題は，債務の発生原因である当該契約関係に即した形で検討すべきであり，具体的には，**契約ないし債務の内容及びその履行過程に履行補助者の行為がどのように組み込まれているかという場面（第1の場面）**と，**契約及び取引上の社会通念に照らし免責事由があるかどうかを判定する際に，その行為をどのように評価するかという場面（第2の場面）**とに分けて考えることになる。第1の場面において，当該契約でそもそも債務の履行について第三者の使用が禁止されているときは，それに違反したこと自体で債務不履行となるが，それ以外の場合には，契約上の債務の内容（契約を解釈することにより，債務者が債務の履行として何をすべきであったかが決まる）を確定した上で，債務不履行の事実の有無を検討することになる[183]。

---

[180] 不代替的な債務の場合には，債務者が他人を用いれば，そのこと自体が債務不履行を構成するので，履行補助者責任はそもそも問題とならない。

[181] 潮見佳男『契約責任の体系』（2000年・有斐閣），森田・帰責構造145頁以下参照。この点について，潮見佳男「民法学のあゆみ」法時70巻1号（1998年）98頁以下は，より詳しく分析検討しているので参照されたい。

[182] いわゆる狭義の履行補助者（債務者が自ら履行する際に自己の手足として使用する者）であるか，履行代行者（債務者に代わって債務の全部又は一部を履行する者）であるかも問題とならない。小粥・新注民(8)500頁，潮見・Ⅰ394頁参照。もっとも，類型化して整理する手掛かり等として，下位概念（被用者的補助者・独立的補助者など）を用いることが有用であるとの指摘もある（大村・101頁参照）。

この点は，上巻165頁（(a)結果債務の場合，(b)手段債務の場合，(c)承諾された転貸借の場合）に記載したとおりであるが，以下では，これを補足してより詳しく説明するほか，安全配慮義務違反についても言及する。

① 結果債務の場合

結果債務の場合，債務者は，一定の結果の実現を約束しているのであるから，その結果の不実現（債務不履行の事実）があれば，債務者の側に免責事由がない限り，債務不履行責任を負う。

例えば，売買契約において，運送業者が運搬中に目的物が滅失・毀損した場合，まず第1の場面を検討し，売主が引渡債務の履行として運送業者を関与させたと評価されれば（通常はそのように評価されるであろう），債務不履行の事実が認められるから，第2の場面において，売主の側で免責事由（不可抗力等）を主張・立証できない限り，債務不履行責任を負うことになる。もっとも，当該契約において，売主が，買主の手配した運送業者に目的物を交付することで引渡債務を履行したことになると解される場合には（これは，契約解釈により債務の内容を確定する局面である），運送業者は，売主の債務の履行補助者ではなく，運送中に目的物が滅失・毀損しても売主に債務不履行があったとはいえないから，第2の場面を検討するまでもなく，売主は，債務不履行責任を負わない。

② 手段債務の場合

手段債務の場合，結果の実現が約束されているわけではなく，目標（例えば病気の治癒）に向かって，具体的な状況の下で客観的に適切な行為を

---

[183] 履行の機会に際してされた，履行それ自体とは直接関係のない補助者の行為によって債権者の身体又は財産が侵害された場合に債務者が債務不履行（保護義務違反）による責任を負うかについては，別途検討する必要がある。例えば，売主の債務の履行補助者である運送業者が，売買の目的物である家具を債権者宅内に設置した後，室内にあった花瓶を誤って破損してしまったとか，その場にあった財布を窃取したとかいった場合である。

履行補助者責任を他人の行為に対する責任として捉えるのではなく，債務者が自ら締結した契約により負担した債務の履行を怠ったところにその責任の根拠を求める立場からは，上記のような，給付義務の履行と直接関係のない履行補助者による加害行為については，契約責任の範囲外として，不法行為責任の枠内で処理されるべきものと解される。

なお，履行補助者責任を使用者責任との対比で捉え，上記のような場合に債務者が責任を負うか否かを判断するために「履行につき」等の要件を課す見解もある。これに対する批判として，森田・帰責構造188-189頁参照。

行うことが債務（給付）の内容であるから，債務不履行の有無（適切な行為を行ったかどうか）の判断の中には帰責性の評価も含まれることになる。したがって，例えば，医療法人が開設・運営する病院の医師が診療を行う場合等には，通常，第1の場面において，履行補助者（医師）による債務不履行の有無及び具体的内容が判断される際に，第2の場面における免責事由の有無の判断も一元的に行われることになる（本書266頁参照）。

③ 承諾された転貸借の場合

履行補助者を使用することについて債権者の承諾がある場合に，それが債務者の責任（債務の内容）を軽減又は免除するものであるかどうかは，第1の場面において，当該契約の内容及び「承諾」の趣旨を解釈することによって定められるべきである。例えば，賃貸人がした転貸の承諾には，通常，賃借人の目的物保管義務を免除したり，転借人に対する監督義務の範囲を軽減したりする趣旨まで含まないことが多いと考えられるから，転貸について賃貸人の承諾があっても，転借人の失火によって賃借物件が焼失した場合には，第2の場面を検討して免責事由がない限り，債務者（賃借人）は債務不履行責任を負うことになる[184]。

④ 安全配慮義務違反の場合

安全配慮義務は，個々の状況下で具体的な債務の内容が定まるものであるから，まず，第1の場面において，債務者がどのような内容の債務を負っていたか（何をすべきであったか）を確定し，他人（履行補助者）の行為がその債務の履行過程に組み込まれていたかどうかを判断することが必要である。前掲最判昭58.5.27（安全配慮義務の履行補助者に運転者としての運転上の注意義務違反があったからといって国の安全配慮義務違反があったものとすることはできないとされた事例）は，国が負っていた安全配慮義務と運転者としての運転上の注意義務を区別し，履行補助者（運転者）の行為が債務者（国）の安全配慮義務の履行としてされたものではないと判断したものと考えることができる。

(ウ) 判例

履行補助者に関する大審院及び最高裁の判例については，上巻162-163

---

[184] 内田・171頁，中田・169頁参照。

頁を参照されたい。ここでは，上巻では言及していなかった振込取引に関する最高裁判例を紹介する。

最一小判平6.1.20金法1383号37頁は，振込の被仕向銀行（履行補助者）が，依頼人である受取名義人の指示に従って同人が代表取締役である法人名義の口座に入金したという事案において，依頼人（債権者）が振込依頼の際に受取人名を記載したのみで口座番号を明示しなかったため，受取人名以外に入金口座を特定するものがなかったという事情の下では，仕向銀行（債務者）は「履行すべき義務を尽くした」というべきであるとして，仕向銀行の債務不履行責任を否定した。債務者（仕向銀行）が契約に基づいて負う債務の内容に照らして不履行（債務不履行の事実）があったかどうか（第1の場面）を検討した結果，それを否定したものである[185]。

第2項　効　果

I　概　説

(1) 概要

本書144頁で述べたとおり，債務不履行による損害賠償請求をするためには，①債務の発生，②債務不履行の事実，③損害の発生及びその数額，④債務不履行の事実と損害との間に因果関係があることが必要である。

このうち，①債務の発生，②債務不履行の事実については，第1項（要件）で論じた。本項（効果）では，③損害の発生及びその数額，④因果関

---

[185] 仮に，仕向銀行の振込依頼人に対する委任契約上の債務が被仕向銀行への送信に限定されると解する立場によると，そもそも被仕向銀行は仕向銀行の債務の履行補助者ではないとされることになろう（森田・帰責構造183頁注(88)は，このことを前提に，一般の履行補助者責任の枠外の問題として，被仕向銀行の過失行為について仕向銀行にも契約上の保障責任を負わせることの適否という観点から論じるべきであるとする）。いずれにしても，振込取引における仕向銀行（債務者）の債務の内容をどのように理解するかが議論の出発点となる。なお，仕向銀行の責任につき，山本敬三「振込委託契約と仕向銀行の責任」中田裕康＝道垣内弘人編『金融取引と民法法理』（2000年・有斐閣）199頁以下も参照されたい。

係を中心に，履行遅滞・履行不能・その他の債務不履行に分けて述べることとする。

もっとも，③**損害の発生及びその数額**については，まず，損害とは何なのか（どのように捉えるのか），次いで，どのような範囲の損害が賠償範囲に含まれるのか，さらに，**賠償範囲に取り込まれた損害をどのように金銭的に評価するのか**，といったことが問題となる。

損害の意義については上巻274-279頁を，**損害賠償の範囲**については上巻280-296頁を，賠償範囲に取り込まれた**損害の金銭的評価（損害賠償額の算定）**については上巻297-314頁を，それぞれ参照されたい。

なお，④**因果関係**は，賠償範囲に含まれる損害を画定する作業の前提として必要になるものであって，「事実的因果関係」と呼ばれ（上巻272頁注1）参照），これについては損害賠償の範囲のところ（上巻280-282頁参照）で併せて述べているので参照されたい。

(2) 履行利益の賠償と信頼利益の賠償（原状回復的損害賠償）について

以下では，損害の諸分類（上巻275-279頁）のうち，内容による区別とされている履行利益・信頼利益の賠償について，補足して述べる。

⑦ 信頼利益の伝統的な捉え方

履行利益の賠償とは，債権が有効に成立している場合にそれが完全に履行されることによって受ける利益の賠償である[186]。

これに対し，**信頼利益の賠償**とは，伝統的には，債権が不成立又は無効である場合に有効であると信じたことによって被った損害の賠償であるとされてきた（於保・137頁）。

このような区分の仕方はドイツ法に由来するものであり，履行利益の賠償においては，履行期に履行がされた状態の実現を目指すのに対し，信頼

---

[186] 履行利益賠償の中心となるのは，履行に代わる損害賠償（415条2項），すなわち塡補賠償（給付そのものの価値相当額の賠償）であるが，広義の履行利益としては，債務が履行されたとすれば得られたであろう逸失利益（転売利益等）も含まれる。なお，履行利益賠償と履行に代わる損害賠償との区別については，潮見ほか・詳解130頁以下〔田中洋〕が詳しいので参照されたい。後記Ⅲ（本書287頁）も参照されたい。

利益の賠償においては，権利者が行為時（契約締結時）に契約の無効ないし不存在を知っていたならば現在あるであろう状態の実現を目指すものと説明される（上巻276頁参照）。前記のように，契約の有効・無効（不成立）によって賠償されるべき損害が履行利益と信頼利益に区別されるとの考え方を前提とすると，債務不履行によって請求できるのは履行利益の賠償であって，契約が不成立・無効である場合に信義則上の義務違反等として請求できるのは信頼利益の賠償であるということになる[187]。

(イ) 信頼利益の新しい捉え方

履行利益の概念は前記(ア)に述べたとおりであるが，信頼利益の概念について，これを新たに捉え直そうとする見解が示されている[188]。この見解は，**信頼利益の概念を，契約成立への信頼（契約が有効であると信じたこと）に限定することなく，履行への信頼（債務が履行されると信じたこと）を保護するものと捉え直す**ことにより，信頼利益の賠償の可否を考える上で，契約の有効・無効（不成立）は決定的な意味を持たず，契約が有効に成立したことを前提に債務不履行による信頼利益の賠償を求めることも背理ではない[189]とする。

この立場からは，履行利益と信頼利益の相違は，損害原因事実（債務不履行）を起点とする因果関係によって定められる原状回復の方向の違いにあるとされる。すなわち，債務不履行があった場合，履行期に履行がされた状態の実現を目指すのが履行利益の賠償であるのに対し，そのような契約を締結しなければ契約締結時点で債権者が置かれていたであろう状態（取引以前の状態）の回復を目指すのが信頼利益の賠償（原状回復的損害賠償）ということになる。債権者は，債務不履行による損害賠償として，履行利益による賠償を求めるか，信頼利益による賠償を求めるかを選択することができる（ただし，方向性の異なる履行利益の賠償と信頼利益の賠償の双方を請求することはできない）。

---

[187] もっとも，信頼利益の概念は多義的であり，論者によって必ずしも一致しない。信頼利益概念の不明瞭さについて，中田・188-191頁も参照。

[188] 潮見・Ⅰ 436-438頁，内田・177-178頁参照。

[189] 債務不履行による信頼利益の賠償（原状回復的損害賠償）義務は，債務者が契約により債権者に生じさせた契約実現への信頼を介することによって根拠付けられる。

㈦　**費用賠償について**[190]
⒜　**費用賠償の理論的枠組み**

　契約の締結や履行に際して支出された費用と債権者が被った財産的不利益の総体である損害（上巻274頁参照）とはどのような関係に立つのであろうか[191]。後者（損害）は，事実としての債務不履行によって生じたものであるから，事実的因果関係のある限り債務者に帰責可能であるのに対し，前者（費用）は，債務不履行とは無関係に債権者の自由意思により生じたものであるから，原則として債務不履行との間に因果関係はない[192]。

　費用賠償という考え方は，先に述べた損害，すなわち契約の目的とされる給付が実現されなかったことによる損害の賠償ではなく，給付とは別に，当事者が当該契約を通じて実現しようとした目的を観念した上，その目的が実現しなかったことを「損害」として把握し，これを金銭的に評価するのに費用額を用いるものである。

　したがって，費用賠償は，履行利益（給付が実現されたとすれば得られたであろう利益）の賠償に代えて，契約実現のために支出された費用を賠償しようとするものであるから，履行利益の賠償と両立するものではない[193]。

---

[190] 荻野・新注民⑻650-651頁，金丸義衡「契約法における支出賠償の構造」姫路法学47号（2007年）33頁以下，同「支出賠償における支出概念と賠償範囲」甲南法学60巻1＝2＝3＝4号（2020年）125頁以下を参照。

[191] 金丸義衡「債務不履行に基づく費用賠償」法教513号（2023年）26頁参照。

[192] もっとも，契約不適合責任における目的物の修補費用は，債務不履行によって余儀なくされた支出であり，目的物の価値減少とは別のものとして，これまでも損害賠償として捉えられてきたものである（本書185頁以下参照）。

[193] 費用賠償は，履行利益の賠償（逸失利益の賠償等）と両立するものではなく，また，履行遅滞や不完全履行の場合，本来の債務の履行（追完）請求とともに費用賠償を求めることも，同様に認められない。
　例えば，①購入した自動車の納入が1か月遅れたため，1か月分の駐車場代が無駄になった場合や，②飲食店経営目的で賃借した建物の引渡しが1か月遅れたため，オープン日を記載して作成していたポスター等が無駄になった場合，支出した駐車場代やポスター作成費の賠償（費用賠償）を履行とともに請求することはできない（なお，新たにポスターを作成し直した場合の費用は遅延損害となるから，費用賠償ではなく遅延賠償として履行とともに請求することができる〔本書280-282頁参照〕）。
　もっとも，費用賠償は，二重補償にならない限りにおいて，遅滞によって生じた損害（遅延損害）の賠償とは両立し得る。したがって，履行又は履行利益の賠償を求めず費用賠償（駐車場代）を請求する場合には，遅滞期間中に使用した代車の料金を遅延賠償として併せて請求することができる。

このように，費用賠償の考え方は，履行利益の賠償に代えて支出した費用の賠償を求めるものであるという点で，前記(イ)に述べた信頼利益の新しい捉え方（原状回復的損害賠償）と方向性を同じくするものと考えられる[194]。

(b) 信頼利益の新しい捉え方（原状回復的損害賠償）と費用賠償

債務不履行があった場合，履行利益の賠償請求がされることが一般的であるため，これと両立しない費用賠償の問題が表面化することは多くはない。しかし，例えば，収益目的の契約でないため逸失利益を観念できない場合や，逸失利益の算定ないし立証が困難な場合等，履行利益の賠償が認められても投下費用相当額の損害を回収することができないという事態も想定され，このような場合には，履行利益の賠償に代えて，費用賠償あるいは信頼利益の賠償（原状回復的損害賠償）を認めることに意義がある[195, 196]。

費用賠償が問題となる具体例として，以下のようなものが考えられる。

【設例1】
　Aは，Bから中古自動車を購入して引渡しを受け，登録費用や改造費用を支出したが，その後にブレーキの不具合（修理不能）が判明した。

---

[194] 上田貴彦「費用賠償の二元的構造と遅滞責任」私法83号（2022年）238頁参照。

[195] 逸失利益の立証が難しい場合や逸失利益の賠償まで認めることに異論があるようなケースで，支弁費用だけを払わせることにより，中間的・妥協的解決を図るという意義があるとの指摘もある。吉田邦彦『契約法・医事法の関係的展開』（2003年・有斐閣）109頁参照。

[196] 2001年改正前のドイツ民法下では，債務不履行の場合に，債権者が投下費用以上の収益を上げたであろうことを推定（収益性の推定）することで，反証がない限り，投下費用相当額の賠償を認める判例法理が確立していた。これは，飽くまで履行利益の賠償における収益性推定（事実上の推定）であったため，収益目的によらない契約の場合には，反証の可能性が大きく機能しづらいことが指摘されていた。

これに対し，現行ドイツ民法では，「無駄になった費用の賠償」という制度が新設され（ド民284条），債務不履行があった場合，債権者は，履行に代わる損害賠償を請求するか（ド民280条3項・281―283条），無駄になった費用（給付を得ることを信頼して投下した費用であり，かつ，衡平に照らし投下することが許されるもの。ただし，債務者の義務違反がなかったとしてもその費用投下の目的が達成されなかったであろう場合を除く）の賠償を請求するかを選択することができることとされた。潮見・I 438-440頁参照。

【設例2】

　Aは，政策講演会を開催する目的でBの管理運営する施設の賃貸借契約を締結し，宣伝のために費用をかけてポスター等を作成したが，直前になってBがAに施設を利用させることを拒絶したため，講演会を実施することができなかった。

【設例3】

　Aは，ある商品を製造販売する目的でBから材料となる部品を購入し，製造に必要な機械設備を購入設置したが，Bが当該部品の出荷を停止した。B以外から材料を調達することは困難なため，Aは，予定していた商品を製造することができなくなった。

【設例4】

　Aは，Bからビル一棟を賃借し，設備投資をした上でホテルを開業したが，Bが敷地所有者から建物収去土地明渡しを求められて敗訴したため，いまだ初期投資費用を回収できていないにもかかわらず，ホテルの営業を継続することができなくなった。

　信頼利益の新しい捉え方（前記(イ)）を前提にすれば，債務不履行による損害賠償として，①履行期に債務が履行された状態の実現を目指すもの（履行利益の賠償）と，②債務不履行によって頓挫するような契約を締結しなければ契約締結時点で債権者が置かれていたであろう状態（取引以前の状態）の回復を目指すもの（信頼利益の賠償＝原状回復的損害賠償）の2通り（異なる2方向を目指すもの）を観念することができる。この立場からは，債務不履行があった場合，履行利益の賠償を求めるのに代えて（これと選択的に），信頼利益の賠償（原状回復的損害賠償）として費用賠償を請求することも認める余地がある。

　この考え方によれば，各設例において，A（買主又は賃借人）は，B（売主又は賃貸人）に対し，履行利益の賠償を求めることに代えて，信頼利益の賠償（原状回復的損害賠償）として，無駄になった投下費用（設例1の登録費用・改造費用，設例2の宣伝費用，設例3の機械設備購入費用，設例4の初期投資費用〔未回収分〕相当額）を請求できることになる。

(3) 弁護士費用の賠償について

以下では，損害賠償として弁護士費用の賠償を求める場合について補足する。

弁護士費用の賠償問題は，問題となる場面の理論的枠組みの違いから，次の2つの場合に分けて検討するのが分かりやすい[197]。

㋐ 本来的弁護士費用賠償

第1は，不当訴訟や不当抗争に伴い訴訟を提起し，又は応訴するのに要する**弁護士費用それ自体が賠償されるべき損害に当たるとされる場合（本来的弁護士費用賠償）**である。訴訟の提起や不当抗争がそれ自体として不法行為を構成するような場合（完全性利益が侵害された場合）[198]には，これに対処するために必要となった弁護士費用は，不法行為又は債務不履行（保護義務違反）による損害としてその賠償が認められることになろう[199]。

㋑ 付随的弁護士費用賠償

第2は，本来的な損害賠償請求権等が別に存在し，それが訴訟上行使されている場合に，そのために要する**弁護士費用の賠償が付随的に認められるという場合（付随的弁護士費用賠償）**である。

このような付随的弁護士費用賠償は，民事訴訟法が弁護士強制主義を採用せず，弁護士費用の敗訴者負担の制度も採用していないことなどから問題となり，議論がされてきた。現実には弁護士に委任することなく十分な

---

[197]「本来的弁護士費用賠償」と「付随的弁護士費用賠償」とは，要件・効果を異にする2種類のものとして位置付けられる。長野史寛「相続預金の払戻拒絶と弁護士費用賠償」金法2052号（2016年）11頁。なお，潮見・Ⅰ520頁も参照。

[198] 訴訟の提起が不法行為を構成する要件を示したものとして，最三小判昭63.1.26民集42巻1号1頁，判タ671号119頁，最二小判平22.7.9集民234号207頁，判タ1332号47頁参照。

[199] 大審院判例では，まず，不法行為を構成するような，他人の不法な訴え提起や仮差押え，仮処分を受け，これに応訴した場合における弁護士費用の賠償を認めたものが散見されるが（大判昭8.5.30新聞3563号8頁，大判昭13.11.7判決全集5輯1118頁，大判昭16.9.30民集20巻1243頁），その後，大連判昭18.11.2民集22巻1179頁は，不法の訴えに対してやむを得ず応訴した者の弁護士費用は，不法の訴えにより通常生ずべき損害であるとしてこれを認めた。

訴訟追行をすることが困難である場合も多いことに照らすと，一定の類型については弁護士費用の賠償が肯定されてよいようにも思われる。他方で，債権者が紛争を有利に解決するため自らの判断で弁護士に委任したからといって当然にその費用が賠償されるべき損害に含まれるのか，といった疑問や，弁護士費用の敗訴者負担の制度を採用していない民事訴訟制度の下で，一定の類型のみについて，しかも原告が勝訴した場合に限り，「損害」名目で実質的に弁護士費用を敗訴者である被告に負担させることに合理的な理由があるのか，といった問題がある[200]。

(a) 不法行為を理由とする訴訟

不法行為を理由とする訴訟においては，損害賠償請求権等を行使するために要した弁護士費用（付随的弁護士費用）は，事案の難易，請求額，認容額その他諸般の事情を斟酌して相当と認められる範囲のものに限り，「不法行為による損害」として請求できるとする判例が確立している（最一小判昭44.2.27民集23巻2号441頁，判タ232号276頁）[201,202]。

---

[200] 問題の所在及び学説・判例の展開について，荻野奈緒「債務不履行と弁護士費用賠償」同志社法学71巻1号（2019年）563頁以下，荻野・新注民(8)663頁以下参照。

[201] 本文の最判昭44.2.27は，Yが無効な根抵当権に基づき競売の申立てをして競売手続が開始されたので，XはやむなくYに対し，上記根抵当権設定登記の抹消登記手続を訴求するとともに，上記競売申立て等が不法行為であるとして，本訴訟（抹消登記手続請求訴訟）追行のための弁護士費用を損害賠償として併せ請求した事案（したがって，不法行為による損害賠償請求訴訟における弁護士費用の賠償請求事案ではないが）において，次のように述べて弁護士費用の賠償を認めた。「わが国の現行法は弁護士強制主義を採ることなく，訴訟追行を本人が行なうか，弁護士を選任して行なうかの選択の余地が当事者に残されているのみならず，弁護士費用は訴訟費用に含まれていないのであるが，現在の訴訟はますます専門化され技術化された訴訟追行を当事者に対して要求する以上，一般人が単独にて十分な訴訟活動を展開することはほとんど不可能に近いのである。従って，<u>相手方の故意又は過失によって自己の権利を侵害された者が損害賠償義務者たる相手方から容易にその履行を受け得ないため，自己の権利擁護上，訴を提起することを余儀なくされた場合においては，</u>一般人は弁護士に委任するにあらざれば，十分な訴訟活動をなし得ないのである。そして現在においては，このようなことが通常と認められるからには，訴訟追行を弁護士に委任した場合には，その弁護士費用は，<u>事案の難易，請求額，認容された額その他諸般の事情を斟酌して相当と認められる額の範囲内のものに限り，右不法行為と相当因果関係に立つ損害</u>というべきである。」（下線は引用者による）。

[202] 裁判実務上，交通事故の損害賠償を始め，不法行為に基づく損害賠償請求訴訟の多くは，認容額（過失相殺等をした後の額）の1割程度の額を弁護士費用として認める運用がされている。

(b) 債務不履行を理由とする訴訟

債務不履行を理由とする訴訟に関しては，一般論として弁護士費用の賠償の可否を論じた最高裁判例はなく，個別の事案において判断が示されている。

① 金銭債務の不履行に関するもの

債権者は，金銭債務（借入金返還債務）の不履行による損害賠償として弁護士費用その他の取立費用を請求することはできない（最一小判昭48.10.11 集民110号231頁）。上記のような契約債権は，元々定額債権である上，その不履行に伴う取立費用も発生原因である契約の内容に取り込むことができたのにしていないこと等を踏まえ，419条によって利息超過損害として弁護士費用など取立費用を認めることができない旨判示したものと位置付けられる。売買代金債務その他定額の金銭債務の不履行（遅滞）による損害賠償として弁護士費用の賠償を求める場合にも，同様に否定されることになる。

② 安全配慮義務違反による損害賠償請求に関するもの

安全配慮義務違反を理由とする損害賠償請求においては，この「請求権は，訴訟上行使するためには弁護士に委任しなければ十分な訴訟活動をすることが困難な類型に属する請求権である」として弁護士費用相当額の損害賠償が認められている（最二小判平24.2.24 集民240号111頁，判タ1368号63頁）。安全配慮義務違反による損害賠償請求は，不法行為による場合と同様に，労働者（債権者）の側で，具体的事案に応じ，安全配慮義務の内容を特定し，義務違反に該当する事実を主張・立証する必要があり，労働者（債権者）が主張・立証すべき事実は，不法行為に基づく損害賠償を請求する場合とほとんど変わらないことを理由とする。

この判例からは，債務の不履行によって生命・身体等の完全性利益が侵害された場合（例えば，医師の診療契約上の債務不履行による損害賠償請求）についても同様に解することになると思われる。

③ 売主の債務の履行を求める訴訟に関するもの

土地の買主は，売買契約に基づいて売主が負う債務（土地の引渡債務や所有権移転登記手続債務）の履行を求めるための訴訟の提起等に係る弁護士報酬を債務不履行による損害賠償として請求することはできない（最三小判令3.1.22 集民265号95頁，判タ1487号157頁[203]）。

その理由として，㋐不法行為責任が侵害された権利利益の回復を求めるものであるのに対し，契約上の債務の履行を求めることは契約目的を実現して履行利益を得ようとするものであること，㋑契約を締結しようとする者は，不履行の可能性を考慮して契約内容を検討したり，契約を締結するかどうかを決定したりすることができること，㋒土地の売買契約において売主が負う債務（土地の引渡債務や所有権移転登記手続債務）は，売買契約から一義的にその内容が確定するものであり，同債務の履行を求める請求権は，同契約の成立という客観的な事実によって基礎付けられるものであること[204]，の３点が挙げられている。

上記の理由は，債務の内容が契約から一義的に確定する契約類型（売買・贈与・交換等の与える債務[205] を生じさせる契約）における売主等の債務の履行請求の場合にも妥当する[206]。

為す債務のうち，為す債務Ⅰ（一定の結果を実現しなければ債務が履行されたとはいえないもの）を生じさせる契約については，すべき行為（提供すべき役務等）の内容が契約から一義的に確定可能であって履行の有無の判断が容易な類型であれば上記の理由が妥当するであろう。

これに対し，為す債務Ⅱ（結果の実現自体が債務の内容ではなく，望ましい状態に向かって客観的に適切な行為をすることを給付内容とする債務）を生じさせる契約（診療契約等）については，具体的な債務の内容が契約から一義的に確定するものではなく，債権者の側で，具体的事案に応じ，債務の内容を特定した上，債務不履行に該当する事実を主張・立証す

---

[203] 都筑満雄・判例評論761号7頁以下を参照。

[204] 買主が売主の債務の履行を求める場合に主張・立証すべき事実は，売買契約の成立という客観的事実のみであり（司法研修所・類型別20頁参照），必ずしも弁護士に委任しなければ権利の実現が困難なものではない。

[205] 本書10頁の表参照。

[206] 契約不適合の場合の追完請求（562条）については別途検討を要する。追完請求のうち，代替物の引渡請求，不足分の引渡請求については，本文にある売主等の債務の履行請求と同様に解することに問題はない。目的物の修補請求（例えば，新築分譲建物の売買契約で引き渡された建物に欠陥があるため修補請求をする場合等）については，修補債務の内容が契約から一義的に確定するとはいえないとも考えられるが（都筑・前掲注203）11頁），本来の債務の内容自体は契約で一義的に確定していること，あらかじめ不履行の可能性を考慮して契約の内容を検討することができることを重視すれば，この場合も弁護士費用の賠償請求は認められないとする見解もあり得よう。

る必要があることから，上記の理由は当てはまらず，前掲最判平24.2.24の判示が妥当する。

なお，債務不履行に基づく損害賠償を求める訴訟については，この判例の射程外である[207]。

(ウ) 考え方

付随的弁護士費用の賠償の問題については，次のような考え方が提唱されている。

付随的弁護士費用の賠償は，一般的な損害賠償の範囲（416条）の問題ではなく，債務不履行によって紛争がもたらした費用の配分の問題であり，特殊な性格を有する「損害」として通常の損害賠償理論と異なる独自の枠組みで議論すべきであるとし，賠償（費用の配分）の基準の1つとして紛争の困難性を重視する考え方である[208]。この考え方は，訴訟追行の困難性（弁護士に委任しなければ十分な訴訟活動をすることが困難な類型に属する請求権であるか否か）を判断基準の1つとする判例理論と整合性を有するものといえる[209]。

---

[207] 債務不履行に基づく損害賠償請求の場合も，本文の最判令3.1.22が挙げる理由のうち㋐及び㋑はそのまま妥当する。㋒について，債務不履行による損害賠償を請求する場合には，契約の成立（債務の発生）に加えて，債務不履行の事実，損害及び因果関係を主張・立証する必要がある。もっとも，債務の内容が契約から一義的に確定する契約類型（典型的には与える債務を生じさせる契約）については，契約で約束された結果が実現されていないことを主張・立証しさえすればよいのであるから，債務不履行の事実を主張・立証することは比較的容易であるといえる場合が多いと思われる。

[208] 窪田充見「金銭債務の不履行と損害賠償」奥田昌道先生還暦記念『民事法理論の諸問題(下)』(1995年・成文堂) 327頁，長野・前掲注197) 10-11頁参照。

[209] 本文中の見解に対して，弁護士費用賠償の可否を損害賠償の範囲の問題（416条）として捉え，債務又は義務の内容が賠償範囲を画定するための重要な要素であるとして，弁護士費用が賠償範囲（保護範囲）に入るかを判断するに当たり，当該請求権に対応する債務者の義務（債務）の内容を重視する見解もある（中田裕康・リマークス46号〔2013年〕29頁参照）。これによれば，弁護士費用が賠償範囲に入るか否かは，基本的には契約の解釈により決せられることになる。

判例（前掲最判昭44.2.27等）は，その結論部分で，弁護士費用が不法行為ないし債務不履行と相当因果関係にある損害といえる，という表現を用いているけれども，弁護士費用賠償の可否を判断するに当たっては訴訟追行の困難性を判断基準としており，しかも，その判断は個別の事案ごとではなく類型的に行われている。このことに照らすと，債務の内容から出発して賠償範囲を画定するというアプローチは，判例理論とどのような関係に立つことになるか，困難な課題に直面するように思われる。

訴訟法の観点からは，付随的弁護士費用が訴訟手続を利用して紛争を有利に解決するための費用（訴訟費用）としての側面を有するものであり，原告（債権者）勝訴の場合にのみこれを認めることの不公平感も否めないから，その賠償を一定の類型にとどめることが必要である。このように**弁護士費用賠償の問題は，訴訟制度との整合性や訴訟当事者間の公平の要請と切り離しては考えることのできない問題といえよう**。

II 履行遅滞による損害賠償

(1) 遅延賠償（履行とともにする損害賠償）

(ア) 遅延賠償の意義

412条1項ないし3項は，履行遅滞の効果として，債務者は「遅滞の責任を負う」としているところ，履行遅滞は，415条1項にいう「債務の本旨に従った履行をしないとき」に該当するから，債権者は，債務者に対し，遅滞によって生じた損害の賠償（遅延賠償）を請求することができる。

遅延賠償とは，履行が遅れたことによる損害の賠償であって，債権者が遅れた給付（履行）を受けたのでは回復されない損害の賠償をいう。遅延賠償請求権は，履行請求権と両立（併存）し得るものであり，債権者は，履行の請求とともに遅延賠償を請求することができるし，遅滞後に債務が履行された場合でも履行されるまでの期間について遅延賠償を請求することができる[210]。

(イ) 本来の債務の履行と遅延賠償

債務者が債務の履行を遅滞した場合，債権者は，本来の債務の履行が可能であればなおその履行を請求することができるが（414条1項），遅滞

---

[210] 潮見・I 467頁，中田・180-181頁参照。なお，例えば売主が売買の目的物の引渡しを遅滞した場合における約定代価と遅れて引き渡された時価との差額も「遅延賠償」として捉える見解もあるが（北川・注民(10) 490頁），本文中の見解からは，これは遅延賠償ではなく塡補賠償ということになる。この点につき，潮見・新注民(8) 227-228頁も参照。

による債務不履行の要件を満たしていれば，本来の債務の履行に加えて遅延賠償を請求することができる（414条2項・415条1項）。この場合には，債権の内容は，本来の給付のほかに遅延賠償が加わって拡大する。したがって，債務者は，本来の給付とともに遅延賠償を併せて提供しなければ，債務の本旨に従った履行の提供をしたことにはならない（493条につき下巻1097頁，489条につき下巻1085頁を参照）。

なお，本来の債務の履行が不能であるときは，遅延賠償を請求することはできず，不能による損害賠償（塡補賠償）の問題となる[211]。当初は履行が可能であったが，債務の履行を遅滞している間に履行が不能になった場合（例えば，売買の目的物である建物の引渡しを遅滞している間に火災で全焼した場合）には，不能による損害賠償（塡補賠償）のほかに，不能になるまでの期間について遅延賠償（遅滞期間中の賃料相当損害金等）を請求することができる。

また，不完全な履行がされた場合，追完が可能であれば，追完の請求とともに遅延賠償を請求できる（例えば，購入した自動車に修補可能な程度の不具合があった場合，修補請求とともに修補が完了するまでの間の代車使用料を遅延賠償として請求するなど）。この点については本書302頁で詳しく述べる。

(ウ) 遅延賠償の内容

(a) 金銭債務の履行遅滞の場合

金銭債務の履行遅滞を理由とする賠償は，一定利率の遅延損害金として計算され，遅延利息ともいわれる。これは，遅延賠償の典型的なものであるが，金銭債務の不履行については特別の規律が妥当する（419条1項。本書97頁以下，296頁）。

(b) 金銭債務以外の債務の履行遅滞の場合

金銭債務以外の債務についての遅延賠償としては，例えば，①遅滞中の期間，目的物を使用収益することによって得られたであろう利益，②遅滞

---

[211] 明確な履行拒絶の場合も塡補賠償を請求することができるが（415条2項2号），当然に履行不能になるわけではないから，この場合は本来の履行の請求とともに遅延賠償を求めることもできることに留意されたい（本書166頁参照）。

中の期間，他から同様の物を賃借したために被った賃料相当額の損害等が考えられる。これらの損害賠償の内容・範囲等については，416条以下の規定によることになる（もっとも，上記①及び②を重複して請求することはできない）。

例えば，工作用機械の売買契約において，買主が代金500万円を支払ったにもかかわらず，売主が期限までに目的物を引き渡さなかったため（引渡債務の履行遅滞），買主が同種の工作用機械をリースで借りて使用したという場合，買主は，売主に対し，目的物である工作用機械の引渡し（本来の債務の履行）を求めるとともに，引き渡されるまでの間のリース料相当額（遅延賠償）を請求することができる。

(2) 塡補賠償（履行に代わる損害賠償）

(ア) 履行遅滞と塡補賠償請求

履行に代わる損害賠償（塡補賠償）とは，債務の本旨に従った履行がされたとすれば債権者が得られたであろう利益を回復させるに足るだけの損害賠償である（本書145頁）。

契約債権において，債務者が債務の履行を遅滞し（415条1項），かつ，一定の要件（(a)催告後に相当期間が経過したにもかかわらず履行がされなかった場合〔541条〕，(b)定期行為の場合〔542条1項4号〕，(c)契約をした目的を達するのに足りる履行がされる見込みがない場合〔542条1項5号〕）を満たすと，解除権が発生する。その場合，債権者は，①当該契約を解除した上で原状回復請求（545条1項）とともに損害賠償請求をすることができるほか（同条4項），②解除することなく塡補賠償を請求することもできる。後者の場合には，履行請求権と塡補賠償請求権が併存することになる（本書168頁参照）。

(イ) 具体例の検討

【基本設例】
　A（売主）は，B（買主）との間で，中古自動車（クラシックカー）甲の売買契約を締結した。売買代金1000万円のうち，頭金として400万円を支払い，引渡後に毎月100万円ずつ分割払するとの約定であっ

たが，Bが頭金を支払ったにもかかわらず，Aは甲車の引渡しを遅滞し，Bからの催告後相当期間が経過した。

(a) 具体的損害計算[212]が問題となる事例

【設例1】
Bは，Cとの間で甲車の転売契約（代金1100万円）を締結していたが，期限までに引き渡すことができなかったため，契約を解除され，違約金としてCに50万円を支払った。なお，売買契約締結後の甲車の市場価格の変動はないものとする。

① 解除する場合（原状回復請求＋損害賠償請求）

㋐ 買主Bは，売主Aの債務不履行（履行遅滞）を理由に売買契約を解除し，未払分の債務を免れた上で，売主Aに対し，解除に伴う原状回復として既払金400万円の返還（545条1項）及び受領時からの利息の支払（同条2項）を求めることができる。

㋑ また，契約が解除されても，債務不履行によって発生した損害賠償請求権が消滅するわけではないので（545条4項はこのことを確認的に規定したものである[213, 214]），買主Bは，原状回復請求をしてもなお回復されない損害について，債務不履行に基づく損害賠償を請求することができ（415条1項），その範囲は416条1項・2項の規定によって定まることになる。

設例1において，買主Bは，売主Aが引渡債務の履行を遅滞したため，Cとの転売契約に基づく債務が履行できず，転売契約を解除されて得られ

---

[212] 具体的損害計算・抽象的損害計算については，上巻311-314頁参照。
[213] 解除の効果について，代表的な見解である変容説は，①解除により，契約は消滅するのではなく，原状回復に向けた債権関係に変容する，②未履行債務は消滅する（既に原状回復がされているとみる），③既履行給付については，変容した契約の下で，原状回復のための新たな返還請求権が発生する，と解する（本書もこの立場に立つ）。
　解除の効果に関する学説の状況については，中田・契約法221-225頁，渡辺・新注民(11)Ⅱ264頁以下を参照されたい。
[214] 解除に伴う損害賠償について，改正前民法下では損害賠償請求権の性質につき争われていたが，545条4項及び415条2項3号は，債務不履行による損害賠償請求権であり，履行に代わる損害賠償が認められることを明示的に規定した。

たはずの転売利益100万円を失った上，違約金50万円をCに支払ったものである。これらが通常損害といえるとき（買主Bが中古自動車販売業者であるような場合は通常損害と評価されることになろう。416条1項），又は，特別損害であっても，売主Aが買主B・C間の転売契約に係る事情を予見すべきであったといえるとき（同条2項）は，買主Bは，売主Aに対し，原状回復請求とは別に，転売による利益（逸失利益）100万円及びCに支払った違約金50万円の合計150万円を損害賠償として請求することができる。

② 解除しない場合

㋐　買主Bは，売買契約を解除せずに飽くまで履行（引渡し）を請求することもできる（その場合，弁済期の到来した分割金の支払と引渡債務とは同時履行の関係に立つ）。

設例1においては，遅れて債務の履行（甲車の引渡し）を受けてもなお回復できない損害が発生しているので，買主Bは，売主Aに対し，①で述べたように，債務不履行による損害賠償として，416条1項又は2項の規定により，転売による利益（逸失利益）100万円及びCに支払った違約金50万円の合計150万円を請求することができる。

㋑　買主Bは，売買契約を解除することなく，本来の債務の履行に代えて塡補賠償（甲車の価値相当額）を請求することもできる（415条2項3号）。

この場合，塡補賠償請求額は甲車の価値相当額である1000万円から未払の600万円を差し引いた額（400万円）となる[215]。この額は，売買契約を解除した場合の原状回復請求額と同額である。

この場合も，買主Bは，売主Aに対し，①で述べたように，債務不履行による損害賠償として（415条1項・416条），転売による利益（逸失利益）100万円及びCに支払った違約金50万円の合計150万円を請求することができる。

---

[215] 双務契約が解除された場合，債権者が反対給付を免れていることとの調整が必要となる。このような場合には，塡補賠償額から解除により義務を免れた額（未払の売買代金額等）を損益相殺の法理によって控除した額の賠償を請求することができる（最二小判昭63.11.25集民155号149頁，判タ687号72頁参照）。

(b) 抽象的損害計算が問題となる事例

【設例2】
　売買契約締結後，甲車の市場価値が上昇し，履行期（ないし解除時）の市場価格は1300万円となった。なお，転売契約は締結されていない[216]。

① 解除する場合

㋐　買主Bは，売主Aの債務不履行（履行遅滞）を理由に売買契約を解除した上で，Aに対し，解除に伴う原状回復として既払金400万円の返還（545条1項）及び受領時からの利息の支払（同条2項）を求めることができる。

㋑　買主Bは，原状回復請求をしてもなお回復されない損害について，債務不履行に基づく損害賠償を請求することができる（415条1項）。設例2のように抽象的損害計算の方法による場合には損害賠償額の算定（損害の金銭的評価）が問題となるが，損害の範囲が問題となる場面と同様に，どのようにすれば履行遅滞がなかった（債務が遅滞なく履行された）のと同じ利益を債権者に与えることができるかという観点から検討する必要がある。

　設例2において，売主Aが履行期に甲車を引き渡していたとすれば，買主Bは，基準時（履行期又は解除時）において1300万円の価値のある甲車を取得できたはずであるから，買主Bは，売主Aに対し，原状回復請求とは別に，基準時の価値相当額1300万円から解除により支払を免れ

---

[216] 転売契約が締結されている場合，債権者は，通常，具体的損害計算の方法により転売利益等を損害として請求することになるが，それが認められるかどうかは416条1項・2項の規定によって判断される（設例1参照）。
　また，転売契約が締結されていても，あえて抽象的損害計算の方法により価格上昇分を損害として請求すること（転売利益の方が価格上昇分より少ない場合等）も考えられる。しかし，転売契約がある場合には，債権者は，履行期に引渡しを受けていたとしてもその後の価格上昇による利益（差額）をそのまま取得できたわけではないのであるから，この場合は，価格上昇分（基準時の価格と約定代金額との差額）の全額を損害として請求することはできず，転売により得られたであろう利益額が上限となる（結果として，具体的損害計算の方法により転売利益が損害として認められたのと同額になる）。
　なお，価格上昇分と転売利益等を重複して請求できないことはいうまでもない。

た代金額1000万円を差し引いた300万円を損害賠償（通常損害）として請求することができる（416条1項）[217]。

② **解除しない場合**

㋐　買主Bは，売主Aに対し，債務の履行（甲車の引渡し）を求めることができる。

また，例えば，甲車が引き渡されるまでの間（遅滞期間中），他から同種の自動車を借り受けて使用したというような事情があれば，遅延賠償として使用料相当額を請求することができる。

㋑　買主Bは，売買契約を解除することなく，本来の債務の履行に代えて填補賠償（甲車の価値相当額）を請求することもできる（415条2項3号）。

この場合，填補賠償請求額は，履行期における甲車の価値相当額である1300万円から未払の600万円を差し引いた額（700万円）となる。この額は，売買契約を解除した場合の原状回復請求額400万円に価格上昇分の損害賠償額300万円を加えた額と同額である。

Ⅲ　履行不能による損害賠償

債務の履行が不能であるときは，債権者は，これによって生じた損害の賠償を請求することができる（415条1項）。

債務の履行が不能である場合[218]，債権者は，履行の請求をすることができず（412条の2第1項），遅延賠償を請求することもできない（本書281頁参照）。

上記の場合，債権者は，本来の債務の履行を受けることと両立しない履行に代わる損害賠償（填補賠償）を求めることができる（415条2項1号）。填補賠償については本書145頁を参照されたい。

---

[217] 抽象的損害計算が問題となる場面（基準時の問題が顕在化する場面）において，基準時における価格と代金額との差額を通常損害とし，その後の価格騰貴は特別事情と捉えるのが判例の傾向であること，履行期又は解除時が基準時となり得ることにつき，上巻312-313頁参照。

[218] 履行不能の意義については，本書169頁以下を参照。

履行に代わる損害賠償と履行利益の賠償との関係

履行利益の賠償は，債務の本旨に従った履行がされたならば実現した債権者利益の賠償を意味し，信頼利益の賠償と対比して用いられている（本書270頁参照）。これに対し，**履行に代わる損害賠償**は，履行とともにする損害賠償と対比して用いられ，債務の履行請求と両立するかどうかといった観点からの概念であることに注意されたい。したがって，履行利益の賠償は，その内容から履行に代わる損害賠償を含むことになるが，遅延賠償は，本来の履行と両立するので，履行利益の賠償には当たるが，履行に代わる損害賠償には当たらない。例えば，債務者が目的物の引渡義務を遅滞した場合，債権者が，引渡しが遅れている間に目的物で営業をすることで得られたはずであった営業利益を失ったとして，損害賠償（遅延賠償）を求めるとき，この損害賠償は，履行利益の賠償に当たり，本来の債務の履行である目的物の引渡しを求めることと両立するので，履行とともにする損害賠償である。

また，損害賠償の範囲（416条）については上巻280-294頁を，損害額の算定（基準時）については上巻297-314頁を，併せて参照されたい。

なお，債務の履行が契約の成立時に不能であった場合（原始的不能）における損害賠償については，本書160頁以下に述べたので参照されたい。

Ⅳ　その他の債務不履行による損害賠償

(1)　作為債務その1（与える債務）

(ア)　売買契約
(a)　給付義務違反による損害賠償
①　品質に関する契約不適合による損害賠償

【設例】
　Xは，Yから，中古自動車甲を100万円で購入し，代金を支払い，引渡しを受けたが，甲車のブレーキに不具合があったことが判明した。し

かし，Yは不具合がないとして修補に応じないので，Xは他の業者に依頼してブレーキを修補してその費用を支出した（本書193-194頁参照）。

　まず，買主Xは，売主Yに対し，562条1項により履行の追完請求として甲車のブレーキの修補請求ができ，修補に要する費用は履行に要する費用であるから売主Yが負担することになる（485条本文）。この場合，売主Yは，免責事由（415条1項ただし書）を主張することができない（なお，設例では問題にならないが，一般的に売主が562条2項の「買主の責めに帰すべき事由によるものである」ことを抗弁として主張することができるのは当然である）。

　しかし，設例では，売主Yが修補に応じないため買主Xが修補してその費用を支出している。この場合，買主Xは，追完（修補）を催告することなく損害（出捐した費用）の賠償を売主Yに請求することができるとするのが本書の立場である（本書188頁参照）。したがって，買主Xは，売主Yに対し，415条1項の規定により，免責事由（415条1項ただし書）がある場合を除き，**修補に要する費用（甲車のブレーキの修補費用相当額）**を損害として賠償請求することができる。また，買主Xが**修補費用以外の損害（例えば，修補に要する期間中の代車使用料）**を被っている場合には，416条の範囲内でその損害賠償請求が認められる。

　② 数量に関する契約不適合による損害賠償（数量指示売買）

【設例】
　Xは，Yから，Yが所有する甲土地を4000万円で購入し，代金を支払い，引渡しを受けた。売買契約に際し，甲土地の面積が200㎡であることを前提とし，1㎡当たりの単価を20万円として，売買代金が定められた。しかし，引渡後に実測してみると，甲土地の面積は190㎡であることが判明した（本書200頁参照）。

　設例では，数量に関する契約不適合（562条1項）があるが，履行の追完（不足分の引渡し）を求めることはできない（もとより，代金減額請求をすることはできる）。

　買主Xは，売主Yに対し，415条1項の規定により，免責事由（415条1項ただし書）がある場合を除き，**追完に代わる損害賠償として面積不足**

分の価値相当額（代金額のうち不足分に対応する 200 万円）を請求することができ，542 条 1 項 3 号の要件を満たせば売買契約を解除することもできる。また，買主 X が目的物の価額以外の損害（例えば，転売利益の喪失）を被っている場合には，416 条の範囲内でその損害賠償請求が認められる。

③ 拡大損害

本書は，いわゆる拡大損害について，これを給付義務の不履行による損害とみるのではなく，それとは別に債権者の完全性利益の保護に向けられた保護義務違反による損害として捉える見解に立っている（上巻 223-224 頁・295-296 頁参照）。保護義務違反が問題となる場面は，何も不完全履行ないし目的物の契約不適合の場合に限られない。履行遅滞の場合にも保護義務違反が問題となる場面があることについて，請負契約に基づく仕事完成義務に関してではあるが，上巻 228 頁注 26 で述べておいた[219]。

以下では，買い受けた目的物の契約不適合が問題となる場面に絞って検討する。

【設例】
　X は，Y から，中古自動車甲を購入し，引渡しを受けた。引渡しの時点で甲車のブレーキに不具合があったが，X は，これに気付かず甲車を運転していたところ，交通事故が発生し，X がけがをした。

この場合，どのように考えるべきか。

給付を前提とする債権者の行為・活動と関係なく，**目的物の契約不適合（瑕疵）のために債権者の身体（完全性利益）が侵害された場合には**，給付利益侵害による損害とは別の完全性利益侵害による損害（拡大損害）の賠償が問題となる。

この点について，学説には，拡大損害は，給付が不完全であったことと相当因果関係にある損害とみて，**給付義務違反により生じた損害の賠償範囲の問題（416 条）**と構成する見解（我妻・156-157 頁参照）もあるが，本書は，拡大損害を，給付に契約不適合があること自体による損害とは区

---

[219] 詳しくは潮見・新注民(8) 229-230 頁を参照されたい。なお，小粥・新注民(8) 490 頁も参照。

別し,保護義務違反の問題として捉えるべきであるとする見解に立っている(潮見・Ⅰ161頁以下,潮見・契約各論Ⅰ167-168頁も同様である)[220]。この見解は,目的物の契約不適合(瑕疵)から拡大損害が生じたときには,給付義務の不完全履行による損害ではなく,**契約上の保護義務(目的物の契約不適合により買主の身体・財産に損害を生じさせないようにする義務)の違反による損害(後記(c)①参照)**とみるべきであるとするものである(上巻213頁注6),228頁注26),295頁も参照)。

この見解によると,引き渡された目的物に契約不適合があった場合,給付義務違反とは別に保護義務違反があったとされるためには,当該目的物の用法や,契約不適合の性質・内容等を踏まえ,買主の生命・身体・財産(完全性利益)侵害を生じさせる危険が現実化したと認められることが必要になる(設例において,Xによる甲車の運転の態様が通常想定されるものであり,ブレーキの不具合により事故が発生し,けがをしたと認められる場合には,416条により,ブレーキ不具合〔契約不適合〕による損害とともに,保護義務違反があったとして拡大損害である身体侵害による損害の賠償義務が肯定される)。その結果,多くの場合には,先にみた他の見解による場合と結論は異ならないであろう。

(b) **付随義務違反による損害賠償**

売主が目的物の使用方法について買主に適切な説明をしなかったために買主が目的物の引渡しを受けた後に使用方法を誤って目的物を壊してしまった場合(本書205頁参照),引き渡された目的物自体に契約不適合はなくとも,売主は,債務不履行(付随義務違反)に基づく損害賠償責任を負うことになる。この場合の損害としては,**目的物そのものが損なわれたことによる損害(目的物の価値相当額)**のほか,場合によっては,**目的物を収益することから得られたであろう利益(逸失利益)**の賠償も,416条の範囲内で求めることができる。なお,このような事例では,過失相殺(418条)が問題になることが多いであろう。

(c) **保護義務違反による損害賠償**

① 売主が,養鶏場を経営する買主に伝染病に罹ったひよこを引き渡

---

[220] 判例・学説の状況については,荻野・新注民(8)638-641頁参照。なお,本文で述べた両見解については,能見・前掲注22)122-124頁に詳しいので参照されたい。

し，そのため買主がその養鶏場で所有し飼っていた他のひよこに感染したときは，引き渡したひよこに着目すれば，給付義務違反（目的物の品質に関する契約不適合）があることになるが，他のひよこに着目すれば，給付義務違反とは別に保護義務違反（目的物の契約不適合により買主の財産に損害を生じさせないようにする義務の違反）があると捉えられる。したがって，売主は，買主に対し，**給付義務の不履行による損害（購入したひよこに関する損害）**だけではなく，**保護義務違反による損害（買主が所有していた他のひよこに関する損害）**についても，債務不履行に基づく損害賠償責任を負う（前記(a)③参照）。

② また，売主が，売却した家具の搬入に際して，買主の自宅建物の壁やじゅうたんを損傷したときは，引き渡した家具には何ら問題はなかったから給付義務違反はないが，完全性利益が契約履行過程で侵害されているから，保護義務違反の債務不履行があることになる。したがって，売主は，買主に対し，**債務不履行（給付義務の履行過程における保護義務違反）に基づく損害（損傷した壁やじゅうたんに関する損害）**の賠償責任を負う（以上につき，本書205-207頁参照）。

(イ) **賃貸借契約**
(a) **給付義務違反による損害賠償**
① **移転した権利の契約不適合による損害賠償**

> 【設例】
> Xは，自宅を建築する目的で，YからY名義の甲土地を賃借し，引渡しを受けた。賃貸借契約締結の際，Xは，Yから，「隣地である乙土地の所有者Aとの間で，甲土地を要役地，乙土地を承役地とする通行地役権設定契約が締結されていたが，同契約は既に合意解除されている」との説明を受けていた。しかし，Y・A間の合意解除は錯誤により取り消された（本書217頁参照）。

設例では，542条1項3号の「契約をした目的を達することができない」場合に当たるから，賃借人Xは，賃貸人Yに対し，賃貸借契約を**解除**した上で，415条1項・545条4項により，それまでに準備した費用が**無駄になったことによって生じた損害（例えば，自宅建築のための測量費**

用，自宅建築に関して締結した各種契約の違約金）の賠償を請求することができる。

② 目的物返還義務の不完全履行による損害賠償

【設例】
　Xは，Yに対し，甲建物を賃貸して，引き渡し，その後，賃料不払を理由に賃貸借契約を解除した。Yは退去したが，甲建物内にはYが設置した家庭用エアコンのほか，たんすや机などの荷物がそのままになっている（本書217頁参照）。

　設例では，甲建物の返還義務の履行が不完全であるから，賃貸人Xは，賃借人Yに対し，債務の履行（甲建物の明渡し）を求めることができるほか，債務の本旨に従った履行が本来の履行期（賃貸借契約終了日）より遅れることになるので，415条1項により，履行とともにする損害賠償として，債務の本旨に従った履行（甲建物の明渡し）がされるまでの間の賃料相当損害金（遅延賠償）を請求することができる。

③ 修繕義務違反による損害賠償

【設例】
　Xは，Yから，甲建物を賃借し，引渡しを受けたが，雨漏りが発生するようになった。しかし，Yは，Xからの修繕の求めに応じない（本書221頁参照）。

　設例において，賃貸人Yは，雨漏りの原因が賃借人Xの責めに帰すべき事由による場合（606条1項ただし書）を除き，修繕義務を負い，その義務の履行を遅滞したときは，賃借人Xは，賃貸人Yに対し，遅滞により生じた損害の賠償を請求することができる（415条1項。ただし，修繕義務が履行不能な場合を除く）。仮に設例で甲建物が営業用店舗であったとすれば，賃借人Xは，416条の範囲内で営業利益相当の損害の賠償を求めることができる。もっとも，前掲最判平21.1.19（本書222頁注120））は，店舗の賃借人が賃貸人の修繕義務の不履行により被った営業利益相当の損害について，賃借人が損害を回避又は減少させる措置をとることができたと解される時期以降に被った損害の全てが416条1項にいう通常生ずべき損害に当たるということはできないとした。上記最判は，「通

常生ずべき損害」に規範的要素を採り入れ，通常の事業者の合理的行動という観点から規範的に解釈することによって損害賠償の範囲の限界を画そうとしたものと解することができ，このようにみると，416条1項には，予見可能性の有無によって賠償範囲を画する同条2項に包摂しきれない独自の意義が見いだされるといえる（上巻293頁参照）[221]。

(b) 保護義務違反による損害賠償

賃貸人が，管理不備に起因して漏電・火災を発生させ，その結果賃借人の家財が焼失したような場合には，賃貸人の保護義務違反による損害が発生したものとして，賃借人は，賃貸人に対し，賃貸借契約上の債務不履行による損害（家財の財産的損害）の賠償を請求することができる（前掲最判平3.10.17〔本書225頁〕参照）。

また，賃借人が，漏水事故を起こして階下の賃貸人所有の家具等に損傷を与えたような場合には，賃借人の保護義務違反による損害が発生したものとして，賃貸人は，賃借人に対し，賃貸借契約上の債務不履行による損害（家具等の財産的損害）の賠償を請求することができる（以上につき，本書224-225頁参照）。

(2) 作為債務その2（為す債務Ⅰ）——特に建物建築請負契約

(ア) 給付義務違反による損害賠償——品質に関する契約不適合による損害賠償

【設例】
Yは，Xから，自宅新築工事を報酬額2000万円で請け負い，予定工程を終了し，Xに建物を引き渡したが，その後に構造耐力上の問題（施工に起因するもの）があることが判明した（本書227頁，228-229頁参照）。

本書の立場では，設例の場合，注文者Xは，請負人Yに対し，415条1項により，追完に代わる損害賠償として，修補に要する費用（他の業者に修補をさせ，その業者に支払った費用など）を請求することができる（本書229-230頁参照）。

また，修補が不能な場合，注文者Xは，請負人Yに対し，契約をした目的を達することができないときは，契約を解除した上で損害（無駄になった

---

[221] 下級審裁判例の動向につき，荻野・新注民(8)655-657頁参照。

費用等）の賠償を請求することができ，それほどに至らない場合には，**追完に代わる損害賠償として建物の価値減少相当額**を請求することができる。

さらに，建物に安全性に関わる重大な契約不適合があり居住に耐えないなど，これを建て替えざるを得ない場合には，注文者Ｘは，請負人Ｙに対し，**（全部の）債務の履行に代わる損害賠償として，建て替え費用相当額の賠償**を請求することができる。(本書 232 頁)[222]。この点について，本書 308-309 頁で詳しく述べる。

(イ) 保護義務違反による損害賠償

請負人が自宅建築工事で用いた化学物質が原因で注文者がシックハウス症候群にかかった場合（目的物の契約不適合が原因となって拡大損害が生ずる類型）は，請負人は，注文者に対し，本来的な債務不履行（給付義務の不履行）に基づく損害（化学物質の除去等，建築した建物に関する損害）だけではなく，保護義務違反に基づく損害（シックハウス症候群の治療費等，健康被害に関する損害）についても，債務不履行に基づく損害賠償責任を負う（本書 235 頁参照）。

また，請負人が壁の塗装作業中に注文者の家具を毀損した場合（履行過程において債権者の完全性利益に損害を与える類型）は，保護義務違反の債務不履行があることになる。したがって，請負人は，注文者に対し，債務不履行（給付義務の履行過程の保護義務違反）に基づく損害（損傷した家具に関する損害）の賠償責任を負う（以上につき，本書 235 頁参照）。

(3) 作為債務その3（為す債務Ⅱ）──特に準委任契約，寄託契約など

これらについては，上巻 230-231 頁，本書 235-249 頁を参照されたい。

---

[222] なお，最一小判平 22.6.17 民集 64 巻 4 号 1197 頁，判タ 1326 号 111 頁は，売買の目的物である新築建物に重大な瑕疵がありこれを建て替えざるを得ない場合に，買主からの工事施工者に対する不法行為に基づく建て替え費用相当額の損害賠償請求がされた事案において，買主が当該建物に居住していたという利益を損益相殺等の対象として損害額から控除することはできない旨判示した。上記最判は，不法行為の事案であるが，その射程は，請負契約を締結した注文者が契約不適合責任に基づく損害賠償請求をする場合にも及ぶものと解される（武藤貴明・判解民平 22 年(上) 408 頁参照。上巻 316 頁注 2) も参照)。

(4) 不作為義務，安全配慮義務

これらについては，上巻232頁，247-255頁，本書249-255頁を参照されたい。

第3項　主張・立証責任

I　債務不履行による損害賠償請求の攻撃防御の構造
——その概観

債権者は，債務不履行による損害賠償請求をするためには，**請求原因**として，①債権の存在（発生原因事実），②債務不履行の事実（遅滞・不能・その他の債務不履行），③損害の発生及びその数額，④債務不履行の事実と損害との因果関係を主張・立証する必要がある。

これに対し，債務者は，**抗弁**として，⑤債権の発生を妨げる事実，⑥発生後の債権の消滅事由，⑦履行をしないことの正当化事由（本書155-157頁），又は，⑧債務不履行につき免責事由があること（本書256頁以下）を主張・立証することができる。

以下，債務不履行の類型（遅滞・不能・その他の債務不履行）ごとに具体的に述べる。

II　遅滞による損害賠償請求の主張・立証責任

契約債務のうち履行遅滞が問題になるのは，本書148頁，151頁で述べたとおり，「与える債務」及び「為す債務 I」のような結果債務の場合である。

そこで，以下では，攻撃防御の構造を考える上で特に問題となる，「与える債務」のうち金銭債務と特定物引渡債務（非金銭債務の代表的なもの）を例に挙げて考えることとする。

(1) 金銭債務の履行遅滞の場合

まず，貸金返還債務の履行を遅滞した場合について説明する。

金銭債務の不履行については特別の規律が設けられている（419条)[223]。

貸金返還債務の履行遅滞を理由として損害賠償（遅延損害金）を請求しようとする貸主は，請求原因として，①要物契約としての消費貸借契約の締結[224]（債権の発生原因事実）のほか，②履行期（弁済期）の経過[225,226]，③利率の約定（法定利率を超えて請求する場合のみ）を主張・立証する必要があるが，上記のとおり特別の規定（419条1項・2項）があるので，④債務不履行の事実と損害との因果関係を主張・立証する必要はない。

これに対し，借主は，抗弁として，⑤債権の発生を妨げる事実，又は，⑥発生後の債権の消滅事由を主張・立証することができる。なお，貸金返還債務については，双務契約上の債務ではなく同時履行の抗弁権等が付着していることはないため，⑦履行をしないことの正当化事由が抗弁となることはない。また，金銭債務の遅滞について不可抗力を抗弁とすることはできないため（419条3項)，⑧債務不履行につき免責事由があることも，抗弁にはならない。

なお，遅延損害金に関する諸問題については，本書97頁以下を参照されたい。

---

[223] 金銭債務の履行遅滞を理由とする損害賠償は，一定利率の遅延損害金として計算される。遅延損害金の額は，法定利率又は約定利率によって定められ（419条1項)，債権者は，遅延損害金を請求するについては損害を証明する必要がなく（同条2項)，債務者は，不可抗力をもって抗弁とすることができない（同条3項)。

[224] 要物契約としての消費貸借契約の成立をいうためには，金員の交付（要物性）と返還約束（合意）を主張・立証すれば足り，弁済期の約定は要件事実ではないと解するのが通説である（石川博康「典型契約冒頭規定と要件事実論」大塚ほか編・前掲注12）143頁，沖野眞已「条件および期限について」大塚ほか編・前掲注12）182頁，山本・380頁，司法研修所・新問研39頁，潮見・Ⅰ278-279頁，森田・新注民(13)Ⅰ18-21頁，上巻175頁注7）参照)。

[225] 確定期限があるときはその期限の経過を，期限を定めなかったときは催告及び相当期間の経過（591条1項）を主張・立証する必要がある。

[226] 債務の履行を請求する場合には弁済期の到来を主張・立証することで足りるのに対し，損害賠償請求をする場合には弁済期の経過の主張・立証が必要であることに留意されたい。

(2) 特定物引渡債務（非金銭債務）の履行遅滞の場合

次に，不動産の賃貸借契約において賃貸人が目的物の引渡しを遅滞した場合について説明する。

債権者（賃借人）は，賃貸借の目的物引渡債務の履行遅滞による損害賠償請求をするためには，請求原因として，①賃貸借契約の締結（債権の発生原因事実），②履行期の到来に加えて履行期に履行（引渡し）がないこと（債務不履行の事実），③損害の発生及びその数額，④遅滞（債務不履行の事実）と損害との因果関係を主張・立証しなければならない。

債権者が債務者に対して債務の履行を請求する場合には，債権の発生原因事実及び履行期の到来のみを主張・立証すれば足りるのに対し，遅滞による損害賠償を請求する場合には，これらに加えて「履行期に債務の履行がないこと」を請求原因として主張・立証する必要がある。このように解するのは，以下の理由による。

理由の第1は，履行請求（請求力）が債権の第1次的効力であるのに対し，債務不履行による損害賠償請求は，その債務が履行されない場合における債権の第2次的効力であり，債務の不履行を要件とする救済手段であって，両者は次元を異にするからである（上巻173-174頁，175頁注12），本書122-126頁参照。なお，履行請求権と填補賠償請求権とが同次元にあるとする考え方〔債務転形論〕を採ることができない点については，本書125頁注12），299頁注229）を参照されたい）。

具体的に述べると，上記の場合，債権者（賃借人）が債権の第1次的効力として債務の履行（引渡し）を請求する場面では，債権者は，①賃貸借契約の締結（債権の発生原因事実）と②履行期の到来のみを主張・立証すれば足り，債務者は，遅滞につき免責事由があることを抗弁として主張することはできない。これに対し，債権者（賃借人）が救済手段（債権の第2次的効力）としての損害賠償を請求する場面では，①，②に加え，債権者は，債務不履行の事実（引渡しの遅滞）をも要件として主張・立証しなければならず，債務者は，抗弁として，遅滞につき免責事由があることを主張・立証することができるという関係に立つのである。

理由の第2は，非金銭債務の遅滞による損害賠償請求の場合は416条の特則である419条の規律が及ばないので，原則どおり，債権者の側で，③

損害の発生及びその数額，④遅滞と損害との因果関係[227]を主張・立証しなければならないところ，「履行期に履行がないこと（債務不履行の事実）」は，遅滞と損害との間の因果関係の起点としての意義を有するからである。例えば，賃貸人が賃貸物の引渡義務の履行を遅滞した場合，債権者（賃借人）が，遅滞の期間中他の物件を賃借するために要した費用を履行とともにする損害賠償として請求しようとすれば，「履行期に履行（引渡し）がないこと」を主張・立証（特定物の引渡しの場合には，立証自体に困ることはない）して初めて，それと因果関係のある損害（他の物件を賃借するために支出した費用）が基礎付けられることになる。この場合，単に履行期の経過を主張・立証しただけでは，その主張する損害（他の物件を賃借するための費用等）との因果関係を基礎付けることができず，「履行（引渡し）がなかったから他の物件を賃借する必要が生じた」ことまで主張・立証して初めて，遅滞と損害との因果関係が基礎付けられることになるのである。その上で，その損害が賠償範囲に入るのかどうかは，416条所定の「通常損害・特別損害」該当性の判断に係ることになる[228]。

　以上の見解に対して，債権者は履行期の経過を主張・立証すれば足り，債務者が債務の本旨に従った履行をしたことの主張・立証責任を負うとする見解（司法研修所・第一巻21頁，255頁，大野・新注民(8)584頁[229]）もあるが，通説は，「履行期に履行がないこと」の主張・立証責任は債権者が負うとしている（潮見・Ⅰ 374頁，潮見・プラクティス 95頁）[230]。

　これに対し，債務者（賃貸人）は，**抗弁**として，⑤債権の発生を妨げる事実，⑥発生後の債権の消滅事由，⑦履行をしないことの正当化事由，又は，⑧遅滞につき帰責事由のないこと（免責事由の存在）を主張・立証することができる。

　なお，**売買契約に基づく特定物の引渡債務**の場合には，⑦履行をしないことの正当化事由のうち同時履行の抗弁権については，債権者が債務の存在（債権の発生原因事実である売買契約の締結）を主張する段階で同抗弁

---

[227] ここでいう「債務不履行」と「損害」との間の因果関係とは，賠償範囲に含まれる損害を画定する作業の前提として必要になる「事実的因果関係」のことである（上巻272頁注1），本書270頁参照）。

[228] 例えば，一般的なホテルに宿泊した場合は通常損害として，高級ホテルに宿泊したような場合は特別損害として，賠償の範囲が判断されることになろう。

権の存在が現れるので，請求原因として，同時履行の抗弁権の存在効果の障害事由（弁済の提供〔493条〕など）・消滅事由（弁済〔473条〕など）まで併せて主張・立証する必要がある。

同時履行の抗弁権・留置権の抗弁の位置付けについて

　双務契約により発生する債務（売買・交換等のいわゆる売買型に属する契約債務）の場合，債権者が債務の存在（債権の発生原因事実）を主張する段階で双務契約成立の事実が現れるので，その主張自体から，双方の債務にそれぞれ同時履行の抗弁権が付着していること（与える債務においてはそれが原則形態である）が明らかになる。同時履行の抗弁権と遅滞との関係については，同時履行の抗弁権が存在することのみで（それを行使するまでもなく）遅滞には陥らないとする見解（**存在効果説**）と，債務者が同時履行の抗弁権を行使して初めて遅滞の効果の発生が阻害されるとする見解（**行使効果説**）とに分かれており，いずれの見

---

(229) 大野・新注民(8)584頁は，判例・実務もこの見解に立つとするが，引用されている大判大8.7.22民録25輯1344頁は，土地の所有者が，同土地上に建物を所有する地上権者に対し，地上権者が同建物を売却しようとする際には土地所有者の承諾を得る旨の特約に違反したと主張して損害賠償を請求した事案であって，遅滞による損害賠償請求について判断したものではない。なお，同判決は，債権転形論（本来の債務の履行請求権が債務不履行に基づく損害賠償請求権に転形するという考え方）を前提にしているが（判旨第1点参照），改正法下では債権転形論を採り得ないことにつき上巻102頁，182頁，308頁，312頁，本書125頁注12）参照。また，司法研修所・類型別12頁は，履行遅滞に基づく解除の要件事実に関するものであって，遅滞による損害賠償請求の主張・立証責任について述べたものではない。

　他方で，大野・新注民(8)590-591頁には，遅滞による損害賠償請求権の発生（請求原因）として債務不履行と損害との事実的因果関係が必要である旨の記述があるところ，その起点となる「債務不履行」がどのような内容のものとして事実主張されることになるのかは明らかでない。

　なお，「損害の発生」について差額説的に説明する見解（債務不履行があった現在の財産状態と債務不履行がなかったとした場合の財産状態との差を損害として捉える考え方。上巻277頁参照）を前提にすれば，「損害」の内容を明らかにする際，本文の例では，債務者（賃貸人）から賃借物件の引渡しを受けなかった状態と，引渡しを受けたとしたときの状態との差を主張することになるから，「債務不履行の事実」がおのずと主張の中に現れることになる。

(230) 主張責任と立証責任の関係については，上巻177-178頁注18）及び19）も参照されたい。

解に立つかによって，主張・立証責任の所在が異なることになる。

同時履行の抗弁権は，本来は，権利者がこれを積極的に行使することによって初めて効力を生ずるものであり，債権者が債務の履行（目的物の引渡し）を請求する場面では，双務契約から生じた債務に同時履行の抗弁権が付着していても，債務者がこれを行使しない限り，履行を拒絶することはできない（債権者の請求は全部認容される）ことになる（行使した場合には引換給付判決がされる。民執31条1項）。しかしながら，債権者が履行遅滞に基づく損害賠償を請求する場面では，**判例**は，既に述べたとおり（本書155-157頁。詳しくは上巻172-173頁，176頁注14）を参照されたい)，**双務契約上の債務が同時履行の関係にあるときは，（債務者からの抗弁権行使を要することなく）履行期の到来のみによっては原則として遅滞とならず，債務者を遅滞に陥らせるためには債権者による履行の提供等が必要であると解しており，また，債務不履行を理由に解除する場合においても，債務者の同時履行の抗弁権の行使を待つまでもなくその存在だけで「履行をしないことの正当化事由」があることになるから，解除するためには債権者の履行の提供が必要であるとする立場（存在効果説）に立っている。通説も同様である**（我妻・111頁，我妻・講義V1・155頁，中田・123頁等）[231]。

上記の判例・通説の立場によると，双務契約成立の事実自体から双方の債務にそれぞれ同時履行の抗弁権が付着していることが明らかとなる場合には，債務者の履行遅滞を主張する債権者の側で，請求原因として，同時履行の抗弁権の存在効果の障害・消滅事由（例えば弁済の提供〔493条〕に当たる事実）を併せて主張・立証しなければならない。

留置権についても，同時履行の抗弁権と同様に，履行請求に対する抗

---

[231] これに対し，履行遅滞や解除の場面においても，債務者の同時履行の抗弁権の行使によって初めてその効果が生ずるとして，遅滞に陥らせるために債権者の履行の提供は不要であるとする見解（行使効果説）も有力である（山本・91頁，潮見・Ⅰ 309頁，潮見・プラクティス128頁）。

他方，沢井・注民(13) 274頁は，債権者が履行遅滞による損害賠償を求め又は解除権を行使する場合において，同時履行の抗弁権を行使するかどうかを債務者の自由に委ねる実質的な必要性は乏しいことを指摘し，同時履行の関係にある債務は，一方が履行の提供をしない限り，双方とも遅滞に陥らないとする存在効果説が，簡明であり，当事者の公平にもかなうとする。

弁（いわゆる権利抗弁）としては，留置権の発生原因事実の主張立証に加え，権利行使の意思を表明する必要があるが（上巻153頁，154頁注1）参照），履行遅滞に基づく損害賠償を求め又は解除権を行使する場合の抗弁（いわゆる事実抗弁）としては，権利行使の意思を表明する必要はなく，留置権の発生原因事実の主張・立証で足りることになる（最一小判昭 27.11.27 民集 6 巻 10 号 1062 頁，判タ 26 号 40 頁参照）。

Ⅲ　不能等による履行に代わる損害賠償請求（塡補賠償請求）の主張・立証責任

ここでは，非金銭債務の代表である「与える債務」のうち**特定物引渡債務（特定物売買契約における売主の引渡債務）**を例として説明する。

買主は，目的物の引渡債務の履行不能を理由として履行に代わる損害賠償請求（塡補賠償請求）をするためには，**請求原因**として，①売買契約の締結（発生原因事実），②履行（目的物の引渡し）が不能となったこと，③損害の発生及びその数額，④不能（債務不履行の事実）と損害との因果関係を主張・立証しなければならない。

買主は，上記②（履行が不能となったこと。415条2項1号）に代えて，②'売主が債務の履行（引渡し）を明確に拒絶したこと（同項2号），又は，②''売買契約が解除されたこと若しくは売主の債務不履行（履行遅滞・不完全履行）により解除権が発生したこと（同項3号）[232]を主張・立証することもできる。

これに対し，売主は，**抗弁**として，⑤債権の発生を妨げる事実，⑥発生後の債権の消滅事由，⑦履行（引渡し）をしないことの正当化事由，又

---

[232] なお，一般的に債務不履行による解除権が発生するのは，(a)債務全部の履行不能の場合（542条1項1号），(b)明確な履行拒絶の場合（同項2号）のほか，(c)一部の履行不能又は履行拒絶の場合で残存部分のみでは契約の目的を達成できない場合（同項3号），(d)定期行為において履行を遅滞した場合（同項4号），(e)契約をした目的を達するのに足りる履行がされる見込みがない場合（同項5号），(f)債務の履行を遅滞し（412条）又は不完全履行（契約不適合〔562条・559条〕も含む）がある場合において，催告（契約不適合の場合は追完請求である）をしてその後相当期間内に履行がされなかったとき（541条）である。渡辺・新注民(11)Ⅱ 175頁以下，208頁以下参照。

は，⑧履行不能・履行拒絶又は履行遅滞・不完全履行につき帰責事由のないこと（免責事由の存在）を主張・立証することができる。

Ⅳ　その他の債務不履行による損害賠償請求の主張・立証責任

　以下では，金銭債務を除く作為債務のうち，「与える債務」（本書8頁参照）の代表として売買契約上の売主の債務を，「為す債務Ⅰ」（本書9頁参照）の代表として建物建築請負契約上の請負人の債務を，「為す債務Ⅱ」（本書9頁参照）の代表として診療契約上の医師の債務を，それぞれ念頭に置き，遅滞・不能を除く「その他の債務不履行」による損害賠償請求の主張・立証責任について述べる。

(1) 売買契約上の売主の債務（与える債務）の不履行（契約不適合等）

【設例】
　売買契約に基づいて引き渡された中古自動車（クラシックカー）甲のブレーキ（甲車の構造上取り外すことができない）に不具合があることが判明した。

　設例では，引き渡された目的物が品質に関して売買契約の内容に不適合であったから，買主は，売主に対して追完（修補）を求めることができる（562条1項）[233]。

(ア) 追完（修補）請求とともに損害賠償を請求する場合
　買主は，追完（修補）請求とともに債務不履行による損害賠償（契約に適合する目的物の給付が遅れたことによる損害賠償）を請求することがで

---

[233] 追完（修補）が不能である場合（修補可能であるが過分の費用を要する場合を含む）には，追完請求権は認められず（本書179-180頁参照），追完請求とともにする損害賠償請求も認められない（なお，修補請求であるが過分の費用を要する場合，追完に代わる損害賠償請求が認められないことについては，本書171頁注43）参照）。したがって，売主（債務者）は，これらの請求に対する抗弁として，追完（修補）が不能であることを主張・立証することができる。

きる（564条・415条1項）。この場合の損害としては，例えば，履行期から修補が完了するまでの間，甲車を使用することができなかったため同種車両を賃借して使用した場合のリース料などが考えられる。

　追完（修補）請求とともに損害賠償を請求しようとする買主は，請求原因として，①中古自動車（甲車）売買契約の締結，②（①に基づき）甲車が引き渡されたこと，③引渡しを受けた当時，甲車のブレーキに不具合（契約不適合）があったこと，④損害の発生及びその数額，⑤（③の）契約不適合（債務不履行の事実）と損害との因果関係（④及び⑤を具体的に述べると，ブレーキに不具合があったため甲車を使用することができず，同種車両のリースを受けて〇〇円を出捐し，その数額が相当であること）を主張・立証しなければならない。

　また，売主の追完（修補）債務と買主の代金支払債務は同時履行の関係に立つ（533条）と解する見解が一般的であり，上記①—③の事実自体から双方の債務が同時履行の関係に立つことが現れるので，買主が損害賠償請求（遅延賠償請求）をするためには[234]，請求原因として，⑥同時履行の抗弁権の存在効果の障害・消滅事由（例えば，売買代金の弁済の提供〔493条〕に当たる事実等）も併せて主張・立証しなければならない。なお，「買主が知人との間で転売契約を締結していた」などの特別の事情が存在し，引渡しが遅れたため違約金を支払ったとして損害賠償を請求する場合には，上記①—⑥に加えて，⑦上記特別の事情の存在及びこれを当事者が予見すべきであったことを主張・立証しなければならない（416条2項）。

　これに対し，売主は，**抗弁**として，⑧債権の発生を妨げる事実，⑨発生後の債権の消滅事由，又は，⑩追完請求に対してはブレーキの不具合（契約不適合）につき買主の責めに帰すべき事由によるものであること（562条2項），⑪損害賠償請求に対してはブレーキの不具合（契約不適合）につき帰責事由のないこと（免責事由の存在。415条1項ただし書）を主張・立証することができる。

---

[234] 追完（修補）請求に対しては，売主の側で同時履行の抗弁権を行使する必要があることに留意されたい。

(イ) 追完（修補）に代わる損害賠償（修補費用の賠償）を請求する場合

設例のように売買の目的物に契約不適合があった場合，買主は，何らの付加的要件（追完不能であることや追完を催告したこと等）を要することなく，直ちに追完（修補）に代わる損害賠償請求をすることができると解する本書の立場（本書187頁参照）によると，買主が追完（修補）に代わる損害賠償請求をするためには，債務不履行に基づく損害賠償の一般的要件（415条1項）を満たすことで足りる。

したがって，追完（修補）に代わる損害賠償（修補費用の賠償）を請求しようとする買主は，請求原因として，①中古自動車（甲車）売買契約の締結，②（①に基づき）甲車が引き渡されたこと，③引渡しを受けた当時，甲車のブレーキに不具合（契約不適合）があったこと，④損害の発生及びその数額，⑤（③の）契約不適合（債務不履行の事実）と損害との因果関係（④及び⑤を具体的に述べると，ブレーキに不具合があったため，その修補のため〇〇円を出捐し，その数額が相当であること）を主張・立証しなければならない。

これに対し，売主は，抗弁として，⑥債権の発生を妨げる事実，⑦発生後の債権の消滅事由，又は，⑧ブレーキの不具合（契約不適合）につき帰責事由のないこと（免責事由の存在）を主張・立証することができる。また，売主は，抗弁として，⑨買主がブレーキの不具合を知った時から1年が経過したこと（期間制限。566条本文）を主張・立証することができる。

買主は，⑨に対する再抗弁として，⑩買主がブレーキの不具合を知った時から1年以内に通知したこと（566条本文），これに代えて，⑩'売主が引渡しの時にブレーキの不具合を知っていたこと，又は，⑩''売主が引渡しの時にブレーキの不具合を知らなかったことにつき重大な過失があったことの評価根拠事実（同条ただし書）を主張・立証することができる。

(ウ) （債務全部の）履行に代わる損害賠償（塡補賠償）を請求する場合

設例で，目的物に重大な契約不適合があり，修補が不能な場合（修補可能であるが過分の費用を要する場合を含む）には，買主は，売主に対し，（債務全部の）履行に代わる損害賠償（塡補賠償）を請求することができる[235]（415条1項・2項1号）。

目的物である中古自動車（甲車）の契約不適合を理由に（債務全部の）履行に代わる損害賠償（塡補賠償）を請求しようとする買主は，請求原因として，①中古自動車（甲車）売買契約の締結，②（①に基づき）甲車が引き渡されたこと，③引渡しの当時，甲車のブレーキに不具合（契約不適合）があったこと，④ブレーキの修補が不能（修補可能であるが過分の費用を要する場合を含む）であって，催告をしても契約をした目的を達するのに足りる履行がされる見込みがないこと（走行することができないこと）が明らかであること（解除権の発生。542条1項5号[235]），⑤履行に代わる損害賠償の額（本書287頁参照）を主張・立証しなければならない。

これに対し，売主は，**抗弁**として，⑥債権の発生を妨げる事実，⑦発生後の債権の消滅事由，又は，⑧ブレーキの不具合（契約不適合）につき帰責事由のないこと（免責事由の存在）を主張・立証することができる[237]。

(2) 建築請負契約上の請負人の債務（為す債務Ⅰ）の不履行

【設例】
建築請負契約に基づいて請負人が完成させ引き渡した建物に施工不良（品質に関する契約不適合）があった。

設例では，引き渡された建物に施工不良があり，品質に関して請負契約の内容に不適合であったから，注文者は，請負人に対して追完（修補）を求めることができる（559条・562条1項）[238]。

---

[235] 履行請求権と履行に代わる損害賠償（塡補賠償）請求権とが併存することにつき，上巻182-183頁，本書287頁参照。

[236] 履行不能な部分（債務の一部）が分離して特定できる場合（例えば，中古自動車のドアに損傷があったような場合などが考えられる）は，542条1項3号によることになる。筒井＝村松・238-239頁参照。

[237] 本文の設例とは異なるが，前記注236)のような事例で，542条1項3号の要件を満たさない場合において，買主が本文④'（催告後相当期間内に履行がないこと）を主張・立証した場合，売主は，④'に対する抗弁として，⑨相当期間を経過した時における債務の不履行がその契約及び社会通念に照らして軽微であること（541条ただし書）を主張・立証することができる。抗弁⑨（軽微であること）が認められる場合，買主は，（債務全部の）履行に代わる損害賠償（415条2項）を請求することはできないが，この場合でも，追完（修補）に代わる損害賠償（同条1項）として修補費用の賠償又は価値減少相当額の賠償請求は認められる余地がある（本書187頁，232頁参照）。

(ｱ) 追完（修補）請求とともに損害賠償を請求する場合

　注文者は，追完（修補）請求とともに債務不履行による損害賠償（契約に適合する目的物の給付が遅れたことによる損害賠償）を請求することができる（559条・564条・415条1項）。この場合の損害としては，例えば，履行期から修補が完了するまでの間，当該建物に居住することができなかったため他の建物を賃借した場合の賃料などが考えられる。

　追完（修補）請求とともに損害賠償（遅延賠償）を請求しようとする注文者は，請求原因として，①建物建築請負契約の締結，②（①に基づき）完成した建物が引き渡されたこと，③引渡しを受けた当時，当該建物に施工不良（契約不適合）があったこと，④損害の発生及びその数額，⑤（③の）契約不適合（債務不履行の事実）と損害との因果関係（④及び⑤を具体的に述べると，建物に施工不良があったため当該建物に居住することができず，他の建物を賃借して賃料〇〇円を出捐し，その数額が相当であること）を主張・立証しなければならない。

　また，請負人の追完（修補）債務と注文者の報酬支払債務は同時履行の関係に立つ（533条）と解する見解が一般的であり，上記①―③の事実自体から双方の債務にそれぞれ同時履行の抗弁権が付着していることが顕れるので，注文者が損害賠償請求（遅延賠償請求）をするためには，請求原因として，⑥同時履行の抗弁権の存在効果の障害・消滅事由（請負報酬の弁済の提供〔493条〕に当たる事実等）も併せて主張・立証しなければならない。なお，「注文者が知人との間で転売契約を締結していた」などの特別の事情が存在し，引渡しが遅れたため違約金を支払ったとして損害賠償を請求する場合には，上記①―⑥に加えて，⑦上記特別の事情の存在及びこれを当事者が予見すべきであったことを主張・立証しなければならない（416条2項）。

　これに対し，請負人は，**抗弁**として，⑧債権の発生を妨げる事実，⑨発生後の債権の消滅事由，⑩追完請求に対しては施工不良（契約不適合）につき注文者の責めに帰すべき事由によるものであること（559条・562条

---

[238] 請負人は，抗弁として，追完（修補）が不能であること（修補可能であるが過分の費用を要する場合も含む）を主張・立証することができる。この点につき，前記注233）も参照。

2項),⑪損害賠償請求に対しては施工不良(契約不適合)につき帰責事由のないこと(免責事由の存在。415条1項ただし書)を主張・立証することができる。また,⑫施工不良(契約不適合)が注文者の提供した材料の性質又は注文者の与えた指図により生じたこと(636条本文),又は,⑬注文者が施工不良(契約不適合)を知った時から1年が経過したこと(637条1項)[239]を主張・立証することもできる。

注文者は,抗弁⑫に対する**再抗弁**として,⑭注文者の提供した材料又は注文者の与えた指図が不適当であることを請負人が変更可能な時期までに知っていたこと(請負人の悪意。636条ただし書)を主張・立証することができるほか,抗弁⑬に対する再抗弁として,⑮注文者が施工不良(契約不適合)を知ってから1年以内に請負人に通知したことを,また,⑯請負人が引渡しの時に施工不良(契約不適合)を知っていたこと,又は,⑯'請負人が引渡しの時に施工不良(契約不適合)を知らなかったことにつき重大な過失があったことの評価根拠事実(637条2項)を主張・立証することができる。

なお,本書308頁,310頁もこの考え方と同様である。

---

[239] 設例と異なり,請負人からの未払報酬請求に対して注文者が債務不履行(契約不適合)による損害賠償請求権との**相殺の抗弁**を主張した場合には,請負人からの期間制限の再抗弁は,請求原因において上記期間経過前に両債権が相殺適状にあったことが現れてしまうから,報酬の弁済期を上記期間経過後とする合意があったなどの特段の事情がない限り,主張自体失当になる。その理由は,上記期間経過前に請負人の報酬請求権と注文者の債務不履行に基づく損害賠償請求権とが相殺適状にあったときは,上記期間経過後であっても,注文者は,上記損害賠償請求権を自働債権として上記報酬債権と相殺することができるとされており(最一小判昭51.3.4民集30巻2号48頁),引渡しを要する請負契約の場合,仕事の目的物の引渡しにより上記損害賠償請求権が発生し,かつ,報酬の支払義務が生ずるので,通常は引渡時に相殺適状にあったことになるからである(司法研修所・類型別205頁参照)。

もっとも,上記期間経過前(通常は目的物の引渡時)に請負人の報酬請求権と注文者の債務不履行に基づく損害賠償請求権とが相殺適状にあったとしても,請負人の報酬債権が全額支払われたときは(実務上,引渡時に請負報酬が全額支払われ,その後に契約不適合等が発覚して紛争になる例は少なくない),弁済により消滅した報酬債権を受働債権とする相殺はできなくなる。したがって,請負人からの期間制限の(再)抗弁が主張自体失当となるのは,請負人が未払報酬を請求したのに対し,注文者が,請負人の債務不履行による損害賠償請求権を自働債権とし,未払報酬請求権を受働債権とする相殺の抗弁を主張したような場合(前掲最判昭51.3.4はこのような事案である)に限られることに留意する必要がある。

(イ) 追完（修補）に代わる損害賠償（修補費用の賠償）を請求する場合

設例のように請負契約の目的物に契約不適合があった場合、注文者は、何らの付加的要件（追完不能であることや追完を催告したこと等）を要することなく、直ちに追完（修補）に代わる損害賠償請求をすることができると解する本書の立場（本書187頁参照）によると、注文者が追完（修補）に代わる損害賠償請求をするためには、債務不履行に基づく損害賠償の一般的要件（415条1項）を満たすことで足りる。

したがって、追完（修補）に代わる損害賠償（修補費用の賠償）を請求しようとする注文者は、**請求原因**として、①建物建築請負契約の締結、②（①に基づき）完成した建物が引き渡されたこと、③引渡しを受けた当時、当該建物に施工不良（契約不適合）があったこと、④損害の発生及びその数額、⑤契約不適合（債務不履行の事実）と損害との因果関係（④⑤を具体的に述べると、当該建物に施工不良があったため補修費用として〇〇円を出捐し、その数額が相当であること）を主張・立証しなければならない。

これに対し、請負人は、**抗弁**として、⑥債権の発生を妨げる事実、⑦発生後の債権の消滅事由、又は、⑧施工不良（契約不適合）につき帰責事由のないこと（免責事由の存在）を主張・立証することができる。また、請負人は、⑨目的物の契約不適合が注文者の提供した材料の性質又は注文者の与えた指図により生じたこと（636条本文）、又は、⑩注文者が施工不良（契約不適合）を知った時から1年が経過したこと（637条1項）を主張・立証することもできる。

注文者は、抗弁⑨に対する**再抗弁**として、⑪注文者の提供した材料又は注文者の与えた指図が不適当であることを請負人が変更可能な時期までに知っていたこと（請負人の悪意。636条ただし書）を主張・立証することもできるほか、抗弁⑩に対する再抗弁として、⑫注文者が施工不良（契約不適合）を知ってから1年以内に請負人に通知したことを、また、⑬請負人が引渡しの時に施工不良（契約不適合）を知っていたこと、又は、⑬'請負人が引渡しの時に施工不良（契約不適合）を知らなかったことにつき重大な過失があったことの評価根拠事実（637条2項）を主張・立証することができる。

㈦　(債務全部の) 履行に代わる損害賠償 (塡補賠償) を請求する場合

　設例で，建物に安全性に関わる重大な契約不適合があり，修補が不能 (修補可能であるが過分の費用を要する場合を含む) で建て替えざるを得ない場合には，注文者は，請負人に対し，(債務全部の) 履行に代わる損害賠償 (塡補賠償) を請求することができる (415条1項・2項。本書228頁注129)，232頁参照)。

　この場合には，既に行われた不完全な給付を保持する (この場合は「追完に代わる損害賠償」の請求となる) ことなく，その給付を返還することを前提とするものである。したがって，この場合には，注文者 (債権者) が「履行の追完」を受領することから解放され，しかも，注文者 (債権者) と請負人 (債務者) との間で不完全な給付について原状回復の関係が生じているから，契約の解除と同様の効果が生ずることになる。このような効果の発生が認められるためには，415条2項が定める要件を満たすことが必要である[240]。

　そこで，目的物である建物に契約不適合があることを理由として (債務全部の) 履行に代わる損害賠償 (塡補賠償) を請求しようとする注文者は，請求原因として，①建物建築請負契約の締結，② (①に基づき) 完成した建物が引き渡されたこと，③引渡しの当時，建物に施工不良 (契約不適合) があったこと，④建物の施工不良が修補不能 (修補可能であるが過分の費用を要する場合を含む) かつ安全性に関わる重大なものであって，修補 (追完) を催告しても契約の目的を達するに足りる履行がされないことが明らかであること (解除権の発生。542条1項5号)，⑤履行に代わる損害賠償の額 (建て替え費用相当額。本書232頁参照) を主張・立証しなければならない。

　また，修補が可能であっても，個別の事情の下で，注文者 (債権者) に修補 (履行の追完) を待つことを期待できない場合 (例えば修補に長期間を要するような場合) にも「履行の追完」を受領することから解放させるのが相当であるから，注文者は，④に代えて，④' 修補 (履行の追完) の受領を期待することができない事情があり，かつ，施工不良が安全性に関

---

[240] 田中洋「改正民法における『追完に代わる損害賠償』(5・完)」NBL1178号 (2020年) 42-43頁参照。

わる重大なものであって契約をした目的を達することができないことを主張・立証することもできる。これに対し、請負人は、**抗弁**として、⑥債権の発生を妨げる事実、⑦発生後の債権の消滅事由、又は、⑧建物の施工不良（契約不適合）につき帰責事由のないこと（免責事由の存在）を主張・立証することができる。また、請負人は、⑨目的物の契約不適合が注文者の提供した材料の性質又は注文者の与えた指図により生じたこと（636条本文）、又は、⑩注文者が施工不良（契約不適合）を知った時から1年が経過したこと（637条1項）を主張・立証することもできる。

　注文者は、抗弁⑨に対する**再抗弁**として、⑪注文者の提供した材料又は注文者の与えた指図が不適当であることを請負人が変更可能な時期までに知っていたこと（請負人の悪意。636条ただし書）を主張・立証することもできるほか、抗弁⑩に対する再抗弁として、⑫注文者が施工不良（契約不適合）を知ってから1年以内に請負人に通知したことを、また、⑬請負人が引渡しの時に施工不良（契約不適合）を知っていたこと、又は、⑬'請負人が引渡しの時に施工不良（契約不適合）を知らなかったことにつき重大な過失があったことの評価根拠事実（637条2項）を主張・立証することができる。

(3) 診療契約上の医師の債務（為す債務Ⅱ）の不履行 [241]

> 【設例】
> 　病院との間で診療契約を締結して動脈バイパス手術を受けた患者が、術後に腸管壊死を起こし、担当医が適時に開腹手術を行わなかったため死亡した。

　患者の相続人（子）が病院に対して債務不履行に基づく損害賠償を請求する場合、相続人は、**請求原因**として、①診療契約の締結（債権の発生原因事実）、②担当医は、〇日〇時頃までに腸管壊死の可能性を疑い、直ちに開腹手術を実施して壊死部分を切除すべき義務があったのにこれに違反し、経過観察を続けたこと（義務違反行為＝債務不履行の事実）[242]、③損

---

[241] 個人病院以外の場合、義務違反行為を行った医師（担当医）と債務不履行責任の主体（契約当事者＝病院開設者）とは異なることに留意されたい。

害の発生及びその数額（死亡による逸失利益等の額），④（②の）義務違反行為（債務不履行の事実）と損害（死亡）との因果関係，⑤自己が相続人（子）であることを主張・立証しなければならない。

これに対し，病院は，**抗弁**として，⑥発生後の債権の消滅事由（弁済等）を主張・立証することができる。このほか，⑦債務不履行につき帰責事由のないこと（免責事由の存在）を主張・立証することも考えられるが，手段債務である診療契約においては，医師（病院）に債務不履行があったかどうか，すなわち，当該医師が医学的に適切な診療行為を行わなかったかどうかの判断の中に帰責性に関する評価も含まれるので（債務不履行の判断と免責事由〔帰責事由〕の判断が一元的に行われる），病院としては，請求原因である債務不履行の事実を争う中で免責事由（帰責事由の不存在）を主張すれば足り，通常は，抗弁として免責事由を主張・立証する意味はないと考えられる（本書238頁，264頁参照）。

第4項　請求権競合問題

I　概　説

債務不履行責任（契約責任）と不法行為責任との関係（一般に「請求権競合問題」の1つといわれる[243]）について，詳しくは上巻256-269頁を参照されたい。

---

[242]「為す債務Ⅱ」の典型である診療債務においては，契約締結後の患者の容態・病状の変化等に応じてその時々ですべき作為又は不作為が具体的に定まることになるので（本書53頁，237-238頁参照），原告の側で，一定の時点で医療水準に照らしてすべき作為又は不作為の内容を具体的に特定して義務違反行為（債務不履行の事実）を主張・立証する必要がある。

なお，診療契約上の医師の債務不履行のように，債務不履行に該当する行為が同時に生命・身体等の完全性利益をも侵害し，債務不履行責任と不法行為責任が競合する場合には，通常，債務不履行の事実（義務違反行為）の主張は，不法行為責任における過失（注意義務違反）の主張と重なることになる。

[243] なお，請求権競合問題を含め，より広い**制度間競合**の問題については，奥田昌道編『取引関係における違法行為とその法的処理』（1996年・有斐閣）参照。

本項では，まず，この関係を訴訟法・実体法の両面からアプローチした場合にどのような考え方になるのか，という観点から，関係する学説・判例の動向を紹介した上で，最近の下級審裁判例の一部にみられる問題点を指摘する（後記Ⅱ）。次に，これらを踏まえ，実務で問題になる審理上の留意点について述べる（後記Ⅲ）。

Ⅱ 学説・判例の動向

(1) 学説

以下では，下の図も用いながら，現在の主要な学説である**請求権競合説**，**請求権二重構造説**，**全規範統合説**について説明することとする[244]。

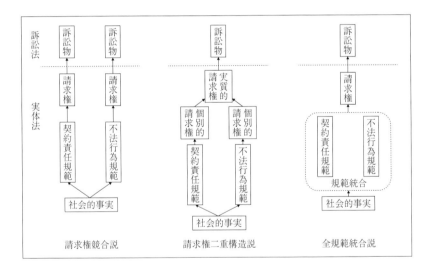

(ア) 請求権競合説

請求権競合説は，1つの事実関係が複数の法規範の構成要件（法律要

---

[244] 本文の図については，奥田昌道「請求権と訴訟物(下)」判タ 214 号（1968 年）4 頁（奥田・展開所収），同「請求権競合問題について」法教 159 号（1993 年）20 頁参照。また，学説の状況については，大久保邦彦「請求の識別と法的性質決定の区別」民商 103 巻 6 号（1991 年）30 頁，小林・争点 195 頁参照。

件）を充足していれば，複数の請求権が成立し，それらは競合するとする見解である（したがって，契約責任と不法行為責任との関係では，契約法上は免責される場合においてもそれとは無関係に不法行為責任は成立することになる）。図でも分かるように，契約責任規範と不法行為規範のそれぞれから請求権が導かれ，かつ，この請求権ごとに給付訴訟の訴訟物（本書 34-35 頁参照）を構成するという考え方である。

　この見解の根拠は，それぞれの規範ごとに別個の要件・効果が定められているのであるから，請求権の競合を否定する根拠は見いだし難いとするものである。また，被害を受けた債権者の場合，自ら最も有利な請求権を選んで請求すればよいことになるから，債権者にとっても有利であるといわれている。

　もっとも，この見解に対しては，請求権の個数だけ訴訟の提起が可能になり，どちらかの請求権を訴訟物として給付訴訟を提起すると，棄却される場合には別の請求権を訴訟物として別の訴訟を提起することができ紛争が何度も蒸し返されることになりかねないとの批判がある。他方，逆に，認容される場合には，2 つの請求権によって二度も賠償を受けることは実体法上およそ肯定されることはないわけであるが，理論上は，2 つの給付判決が言い渡されることになる。そこで，一方の判決を債務名義（民執 22 条 1 号）として強制執行がされてその請求権が実現されたときには，弁済に準じて（下巻 1011 頁，1088-1089 頁参照）債権そのものが消滅することになるので，もう一方の判決の執行に対しては民事執行法 35 条に基づき請求異議の訴えにより阻止することになる。このように，棄却の場合には原則として「出直し」ができることになり，他方，認容の場合には請求異議という「迂遠な方法」をとることになるから，いずれにしても被告の負担が重くなることは間違いない。

　そこで，この批判に対し，この見解は，訴訟法的対応として**選択的併合**という併合形態（複数の請求のうち 1 つが認容されることを他の請求の審理・判決の解除条件とする併合形態）を新たに許容することにより，これらの不都合を避けようとした。元々，請求の併合（民訴 136 条）には，主張された数個の請求全部につき無条件で審判を求める単純併合と，両立し得ない請求に対応するための予備的併合があるとされていたが，請求権競合，つまり両立する請求に対応するものとしては，この選択的併合という

テクニックを用いることにしたのである。したがって，**両請求が併合されているときは，不法行為に基づく請求は債務不履行に基づく請求が認容されることを解除条件とし，他方，債務不履行に基づく請求は不法行為に基づく請求が認容されることを解除条件として申し立てられている**，という形をとり，それぞれの請求が条件付けられている2つの訴訟物という構成をとることになる。これらの議論は，**旧訴訟物理論**に対応する。

選択的併合という形態を認めると，片方の請求を認容する場合は二重の債務名義の発生を避けることができるし，請求を棄却する場合は両訴訟物についていずれの請求も棄却するとの判決を下すことになるからそれぞれの既判力によって再訴は防止され蒸し返しを封じることができることになる。

(ｲ) **規範統合説**

学説では，訴訟法上の新旧訴訟物理論の争いを受けて，実体法上も，請求権競合論の再検討が盛んになった。まず**新訴訟物理論**（競合する請求権は訴訟法上単なる法的観点にすぎず執行力が生ずる訴訟物は法的性質を伴わない「相手方から一定の給付を求めうる実体法上の地位」があるとの権利主張と捉える見解）の立場から，次いでこれを受け止めた実体法の立場から，既存の不法行為規範（709条），契約責任規範（415条1項）の要件が満たされることによってそれぞれ完結する請求権を認める前記(ｱ)の見解（請求権競合説）が批判の対象とされ，**両請求権規範を統合して新たな1つの請求権規範を創造する見解**が有力となった。統合の手法やその程度によって，大きく次の2つの見解に分かれる。

(a) **請求権二重構造説**

請求権二重構造説は，**両請求権規範の要件が充足される場合には，各請求権規範から論理的効果として「観念的な請求権」（図でいう個別的請求権〔法的観点〕）が出てくるが，譲渡・処分・差押え等の対象となる「実在としての請求権」（図でいう実質的請求権）は1個であって，これが訴訟物となり，その法的性質（属性）は競合する請求権のそれぞれの性質から合理的に選択・決定されるとする見解**である[245]。図からも明らかなとお

---

[245] 三ケ月章『民事訴訟法』（1959年・有斐閣）80頁以下参照。

り，訴訟物を構成する実質的請求権と法的観点を示す個別的請求権を区別するところにその特色がある。

　この見解によると，請求権競合が生ずる場面では，個別的請求権（法的観点）が競合することになるが，上記のとおり譲渡・処分・差押え等の対象や審判対象（訴訟物）となる請求権は実質的請求権ということになる。実質的請求権の存否・数額と，法的性質（例えば，不法行為に基づく，債務不履行に基づく）とは，区別して考慮されることになる。その上で，実質的請求権の法的性質（属性）は，競合する請求権の法的性質から合理的に取捨選択して定められることになる。例えば，前記(ア)の見解（請求権競合説）によると，不法行為に基づく請求権において相殺の抗弁は許されないが，債務不履行に基づく請求権において相殺の抗弁は許されることになるのに対し，この見解では，統合された属性からみて実質的請求権に対しては相殺の抗弁が許されないことになる（債権者に有利な規範の適用を認める〔例えば，相殺は許さず，消滅時効は長い方を適用し，免責は認めないなど〕という「良いところどり」の基準で定められる）。

　この見解からは，請求の客観的併合の問題が生じないので，旧訴訟物理論にみられるような選択的併合という訴訟法的な対応は不要となる。

(b) **全規範統合説**

　(a)の見解では，その法的性質（属性）や規範の法効果の統合にとどまっていたが，全規範統合説は，1要件→1効果，1請求権規範→1請求権という考え方を維持することを前提として，規範の要件の部分にまで統合を志向するものである。

　契約責任と不法行為責任との規範統合の場合には，契約責任規範によるリスク配分と不法行為規範によるリスク配分を比べると前者の方がきめ細かいことから，原則として契約責任規範によるリスク配分の規制を優先させるべきであるが，故意による不履行などの場合は契約責任規範の想定を逸脱するものであるから，例外的に契約責任規範によるリスク配分の規制は及ばないとされる。その上で，2つの請求権規範を統合し，全法秩序の解釈として1個の実体法的要件・効果を持つ請求権を生み出すべきであり，その1個の請求権をもって訴訟物とする見解である[246]。図でいうと，

---

[246] 四宮和夫『請求権競合論』（1978年・一粒社）88頁以下参照。

契約責任規範と不法行為規範を実体法のレベルで統合するところに特色がある。

具体的な規範統合に当たっては，当該契約の履行と内的関連を有する行為によって安全義務が侵害された場合には契約責任規範によるリスク配分が及ぶが，当該契約の履行と内的関連を持たない行為（故意などの逸脱行為）によって安全義務が侵害された場合には契約責任規範によるリスク配分が及ばないとされる。

(2) 判例

(ア) 運送契約等の事案

判例は，運送契約等の事案において，大審院以来一貫して，請求権競合説に立っている（上巻264-265頁参照）。すなわち，判例は，運送契約等の事案において，契約法上は免責される場合においても，それとは無関係に不法行為責任は成立するとしている。

(イ) 安全配慮義務違反が問題となる事案

安全配慮義務に関する一連の最高裁判例も，請求権競合説に立っている（上巻265頁参照）。代表的なものとして，**前掲最判昭55.12.18**（本書104頁，252頁）が挙げられる。

上記最判は，遺族である原告らが，不法行為に基づく損害賠償請求と債務不履行（安全配慮義務違反）に基づく損害賠償請求との選択的併合により，相続した逸失利益と固有の慰謝料を請求した事案である。

原審は，安全配慮義務違反の債務不履行責任を肯定して，相続した逸失利益と固有の慰謝料の請求を認めるとともに，それらの合計額に対する原審係属中の特定の日（履行の請求を受けた日よりも後の日）からの遅延損害金の支払責任を認めた。これに対し，原告らのみが上告し，遅延損害金の始期について，事故の翌日から遅延損害金の支払を求めているにもかかわらずこれを認めなかった原審の判断を争った。

最高裁は，まず，①安全配慮義務違反を理由とする債務不履行に基づく損害賠償債務は，期限の定めのない債務であり（412条3項），債権者から履行の請求を受けた時に履行遅滞となる旨判示して，逸失利益に対する履行の請求を受けた日の翌日以降の遅延損害金の支払責任を認め，次に，

②安全配慮義務違反の債務不履行により死亡した者の遺族は，固有の慰謝料請求権を有しない（711条参照）旨判示して，固有の慰謝料請求権が取得されなかった以上はその遅延損害金の支払責任もないとした（ただし，被告から上告も附帯上告もなかったため，固有の慰謝料請求及びこれに対する特定の日以降の遅延損害金請求を認容した原審の判断の誤りを是正することはできなかった）。

　上記最判は，債務不履行に基づく損害賠償請求と不法行為に基づく損害賠償請求とが選択的に併合されている場合に，裁判所がそのいずれかを選択してこれを（一部でも）認容すべきものとした以上，その責任規範に沿う取扱いをすべきであるという考え方を前提としており，前記(1)(ア)の見解（請求権競合説）によってしか説明ができないものである。前記(1)(イ)の学説（規範統合説）でみられるような「良いところどり」基準は採られておらず，新訴訟物理論や規範統合説では，上記最判の結論を説明することはできない[247]。

　したがって，判例の立場からは，選択的併合の場合において，一方の請求（損害賠償請求及び遅延損害金請求）が（一部でも）認容されれば，他方の請求（損害賠償請求及び遅延損害金請求）については，解除条件が成就し，もはや判断の対象とはならないことになる[248]。

　このような見解は，判例（旧訴訟物理論に立脚する）上確立したものである。裁判実務上，選択的併合の場合に複数の請求のうち1つの請求を認容するとき（全部認容の場合に限らず一部認容の場合も含む）は他の請求を棄却すると記載してはならないとされている[249]のも，上記の趣旨をいうものと解される。

---

[247] 吉井直昭・判解民昭55年418-419頁は，旧訴訟物理論を前提とした上で，規範統合説の両説を紹介した上で，上記最判が請求権競合説であることを確認している。そして，通説（潮見・Ⅰ163頁）もこの結論を支持している。

[248] なお，予備的併合（主位的請求の認容を解除条件として予備的請求の審理・判決を求める併合形態）においても，主位的請求が一部でも認容されれば，予備的請求については，解除条件が成就し，判断の対象とはならない（上巻268-269頁参照）。

[249] 司法研修所編『10訂民事判決起案の手引〔補訂版〕』（2020年・法曹会）10頁参照。なお，岩松三郎＝兼子一編『法律実務講座民事訴訟編(2)』（1958年・有斐閣）166頁も参照。

(3) 最近の下級審裁判例の一部における問題点

ところが，前記(2)の判例の立場と異なり，下級審裁判例の中には，債務不履行による損害賠償・損害金（履行請求日以降のもの）の請求が認容され，したがって，もはや不法行為による損害賠償・損害金請求が判断対象となっていないのに，不法行為による損害賠償・損害金請求についても理由があるとして，不法行為日から履行請求日までの損害金請求を認容する事例がまま見受けられる。しかも，近時では，請求額の一部（例えば，弁護士費用，遅延損害金にとどまらず，元本額も含む）が棄却されて一部認容となる場合に，他方の請求についても審理判断して認容額を双方で比べて大きい額になる方を原告の意思に沿うものとして認容する裁判例さえ現れている。

しかしながら，**このような裁判例は，判例・通説である請求権競合説からは到底許容できない**（上巻 268 頁注 15）参照）。その理由は，以下のとおりである。

第 1 に，このような判断の仕方は，実体法上，それぞれの救済手段の内容・属性は区々であるのに，競合する請求権の「良いところどり」をするものであって，結局，前述の新訴訟物理論に立つか，請求権二重構造説（図にある個別的請求権ではなく実質的請求権をもって訴訟物と捉える説），あるいは全規範統合説に依拠することでなければ説明することができない。

第 2 に，このような裁判例は，訴訟法上も，併合形態の理解に問題があり（この点は後記Ⅲ(1)で述べる），あたかも単純併合請求を審判するような観を呈する。裁判実務上，選択的併合の場合に複数の請求のうち 1 つの請求を（一部でも）認容するときは，他の請求について審理判断してはならない（主文に他の請求を棄却すると記載してはならない）とされていることとも整合しないものである。

最一小判昭 58.4.14 の無署名コメントについて

最一小判昭 58.4.14 集民 138 号 567 頁，判タ 540 号 191 頁（選択的に併合されている甲請求〔債務不履行による損害賠償請求〕・乙請求〔不

法行為による損害賠償請求〕につき，甲請求の一部を認容しその余の請求を棄却した第1審判決に対し，被告が控訴し，原告が控訴・附帯控訴しなかった場合において，控訴審が第1審判決の上記認容部分を取り消すべきであるとするときは，乙請求につき審理判断すべきであり，乙請求を全部理由がないと判断すべきときのみ，原告の請求を全部棄却することができるとしたもの）の無署名コメント（判タ540号192頁）中には，先に述べた下級審裁判例の一部の見解と親和的にみえる記述がある。すなわち，上記無署名コメントは，甲請求と乙請求が選択的に併合されている場合において，第1審判決が甲請求のうち一部を認容し，一部を棄却したときは，この一部棄却部分の限度で解除条件が成就しないので乙請求は当然に第1審の審判対象となり，乙請求のその余の部分は解除条件の成就により当然に第1審の審判対象でなくなったことになる旨を述べている。そして，文献の中には，あたかも上記無署名コメントが上記最判の説示するところであるかのように紹介するものがみられる。

　しかしながら，上記最判の判決文は，「甲請求（債務不履行による損害賠償請求）と乙請求（不法行為による損害賠償請求）とを選択的併合として申し立てている場合，原告の意思は，1つの申立てが認容されれば他の申立てはこれを撤回するが，1つの申立てが棄却されるときには他の申立てについても審判を求めるというものであることは明らかであって，この意思は，原告が併合形態を変更しない限り，全審級を通じて維持されているものというべきであ…るから，甲請求につきその一部を認容し，原告のその余の請求を棄却した第1審判決に対し，被告が控訴の申立てをし，原告が控訴及び附帯控訴の申立てをしなかった場合でも，控訴審としては，**第1審判決の甲請求の認容部分を取り消すべきであるとするときには，乙請求の当否につき審理判断し，これが理由があると認めるときには第1審判決の甲請求の認容額の限度で乙請求を認容すべきであり，乙請求を全部理由がないと判断すべきときに至って初めて原告の請求を全部棄却し得るものと解すべきである**」旨述べているのであって，上記無署名コメントが述べているような，甲請求の一部棄却の限度で解除条件が成就せず乙請求が当然に審判対象となるなどという判断を示したものではない。

第3節　債務不履行による損害賠償

　上記最判は，①選択的併合の申立ては，原告が併合形態を変更しない限り，全審級を通じて維持される，②そのため，選択的併合された甲請求が認容され，被告のみが控訴した場合であっても，甲請求及び乙請求は，上訴不可分の原則により共に控訴審に移審し，控訴審においても，選択的併合の関係にあるものとして審理判断される，③そうすると，控訴審において，甲請求を棄却すべきであるとの結論に至った場合には，解除条件の不成就により乙請求の当否を審理判断すべきことになる，④その結果，㋐乙請求に理由があるとの結論に至ったときは，原告が控訴も附帯控訴もしていない以上，不利益変更禁止の原則により，第1審判決における認容額以上に乙請求を認容することは許されないから，上記認容額の限度で乙請求を認容すべきであり，㋑乙請求も全部理由がないとの結論に至って初めて原告の請求を全部棄却することができる，という当然の理を示すものである。

　上記最判の第1審判決は，甲請求（債務不履行による損害賠償請求）を一部認容したにもかかわらず，乙請求（不法行為による損害賠償請求）を審理した上でこれを全部棄却しているが，前述したとおり，選択的併合に係る一方の請求が一部でも認容されれば，他の請求は，解除条件の成就により審判の対象にはならないのであって，上記第1審判決は，そもそもこの点について誤解があるといわざるを得ない。上記無署名コメントも，同様の誤解の下に，原審の審判対象について独自の見解を展開しているが，**上記最判は上記無署名コメントが述べるような説示は一切しておらず，上記最判の判断内容を正しく説明しているとはいい難い。**

　判例の内容や射程は，判決文そのものから読み解くべきものであり，判例を紹介する際に付された判示事項や判決要旨，判例解説，評釈コメント等が判例となるものではないことはいうまでもないところであるが，改めて注意が必要である（なお，**判例の主論とは何かについては，最一小判平19.5.29集民224号391頁，判タ1248号117頁における裁判官上田豊三，同堀籠幸男の補足意見**も参照されたい）。

Ⅲ　審理上の留意点

(1)　第1審での留意事項

　請求権競合問題に関し，訴訟法上は，併合形態の問題がある。債務不履行による損害賠償請求と不法行為による損害賠償請求とは，法律上・事実上論理的に両立しないものではないから，**選択的併合**（複数の請求のうち1つが認容されることを他の請求の審理・判決の解除条件とする併合形態）の関係にあると解される。

　もっとも，法律上・事実上論理的に両立しないものでなくても予備的併合（主位的請求の認容を解除条件として予備的請求の審理・判決を求める併合形態）が許容される考え方も有力であり，このような考え方によれば，**予備的併合（不真正予備的併合とも呼ばれる）**も許容されることになる。

　いずれの併合形態の場合であっても，一方の請求（損害賠償請求及び遅延損害金請求）が（一部でも）認容されれば，他方の請求（損害賠償請求及び遅延損害金請求）については，解除条件が成就し，判断の対象とはならないというのが判例の立場である。

　これに反する下級審裁判例の一部の考え方が失当であることは，本書318頁で述べたとおりである。

(2)　上訴審での留意事項

　次に，上訴審での留意事項について述べる。

　選択的併合に関し，前掲最判昭58.4.14は，選択的に併合されている甲請求（債務不履行による損害賠償請求）・乙請求（不法行為による損害賠償請求）につき，甲請求の一部を認容しその余の請求を棄却した第1審判決に対し，被告が控訴し，原告が控訴・附帯控訴しなかった場合において，控訴審が第1審判決の上記認容部分を取り消すべきであるとするときは，乙請求につき審理判断すべきであり，乙請求を全部理由がないと判断すべきときのみ，原告の請求を全部棄却することができるとした。

　上記最判の事案を若干簡略化して補足説明する。甲請求（債務不履行による損害賠償）が1000万円，乙請求（不法行為による損害賠償）が1500

万円で，第1審判決が甲請求のうち700万円を認容し，300万円を棄却したとする。甲請求は（一部とはいえ）認容されたので，乙請求については，解除条件が成就し，判断の対象とはならない[250]。第1審判決に対し，原告が控訴・附帯控訴しなかった場合，甲請求の棄却部分は，控訴審の審判対象とならない。そして，控訴審が甲請求の第1審判決認容部分を取り消してこれを棄却すべきであると判断するときは，甲請求が全部棄却されることになるから，乙請求は，当然に控訴審の審判対象となり，この部分の請求につき理由がないと判断しない限り，原告の請求を棄却できないことになる。

これに対し，**予備的併合の場合**の取扱いについては注意を要する。例えば，主位的請求である甲請求（第三者のためにする契約に基づく請求）を棄却し，予備的請求である乙請求（債権者代位権に基づく請求）を認容した第1審判決に対し，被告のみが控訴し，原告は控訴・附帯控訴をしない場合，控訴審が乙請求（予備的請求）を認容した第1審判決を取り消してこれを棄却すべきであると判断するときであっても，甲請求（主位的請求）は控訴審の審判対象とならず，控訴審は，乙請求に関する部分のみを取り消すべきであるとされる[251]。上記と異なり，甲請求（主位的請求）を一部認容した第1審判決に対して被告のみが控訴した場合に，控訴審が甲請求の第1審判決認容部分を取り消してこれを棄却しようとするときは，選択的併合の場合と同様に，乙請求（予備的請求）が当然に審判対象となり，これについて判断すべきこととなる。

このように，**請求権競合問題について，上訴審では，上訴固有の訴訟法上の問題として，選択的併合の場合と予備的併合の場合とで取扱いが異なる場合がある**ことに留意されたい[252]。

---

[250] この点について，前掲最判昭58.4.14の無署名コメント（判タ540号192頁）の見解が失当であることは，本書318-320頁で述べたとおりである。

[251] 最三小判昭58.3.22集民138号315頁，判タ494号62頁参照。上告審でも同様の問題がある（最二小判昭54.3.16民集33巻2号270頁，判タ386号89頁。なお，吉井直昭・判解民昭54年144頁も参照）。

(252) 学説の状況については,高橋宏志『重点講義民事訴訟法(下)〔補訂第2版〕』(2010年・有斐閣) 528-535頁参照。なお,上訴審で併合態様が変更された場合には注意を要する。この点に関し,最三小判昭39.4.7民集18巻4号520頁,判タ162号74頁は,第1審では甲請求(貸金返還請求)・乙請求(手形金支払請求)が選択的に併合されたため甲請求のみが認容されたが,控訴審では乙請求を主位的請求とし甲請求を予備的請求とすることに併合の態様が変更されたため乙請求のみを認容する場合には,甲請求を認容した第1審判決は,当然に失効するものと解すべきであるから,これを取り消すことを要しないとした。なお,最三小判平元.9.19集民157号581頁,判タ710号121頁は,選択的併合の関係にある甲請求(遺産確認の訴え)を認容した原判決に対する上告審において,乙請求(共有持分の確認等請求)を認容するときは,原判決は,当然に失効するとした。

文献略称

秋山ほか	秋山靖浩＝伊藤栄寿＝宮下修一編『債権法改正と判例の行方』（2021年・日本評論社）
池　田	池田真朗『新標準講義民法債権総論〔第3版〕』（2019年・慶應義塾大学出版会）
石田ほか	石田剛＝荻野奈緒＝齋藤由起『債権総論〔第2版〕』（2023年・日本評論社）
磯　村	磯村保『事例でおさえる民法　改正債権法』（2021年・有斐閣）
伊藤・民訴法	伊藤眞『民事訴訟法〔第8版〕』（2023年・有斐閣）
伊藤・破産再生法	伊藤眞『破産法・民事再生法〔第5版〕』（2022年・有斐閣）
内　田	内田貴『民法Ⅲ〔第4版〕』（2020年・東京大学出版会）
梅	梅謙次郎『民法要義（巻之三債権編）〔訂正増補第33版〕』（1912年，復刻版1984年・有斐閣）
近　江	近江幸治『民法講義Ⅳ債権総論〔第4版〕』（2020年・成文堂）
大　村	大村敦志『新基本民法4債権編〔第2版〕』（2019年・有斐閣）
大村＝道垣内・ポイント	大村敦志＝道垣内弘人編『解説民法（債権法）改正のポイント』（2017年・有斐閣）
奥田・展開	奥田昌道『請求権概念の生成と展開』（1979年・創文社）
奥田・接点	奥田昌道「契約法と不法行為法の接点」（於保還暦中207頁以下）
上　巻	奥田昌道＝佐々木茂美『新版債権総論上巻』（2020年・判例タイムズ社）
中　巻	奥田昌道＝佐々木茂美『新版債権総論中巻』（2021年・判例タイムズ社）
下　巻	奥田昌道＝佐々木茂美『新版債権総論下巻』（2022年・判例タイムズ社）
於　保	於保不二雄『債権総論〔新版〕』（1972年・有斐閣）
兼子・体系	兼子一『新修民事訴訟法体系〔増訂版〕』（1964年・酒井書店）
兼子・研究Ⅰ	兼子一『民事法研究第1巻』（1940年・酒井書店）
債権法研究会・詳説	債権法研究会編『詳説改正債権法』（2017年・金融財政事情研究会）
潮見・構造	潮見佳男『契約規範の構造と展開』（1991年・有斐閣）
潮見・概要	潮見佳男『民法（債権改正）改正法の概要』（2017年・金融財政事情研究会）

文献略称

潮見・Ⅰ	潮見佳男『新債権総論Ⅰ』(2017年・信山社)
潮見・Ⅱ	潮見佳男『新債権総論Ⅱ』(2017年・信山社)
潮見・プラクティス	潮見佳男『プラクティス民法債権総論〔第5版補訂版〕』(2020年・信山社)
潮見・契約各論Ⅰ	潮見佳男『新契約各論Ⅰ』(2021年・信山社)
潮見・契約各論Ⅱ	潮見佳男『新契約各論Ⅱ』(2021年・信山社)
潮見・詳解相続法	潮見佳男『詳解相続法〔第2版〕』(2022年・弘文堂)
潮見ほか・詳解	潮見佳男ほか編『詳解改正民法』(2018年・商事法務)
潮見ほか・B／A	潮見佳男ほか編『Before/After民法改正〔第2版〕』(2021年・弘文堂)
筒井＝村松	筒井健夫＝村松秀樹編著『一問一答民法(債権関係)改正』(2018年・商事法務)
中田	中田裕康『債権総論〔第4版〕』(2020年・岩波書店)
中田・契約法	中田裕康『契約法〔新版〕』(2021年・有斐閣)
中田ほか・講義	中田裕康ほか『講義債権法改正』(2017年・商事法務)
中野＝下村	中野貞一郎＝下村正明『民事執行法〔改訂版〕』(2021年・青林書院)
中舎	中舎寛樹『債権法』(2018年・日本評論社)
林ほか	林良平〔安永正昭補訂〕＝石田喜久夫＝高木多喜男『債権総論〔第3版〕』(1996年・青林書院)
平井・理論	平井宜雄『損害賠償法の理論』(1971年・東京大学出版会)
平井・総論	平井宜雄『債権総論〔第2版〕』(1994年・弘文堂)
星野	星野英一『民法概論Ⅲ(債権総論)』(1978年・良書普及会)
前田	前田達明『口述債権総論〔第3版〕』(1993年・成文堂)
松岡ほか・改正コメ	松岡久和ほか『改正債権法コンメンタール』(2020年・法律文化社)
松坂・取消	松坂佐一『債権者取消権の研究』(1962年・有斐閣)
三ケ月・執行法	三ケ月章『民事執行法』(1981年・弘文堂)
森田・文脈	森田修『「債権法改正」の文脈』(2020年・有斐閣)
森田・帰責構造	森田宏樹『契約責任の帰責構造』(2002年・有斐閣)
森田・深める	森田宏樹『債権法改正を深める』(2013年・有斐閣)
森田・ケース	森田宏樹監修『ケースで考える債権法改正』(2022年・有斐閣)
山本	山本敬三『民法講義Ⅳ-1 契約』(2005年・有斐閣)
山本・現代化Ⅱ	山本敬三『契約法の現代化Ⅱ』(2018年・商事法務)
柚木＝高木	柚木馨＝高木多喜男補訂『判例債権法総論〔補訂版〕』(1971年・有斐閣)
我妻	我妻栄『新訂債権総論(民法講義Ⅳ)』(1964年・岩波書店)
我妻・講義Ⅰ	我妻栄『民法講義Ⅰ新訂総則』(1965年・岩波書店)
我妻・講義Ⅲ	我妻栄『民法講義Ⅲ新訂担保物権法』(1968年・岩波書店)

文献略称

我妻・講義V1	我妻栄『民法講義V1 債権各論上巻』（1954年・岩波書店）
我妻・講義V2	我妻栄『民法講義V2 債権各論中巻一』（1957年・岩波書店）
我妻・講義V3	我妻栄『民法講義V3 債権各論中巻二』（1962年・岩波書店）
於保還暦上	於保不二雄先生還暦記念『民法学の基礎的課題上』（1971年・有斐閣）
於保還暦中	於保不二雄先生還暦記念『民法学の基礎的課題中』（1974年・有斐閣）
於保還暦下	於保不二雄先生還暦記念『民法学の基礎的課題下』（1976年・有斐閣）
民法講座1	星野英一編『民法講座1 民法総則』（1984年・有斐閣）
民法講座4	星野英一編『民法講座4 債権総論』（1985年・有斐閣）
民法講座5	星野英一編『民法講座5 契約』（1985年・有斐閣）
民法講座6	星野英一『民法講座6 事務管理・不当利得・不法行為』（1985年・有斐閣）
民法講座別巻1	星野英一編『民法講座別巻1』（1990年・有斐閣）
百年Ⅰ	広中俊雄＝星野英一編『民法典の百年Ⅰ』（1998年・有斐閣）
百年Ⅱ	広中俊雄＝星野英一編『民法典の百年Ⅱ』（1998年・有斐閣）
百年Ⅲ	広中俊雄＝星野英一編『民法典の百年Ⅲ』（1998年・有斐閣）
百年Ⅳ	広中俊雄＝星野英一編『民法典の百年Ⅳ』（1998年・有斐閣）
注民⑽	奥田昌道『注釈民法⑽ 債権(1)』（1987年・有斐閣）
注民⑾	西村信雄編『注釈民法⑾ 債権(2)』（1965年・有斐閣）
注民⑿	磯村哲編『注釈民法⑿ 債権(3)』（1970年・有斐閣）
注民⒀	谷口知平『注釈民法⒀ 債権(4)』（1966年・有斐閣）
注民⒂	幾代通編『注釈民法⒂ 債権(6)』（1966年・有斐閣）
注民⒆	加藤一郎『注釈民法⒆ 債権⑽』（1965年・有斐閣）
新版注民(4)	於保不二雄＝奥田昌道編『新版注釈民法(4) 総則(4)』（2015年・有斐閣）
新版注民⑽Ⅰ	奥田昌道編『新版注釈民法⑽ Ⅰ 債権(1) 債権の目的・効力(1)』（2003年・有斐閣）
新版注民⑽Ⅱ	奥田昌道編『新版注釈民法⑽ Ⅱ 債権(1) 債権の目的・効力(2)』（2011年・有斐閣）
新版注民⒀〔補訂版〕	谷口知平＝五十嵐清編『新版注釈民法⒀〔補訂版〕債権(4) 契約総則』（2006年・有斐閣）
新版注民⒃	幾代通＝広中俊雄編『新版注釈民法⒃ 債権(7) 雇傭・請負・委任・寄託』（1989年・有斐閣）
新注民(8)	磯村保編『新注釈民法(8) 債権(1)』（2022年・有斐閣）
新注民⑾Ⅱ	渡辺達徳編『新注釈民法⑾ Ⅱ 債権(4)』（2023年・有斐閣）
新注民⒀Ⅰ	森田宏樹編『新注釈民法⒀ Ⅰ 債権(6)』（2024年・有斐閣）
新注民⒁	山本豊編『新注釈民法⒁ 債権(7)』（2018年・有斐閣）
新注民⒂	窪田充見編『新注釈民法⒂ 債権(8)』（2017年・有斐閣）

文献略称

百選Ⅰ〔第9版〕	別冊ジュリスト262号『民法判例百選Ⅰ総則・物権〔第9版〕』（2023年・有斐閣）（なお，第8版以前もこの例による）
百選Ⅱ〔第9版〕	別冊ジュリスト263号『民法判例百選Ⅱ債権〔第9版〕』（2023年・有斐閣）（なお，第8版以前もこの例による）
百選Ⅲ〔第3版〕	別冊ジュリスト264号『民法判例百選Ⅲ親族・相続〔第3版〕』（2023年・有斐閣）
供託百選〔第2版〕	別冊ジュリスト158号『供託先例判例百選〔第2版〕』（2001年・有斐閣）
民訴百選〔第6版〕	別冊ジュリスト265号『民事訴訟法判例百選〔第6版〕』（2023年・有斐閣）
執行保全百選〔第3版〕	別冊ジュリスト247号『民事執行・保全判例百選〔第3版〕』（2020年・有斐閣）
倒産百選〔第6版〕	別冊ジュリスト252号『倒産判例百選〔第6版〕』（2021年・有斐閣）
消費者百選〔第2版〕	別冊ジュリスト249号『消費者法判例百選〔第2版〕』（2020年・有斐閣）
社会保障百選〔第5版〕	別冊ジュリスト227号『社会保障判例百選〔第5版〕』（2016年・有斐閣）
争点Ⅰ	ジュリスト『民法の争点Ⅰ』（1985年・有斐閣）
争点Ⅱ	ジュリスト『民法の争点Ⅱ』（1985年・有斐閣）
争　点	ジュリスト『民法の争点』（2007年・有斐閣）
民訴争点	ジュリスト『民事訴訟法の争点』（2009年・有斐閣）
労働争点	ジュリスト『労働法の争点』（2014年・有斐閣）
判　民	『判例民法』（大正10年度，11年度，民法判例研究会），『判例民事法』（大正12年度－昭和21年度，民事法判例研究会。昭和22年度以降，東京大学判例研究会），例，判民昭和2年＝同・昭和2年度
判解民	最高裁判所判例解説民事篇（法曹会）　例，判解民昭55年＝同・昭和55年度
司法研修所・第一巻	司法研修所編『増補民事訴訟における要件事実第一巻』（1986年・法曹会）
司法研修所・第二巻	司法研修所編『民事訴訟における要件事実第二巻』（1992年・法曹会）
司法研修所・執行関係等訴訟	司法研修所編『執行関係等訴訟に関する実務上の諸問題』（1989年・法曹会）
司法研修所・類型別	司法研修所編『紛争類型別の要件事実〔4訂〕』（2023年・法曹会）
司法研修所・新問研	司法研修所編『新問題研究要件事実〔改訂〕』（2023年・法曹会）
司法研修所・一審解説	司法研修所監修『民事訴訟第一審手続の解説〔第4版〕』（2020年・法曹会）

文献略称

判　時	判例時報
判例評論	「判例時報」とじ込み
判　タ	判例タイムズ
リマークス	私法判例リマークス
ジュリ	ジュリスト
論究ジュリ	論究ジュリスト
法　セ	法学セミナー
曹　時	法曹時報
法　時	法律時報
法　協	法学協会雑誌
法　教	法学教室
民　商	民商法雑誌
金　法	金融法務事情
銀　法	銀行法務21

主要文献

(文献略称に掲げたものを除く。)

池田真朗『スタートライン債権法〔第7版〕』(2020年・日本評論社)
池田真朗ほか編『判例講義民法Ⅱ債権〔新訂第3版〕』(2023年・勁草書房)
石田穣『債権総論』(2022年・信山社)
片山直也ほか『債権総論〔第2版〕』(2023年・有斐閣)
角紀代恵『基本講義債権総論〔第2版〕』(2021年・新世社)
鎌田薫ほか編『新基本法コンメンタール債権1』(2021年・日本評論社)
佐々木茂美=潮見佳男監修『債権法改正と家庭裁判所の実務』(2019年・日本加除出版)
瀬川信久ほか編『民事責任法のフロンティア』(2019年・有斐閣)
手嶋豊ほか『民法Ⅲ債権総論』(2022年・有斐閣)
道垣内弘人=中井康之編著『債権法改正と実務上の課題』(2019年・有斐閣)
中田邦博=松岡久和編『新・コンメンタール民法(財産法)〔第2版〕』(2020年・日本評論社)
野澤正充『債権総論〔第4版〕』(2024年・日本評論社)
野村豊弘ほか『民法Ⅲ債権総論〔第5版〕』(2023年・有斐閣)
原田剛『債権総論講義』(2024年・成文堂)
平野裕之『債権総論〔第2版〕』(2023年・日本評論社)
平野裕之『新債権法の論点と解釈〔第2版〕』(2021年・慶應義塾大学出版会)
松井宏興『債権総論〔第2版〕』(2020年・成文堂)
松岡久和ほか『債権総論〔第2版〕』(2020年・法律文化社)
松久三四彦ほか編『社会の変容と民法の課題(上巻・下巻)』(2018年・成文堂)
安永正昭ほか監修『債権法改正と民法学ⅠⅡⅢ』(2018年・商事法務)
山野目章夫『新しい債権法を読みとく』(2017年・商事法務)
山野目章夫『民法概論3債権総論』(2024年・有斐閣)
山本敬三『民法の基礎から学ぶ民法改正』(2017年・岩波書店)
山本敬三監修『民法4債権総論』(2018年・有斐閣)
我妻栄ほか『民法2(債権法)〔第4版〕』(2022年・勁草書房)
我妻栄ほか『コンメンタール民法(総則・物権・債権)〔第8版〕』(2022年・日本評論社)

事項索引

あ

アクチオ（actio）／27-28
与える債務／8, 33, 49, 55, 148
　　──の不履行／175-225
　　──の不履行による損害賠償／287-293
　　──の不履行による損害賠償請求の主張・立証責任／295-300, 302-305
　　──の履行の強制／133-134
与える債務・為す債務／49
安全配慮義務／13, 107, 114, 115, 251-255, 277, 316-317
　　──と不法行為責任との関係／254-255
　　──と履行補助者責任／268
　　──の違反による損害賠償／277, 294
　　──の判断枠組み／253-254
　　判例にいう──／251-253

い

意思表示の解釈／16, 168
意思表示をすべき債務の履行の強制／135
慰謝料／102-103, 154, 241, 242, 244, 248, 316
　　──額算定の考慮要素／103
　　離婚に伴う──／154
　　説明義務違反による──／244, 248
慰謝料請求権／316
1円未満の端数／78
逸失利益／114-117, 224, 273, 311
一般財産／120
委任契約
　　──上の債務不履行／236-248
　　──上の債務不履行による損害賠償／294
　　──上の債務不履行による損害賠償請求の主張・立証責任／310-311

意味
　　──の確定（狭義の契約の解釈）／17
　　──の持込み／17
違約金／217, 283-284, 292, 303, 306
医療関係訴訟→診療契約
医療事故／13
因果関係→事実的因果関係, 相当因果関係

う

ウィーン売買条約／198
ヴィントシャイト（Windscheid）／27-28
請負契約
　　──上の給付義務違反／226-235
　　──上の給付義務違反による損害賠償／293-294
　　──上の給付義務違反による損害賠償請求における主張・立証責任／305-311
　　──上の付随義務違反／39, 235
　　──上の保護義務違反／235
　　──上の保護義務違反による損害賠償／294
　　──と報酬額を概算額とするもの／52
　　──における具体的な報酬債権の発生／228
　　──における仕事完成義務と報酬支払義務との関係／227
　　──における仕事の完成と目的物の引渡し／226
　　──における建て替え費用相当額の賠償／228, 232-233, 294, 309
　　──の修補に過分の費用を要する場合／230
　　──の修補に代わる損害賠償の要件／229
　　──の注文者の契約破棄／167

事項索引

──の予定工程終了／227
建物建築──／226
請負人
 ──の債務／226
 ──の債務不履行責任と契約不適合責任／228
 ──の報酬請求／167
売主
 ──の債務／176
運送契約／225, 235, 316

え

営業利益／221, 287, 292
役務提供契約／52-53, 236

か

解釈規定／210
解除／121, 126
 ──における給付受領への拘束からの解放／231
 ──における反対債務からの解放／231
 ──に伴う原状回復義務／56, 283
 ──に伴う損害賠償／128, 179, 217, 283, 291
 ──の有無による効果の違い／179, 284, 286
 ──の効果／283
 片務契約の──／126, 211
買主
 ──が支払うべき利息／86-88
掴取力／44, 124
拡大損害／40, 206, 289-300, 294,
瑕疵担保責任／188
果実／30, 87, 92
 天然──／64
 法定──／85, 86, 87
過失相殺／189, 251, 276, 290
価値補償規範／108, 117
株式／78, 85, 91
間接強制／133-138
 ──と他の執行方法の併用／143

──の限界／136, 141-143
間接事実／25
完全性利益／13, 40, 206-207, 277, 289-291, 294, 311
貫徹力／124
元本債権／85
元本債務・利息債務／49, 93-94

き

危険負担／58-60
 ──と解除との関係／59-60
技術研究・商品製造開発事業契約／53
 ──上の給付の内容確定／53
帰責事由／41, 59, 129, 162-163, 177, 188, 236, 238, 249, 256-264
寄託契約／41, 149, 225, 236, 248-249, 294
 ──上の受寄者の保管義務／61, 248
 ──における結果債務・手段債務の併存／41
規範統合説／314
基本的利息債権／94-95
義務供託／84
客観的不能／169
求償／89
旧訴訟物理論／314
給付／3, 36, 48
 ──と給付行為の関係／9-10
 ──の意義／3, 48
 ──の確定性／52
 ──の金銭的価値／51
 ──の内容確定／52-53
 ──の分類／48-50
 抽象的・包括的内容としての──／9-10, 32-33, 176, 214
給付危険／56, 70
 ──の移転／73-74
 ──の狭い用法／56
 ──の広い用法／56
給付義務／36, 129
 ──と付随義務の関係／130
 ──と保護義務の関係／40, 130, 206, 290

VIII

事項索引

　　——の違反／173
　　——の違反があると判断する過程／178, 216
　　——の違反と債務不履行責任の態様／148
　　——の違反による損害賠償／287-290, 291-292, 293-294
　　——の違反による損害賠償請求の主張・立証責任／302-311
　　——の具体例／36
給付行為
　　具体的・個別的内容（手段）としての——／9-10, 32-33, 38, 176, 215
給付請求／9
給付訴訟／34, 313
給付の内容確定
　　——の基準・方法／52
　　——の時期・仕方／52
給付保持力／6, 10, 33, 60, 121, 122
給付・履行・弁済／11
給付利得／56, 88-89, 109-110
　　——と取消しに伴う原状回復義務／56
　　——における利息の扱い／89
　　——の効果／89, 110
　　——の返還範囲と受益者の善意・悪意／110
狭義の履行補助者／266
強制執行／124
　　——の権利の濫用／140-141
　　——の要件／132
　　手続法上の概念としての——／124
強制通用力／77
強制履行請求権／158
強制力（執行力）／121
供託／81, 82-84
業務委託契約／236
金額債権／77
金種債権／77
金銭債権／77-84
　　——が民事法上問題となる場面／78-79
　　——と名目主義／78

　　——の意義と性質／77-78
　　——の社会的機能／78
　　——の種類／77
　　——の相続法上の扱い／79
　　——の民事執行法上の扱い／79-80
　　金銭執行の対象財産としての——／80
金銭債務
　　——の相続法上の扱い／79
　　——の特則／79
　　——の不履行（履行遅滞）／94
　　——の履行遅滞による損害賠償／281
　　——の履行遅滞による損害賠償請求の主張・立証責任／295, 296
　　——の履行の強制／80-82, 133
金銭債務・非金銭債務／49
金銭消費貸借契約→消費貸借契約
金銭的価値のない給付／51
禁輸措置／164, 261

く

具体的損害計算・抽象的損害計算／283
具体的・個別的内容（手段）としての給付行為→給付行為

け

形式的証拠力／24-25
形成権／30, 60
継続的不法行為／31, 108-109
競売における担保責任／199
契約解釈アプローチと債務構造分析アプローチ／173
契約危殆化／167
契約債権／2, 9, 12, 13, 14, 51, 55, 61, 147, 169, 258
　　——における損害賠償責任の帰責根拠／259-264
　　——における履行請求権／122
　　——の種別／13
　　——の内容の確定／13
　　——の発生原因／12, 55
契約の解釈／15-27, 37, 67, 68, 131, 152,

IX

172-173, 178, 184, 279
　　――と意味の持込み／17
　　――と債務の構造／172-173
　　――と信義則／13
　　――に関する審理の実際／24-25
　　――に関する判例法理／20-24
　　狭義の――／17
　　契約の成立段階における――／16
　　契約の内容確定段階における――／17
　　裁判実務における審理の実際と――／24-25
　　定型書式を活用した契約における――／21-23
　　内容を個別的に練り上げた契約における――／23-24
契約の拘束力／14, 160, 259-261
　　――からの解放／231
契約の成立（成否）
　　――に関する意思主義／16
　　――に関する表示主義／17
　　――についての事実認定論と解釈／18
契約不適合／121
　　――の意義とその具体的内容／191
　　――の基準時／192
　　――における種類／192-193, 222
　　――における数量／200-204, 222, 288-289
　　――における品質／193-199, 222, 233, 287-288, 293-294
　　――における引渡し／190, 233
　　請負における――／226-235
　　使用貸借における――／223
　　贈与における――／210-214
　　賃貸借における――／221-223
　　売買における――／179-204
結果債務・手段債務／41-42, 148, 267
　　――における債務不履行と帰責事由（免責事由）の関係／264
　　――の分類の有用性／41-42
　　――の併存・混同・融合／41-42, 149
権限／108, 116-117, 120, 216

権原／90
原始的不能／160-165
　　――における損害賠償／287
　　――の具体的な事例／161-165
　　――の処理／160
原状回復義務
　　解除に伴う――／56
　　狭義の――／218
　　広義の――／218
　　賃貸借契約終了に伴う――／110, 217-219
　　取消しに伴う――／56
原状回復的損害賠償／271
現状による引渡義務／64
建築関係訴訟→請負契約
権能／120, 121, 158
権利意思説／4, 6
権利供託／84
権利抗弁／300
権利と請求権の関係／30-35
権利の濫用（権利濫用）／52, 140-141, 142, 168
　　履行請求権の限界と――／160
権利利益説／4, 6

こ

行為
　　総体としての――／8
　　手段としての――／8
交換契約／65, 146, 177
行使効果説／299
公序良俗違反／251
交通事故／101, 112, 114, 115, 276
後発的不能／129
合理的意思解釈／20
子の引渡し／133-134, 142
個別執行／44
雇用契約／45, 167, 236
　　――の使用者の契約破棄／167
ゴルフクラブ入会契約／53, 154

さ

在学契約／236
債権
　——と請求権／27-35
　——と物権／3
　——の強制力／124
　——の効力／120-121
　——の譲渡性／44
　——の性質／43-45
　——の相対性／43
　——の第1次的効力／122, 128, 158, 168, 211, 297
　——の対外的効力／120
　——の対内的効力／120
　——の第2次的効力／11, 124, 158, 168, 297
　——の定義／5
　——の発生原因／12
　——の平等性／44, 79-80
　——の目的／48
　——の目的の一般的要件／52-53
　——の履行構造／7
　——の流動化／45
債権執行／80-82
　——と換価・満足の段階／81-82
　——と差押えの段階／80-81
債権者代位権／80, 120, 121
債権者平等の原則／44
債権者利益／168, 175, 226, 250, 287
債権譲渡／5, 45, 80
　——の資金調達機能／45
債権侵害／44
債権・請求権と民事手続法との関係／34-35
債権法と物権法／2-5
財産的損害／242, 292, 293
財産法の役割／2
財の多様化／3
債務
　——の構造／35
　——の分類／35
債務転形論／125, 297, 299
債務と責任／120
債務引受／156
債務不履行
　——による解除権の発生／301
　——による損害賠償請求の主張・立証責任／144, 295
　——による損害賠償の帰責根拠／259-261
　——による損害賠償の効果／265-294
　——による損害賠償の要件／144-269
　——の意義／128-143
　——の事実／129, 159, 236, 256, 272
　——の種別／130-132, 295
　その他の——／130, 172, 250
債務不履行責任と不法行為責任／225, 239, 311
債務名義／114, 124, 132, 136-143, 219
詐害行為取消権／80, 121
差額説／299
作為債務
　代替的——／49, 134
　不代替的——／49, 135
作為債務・不作為債務／49
錯誤／161, 164, 188
　保証と——／188
差押え／80-81
　一部——／84
サプライチェーンの人権侵害／198-199
三分説／173

し

事業再編／251
時効→消滅時効
自己の財産に対するものと同一の注意／61, 249
持参債務／71
事実抗弁／300
事実的因果関係／238, 270, 298
　——の起点としての債務不履行の事実

／298
支出利得／88-89
事情変更／115
自然債務／122, 126, 158
下請／252
実質的証拠力／25
執行供託／84
支分権／112
事務管理／62, 258
　　――と引渡義務／55, 64
　　――と保存義務／62
社会通念上不能／169-172
社債／78, 96
終身定期金／85
修正的解釈／26-27
修補費用／188, 220, 229, 272
重利／96-106
　　組入――／96
　　独立――／96
　　法定――／96
　　約定――／96
主観的瑕疵概念／192, 197, 232
主観的不能／159
授権規範（承認規範）／15
手段債務／40-41
主張責任と立証責任の関係／299
主要事実／25
受領遅滞（受領拒絶）／62, 126, 127, 167
種類債権／65-76
　　――と所有権移転時期／72
　　――と目的物の品質／67-69
　　――における給付危険の問題／73
　　――における対価危険の問題／75
　　――の意義／65-67
　　――の特定（要件）／69-72
　　――の特定（効果）／73-76
種類物（不特定物）／65
種類物（不特定物）売買／70, 72, 73, 192-193, 194-195, 202
準委任契約→委任契約
証拠力／25

使用貸借契約／45
　　――の目的物の契約不適合／223
　　――の無償性／223
承諾された転貸借
　　――と履行補助者責任／268
譲渡命令等／82
承認規範→授権規範
消費寄託契約／65, 68, 86, 100, 112
　　――と法定利率の変動／112
消費貸借契約
　　――上の貸金返還債務の履行遅滞を理由とする損害賠償請求の主張・立証責任／295-296
　　――と法定利率の変動／111, 112
　　諾成的――／155
　　要物契約としての――／296
情報／3
消滅時効／153, 182, 198, 201, 203
除去請求権／136
処分証書／24-25
所有権移転
　　――義務／8, 37, 38, 176
　　――時期／64, 72
　　――登記をする義務／37, 38, 176, 177, 277, 278
自力救済・自力執行の禁止／124
侵害利得／88-91, 110
　　――における利得消滅の抗弁／91
　　――の意義／89
　　――の効果／90
　　――の発生要件／90
　　――の不当利得返還請求における主張・立証責任／90
信義則／13, 26, 38, 76, 152, 162, 168, 174, 224, 225, 251, 253-254, 258, 259, 265, 271,
　　――上の義務違反／162, 164, 174, 271
人身損害（人損）／103, 114, 115
新訴訟物理論／314
信頼利益／162, 164, 270-274, 287
　　――の新しい捉え方／271

──の新しい捉え方と費用賠償／273-274
──の伝統的な考え方／270-271
信頼利益の賠償／270, 287
　──と履行利益の賠償／270, 287
診療契約／9, 41, 53, 114, 115, 237, 264
　──上の義務違反／237-246
　──上の義務違反による損害賠償／294
　──上の義務違反による損害賠償請求の主張・立証責任／310, 311
　──上の給付の内容確定／52-53
　──における医療水準／41, 53, 237, 238, 240, 243, 264, 311
　──における説明義務違反／242-246
　──における説明義務違反による損害賠償／244-246
　──における相当程度の可能性／239-242
　──における顛末報告義務／246

せ

請求（訴訟上の請求）／9, 34
請求異議の訴え／136, 139, 141, 313
請求権（Anspruch）／28
　狭義の──／30
　広義の──／30
請求原因／24
請求権概念の歴史／27-28
請求権競合／13, 311-323
　──に関する下級審裁判例の一部の問題点／318-320
　──の審理上の留意点／321-323
　債務不履行責任と不法行為責任との──／225, 239, 311
請求権競合説／312
請求権能（狭義の請求権）／6, 10, 11, 27, 31-33, 158
請求力／10, 121
　裁判外の──／121
　裁判上の──／121
制限種類債権／66-67
　──と選択債権／67
　種類債権と──／67
制度間競合／311
責任／120, 124
責任財産／120
責任財産特約／120
責任財産保全の効力／120, 127
責任なき債務／126, 141
積極的債権侵害／250
責めに帰すべき事由→帰責事由
善管義務／61
　──と履行期／62
選択債権／50, 67
　──と制限種類債権／67
選択的併合／313, 321
専門家責任／246
善良な管理者の注意／60

そ

相殺／80, 307
相殺適状／307
相当因果関係／276, 279, 289
送付債務／72
贈与契約
　──上の付随義務の違反／214
　──上の保護義務の違反／214
　──の移転した権利の契約不適合／213
　──の贈与者の契約不適合／210-214
　──の無償性／209
　──の目的物の契約不適合／213-214
贈与者
　──の債務／177
訴求力／121
訴訟上の請求→請求（訴訟上の請求）
訴訟の提起
　──が不法行為を構成する場合／275
訴訟物／24, 34
　狭義の──／35
　広義の──／35
　最狭義の──／35
その他の債務不履行→債務不履行

事項索引

ソフトウェア開発契約／53
　——上の給付の内容確定／53
損益相殺／284, 293
損害
　——の意義／270, 299
　——の諸分類／270
　——の金銭的評価／270
損害賠償
　——額の算定／270
　——の範囲／270
　——額の予定／250
存在効果説／299

た

対価危険／58, 70
　——の移転／75
代金減額請求権／57, 60, 179, 181, 186-187, 193, 195, 202, 211-212
第三債務者／80
第三者のためにする契約／322
第三者による債権侵害／44, 120, 127
代車使用料／272, 281, 288
代替執行／134, 137, 138
代替性
　——のある特定物／57
　——のない特定物／57
代替的作為債務の履行の強制／134
代替物／54, 57
立替払／85
建物の焼失／161, 261
他人物
　——贈与／207-210
　——賃貸借／215-216
　——売買／37, 176-177, 262

ち

遅延損害金（遅延利息）／94, 97-111, 281, 296
　——と延滞利息／97
　——と利息の柔軟な解釈／94
　——に関する405条の（類推）適用の

　範囲／104
　——についての元本組入れの可否／99
　——についての重利計算の可否／98
　——をめぐる実務上の諸問題／97-111
遅延損害金に対する——／99
利息に対する——／97
遅延賠償／157, 231, 280-282, 287
　——と履行利益の賠償／287
　——の意義／280
　——の内容／281
金銭債務以外の履行遅滞の場合の——／281-282
金銭債務の履行遅滞の場合の——／281
追完の請求と——／281
塡補賠償と——／281
本来の債務の履行と——／157, 280-281
遅延利息→遅延損害金
中間利息控除／114-117
中古品／54
抽象的債務と具体的債務／53
抽象的損害計算→具体的損害計算・抽象的損害計算
抽象的・包括的内容としての給付→給付
直接強制／133-134
治療費／101, 103, 207, 244
賃借権
　——に基づく妨害排除請求権／44
　——の物権化／43
賃借人
　——の債務／149, 215
賃貸借契約
　——上の給付義務違反があると判断する過程／216
　——上の修繕義務違反／221-223
　——上の修繕義務違反による損害賠償／292
　——上の修繕義務の履行不能／221
　——上の附属物の収去義務の不履行と損害賠償請求権／219-221
　——上の保護義務違反／224

XIV

――上の保護義務違反による損害賠償／293
　　――上の目的物引渡債務の履行遅滞による損害賠償請求の主張・立証責任／297-301
　　――上の目的物返還義務の不完全履行／217-219
　　――上の目的物返還義務の不完全履行による損害賠償／292
　　――と善管義務／63
　　――と法定利率の変動／112
　　――に付随する義務／38, 223-224
　　――の移転した権利の契約不適合／217
　　――の移転した権利の契約不適合による損害賠償／291
賃貸人
　　――の債務／214
　　――の修繕義務違反による損害賠償／292
　　――の費用償還義務／215
　　――の保護義務違反による損害賠償／293
賃料相当損害金／106, 157, 281, 282
　　――をめぐる実務上の諸問題／106-111

つ

追完請求権／70, 179, 193, 200, 202, 211, 229, 231, 302
　　――の限界／179-180
追完（修補）とともにする損害賠償／232, 303, 306-307
追完（修補）に代わる損害賠償／185-188, 229-230, 288, 293, 308
通貨／77
通常損害／284, 286, 292, 298
通常損害・特別損害／298

て

定期金賠償／115-117
定期行為／147, 162, 282, 301
手続相対効／81

電子記録債権の譲渡／45
転売契約／283-286
転売利益／161, 189, 201, 260, 270, 284, 285, 289
転付命令／81
塡補賠償→履行に代わる損害賠償

と

ドイツ民法上の請求権／28-29
当事者の意思
　　――の合理的解釈／20
　契約の成立と内容確定における――／16
同時履行の抗弁権／11, 62, 156, 303
同時履行の抗弁権・留置権の抗弁の位置付け／299-300
特段の事情／25
特定
　　――の意義／69
　　――の効果／73
　　――の要件／69-72
　契約不適合物の引渡しと――／70-71, 210
特定物債権／54-64
　　――と弁済をすべき場所／64
　　――と天然果実／64
　　――と所有権移転時期／64
　　――の意義／54-56
特定物債務・種類債務／50
特定物の引渡し／55
　　――債務／295, 301
　　――請求権／33, 56
特定物売買／57
　　――における買主の代替物の引渡請求権（代物請求権）／57, 194
特別損害／284, 298
特約店契約／251
取扱説明／38, 130, 174, 204, 207, 224, 235
取消し
　　――に伴う原状回復義務／56
　　――と保存義務／62
取締役

──と会社との契約／236
　　──の第三者に対する損害賠償責任／104-105
取立て（取立訴訟）／81
取立債務／71, 152
　　──と持参債務の違い／72
　　──における目的物の分離・区別／71-72
取引上の社会通念／60-62, 64, 97, 131, 144, 146, 159, 169, 171, 249, 256-264
　　契約と──との関係／169
取引の慣習／68
取引履歴の開示／39

な

為す債務／9, 49, 55, 134, 148
　　──の不履行／225-249
　　──の不履行による損害賠償／293-294
　　──の不履行による損害賠償請求の主張・立証責任／305-311
　　──の履行の強制／134-136
為す債務Ⅰ／9, 148, 225, 293, 305
　　──と結果債務／42
　　──の不履行／225-235
　　──の不履行による損害賠償／293-294
　　──の不履行による損害賠償請求の主張・立証責任／305, 310
為す債務Ⅱ／9, 148, 235, 294, 310
　　──と手段債務／42
　　──の不履行／235-249
　　──の不履行による損害賠償／294
　　──の不履行による損害賠償請求の主張・立証責任／310-311

に

任意債権／50

は

ハーグ条約実施法／134, 143
排出権／3
売買契約
　　──上の給付義務違反があると判断する過程／178
　　──上の付随義務違反があると判断する過程／204
　　──上の付随義務違反による損害賠償／290
　　──上の保護義務違反があると判断する過程／206
　　──上の保護義務違反による損害賠償／290-291
　　──と代金額を時価とするもの／52
　　──における抵当権登記と移転した権利の契約不適合／184
　　──に付随する義務／38, 204-205
　　──の一部の不完全／194-195
　　──の移転した権利の契約不適合／180-184
　　──の競売における担保責任等／199
　　──の数量超過の問題／203-204
　　──の追完に代わる損害賠償の要件／185-188
　　──の典型／65
　　──の目的物の契約不適合／185-204
　　──の目的物の契約不適合と錯誤／188-190
　　──の目的物の契約不適合による損害賠償／287-290
　　──の目的物の対抗要件を備えさせる義務の位置付け／177-178
売買目的物
　　──の滅失／58
　　──の損傷／59
パンデクテン体系／2
判例の主論／320

ひ

引換給付判決／300
引渡義務／56-60
　　──と保存義務との関係／63, 63, 149, 249
秘匿制度と供託命令／82-84
費用償還／30, 89, 188, 215

事項索引

費用賠償／272-274
　　──と信頼利益の賠償／273
　　──と履行利益の賠償／272
　　──の具体例／273-274

ふ

不可抗力／69, 156, 221, 259, 267, 296
不完全履行／53, 125, 130, 173, 219, 238, 249-250, 291
　　──と履行遅滞・履行不能の関係／129-131, 219
複利→重利
不作為義務／49, 55
　　──の違反／149, 249-251
　　──の違反による損害賠償／294
　　──のうち狭義の不作為義務／136-137, 149
　　──のうち忍容義務／137, 149
　　──の履行の強制／136-138
　　──の例／49
不作為債権
　　──と予防請求権の関係／136
不作為による不法行為／255
不執行の合意／141, 158
付随義務／37, 129
　　──違反とともに保護義務違反が問題となる類型／207
　　──の違反／173-174
　　──の違反による損害賠償／290
　　──の具体例／38-40
　　──の根拠／38
　　──の履行／173
附属物の収去義務／218
　　──の不履行と損害賠償請求権／219-221
不代替的作為債務／135-136
負担付贈与
　　──における贈与者の契約不適合責任／212-213
物権的請求権／29, 30-31
　　──の理論的問題／31

物権と物権的請求権／30
物理的不能／169
不当利得
　　──と引渡義務／64
　　──と保存義務／62
　　──と類型論／88, 91
　　──のうち給付利得→給付利得
　　──のうち支出利得→支出利得
　　──のうち侵害利得→侵害利得
　　──の利息／88-93
不能（履行不能）／159, 166, 169-172
　　客観的な──→客観的不能
　　原始的な──→原始的不能
　　後発的な──→後発的不能
　　社会通念上の──→社会通念上不能
　　主観的な──→主観的不能
　　物理的な──→物理的不能
　　塡補賠償請求権の成立要件の１つとしての──／145, 166, 169
　　無催告解除が認められる場合の１つとしての──／166
　　履行請求権の限界事由となる──／159, 166
不法行為／121
　　──による損害賠償債務と履行遅滞／154
フランチャイズ契約／25, 137, 236, 250
振込み／79
振込取引
　　──における仕向銀行の債務不履行責任／269

へ

変更契約／112
変更権／73, 76
弁護士委任契約／246-248
　　──の依頼者の関係で生ずる問題／247
　　──の弁護士の業務管理の不備・不全から生ずる問題／248
弁護士費用の賠償／275-280
　　──に関する裁判実務上の運用／276

XVII

付随的——／275-280
本来的——／275
弁護士倫理／247
弁済／80, 126
　——をすべき場所／64
弁済期
　——の経過／296
　——の到来／296
変動利率
　訴訟における——／113
変容説／56, 283

ほ

保育・託児契約
　——における保育所・託児所の子供の安全を守る義務／149, 248, 257
包括執行／44
報告文書／25
法鎖／45
法定効果規範／14
法定債権／2, 12, 14, 32, 51, 55, 56, 61, 62, 101, 103, 169, 258
　——の発生原因／12, 55
法定利息／86
法定利率／111
　——の基準時／93, 114, 115
冒頭規定／15
保管義務→保存義務
保険代位／112
保護義務／40, 129
　——違反に基づく損害賠償請求権と不法行為に基づく損害賠償請求権の競合／207
　——の違反／173-174, 205-207, 214, 224-225, 235
　——の違反による損害賠償／290, 292-293, 294
　——の具体例／40
　——の履行／173-174
契約不適合が原因となって拡大損害が生ずる類型と——／206, 289-290
履行過程において債権者の一般法益に損害を与える類型と——／206
補充的解釈／25-26
補助事実／25
保存義務／60-63, 149
　——の違反の効果／62

み

民事執行法に基づく競売／199

む

無駄になった費用／162, 189, 217, 232, 272-274, 291, 293

め

免責事由／256-264
　請負契約における——／230
　大規模な企業間の契約書における——／261
　売買契約における——／261

や

約定利息／86

ゆ

優先主義／44

よ

預貯金／79, 85
預貯金債権／45, 79
予備的併合／317, 321
　不真正——／321

り

リース料／282, 303
利益保全規範／117
履行期
　——と債務者が遅滞に陥る時期／153
　——に債務の履行がないこと／297
履行拒絶／125, 146, 166-168, 281, 301
履行拒絶権／60

履行請求権／6, 10, 158
　──と塡補賠償請求権の併存／125, 168, 231, 282, 304
　──と履行不能との関係／58
　──の位置付け／158
　──の限界／58, 159
　──の限界の基礎付け／159
　──の3段階／158
履行代行者／265-266
履行遅滞／131, 150
　──中の履行不能／62, 132, 139
　──と塡補賠償請求／281-286
　──と「履行期に債務の履行がないこと」／297-298
　──にならない正当な理由／155-157
　──による損害賠償／157, 280-286
　──による損害賠償請求における主張・立証責任／295-301
　──の認定・判断／154
　確定期限付債務と──／152
　期限の定めがない債務と──／154
　金銭債務の──／296
　非金銭債務の──／297-301
　不確定期限付債務と──／153
　法定債務と──／154
履行として認容／71, 193, 195, 202
履行とともにする損害賠償／157, 191, 193, 219, 230, 272, 280, 287, 302, 306
履行に代わる損害賠償（塡補賠償）／73, 145, 231, 282, 286, 301, 304, 309
　──と解除の有無／283-286
　──と履行利益の賠償との関係／270, 287
　──の意義／145
　──の基準時／285, 286, 287
　──の具体例（具体的損害計算）／283-284
　──の具体例（抽象的損害計算）／285-286
　──の要件／145-147, 165-169
　履行遅滞と──／282

履行の強制／80, 124, 132-143
　──の限界／135, 139-141
　──の方法／132-138
　──の要件／132
　実体法上の概念としての──／124
履行不能／67, 73, 131, 158
　──と給付保持力／159
　──による損害賠償／286-287
　──による履行に代わる損害賠償請求の主張・立証責任／301-302
　──の意義と類型／169-172
　──の概念／159, 166, 172
　──の基準時／172
　改正前民法634条1項ただし書の削除と──との関係／171-172
　二重譲渡と──／170
　履行請求権の限界としての──／139, 159
履行補助者／264-269
　──責任と使用者責任／267
　──の故意・過失／265
履行利益の賠償／270, 287
　──と信頼利益の賠償／270, 287
　──と履行に代わる損害賠償との関係／270, 287
利息／85, 103
　──に対する遅延損害金／97
　──をめぐる実務上の諸問題／95-117
　買主が支払うべき──／86-88
　給付利得における──／89
　債権者が元本を使用し得ないことの対価と──／102-103
　不当利得の──／88-93
利息債権／80, 85-117
　──の位置付け／93-94
　──の発生原因／86
　──の発生時期／93
　──の弁済期／93
　基本的──／94-95
　支分的──／94-95
利息制限法／95, 96, 99

利息超過損害／277
留置権／299
利率／85

れ

例文解釈／26
レメディー・アプローチ／14

ろ

労働事件／113
労働者
　──の賃金請求／167

条文索引

民法

1条／13, 174
88条／85, 86
89条／64
92条／68
95条／161, 164, 188
104条／45
121条の2／56, 89
135条／123
138条／152
147条／123
150条／123
166条／153, 182, 198, 201, 203
176条／176
182条／190, 233
183条／190, 233
184条／190, 233
189条／110
190条／30, 110
191条／30
192条／90
196条／30, 89
199条／136
295条／156
299条／29
362条／45
391条／30
399条／48, 51, 52
400条／12, 33, 48, 60-64, 73, 75, 215, 249
401条
　1項／48, 68
　2項／48, 69, 70, 74, 176, 192, 202
402条／77
403条／77
404条／93, 111, 114
　1項／111
　3項／111, 113
　5項／111
405条／93, 96-106
406条／48, 67
410条／48
412条
　1項／124, 148, 152, 157, 280
　2項／124, 148, 153, 157, 280
　3項／87, 115, 123, 124, 154, 157, 280, 316
412条の2
　1項／32, 67, 73, 125, 129, 159, 230
　2項／160
413条／62, 71, 126, 167
413条の2
　1項／62, 132, 139
　2項／126, 167
414条
　1項／48, 124, 125, 128, 129, 131, 132, 139-140, 158, 280
　2項／128, 250, 281
415条
　1項／57, 63, 64, 128, 130, 144, 157, 172-174, 177, 186, 193-196, 198, 202, 205-207, 213, 220, 221, 224, 232, 237, 265, 280-286, 288, 291-293, 303, 304, 306, 308, 309, 314
　1項本文／73, 97, 98, 107, 130, 144, 161, 172, 173, 174, 177, 181, 182-184, 191, 209, 216, 217, 230
　1項ただし書／12, 126, 144, 158, 161, 177, 190, 193-196, 198, 201, 202, 209, 210, 212, 214, 223, 230, 256, 258, 288, 303, 307
　2項／125, 145, 186, 187, 232, 270, 286,

305, 309
　柱書き／191, 231
　　1号／73, 125, 131, 145-147, 166, 177, 220, 231, 286, 301, 304
　　2号／125, 146, 166-168, 231, 281, 301
　　3号／125, 146-147, 157, 166, 168-169, 179, 220, 231, 283, 284, 286, 301
416条
　1項／283, 286, 292, 298
　2項／283, 292, 298
417条／78, 115
417条の2／114
418条／290
419条／79, 97-98, 111, 277, 281, 296, 297
420条／250
422条／48
422条の2／131
423条の7／120
460条／89
466条／45
466条の5／45, 79
473条／126, 128, 299
474条／43
477条／79
483条／64
484条／64
485条／288
489条／281
492条／155
493条／71, 281, 299, 303, 306
521条／16
533条／62, 156, 300, 306
536条／58-59, 60, 164, 167
540条／59, 60, 126
541条／147, 168, 282, 301, 305
542条／301
　1項
　　1号／59, 60, 131, 145, 164, 166, 196, 198, 216, 301
　　2号／146, 166, 167, 301

　　3号／167, 181, 182, 195, 201, 202, 217, 289, 291, 301, 305
　　4号／147, 168, 282, 301
　　5号／57, 59, 147, 168, 232, 282, 301, 305, 309
　2項／167
545条／60, 111
　1項／60, 128, 282, 285
　2項／60, 111, 283, 285
　4項／128, 179, 217, 283, 291
549条／65, 177, 208
551条
　1項／210-212, 214, 223
　2項／212-213
555条／37, 176, 177, 182, 183, 184
559条／74, 222
560条／37, 176, 177
561条／170, 176, 181, 208-209, 216
562条
　1項本文／56, 57, 69, 179, 192, 200, 222, 229, 233, 234, 288, 302, 305
　1項ただし書／179
　2項／288, 303, 306
563条／57, 60, 179, 181, 187, 193, 195, 202, 211, 220
564条／56, 125, 179, 181, 182, 183, 185, 188, 217, 271
565条／177, 181, 182, 183, 217
566条／182, 198, 201, 202, 222, 304
567条
　1項前段／73-74, 75
　1項後段／70, 75, 192, 202
570条／184
573条／151
586条／65, 177
587条／65, 155
587条の2／155
589条／93, 111
591条／152, 155, 296
593条／216
594条／45, 61, 63, 215

596条／223
601条／215
605条の4／44
606条／215, 216, 221, 292
607条の2／188
608条／89, 188, 215
611条／58, 222
612条／45
614条／152
615条／215, 221
616条／61, 63, 215
616条の2／223
621条／218
623条／236
625条／45
632条／226, 236
636条／227, 229, 307-310
637条／227, 229, 307-310
643条／236
644条／236
645条／246, 247
648条の2／149, 248
650条／85
656条／236
657条／236
659条／61
662条／151
663条／151
666条／65, 79, 85
689条／85
697条／147
701条／55
703条／32, 56, 88, 110
704条／32, 88-93, 110
709条／14, 32, 121
711条／316
721条／29
722条／78, 114
723条／147
724条／29, 32
768条／30

771条／30
884条／29
909条の2／79

改正前民法

105条／265
414条／140
415条／256-258, 265
416条／206
549条／208
551条／210
565条／200
570条／197
575条／86-88
634条／171, 180, 187, 192
656条／236
658条／265
1016条／265

利息制限法

1条／96

借地借家法

10条／43
11条／30
13条／30
14条／30
32条／30

国家賠償法

1条／240

商法

4条／198
513条／85
526条／182, 198, 201, 203
595条／61
599条／61

会社法

5条／198

350条／102
429条／104-106
676条／96

保険法

3条／51
25条／112

民事訴訟法

8条／51
117条／114, 115
133条―133条の4／83
134条／34, 83
136条／313
143条／113
153条／113
266条／34
297条／113

民事執行法

6条／135, 137
10条／82
20条／83
22条／124, 128, 219, 313
27条／137
31条／300
33条／137
35条／113
42条／124
143条／80
145条／80
155条／81
156条／84
157条／81

159条／81, 82
160条／81
161条／82
161条の2／82-84
168条／133, 219
169条／133
170条／133
171条／134, 135, 136, 137, 138, 219
172条／133, 134, 135, 136, 137, 140
173条／133, 135, 137, 138
174条／133, 134
175条／133
176条／133, 134
177条／135

国際的な子の奪取の民事上の側面に関する条約の実施に関する法律（ハーグ条約実施法）

134条／134, 143
135条／134

社債，株式等の振替に関する法律（社振法）

73条／95
98条／95
121条／95

私的独占の禁止及び公正取引の確保に関する法律（独占禁止法）

19条／251

労働基準法

114条／113

判例索引

明治

大判明 35.4.12 民録 8 輯 4 巻 34 頁／85
大判明 39.10.29 民録 12 輯 1358 頁／256
大判明 43.10.20 民録 16 輯 719 頁／101

大正

大判大 2.10.25 民録 19 輯 857 頁／8
大判大 3.12.1 民録 20 輯 999 頁／156
大判大 4.5.24 民録 21 輯 797 頁／156
大決大 4.12.21 新聞 1077 号 18 頁／142
大判大 5.5.20 民録 22 輯 999 頁／67
大判大 6.3.5 民録 23 輯 411 頁／97，98，99
大判大 6.4.19 民録 23 輯 649 頁／156
大判大 6.5.23 民録 23 輯 896 頁／257
大判大 6.6.7 民録 23 輯 946 頁／78
大判大 7.1.28 民録 24 輯 67 頁／85
大判大 8.5.10 民録 25 輯 845 頁／67
大判大 8.7.22 民録 25 輯 1344 頁／299
大判大 9.1.29 民録 26 輯 25 頁／156
大判大 9.6.29 民録 26 輯 1035 頁／108
大判大 9.7.10 民録 26 輯 1099 頁／85
大判大 10.3.19 民録 27 輯 563 頁／156
大判大 10.5.27 民録 27 輯 963 頁／154
大判大 10.6.2 民録 27 輯 1038 頁／20
大決大 10.7.25 民録 27 輯 1354 頁／142
大判大 10.11.22 民録 27 輯 1978 頁／257
大判大 13.5.27 民集 3 巻 240 頁／156

昭和

大判昭 5.1.29 民集 9 巻 97 頁／155
大決昭 5.10.23 民集 9 巻 982 頁／142
大決昭 5.11.5 新聞 3203 号 7 頁／142
大判昭 6.5.13 民集 10 巻 252 頁／88，94
大判昭 8.5.30 新聞 3563 号 8 頁／275
大判昭 11.3.7 民集 15 巻 376 頁／257

大判昭 13.11.7 判決全集 5 輯 1118 頁／275
大連判昭 15.12.14 民集 19 巻 2325 頁／108
大判昭 16.9.30 民集 20 巻 1243 頁／275
大判昭 17.2.4 民集 21 巻 107 頁／99，100，101
大連判昭 18.11.2 民集 22 巻 1179 頁／275
大判昭 19.6.28 民集 23 巻 387 頁／17
最二小判昭 27.4.25 民集 6 巻 4 号 451 頁，判タ 20 号 59 頁／63
最一小判昭 27.11.27 民集 6 巻 10 号 1062 頁，判タ 26 号 40 頁／301
最二小判昭 28.12.18 民集 7 巻 12 号 1515 頁，判タ 36 号 41 頁／215
最三小判昭 30.4.19 民集 9 巻 5 号 556 頁／169
最三小判昭 30.10.4 民集 9 巻 11 号 1521 頁／23，26
最三小判昭 30.10.18 民集 9 巻 11 号 1642 頁，判タ 53 号 38 頁／66
最三小判昭 32.12.3 民集 11 巻 13 号 2018 頁，判タ 78 号 50 頁／223
最二小判昭 33.6.20 民集 12 巻 10 号 1585 頁／8
最一小判昭 34.2.26 民集 13 巻 2 号 394 頁／52
最二小判昭 35.6.24 民集 14 巻 8 号 1528 頁／72，176
最三小判昭 35.10.11 民集 14 巻 12 号 2465 頁，判タ 111 号 55 頁／215
最三小判昭 36.6.20 民集 15 巻 6 号 1602 頁／78
最二小判昭 36.12.15 民集 15 巻 11 号 2852 頁／71，193，195，202
最一小判昭 37.5.24 民集 16 巻 5 号 1157 頁／140，141
最三小判昭 37.9.4 民集 16 巻 9 号 1834 頁，判タ 139 号 51 頁／101，115
最二小判昭 38.11.29 集民 69 号 439 頁／154
最三小判昭 38.12.24 民集 17 巻 12 号 1720 頁，判タ 157 号 103 頁／89
最三小判昭 39.4.7 民集 18 巻 4 号 520 頁，判タ 162 号 74 頁／323
最一小判昭 40.12.23 民集 19 巻 9 号 2306 頁／154
最三小判昭 41.3.22 民集 20 巻 3 号 468 頁，判タ 190 号 122 頁／156
最一小判昭 41.9.8 民集 20 巻 7 号 1325 頁，判タ 198 号 127 頁／177，257
最一小判昭 42.2.23 民集 21 巻 1 号 189 頁，判タ 205 号 88 頁／67
最一小判昭 42.11.16 民集 21 巻 9 号 2430 頁，判タ 213 号 228 頁／26
最一小判昭 42.12.21 集民 89 号 457 頁／26
最三小判昭 43.8.20 民集 22 巻 8 号 1692 頁，判タ 227 号 133 頁／200
最一小判昭 43.12.19 集民 93 号 713 頁／113
最二小判昭 44.1.31 集民 94 号 167 頁，判タ 232 号 106 頁／208
最一小判昭 44.2.27 民集 23 巻 2 号 441 頁，判タ 232 号 276 頁／276，279
最大判昭 44.11.26 集民 23 巻 11 号 2150 頁，判タ 243 号 107 頁／105，106
最一小判昭 45.11.26 集民 101 号 565 頁／26
最一小判昭 46.3.18 集民 102 号 273 頁，判タ 263 号 201 頁／156
最二小判昭 46.7.1 集民 103 号 335 頁，判タ 269 号 187 頁／63
最一小判昭 48.10.11 集民 110 号 231 頁／277
最三小判昭 50.2.25 民集 29 巻 2 号 143 頁／251
最二小判昭 50.10.24 民集 29 巻 9 号 1417 頁，判タ 328 号 132 頁／239

最一小判昭 51.3.4 民集 30 巻 2 号 48 頁／307
最一小判昭 51.7.19 集民 118 号 291 頁／20，24
最二小判昭 52.2.28 集民 120 号 201 頁／188，230
最二小判昭 54.3.16 民集 33 巻 2 号 270 頁，判タ 386 号 89 頁／322
最三小判昭 54.3.20 集民 126 号 277 頁，判タ 394 号 61 頁／154
最三小判昭 54.3.20 集民 126 号 271 頁，判タ 394 号 60 頁／188，192，230
最一小判昭 55.12.18 民集 34 巻 7 号 888 頁，判タ 435 号 87 頁／104，252，316
最一小判昭 57.1.21 民集 36 巻 1 号 71 頁，判タ 462 号 68 頁／200
最一小判昭 57.7.1 集民 136 号 217 頁，判タ 477 号 88 頁／257
最一小判昭 58.1.20 集民 138 号 1 頁，判タ 496 号 94 頁／171，228
最三小判昭 58.3.22 集民 138 号 315 頁，判タ 494 号 62 頁／322
最一小判昭 58.4.14 集民 138 号 567 頁，判タ 540 号 191 頁／318，321
最二小判昭 58.5.27 民集 37 巻 4 号 477 頁，判タ 498 号 86 頁／254，268
最一小判昭 58.12.6 訟月 30 巻 6 号 930 頁／254
最一小判昭 58.12.9 集民 140 号 643 頁／254
最一小判昭 59.2.16 集民 141 号 201 頁／206
最三小判昭 59.4.10 民集 38 巻 6 号 557 頁，判タ 526 号 117 頁／255
最一小判昭 61.1.23 訟月 32 巻 12 号 2735 頁／249，258
最一小判昭 62.7.16 集民 151 号 423 頁，判タ 655 号 108 頁／141
最三小判昭 63.1.26 民集 42 巻 1 号 1 頁，判タ 671 号 119 頁／275
最二小判昭 63.11.25 集民 155 号 149 頁，判タ 687 号 72 頁／284

平成

最三小判平元 .9.19 集民 157 号 581 頁，判タ 710 号 121 頁／323
最一小判平元 .9.21 集民 157 号 635 頁，判タ 714 号 83 頁／105
最一小判平 3.10.17 集民 163 号 365 頁，判タ 772 号 131 頁／225，293
最一小判平 5.10.19 集民 170 号 31 頁，判タ 844 号 84 頁／251
最一小判平 6.1.20 金法 1383 号 37 頁／269
最三小判平 6.2.22 民集 48 巻 2 号 441 頁，判タ 853 号 73 頁／114
最二小判平 7.6.9 民集 49 巻 6 号 1499 頁，判タ 883 号 92 頁／238
最二小判平 8.1.26 民集 50 巻 1 号 155 頁，判タ 900 号 289 頁／183
最一小判平 8.4.25 民集 50 巻 5 号 1221 頁／116
最三小判平 9.2.25 集民 181 号 351 頁，判タ 937 号 100 頁／21
最一小判平 9.10.14 集民 185 号 361 頁，判タ 957 号 147 頁／53，154
最一小判平 10.12.18 集民 190 号 1017 頁，判タ 992 号 98 頁／251
最三小判平 11.11.9 集民 195 号 1 頁，判タ 1023 号 123 頁／25
最一小判平 11.12.20 民集 53 巻 9 号 2038 頁，判タ 1021 号 123 頁／116
最三小判平 12.2.29 民集 54 巻 2 号 582 頁／243，246
最二小判平 12.9.22 民集 54 巻 7 号 2574 頁，判タ 1044 号 75 頁／239，240
最一小判平 13.11.22 民集 203 号 743 頁，判タ 1083 号 117 頁／200
最三小判平 13.11.27 民集 55 巻 6 号 1334 頁，判タ 1079 号 155 頁／198

最三小判平 13.11.27 民集 55 巻 6 号 1380 頁，判タ 1079 号 190 頁／204
最三小判平 13.11.27 民集 55 巻 6 号 1154 頁，判タ 1079 号 198 頁／243，246
最三小判平 14.9.24 集民 207 号 289 頁，判タ 1106 号 85 頁／228，233
最三小判平 14.9.24 集民 207 号 175 頁，判タ 1106 号 87 頁／243
最二小判平 15.4.18 民集 57 巻 4 号 366 頁，判タ 1123 号 78 頁／170
最二小判平 15.10.10 集民 211 号 13 頁，判タ 1138 号 74 頁／232
最三小判平 15.11.11 民集 57 巻 10 号 1466 頁，判タ 1140 号 86 頁／238，240
最一小判平 16.1.15 集民 213 号 229 頁，判タ 1147 号 152 頁／240
最三小決平 16.8.30 民集 58 巻 6 号 1763 頁，判タ 1166 号 131 頁／251
最三小判平 17.7.19 民集 59 巻 6 号 1783 頁，判タ 1188 号 213 頁／39
最一小判平 17.9.8 集民 217 号 681 頁，判タ 1192 号 249 頁／243
最二小判平 17.9.16 集民 217 号 1007 頁，判タ 1192 号 256 頁／204
最一小判平 17.12.8 集民 218 号 1075 頁，判タ 1202 号 249 頁／240
最二小決平 17.12.9 民集 59 巻 10 号 2889 頁，判タ 1200 号 120 頁／137
最二小判平 17.12.16 集民 218 号 1239 頁，判タ 1200 号 127 頁／218
最二小判平 18.10.27 集民 221 号 705 頁，判タ 1225 号 220 頁／243
最一小判平 18.12.21 集民 222 号 643 頁，判タ 1235 号 148 頁／94
最三小判平 19.2.13 民集 61 巻 1 号 182 頁，判タ 1236 号 99 頁／92
最一小判平 19.3.8 民集 61 巻 2 号 479 頁，判タ 1237 号 148 頁／91
最一小判平 19.5.29 集民 224 号 391 頁，判タ 1248 号 117 頁／320
最二小判平 19.6.11 集民 224 号 521 頁，判タ 1250 号 76 頁／26
最二小判平 21.1.19 民集 63 巻 1 号 97 頁，判タ 1289 号 85 頁／221，292
最一小判平 21.1.22 民集 63 巻 1 号 228 頁，判タ 1290 号 132 頁／39
最二小判平 21.9.4 民集 63 巻 7 号 1445 頁，判タ 1308 号 111 頁／93
最二小判平 21.11.9 民集 63 巻 9 号 1987 頁，判タ 1313 号 112 頁／92,93
最三小判平 22.6.1 民集 64 巻 4 号 953 頁，判タ 1326 号 106 頁／178，197
最一小判平 22.6.17 民集 64 巻 4 号 1197 頁，判タ 1326 号 111 頁／294
最二小判平 22.7.9 集民 234 号 207 頁，判タ 1332 号 47 頁／275
最一小判平 22.10.14 集民 235 号 21 頁，判タ 1336 号 46 頁／20，22
最二小判平 23.2.25 集民 236 号 183 頁，判タ 1344 号 110 頁／241
最一小判平 24.2.20 民集 66 巻 2 号 742 頁，判タ 1366 号 83 頁／112
最二小判平 24.2.24 集民 240 号 111 頁，判タ 1368 号 63 頁／277
最三小判平 25.4.16 集民 67 巻 4 号 1049 頁，判タ 1393 号 74 頁／248
最一小判平 26.6.5 民集 68 巻 5 号 403 頁，判タ 1404 号 88 頁／20，22
最一小判平 28.4.21 民集 70 巻 4 号 1029 頁，判タ 1425 号 122 頁／253
最三小判平 28.7.19 判時 2342 号 7 頁／241
最三小決平 31.4.26 集民 261 号 247 頁，判タ 1461 号 23 頁／142

令和

最二小判令元.9.6 民集 73 巻 4 号 419 頁，判タ 1468 号 40 頁／112，113
最一小判令 2.7.9 民集 74 巻 4 号 1204 頁，判タ 1480 号 138 頁／115

最三小判令 3.1.22 集民 265 号 95 頁，判タ 1487 号 157 頁／277
最三小判令 3.1.26 民集 75 巻 1 号 1 頁／96
最三小判令 4.1.18 民集 76 巻 1 号 1 頁，判タ 1496 号 84 頁／99，101，102，104，105，106
最二小判令 4.1.28 民集 76 巻 1 号 78 頁，判タ 1498 号 39 頁／154
最三小決令 4.6.21 集民 268 号 295 頁，判タ 1503 号 21 頁／143
最三小決令 4.11.30 集民 269 号 71 頁，判タ 1506 号 33 頁／142

［著者略歴：奥田昌道（おくだまさみち）］
1932 年生まれ
1955 年　京都大学法学部卒業
1958 年　京都大学法学部助教授
1970 年　京都大学法学部教授
1992 年　京都大学大学院法学研究科教授
1996 年　京都大学名誉教授
1999 年　最高裁判所判事
2004 年　同志社大学大学院司法研究科教授
　　　同年　日本学士院会員

［著者略歴：佐々木茂美（ささきしげみ）］
1948 年生まれ
1971 年　京都大学法学部卒業
1974 年　福岡地方裁判所判事補
1988 年　東京地方裁判所判事
1989 年　司法研修所教官
1999 年　大阪地方裁判所部総括判事
2005 年　京都家庭裁判所長
2007 年　大阪地方裁判所長
2010 年　司法研修所長
2011 年　高松高等裁判所長官
2012 年　大阪高等裁判所長官
2013 年　京都大学大学院法学研究科教授
2016 年　大阪瓦斯株式会社監査役
2021 年　一般財団法人日本法律家協会理事，近畿支部長

［主要編著書］
『請求権概念の生成と展開』（1979 年・創文社）
『現代法律学全集 18-1 債権総論 上』（1982 年・筑摩書房）
『現代法律学全集 18-2 債権総論 下』（1987 年・筑摩書房）
『注釈民法⑽債権(1)』（編集：1987 年・有斐閣）
『債権総論〔増補版〕』（1992 年・悠々社）
『新版注釈民法⑽Ⅰ債権(1)』（編集：2003 年・有斐閣）
『紛争解決と規範創造—最高裁判所で学んだこと，感じたこと』（2009 年・有斐閣）
『新版注釈民法⑽Ⅱ債権(1)』（編集：2011 年・有斐閣）
『新版注釈民法(4)総則(4)』（編集：2015 年・有斐閣）
『新版　債権総論　上巻』（共著：2020 年・判例タイムズ社）
『新版　債権総論　中巻』（共著：2021 年・判例タイムズ社）
『新版　債権総論　下巻』（共著：2022 年・判例タイムズ社）

［主要編著書］
『民事訴訟のプラクティスに関する研究』（共著：1989 年・法曹会）
『医事関係訴訟の実務』（編著：2002 年・新日本法規出版）
『最新民事訴訟運営の実務』（編著：2003 年・新日本法規出版）
『新版　医事関係訴訟の実務』（編著：2005 年・新日本法規出版）
『民事実務研究Ⅰ』（編集：2005 年・判例タイムズ社）
『民事実務研究Ⅱ』（編集：2007 年・判例タイムズ社）
『民事実務研究Ⅲ』（編集：2008 年・判例タイムズ社）
『債権法改正と家庭裁判所の実務』（監修：2019 年・日本加除出版）
『新版　債権総論　上巻』（共著：2020 年・判例タイムズ社）
『新版　債権総論　中巻』（共著：2021 年・判例タイムズ社）
『新版　債権総論　下巻』（共著：2022 年・判例タイムズ社）

詳解実務　新版債権総論　上巻

2024年11月1日　第1版第1刷発行

著　者　　　　　奥田　昌道
　　　　　　　　佐々木茂美
発行者　　　　　谷口　美和
発行所　　　株式会社判例タイムズ社

102-0083　東京都千代田区麹町三丁目2番1号
　　　　　電話　03(5210)3040
　　　URL　http://www.hanta.co.jp/

印刷・製本　シナノ印刷株式会社

Ⓒ　Okuda Masamichi, Sasaki Shigemi　2024 Printed in Japan
定価はカバーに表示してあります。
ISBN 978-4-89186-205-3